工商管理硕士（MBA）系列规划教材

U0592392

战略管理——
竞争与创新

（第二版）

黄 凯 编著

北京师范大学出版集团
BEIJING NORMAL UNIVERSITY PUBLISHING GROUP
北京师范大学出版社

图书在版编目(CIP)数据

战略管理：竞争与创新 / 黄凯编著. —2 版. —北京：北京师范大学出版社，2018.7

工商管理硕士（MBA）系列规划教材

ISBN 978-7-303-23851-4

Ⅰ. ①战… Ⅱ. ①黄… Ⅲ. ①企业管理－战略管理－研究生－教材 Ⅳ. ①F272.1

中国版本图书馆 CIP 数据核字(2018)第 138713 号

营 销 中 心 电 话	010-62978190 62979006
北师大出版社科技与经管分社	www.jswsbook.com
电 子 信 箱	jswsbook@163.com

ZHANLUEGUANLI：JINGZHENG YU CHUANGXIN

出版发行：北京师范大学出版社 www.bnup.com
北京市海淀区新街口外大街 19 号
邮政编码：100875

印 刷：三河市东兴印刷有限公司
经 销：全国新华书店
开 本：730 mm×980 mm 1/16
印 张：25
字 数：418 千字
版 次：2018 年 7 月第 2 版
印 次：2018 年 7 月第 3 次印刷
定 价：49.80 元

策划编辑：李红芳 路 娜 责任编辑：李井东 李红芳
美术编辑：刘 超 装帧设计：刘 超
责任校对：赵非非 责任印制：赵非非

本书编写指导委员会

丛书编写委员会

总　序

　　工商管理硕士(MBA)的培养在中国已近20年了。从1991年国内几所大学首批MBA招生不足百人,到现在全国有90多所高等院校拥有MBA专业,这反映了中国高等教育管理专业顺应市场经济对人才的实际需要,适应经济全球化的发展历程,也折射出中国经济、社会和教育所处的一个巨大变革和深刻转型的背景。目前,除了大学里有正式学历教育的MBA专业外,社会上还有以技能培训为主要特征的工商管理教育。在中国大地上迅速兴起的MBA教育热潮,总的来看,是因为计划经济体制向市场经济体制急速转变引起实用经营型人才需求的激增所产生的,也是中国不断对外开放、经济活动采用更多国际规例、管理教育逐渐国际化的一个缩影。尽管如此,中国现有的MBA规模还远远不能满足中国经济发展的需要。

　　世界上最早的正规MBA教育出现于1908年。当年,哈佛大学成立商学院(这也是世界上最早的大学商学院),专门招收已经拥有学士学位的年轻人,经过两年的专业学习,获得工商管理硕士学位。哈佛大学开办MBA专业,不仅是哈佛大学历史上的一件大事,而且也是美国大学教育乃至世界大学教育和企业管理发展史上的一个重要事例。哈佛大学首届MBA学生虽然只有20多人,但是,这些人作为美国职业经理的先驱,改变了美国管理阶层的内部结构。作为一种人才教育的开端,它引发了影响美国企业管理100年的经理革命和管理的职业化。哈佛商学院聘任了一批对实际管理问题卓有研究的教授和企业家来担任一些课程的讲授。例如,当时给哈佛大学MBA学生讲授产业组织课程的,就是创立泰罗式科学管理制度的效能工程师——弗里迪瑞克·泰罗,在此之前,他担任美国机械工程师协会的会长。一批批知名的教授和优秀的企业家集中在哈佛校园里,使哈佛商学院成为培养 MBA 的圣地,直到现在它仍然是世界上最优秀的商学院之一。哈佛开创了管理教育的新模式,也使美国 100 年来始终在世界上处于工商管理教育与研究的领先地位。

西方发达国家的 MBA 教育已经走过了 100 年的时间,与之相比,中国的 MBA 教育才刚刚开始,正处在一个不断规范发展的时期。目前的大学 MBA 教育与中国市场经济的发展对人才的要求总体上是相适应的,MBA 人才培养在一定程度上弥补了中国高学历经营管理型人才的数量不足和结构上的缺陷。但是,与其他专业相比,中国的 MBA 教育还显得比较年轻,还有很长的路要走,只有在学校和学生的共同努力之下,在教学内容和教材不断完善、创新的情况下,才能培养出更多更好的 MBA 优秀人才。

MBA 教育的特点,在于这种教育的目的并不是以学术化为主要标准(但这并不排斥 MBA 教育也有学术化的内容),而是以专业性、职业化培养为主。MBA 优秀毕业生,不在于其能否写出高水平的研究型论文,而在于其是否把握管理基本理论,是否熟悉市场的实际运作和企业经营管理的过程,尤其是在工商管理的某一领域,如生产管理、市场营销、战略管理、国际商务、财务分析等方面,有超越一般人的专长和实际操作能力,同时还要目光远大,擅长与人沟通,富有团队精神,并有良好的商业伦理精神。

由于 MBA 教育的特点,实施 MBA 教学与其他专业也有很大的不同。这种不同既表现在课堂的教学中,如大量的案例教学法,又表现在适用的教材上。MBA 教材有如下特点:一是突出理论联系实际,教材内容中有大量的案例和环境设计,使学生感受到是在经营管理的情境之中;二是思辨性、启发性强,许多问题都没有绝对正确的答案,其目的在于启发学生和读者开动脑筋,寻找相对合理或较佳的答案;三是语言生动,许多内容读起来引人入胜。国外优秀的 MBA 教材不像其他专业教材,一般没有大量深奥的数学公式和严格的逻辑证明,但仍然充满了科学性和理论性。从这个意义上讲,中国的 MBA 教材要向国外优秀的 MBA 教材学习。在当前经济全球化的背景下,MBA 教学中商业情境的设计也要考虑到国际化的因素,力求让学生具有全球观,把握大的发展趋势。

另一方面,中国的经济毕竟是处于转型时期,中国企业在许多方面又不同于外国的企业,尤其是中国企业所处的文化背景与国外相比有很大的差异。如果中国 MBA 的课堂教学全部使用国外的教材,案例全部是 ABC 公司和 XYZ 产品的情况,又难免会使学生产生距离感和陌生感。因此,中国 MBA 教育也有一个本土化的问题,包括把这种本土化的内容体现在针对中国 MBA 学生所编写的教材上。

在连续多年使用国外 MBA 教材(原版或者翻译版)的基础上,经过较长时间的积累,我们感到有必要编撰一套面向中国 MBA 学生的教材。本套教材主要是依据全国工商管理硕士(MBA)教学大纲编写的,同时也参考和汲取了国外知名商学院同类教材的精华,所选案例力争做到经典和最新。作为一个体系,这套教材基本上涵盖了 MBA 教学的主干课程和部分选修课程。教材的编写队伍主要是东南大学经济管理学院、同济大学经济与管理学院、复旦大学管理学院和北京师范大学经济与工商管理学院的教授,他们都是多年来承担 MBA 教学的骨干教师。各门教材初稿完成后,我们约请了**清华大学、复旦大学、南京大学、浙江大学、中国人民大学、西安交通大学、上海交通大学、南开大学、同济大学、北京师范大学、华中科技大学**等院校的专家教授进行了审稿工作。

　　热诚欢迎各位专家和读者提出批评建议,以便重印和再版时日臻完善。

工商管理硕士(MBA)系列教材编委会

第 二 版 前 言

加入 WTO 之后,我国企业的竞争环境发生了更深层次的变化。随着经济开放度的加速提高,更高水平的竞争正迅速在更为广泛的领域展开。对于我国境内的各类企业来说,入世对不同行业、不同发展阶段企业的生存、发展所产生的影响十分复杂,这种影响也存在诸多方面的差异,但有一点完全一致,那就是更多的企业所面临的市场竞争,将不断接近世界水平。

竞争水平的高低主要取决于竞争参与者或竞争对手数量的多少和水平的高低。入世之后的中国正迅速形成新的、更高水平的开放条件,国际一流企业的进入壁垒正迅速降低,面对一流竞争对手,相对封闭条件下成长起来的企业将面临前所未有的压力。

竞争水平不断提高的一大贡献是催生高水平的消费者群体。在开放和竞争的市场条件下,消费者的选择成本降低,选择范围扩大,更为挑剔和成熟的消费群体得以形成,从而对企业的经营管理水平提出更高的要求,如何在满足日益成熟的消费群体的需求方面超越对手,成为新环境条件下企业生存发展的关键。

开放、竞争与消费者水平的提高,为企业克服组织惰性创造了重要的外部条件,对企业变革和创新提出了更为紧迫的要求,并因此形成企业成长、行业进步、地区和国家经济发展的最为可靠的动力。经济学领域的研究成果证明,"创新是经济增长的直接贡献源泉";管理学领域的大量研究显示,创新已成为当前条件下企业在竞争中取得并维持持续优势的最为有效的手段和生存发展的基石。因此,面对进入 WTO 之后的新环境,立足创新、寻求发展应成为我国企业战略调整的主要内涵。企业创新的活跃程度和创新能力将不仅对企业长期的发展产生重大影响,还将对企业当前的生存形成制约。创新的贡献和战略意义,就是要对企业在日趋激烈的竞争中建立和保持优势形成支持。

基于以上思考,本书在基本沿用战略管理主流结构、框架,借鉴该领域最近主要研究成果的同时,尝试尽可能围绕竞争与创新主题展开,尝试在战略决策层面,战略制定、实施和控制的一些主要环节,以及教学案例的选择方面,尽可能引入并反映创新实践可能面临的相关问题,以体现战略管理领域的时代特征。

本书在突出创新主题和力求形成一定特色的其他方面主要体现在：

1. 尝试从战略管理的角度界定企业创新的定义、性质、内涵；研究创新在战略规划、实施、控制各个环节的表现形式；探讨企业竞争力与创新资源集聚、开发，创新系统建设与创新能力提升之间的关系及相关问题。

2. 引入本人主持的一个国家自然科学基金课题和一个南京市招标课题研究的部分成果，探讨不确定环境条件下的战略投资问题和创新企业的微观环境支持问题。

3. 尽可能结合中国国情和我国境内企业的当前实践。本书选配的 8 个案例都是我们最近新编的境内企业案例，其中 7 个案例根据我和我的同事以及我的研究生深入企业的采访，基于一手资料、信息的采集和分析编写而成。

4. 根据 MBA 教学的基本特点和本人从事这方面工作的体会，本书各章节内容的安排和编写尽可能考虑理论联系实际，方法、手段的掌握与解决实际问题相结合，一般共性问题的研究与特定具体问题的讨论相结合。

5. 为了便于教学以及读者了解本书内容，本书各章编写了本章学习目标、本章小结，各章和案例的结尾部分附有建议讨论的问题。

战略管理是一个内容广泛、涉及面很宽、与实践联系十分紧密的领域，它基于诸多相关学科和领域的发展而发展，随现代企业经营环境的变化和企业实践的进步而不断丰富自身的内涵。编写一本有质量的战略管理教学用书，其内容既要反映相关领域的研究进展，又要联系当前企业面临的主要问题，是具有相当挑战性和要求长期辛勤努力的工作。在本书的撰写中，本人虽尽了很大努力，但因受自身水平和时间的限制，书中仍有许多不当和不尽意之处，敬请读者谅解和指正。

在本书的构思和写作过程中，借鉴了很多国内外专家的研究成果，一些思路和倾向性观点的形成得益于许多专家的指点。作者在此感谢加拿大多伦多大学管理学院的 Alan M. Rugman 教授、西安大略大学商学院的 Paul W. Beamish 教授和英国华威大学的 Gordon Fithern 教授，我在加拿大和香港进行学术访问和从事合作研究期间，他们给了我诸多方面的帮助，他们的建议和提供的大量资料及成果使我在本书的撰写过程中受益良多。

作者在此要特别感谢清华大学台湾研究所所长——刘震涛教授。多年来，他一直关心和支持我和我所在系的教学和研究工作。本书部分案例的调研和编写得到刘教授的资助，他还在案例构思、研究目标设计和审稿等方面，给了我可贵的支持和帮助。

黄　凯

目　录

第1章 新环境条件下的企业竞争

【本章学习目标】

学习本章的过程中,要求侧重了解:
- 经济全球化和技术进步的当前趋势及对企业新的经营环境形成的影响。
- 环境的不确定特征及基本内涵。
- 中国企业经营环境变化的主要特征及其对企业重大决策的影响。
- 战略管理基本概念及理性决策问题。
- 战略管理中系统和动态研究方式的构成和基本内涵。
- 新环境条件下战略管理的发展方向。

企业战略取向的合理性首先表现在对外部经营环境的适应性。面对日趋复杂和多变的环境,现代企业的战略决策者必须敏感和准确地把握环境变化的方向、性质及其对本行业和本企业可能产生的影响,有效利用可支配资源,适时对既定战略作必要调整,以把握机遇和规避风险,确保企业在竞争中处于相对有利的位置。

1.1 环境的变化趋势

从全球范围看,20世纪70年代以来的经营环境发生了诸多方面的深刻变化,其中最根本和对企业生存、发展产生最为深远影响的变化主要表现在两个方面,即经济的全球化和现代技术的高度发展。

1.1.1 经济的全球化

经济的全球化也称经济的全球一体化,泛指整个世界经济随着各国和各个地区经济开放度的不断提高,日益向相互依存和一体化方向发展的趋势和过程。

经济的全球化首先得益于世界范围贸易壁垒的大幅度降低。第二次世界大战以后,主要发达国家针对工业制成品的平均关税从 1950 年的接近 20%,降低至 2007 年的 4%左右,关税的降低促进了国际贸易的迅速增长,二战后全球贸易额的增长超过了全球生产的增长,为世界经济的一体化发展奠定了重要基础。

在贸易壁垒不断降低的同时,世界各国对国外直接投资(FDI)纷纷采取了更为开放的政策,不论是发达国家,还是发展中国家,不断创造和放宽条件,减少限制,鼓励外国资本进入和本国资本对外投资已成为近年来的基本趋势。2007 年,全世界所有国家的 FDI 突破 1.5 万亿美元的历史性高点。国际直接投资的快速增长对经济的全球化起到了十分重要的推动作用。

经济的全球化具体体现在市场和生产的全球化两个方面。对于有些行业的企业而言,面向全球市场的消费者开发、生产、销售标准化的世界性产品已成为今天的基本生存方式,如民用飞机、个人电脑、移动电话、手表、照相机、微处理器、大宗原材料、标准化零部件等。越来越多的这类商品还包括快餐、饮料、休闲服饰、影视作品、竞技体育运动、金融保险业务等,出于当前条件下竞争和发展的需要,提供这类商品和服务的企业正迅速突破国别市场的界限,在全球范围大市场展开角逐。以上行业或经营上述商品的企业借助日益开放的国际环境取得长足发展,与此同时,它们的国际化实践对全球一体化大市场的建立与发展形成了直接的支持和推动。

生产的全球化是指越来越多的企业日益依赖世界各地的资源,以不断改善自身的生存、发展条件,提高企业产品的市场竞争力。这类企业在世界不同国家建立生产、加工基地,在全球范围寻求零部件供应商和专业化服务支持,借助世界各地的优势资源降低生产成本、改进产品质量、提高企业运作整体效率。采取全球化生产战略的企业既有大型公司,也有中小企业,如美国波音公司的大型民用客机,构成最终产品的 10 多万个主要零部件由分布在世界各地的数百家供应商生产。而美国的一些小型专业芯片开发公司往往在加州硅谷设计产品,在韩国或台湾地区加工、生产,卖给亚洲国家的家电生产厂家,形成最终产品后销往世界各地。事实上,今天有许多商品已很难界定其国别产地。比如,某个品牌的冰球器具在瑞典设计,由加拿大公司出资,在美国和丹麦组装,分销商主要集中在北美和欧洲;该产品所用合金的分子结构由一家美国研究所研究,合金由一家日本公司生产;产品广告在英国构思,在加拿大完成广告片的拍摄,在英国配音复制,在纽约完成编辑。

1.1.2　现代技术的高度发展

现代技术的高度发展主要是指二战以来计算机、通信、交通运输等领域的技术进步和高度发展。计算机技术的进步首先体现在终端处理器技术的快速进步和发展方面,性能价格比不断提高的微处理器使计算机的使用得到了极大的普及,处理复杂信息的功能得到不断强化;通信技术的革命性进步主要体现在光纤、卫星、无线等技术的发展,信息、通信网络的建设及网络环境下新的通信手段、技术的开发和应用,覆盖全球的因特网和万维网连接亿万终端,极大地降低了全球范围的信息交流和传输成本;交通运输工具和条件的进步及发展使全球范围各种资源的跨地域流动更为便捷,成本大为下降。

现代技术的高度发展首先为经济的全球化奠定了重要的基础条件,除此之外,技术的进步本身还对企业经营环境诸多方面的变化产生深远和十分复杂的影响。比如,在信息技术高度发展的今天,企业的交易环境实际已发生了与过去完全不同的质的变化,引用哈佛大学学者迈克尔·波特的一段描述:"鼠标轻点,今天的企业几乎可以从世界任何地方采购所需的物品与服务",今天的国际采购成本如此之低,这在过去是无法想象的。对于众多企业的决策者,这种交易环境的变化和外部交易成本的下降意味着重大环境变化,属于必须认真研究和考虑其直接影响的重大战略问题。在不少行业,内部一体化等发展模式因此而不再具有合理性,高度专业化、分工更细、侧重发展关键生产、经营优势环节的战略调整成为趋势和方向。借助新的交易环境,中小企业的独立生存发展能力大为加强,并因此改变了少数大企业垄断某些领域的竞争格局。

现代技术的高度发展还为企业创新提供了直接支持。现代企业借助日益强大的计算机及不断进步的软件技术和网络条件等,在研发、采购、生产、营销、服务等各个环节和企业管理的各个层面越来越多地引入计算机辅助手段,不仅大幅度地降低了成本和提高了效率,还为新的质量标准,新的生产、经营、管理方式等奠定了装备基础和技术环境。基于新技术手段的创新活动对企业竞争力的提升具有重大战略意义,大量研究证明,在现代企业的竞争中,谁能及时和创造性地引入、开发、利用新的手段,谁就有可能把握先机,在竞争中脱颖而出。

1.2 环境的不确定性

经济的全球化和技术的高度发展以及由此引发、派生的一系列复杂因素与其他方面的因素相互交织,导致企业环境变化的频率提高,环境呈明显的不稳定和不确定。在不确定环境条件下,企业决策的难度和成本增大,单纯依赖经验、直觉决定重大问题的风险也随之增大,理性战略的意义凸显。

1.2.1 环境变化的行业差异

近 30 年以来,企业经营环境变化的总体趋势是环境变化的频率加快,环境的不确定特征明显,与此同时,不同行业的环境变化在频率、幅度和形式等方面则存在差异。比如,在机械制造业的行业主流生产技术和工艺方面,过去 30 多年来的变化相对较为缓慢,自数控技术引入生产以来,其技术环境便相对较为稳定。而在电子、信息等领域,技术创新十分活跃,变化和进步十分迅速,按照莫尔定律,微处理器技术的进步可以使处理器的功能每18 个月提高 1 倍,而生产成本则同步降低一半。

鉴于环境变化在不同行业存在差异,不同行业的企业决策者在决策思路、竞争方式的设计和选择方面便必然存在差异。快速变化行业的决策者必须习惯于时时准备面对新情况和新问题,建立环境研究系统,提高环境研究能力,把握环境变化趋势和性质,不断调整现行战略以适应新环境,快速反应能力往往是这类企业在竞争中生存、发展的关键。

战略管理的一项基本任务就是要为企业规划未来,顺应环境并基于现有资源、能力,设计和实现理性发展目标。在快速变化和不确定的环境条件下,理性规划和适时调整更为重要,大量事实和研究证明,注重环境研究并能及时、有效实施调整的企业把握机遇和规避风险能力更强。

1.2.2 不确定环境条件下的战略投资

战略调整或企业中长期目标的实现经常伴随具战略意义的重大投资活动,如生产线的改造、引进,生产规模的扩大,兼并收购,新市场的进入,营销、分销网络的建立或拓展,新产品的开发和推广等。这类投资往往规模较大，形成能力周期较长，并由于退出或功能转化成本较高而有很大程度的不可逆性，从而导致投资及战略方案本身的灵活度或可调节性的丧失。国外战略管理领域的大量案例研究显示，在企业经营环境快速变化的条件下，即使初始战略方案的选择具有相当的可行性，这种灵活度或可调节性的丧失也可能酿成重大的投资风险和战略性经营失误。

投资的不可逆性主要是指企业资产的不可转换性，首先与投资所形成资产的功能专门化有关。这种专门化一般表现在两个层面，一是行业专门化，二是企业专门化。行业专门化资产通常无法或很难跨行业转换使用；企业专门化资产通常很难为同行业其他企业所利用。比如，石化、钢铁厂厂房、设备往往只能用于生产石化、钢铁产品，是典型的行业专门化资产。营销、广告等类型的投资则往往形成企业专门化资产。绝大部分企业，特别是制造业企业的投资都存在较大程度的不可逆性，投资一旦发生便形成较高资产重组或转换成本。事实上，即使是行业和企业专门化不明显的投资，也同样存在不可逆的问题。办公设备、一般运输工具等方面的投入是最为典型的非专门化企业资产，尽管可以跨行业、企业转换，但仍将形成转换成本，因此也存在一定程度的不可逆性。

投资的不可逆性造成企业投资对各类不确定环境因素可能形成的投资风险处于开放状态。经济、商业周期引致市场供需状况的变化；利率、汇率波动导致投资成本的变化；政策法规变动引起行业投入成本结构的变化；生活水平的提高造成目标市场消费偏好的变化；技术进步引发生产、经营方式、手段的变化；国内外新对手的进入促使竞争格局的变化。诸如此类变化所形成的一系列不确定因素，可能导致企业预期投资目标无法实现。此类情况一旦发生，投资的不可逆性便能导致企业现金周转发生困难，从而直接酿成企业的生存危机。

不确定环境所造成的"不确定"风险实际是企业投资发生过程中因环境变化而造成的预期投资目标无法实现的风险。在企业环境高度不稳定的条件下，从投资发生到投资预期回报实现的过程中，影响回报的关键因素（如投资产出的市场价格）可能因环境的变化（如新竞争对手的进入引起行业供需状况的变化）而发生变化。这种变化可能完全动摇初始决策方案的合理性，从而导致投资失败。大量国内外案例研究成果显示，在企业经营环境快速变化的条件下，即使初始投资方案的选择具有相当的可行性，这种"不确定"风险仍可能引发企业生存危机。

对于处在快速变化环境中的企业来说，理性战略和适时调整的重要性不仅体现在重大项目投资决策的过程中,还体现在投资发生的过程中,因此,对环境监测和研究的要求也会更高。

1.3　我国企业的经营环境变化

改革开放以来,我国企业的经营环境发生了巨大和深刻的变化。快速变化的环境为大批企业的迅速崛起提供了难得的发展机遇,也使众多环境意识淡薄,环境研究、适应和调整能力较差的企业面临前所未有的挑战和考验。有的举步维艰,有的则面临生存危机直至被淘汰出局。根据我们的一项针对国内企业投资行为的实证研究,所有因重大投资失误而面临生存危机的企业都存在投资决策阶段的环境判断失误,反映出投资缺乏理性战略作为指导,其根源是典型的战略决策失误。这类典型的战略失误可以归纳为以下几种基本类型。

1. 从计划经济到市场经济

计划经济向社会主义市场经济过渡过程中的一系列变革,实际导致了企业生存发展环境的深刻变化,企业决策者不从本企业所处环境角度研究改革政策措施的性质及其影响,并对变化和可能出现的变化作出及时的反应,重大投资决策便不可避免地带有明显的盲目性。比如,我国流通体制及流通渠道的改革实际导致了众多企业所依赖的分销渠道的解体,企业不采取对策性措施,调集资源重建新的渠道,而是盲目地扩大原有产品的生产能力,必然人为地加大了产品滞销和投资失败的可能性。

2. 对行业规律的认识偏差

对经济周期引发的,所在行业目标市场的需求周期规律缺乏基本的认识。如机床属于典型的资本品生产行业,每当经济进入衰退阶段,该行业通常先于其他行业,首先受到打击,而经济一旦回暖,在分享经济成长利益方面又滞后于下游行业。决策者若不能通过学习和研究,把握这类规律,便可能因投入时机不当而造成项目的额外风险。

3. 对行业技术发展趋势的认识偏差

对所在行业的技术环境现状及其发展趋势缺乏研究和基本认识。这里的技术环境是一个广义的概念,泛指影响本行业研究与开发(R&D)、采购、用材、生产工艺、营销等生产经营各个环节技术现状及其发展趋势的主要环境因素。技术环境的变化可能导致行业核心技术结构的变化,率先作适应性调整的企业,可能在竞争中取得先手之利,反应迟钝的企业则可能被淘汰。这一点在电子等技术更新周期较短的行业表现得尤为突出。调查中发现的典型案例显示,有企业在投巨资引进关键专用技术之前未作必要的技术分析,引进的技术为将要完全被淘汰的生产线,引进前周边及目标市场已经出现换代产品。结果项目刚完成投产,即发现产品的替代已经完成,销售计划无法落实,引进生产线被迫完全闲置。

4. 消费偏好变化趋势把握方面的偏差

改革开放以来,我国人民的生活水平得到了明显提高,生活方式、生活习惯发生了深刻变化,与此相关,人们的消费结构和消费偏好也发生了明显变化。比如,人们在许多一般消费品的采购决策中,开始更多地考虑产品的款式,包装等因素,对耐用等因素的考虑则退居次要位置。但我们的调查发现,许多决策者并没有对这些变化予以足够的重视。项目设计没有更多地考虑如何适应新的偏好,更没有在满足新的需求方面寻求创新,一般性的投资自然不能形成明显的市场号召力。

5. 忽略对手和竞争形势判断方面的偏差

在竞争比较激烈的行业,企业重大投资更应侧重考虑如何打击、削弱主要对手,巩固和加强自身的竞争地位;考虑如何抵消、回避来自对手的威胁,发掘和建立自己的竞争优势。这就要求决策者对本行业、本企业目标市场的竞争状况、格局、发展趋势,与主要对手相比较而言的优劣势等有充分的了解和认识,否则只能是低水平的重复投资。

调查中我们发现,忽略对手的盲目投资现象最为严重,几乎所有项目的失误都与此相关,十分典型的案例也比较多,可以分成两类:一是原来经营状况较好,但由于投资失误被对手击败的企业;二是盲目进入行业壁垒比较低的领域,由于缺乏区别于对手的"特色"和创新手段,在激烈的竞争中被迫不断降低产品价格,濒临生存危机的企业。

6. 经济增长和需求走势判断方面的偏差

改革开放以来,我国经济经历了相当长一段时间的高速增长,伴随新兴行业(电信、金融、房地产、休闲娱乐、新型车辆、新型家电等)及大批新产品的出现,不少商品的市场需求曾出现一段时间的"跳跃式"增长。一批企业迅速把握机遇,借助先手优势,大胆高比例负债投入,取得超常成长业绩。这类事例广为传播,激发了大批企业的投资热情,促成了一批企业家快速扩张投资的决策行为模式的形成。进入 20 世纪 90 年代中期,经济增长趋缓,更多的行业进入稳定成长阶段,"超常规发展"的机遇开始减少,但高速成长期形成的投资决策习惯仍对决策产生影响,环境发生变化,发展思路不做调整,决策失去理性前提。进入新世纪以来,我国经济进入了新的高速成长期,企业在面向未来投资决策时,难免出现预期判断偏差的现象。

1.4 理性战略与决策方式

所谓理性战略是指比较注重分析研究,有一定设计和规划的企业战略。在市场化程度不断提高和竞争日趋复杂激烈的新的环境条件下,过分依赖经验直觉的决策模式的风险很大,理性战略的意义凸显。

1.4.1 战略与战略管理

企业战略的基本属性是竞争(垄断行业除外),在争取客户的竞争中,确保本企业产品、服务的市场号召力,使企业处于相对有利的位置是战略设计的主要目标。竞争中,直接决定企业兴衰的力量并不是来自参与竞争的企业本身,而是来自特定的消费群体。因此,谁能在满足消费者需求、偏好方面做得比对手好一点,使消费者在购买决策中倾向于自己,谁就能胜出,并获得价值实现的决定性机会。

战略管理的相关定义和内涵解释很多,本书不作系统介绍或展开学术意义上的讨论,为了便于 MBA 学员掌握并在今后的学习和管理实践中不断加深对其的理解,这里不作严格定义,仅建议学员将战略管理看做:满足企业股东预期,与自身资源能力相匹配,与外部变化环境相适应,以提升企业竞争力和建立优势为目的的一系列的企业活动和努力过程。

满足股东预期是企业的基本组织原则,战略管理的任何重大决策和变革若不能得到董事会的理解和有力支持,管理层往往会面临重重困难或一事无成。战略管理通常表现为一系列从上到下的组织变革,董事会的预期导向和支持力度是变革成功的前提和基本保证。战略管理中把握机遇、规避风险的任何重大决策总是受到企业资源和能力现状的制约,因此,企业在决策时要坚持与自身资源相匹配体现"量力而行"的决策原则。所谓"量力而行"的具体内涵尽管因不同发展阶段、不同发展水平的行业或企业,不同宏观环境背景,不同竞争条件和不同风险偏好的企业家等而存在差异,却总是战略目标设计和选择的主要决策原则之一。与外部变化环境相适应是理性战略的基本衡量标准,战略必须根据环境变化而调整,调整的时点把握、调整的质量和效率是新环境条件下企业生存发展的关键。战略管理必须以开发和提升企业的竞争力和建立竞争优势作为企业一切活动的基本出发点和根本目标,凡与竞争力提升和优势建立相关的问题都属于企业的重大战略问题。最后,战略管理实际是一个连续不断的和复杂的组织学习的过程。战略管理的各个环节都要求企业研究新情况、解决新问题,要求组织建立并不断完善内部信息沟通、学习系统,调整现行经营管理观念、生产经营方式、资源配置模式。战略实施和实现战略目标的过程要求企业上下同心、步调一致,最终结果不光体现在目标实现方面,还对开发企业核心资源、提高企业员工素质和组织快速反应能力、形成积极向上的企业文化、建立和健全组织管理系统等方面产生影响。这些方面的进步就是企业资源能力方面的进步,对企业竞争力的提升形成关键支持。

战略管理过程是指战略管理活动通常划分的三个基本阶段,即战略制定、战略实施和战略评价和控制。

1. 战略制定

战略制定阶段的活动包括环境研究、企业发展方向、任务的确定,长期目标、战略方案的制订、选择和确定。战略制定阶段的分析、研究、设计、规划等活动所占比重较大,企业决策者和决策参谋人员的研究能力、经验,企业的决策信息系统建设水平等是保证战略制定阶段工作质量的关键。一些环节如战略的设计和选择等要求事先考虑到战略实施过程组织调整的难度和成本,不考虑可操作性的规划不具备理性基础。

2. 战略实施

战略实施阶段的主要任务一般包括政策设计、年度目标的制定和分解、资源配置、组织调整、企业文化重塑等,是战略管理的行动阶段。这一阶段要求组织上下统一认识、步调一致,围绕具体目标,行之有效地开展工作。

战略实施往往涉及组织变革,组织沟通、学习的任务较为繁重,要求企业领导和领导群体积极努力,以饱满的工作热情,影响和争取全体员工的支持,排除各类干扰和阻力,为实现企业既定目标开展卓有成效的工作。

3. 战略评价和控制

战略评价和控制阶段的主要任务是评价、测度战略实施的绩效,及时发现问题和偏差,并加以修正和调整。评价和控制主要要解决两个方面的问题:一是根据内外部环境变化的最新信息重新审视、检验既定战略的理性基础;二是发现战略实施中出现的主要问题,研究解决方案和措施。既定的战略为企业各类活动和组织的行为规定了中心坐标,但战略实施的过程控制要求更为具体、有效的评价和测度手段以及企业信息反馈系统的支持。

1.4.2 理性战略与经验、直觉

理性战略要求基于一定的分析、研究和设计,但从不排斥经验、直觉在战略决策中的重要作用。在新的环境条件下,企业重大决策要求引入一些尽可能客观、逻辑和系统的分析手段和方法,但管理决策通常在很大程度上带有明显的艺术倾向性,主观的判断在很大程度上起决定性的作用。因此,决策参与者的判断能力和水平往往直接影响决策质量。

管理决策理论的最新成果显示,任何理性决策的假设都带有明显的局限性。这方面研究的代表人物西蒙指出"处理现实中的各种问题需要客观、理性的行为,但是,与存在的大量问题相比较,人在阐述和处理这些问题方面的能力是很小的。"许多决策者在决策过程中实际选用的信息,往往是由于这些信息容易获得,而不是由于这些信息具有所需的质量。因此,决策过程中一些重要的信息的比重反而会低于一些容易获得的信息的比重。

指出理性决策的局限性,并不意味决策者可以放弃决策过程中的理性要求。尽管完全理性的决策假设不成立,企业面对竞争,寻求发展的客观现实还是要求决策者在可能的条件下尽量遵循理性的决策原则。一个好的决策者为了进行有效的决策,必须尽量收集与决策有关的信息,正确识别待决策问题,具体分析所掌握的决策环境,客观地拟出尽可能多的备选方案并谨慎地抉择最终方案。

适应现代企业竞争需要的高水平职业经理人应具备理性决策的基本能力和素质,MBA 教育应当包含这方面能力和素质的训练。战略管理课程在这方面的贡献应体现在:(1)帮助学员掌握理性战略决策的相关理论、系统分析方法等理性决策支持手段,提高其理论、方法装备水平;(2)提供机会,引导学员运用本课和其他各课程系统训练中所掌握的理论、方法,并借助个人的实践经验,解决战略管理领域的典型决策问题;(3)借助以上训练和案例辅助教学,提高学员的理性判断和决策能力。

1.4.3　系统和动态的决策思维方式

一般战略管理课程的设计通常体现培养学员系统分析复杂环境和基于分析进行复杂问题决策能力的主旨。本课程设计也按此思路,侧重训练学员掌握系统分析工具,并借助针对特定行业和企业的案例研究积累经验,希望在今后的管理实践中逐步形成基于系统和动态分析框架的战略管理决策思维方式。

图 1-1 是战略管理五维系统动态决策分析框架示意图,我们可以把该图中心特定行业特定企业决策者的位置定义为系统问题讨论的起点。这里的“决策者”是角色定位,作为扮演企业战略决策者角色的任何人,可以首先将注意力集中于“目标消费群”,鉴于目标消费群直接“主宰”企业命运的特殊地位,我们建议将针对他们的分析作为系统研究的起点,或作为该系统分析框架的第一维。针对目标消费群的研究主要要解决市场细分、群体识别和产品服务调整以适应目标群体需求和以更为合理的生产经营方式确保需求

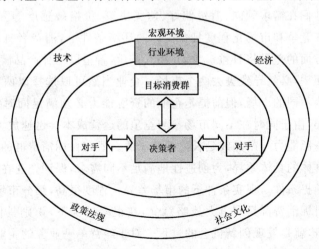

图 1-1　战略管理五维系统动态决策分析框架示意图

得到满足并使企业利益最大化等问题。这方面的研究属于市场营销等领域的范畴,本书不作深入讨论。鉴于这方面的分析对公司业务层战略的选择(见本书第5章)十分重要,又鉴于近年来我们在研究企业问题和在与国内企业领导们的交流中发现消费群研究方面的问题较多,这里仅就几个典型认识方面的问题,作简单陈述,本书其他章节不再专门展开讨论。

研究和交流中我们发现,相当部分企业领导对目标消费群的界定不清,不能作比较具体的描述。有的企业仍只是简单地将产品和服务推向市场;有的将产品分成高、中、低几个档次,未能主动研究市场并有所侧重;有的则在不考虑企业资源能力现状的情况下希冀覆盖尽可能多的市场,赚所有人的钱。总之,目前仍有相当部分的国内企业领导对这方面的问题认识不清,在这方面的研究能力较弱,水平不高,直接影响了这些企业的竞争和发展。我们认为,界定目标消费群的重要性首先体现在为战略决策提供尽可能准确的信息,企业活动的价值实现才有可能具备理性基础。试图赚所有人的钱,实际往往是任何人的钱都赚不到,试图满足所有消费者的需求实际往往"得罪"所有消费者。比如,目前我国银行的流动存款余额已超过 10 万亿元人民币,从拥有存款的储户结构看,其中 20% 左右的储户拥有 80% 的存款,而另外 80% 的储户只占有全部余额的 20%。根据这样的情况,我们可以假设一个虚构的决策场景,由企业选址目标消费群。凡选择覆盖所有两个市场的企业,其经营活动不存在市场价值实现利益最大化的机会,原因是,不存在满足两个明显差异化市场需求的产品。比较高低收入两个消费群体,他们在需求倾向、消费偏好、购买决策、价格敏感度等方面必然存在差异。在竞争和市场化程度日益提高的环境条件下,消费者日益成熟、挑剔,以上方面的差异将日益扩大,并相互排斥,希望以一种产品满足两个不同市场的愿望,必然导致失去两个市场。企业当然可以选择以两种产品分别针对两个不同的市场,但前提是企业的资源能力必须满足同时针对两个市场的需要,由于同时在不同市场参与竞争的运营成本会迅速放大,必须解决好有限资源能力与产品线延长之间的矛盾。研究目标消费群的关键是要识别不同群体的具体差异,为创造性地满足不同需求,保证企业在竞争中胜出而建立前提条件。现实条件下的市场差异化程度很高,细分市场,有针对性地研究目标消费群具有重大战略意义,在很多情况下,识别具体消费群的研究本身,就是发现创新机会的过程。对于经营单一业务的企业来说,随着企业的成长而扩大产品线是重要的发展思路,但前提是要区别对待不同消费群体,只有具体区分,才有可能开展有价值的研究,继而才有可能对战略决策形成有价值的支持。一般规律显示,企业的健康发展通常呈循序渐进轨迹,发展初期往往集中资源针对一个特定的消费群体,在稳固一个市场的条件下不断集聚资源、积累经验、提高能力,为产品线的延长提供资源能力基础,进一步发展可以优先考虑一个相关市场,借助资源的共享优势以尽可能低的成本拓展相关业务,使企业的成长保持延续性。

系统分析的第二维是针对竞争对手的研究,从识别和确定目标对手企业,研究的重要内容、主要目标到相关概念、认识、重点、方法等,将作为本书第 2 章中的一部分,集中加以表述。

系统分析框架的第三维是针对决策者所在企业自身的研究。本书的第 3 章侧重介绍内部资源、能力分析的性质、目标,核心能力概念,以及与此相关的分析、评价的定性和定量方法等。

系统框架的第四维是针对行业环境的分析。本书第 2 章的行业环境分析部分围绕该研究目标展开,内容包括分析研究的基本概念和性质、波特的五要素模型、特定行业的成功关键因素分析及行业环境关键信息等。

战略管理环境分析系统的第五维是针对宏观环境的研究。本书在第 2 章宏观环境部分具体介绍 PETS 模型及结合所在行业、企业实际,判别环境关键信息的相关思路。

系统研究五个方面的环境问题,每一方面又包含一组变量,对于任何训练有素的企业决策和决策参谋人员都是一项十分复杂和艰巨的任务。所谓系统,就是全面的概念,要求在研究中尽可能不漏掉重要信息和关键变量。所谓动态,则近似连续不断的概念,在不断变化的环境条件下,任何一维的任何变量的变化,都有可能引起一系列的连锁反应,对企业既定战略的理性基础构成复杂影响,因此要求不断跟踪研究,以确保对当前环境走势的判断不发生大的偏差。掌握系统和动态的分析研究方法,养成系统和动态地看问题的习惯,是当前竞争对企业决策者提出的客观要求。

有质量的战略决策除了要求决策和研究人员掌握以上方法以外,还要求接受比较系统的训练,具备经济、管理等学科的理论基础,拥有管理实践等方面的经验,而更为重要的是,要坚持不断学习,善于创造性地借助理论、方法、知识和经验解决实际的决策和管理问题。常年坚持学习和研究的决策和管理人员,其面对复杂问题的判断能力和决策水平才能达到较高的境界,才能在复杂问题的决策中,不但能全面地看问题,还能在系统全面思考问题的基础上善于捕捉关键信息,抓住关键矛盾,创造性地以尽可能低的研究成本,有效地解决战略管理中的关键问题。

【本章小结】

从世界范围看,在以全球化和技术进步为基本特征的新的环境条件下,越来越多的企业开始面对日益增大的调整压力。过去的一些行之有效的竞争方式和发展思路正日益清晰地表现为对新环境的不适应。比如,大规模生产所追求的规模效应对竞争优势的支持不仅呈弱化趋势,还因规模扩张过程中管理、调整成本的不断上升而使企业面对日益增大的风险;过去普遍认同的成本决定产品和服务价值的概念正日益面临挑战,一些上市企业的股票市值可以是其实际净资产的数十倍甚至上百倍;知识资源的价值正不断提升并得到越来越多的肯定,知识在许多行业和企业正日益成为利润的主要来源;大规模标准化生产开始让位于一定规模的个性化定制;战略联盟的发展形式日益流行;企业外部采购的比率在不断扩大。所有这些转变似乎在昭示和描述一种与过去不同的新的竞争方式和发展思路,正在形成并呈主宰未来发展的态势。大量研究和事实显示,在新的环境条件下,企业只有顺势而为,不断调整、注重创新,才能在新一轮的竞争中胜出。不断推动创新,并借助创新不断提升企业的竞争力应成为现代战略管理的主要任务和基本思路。

【思考与讨论题】

1. 以一个你所熟悉的企业为背景,讨论经济全球化和技术进步对该企业现行生存、发展方式的影响。

2. 以一个你所熟悉的企业为背景,试借助五维动态的系统分析框架,从一个方面发现和描述环境变化所引发的企业战略调整的需求。

【本章参考文献】

1. [美]迈克尔·A·希特等.战略管理:竞争与全球化(概念).第6版.吕巍等译.北京:机械工业出版社,2005

2. [美]唐斯.企业策略机器.闫正茂译.沈阳:辽宁教育出版社,2003

3. [美]查尔斯·希尔.今日全球商务.孙建秋等译.北京:机械工业出版社,1999

4. Carl Shapiro and Hal R. Varian, Information Rules. Boston:Harvard Business School Press, 1999

5. Pankaj Ghemawat, Strategy and the Business Landscape. Massachu-

setts：Addison-Wesley，1999

6. Hugh Courtney，Jane Kirkland and Patrick Viguerie. Strategy Under Uncertainty. Harvard Business Review，Nov.-Dec.，1997

7. 黄凯.企业创新与城市经济发展机理研究.东南大学学报，2002(6)

8. 黄凯.企业投资的不确定风险及防范思路.投资研究，1999(12)

9. 黄凯.企业投资灵活度问题研究.中国软科学，1999(10)

10. 黄凯.期权定价理论的思路、方法及其在企业战略投资领域的应用.中国管理科学，1998(2)

11. 张敏,沐志成.科技商品化——创新与经济发展.上海:同济大学出版社,1989

第 2 章　注重创新的企业战略

【本章学习目标】

　　学习本章的过程中,要求侧重了解:
- 企业创新的基本定义。
- 创新在新环境条件下的战略意义。
- 创新的风险投资性质。
- 对创新形成制约的主要条件与动力因素。
- 形成创新系统的主要环节和系统建设中要解决的主要问题。
- 企业创新的微观环境及其对创新的影响。

　　在经济全球化和技术高度发展的新的环境条件下,企业的生存、发展面临前所未有的竞争压力,并由此形成对企业创新的根本推动力。国际实践的经验证明,单纯追求规模等传统发展模式正面临日益增大的风险,并不足以支持企业形成持续的竞争优势,而创新活跃并卓有成效的企业则往往能够在不断变化的环境中把握先机。创新一旦对企业竞争力形成支持,企业产品与服务的市场号召力就会迅速提升,企业成长进入良性循环的优势基础便得以确立。

2.1　创新的定义、性质与内涵

2.1.1　创新定义

　　自约瑟夫·熊彼特在其著作《经济发展理论》中开创性地提出创新理论以来,围绕创新的研究主要沿两个方向展开,一是针对技术创新(technical innovation),侧重技术变革和推广等方面的研究;二是引入交易费用、制度变迁等概念,针对制度或组织创新(institution innovation)等方面的研究。

根据经济学的研究成果,创新的定义可以大致归纳为:企业在生产经营过程中建立的新的生产函数或要素组合,或指创造性地开发各种要素组合的企业家行为或企业行为。

创新的内容可以具体划分为以下四个方面:

(1) 技术创新。可以高度概括为新的生产方式的引进,具体可以指基于科学发现和技术进步开发新产品、新流程,使科技成果商品化和模仿现成创新成果等相关企业活动和行为,涉及原材料、能源、设备、产品创新、工艺程序设计、操作方法改进等各个方面。

(2) 市场创新。主要是指市场开拓、交易渠道、交易形式、交易手段等方面的创新。

(3) 管理创新。主要是指管理理念、方法、手段等方面的创新。

(4) 制度创新。主要是指治理结构、制定安排、企业组织形式等方面的创新。

从战略管理的视角理解创新,可以更加强调其服务于竞争,支撑优势基础的属性,对创新内涵的界定也可以更为丰富和宽泛。一切以提升企业竞争力,形成竞争中差异化优势为目的的,并能为消费者感知和认同的开创性活动和行为都可以纳入企业创新的范畴。创新可以体现在企业生产经营价值链活动的各个环节,企业活动的整个过程和各个层面。

关于创新的界定标准,有研究认为应专指那些引发“革命性”变化或“突变”的要素重新组合方式。从战略管理的角度看,这一标准更具体也更为明确,可专指那些能与对手形成差异,并能为消费者感知和认可的开创性要素重组活动。与对手形成差异,得到消费者认同并很难被对手所模仿,是企业创新追求的最高境界。

战略管理首先要解决企业的“方向路线”问题,即在复杂的环境条件下,研究和确定企业生存发展的“理性”路径,资源配置的总体方向和阶段重点,并借助战略实施过程中的一系列创新活动和创造性努力,以确保企业在竞争中争取有利位置。战略管理的基本功能不是解决原有模式和既定路径下的效率提高问题,除非这种效率的提高本身已具有战略意义,而是要根据环境变化的要求,解决路径调整和模式突破问题。在当前新的环境条件下,战略管理的主要任务就是要研究注重创新的发展战略,发掘创新机会,集聚和培育创新资源、能力,建立并不断完善创新系统,塑造有利于创新的企业文化,并借助创新,建立竞争中的优势。

从战略管理的角度理解创新,其内涵可倾向于宽泛,形式可倾向于多样化,可以包括经营模式的创新、采购方式的创新、组织形式的创新、研发策略的创新、用人方式的创新、分销渠道的创新、管理系统建设的创新等。从战略管理角度理解创新,创新资源的配置更应强调突出行业特点、竞争需要和企业的具体资源能力状况。战略管理要求创造性地集中有限创新资源,发掘和建立生产经营关键环节的优势基础。

许多具战略意义的创新成功案例显示,有相当部分的成功企业,其竞争优势的基础不是依赖典型的技术突破和产品创新,而是在其他一些相对比较"软"的方面。比如,戴尔公司的成功,首先应归功于公司初创阶段战略定位的创新,进入高度竞争的计算机行业,戴尔选择了与众不同的经营模式,与对手们提供标准化产品不同,戴尔的电脑是"量体裁衣",根据客户特定需求专门设计和配制的,营销模式也不同于标准机的一般分销和零售,而是新的直销模式。新的经营方式对员工的素质提出更高的要求,为满足集团用户的特定要求,戴尔的员工必须帮助客户诊断企业问题,分析需求特点,确定终端和系统的设计、配制和维护方案,最后才是提供产品和服务。新的经营方式实际人人增加了生产经营过程的复杂性,提高了行业进入门槛和对手模仿的难度,满足了特定客户的特定需求。而更为重要和更具战略意义的是,新的经营模式大大提高了公司集聚专业人才,开发和培育行业关键资源的能力,新模式要求知识含量更高的活动,要求不同专业人员之间的配合和相互学习,从而为企业的长治久安、持续发展奠定了关键基础。

2.1.2　成本、风险与收益

创新通常具有风险投资的性质,投入带有明显的不确定性。

以技术创新中最为典型的活动为例,不论是新产品还是新技术的研究与开发,研发周期、研发成本和投入回报,都很难准确预测和加以控制。从研发周期的情况看,典型的创新研发项目往往要求长期的投入和坚持不懈的艰苦努力,周期长达数年、十多年甚至数十年。比如,飞利浦公司在数据载体材料方面的研究耗时 20 多年才取得商品化意义上的成功。在如此长的研究周期之中,很多突破性的进展带有明显的随机性质,事先很难预测,因此往往是直到项目最后阶段,才能明确是否成功。研发活动本身的不确定性同样导致创新成本和回报方面的不确定。研发过程中,任何新的发现、努力的失败和各种新的环境条件变量的出现,都可能要求重新评价方案、修改计划,调整重心,要求决定是否继续努力,增加或减少投入等。

创新的风险性和投资的不确定性质,提示创新存在较高的失败可能和蕴涵事先无法预见的不确定因素。创新,在某种意义上是企业有计划和冒一定风险的主动尝试,创新者事先应作好面对失败的准备。有的情况下,成功需要一系列失败作为铺垫;有的情况下,原定计划、方案失败了,但积累的经验、知识、发现,人才的培养,队伍的形成,管理系统的建设和完善等,可能派生新的创新机会,为成功的尝试创造必要条件。创新是知识含量很高的活动,并总是带有探索未知专门领域的性质,创新项目不论成败,创新过程中积累的经验、知识和创新人员能力的提升,都是创新的重要产出和企业的宝贵资源。由于这种资源属于全社会的稀缺资源,企业一旦拥有,便有可能转化为企业的优势基础。

创新的收益体现在创新成功可能形成的垄断优势。创新一旦成功,企业便有可能凭借创新使其产品在品种、款式、性能、质量、成本等方面区别于对手,取得竞争中的差异化优势。拥有差异化优势企业就是拥有垄断的力量,就能在某些方面屏蔽竞争,借助垄断定价获取超额利润。

支撑垄断优势的创新通常具有相当的难度,这种难度主要表现为创新过程的复杂性和创新成果的难以模仿性。复杂的创新实际蕴涵较高的学习成本,从而能够降低创新扩散速度,延长创新企业的垄断周期,在尽可能阻止对手模仿和竞争者进入的条件下,维持垄断定价的优势。

2.2　创新的动力与条件制约

根据熊彼特的理论,企业创新是"建立一种新的生产函数",是把生产要素与生产条件重新组合并引入生产经营体系,进而实现商业目标。创新的实质是一个起始于研究与市场需求相互作用中的创新构思,最终落实在新产品、新工艺、新形式、新方法并使其市场价值得以实现的一系列活动过程,是一个技术、思想的创造、转换、应用并付诸实现的复杂过程。在这个过程中,来自企业内外的各种力量与条件因素相互作用,推动或制约创新活动的开展。这些对创新构成动力与条件制约的主要因素可以概括为:创新的外在拉动力——市场需求;创新的外在压力——市场竞争;创新的内在前提条件——创新能力;创新的外在诱导力——创新环境。

2.2.1　市场需求

需求是企业创新最为直接、复杂,也是最为重要的动力制约因素之一。

这里的需求主要是指创新活动或创新具体项目的市场需求基础。任何企业经营活动的开展总是以其市场价值的实现为基本前提,这种企业对市场价值实现的预期,是创新活动开展的基本动力源泉。前面创新定义、性质部分的讨论已经强调,创新是高风险、高投入的企业活动,必须以垄断优势的形成和高的回报预期作为决策前提。这种高回报的预期首先建立于对某种特定市场需求的理解,对某些新的需求或现存的、但尚未满足的需求的发现。随着经济和社会的发展,市场总是在不断地产生新的需求,当这种市场需求形成一定规模,其价值凸显时,便对企业形成吸引力,为企业提供新的市场机会和竞争、发展思路,并引导企业以此为导向开展创新活动,从而形成对企业创新活动的拉动和激励。

2.2.2　市场竞争

竞争是市场经济的根本属性,竞争规律与价值规律一样,都是市场经济的基本客观规律。如果把市场需求看做企业创新的前提动力条件,那么市场竞争则可以看做创新的另一个最为重要的必要动力条件。一般来说,市场需求总是存在的,但从市场研究、需求发现、创新构思、方案设计到创新活动的开展,都要求企业积极、主动地努力。没有竞争的压力,企业主动创新的动力往往不足,组织的惰性很难克服。

市场竞争的另一重要贡献是培育成熟、挑剔的消费群体。高水平的消费群体往往善于对企业的产品、服务提出更高的要求,构成更为直接和显现的创新、变革压力,直接引发企业为生存和发展而创新。实际上,只有在这种压力条件下,企业的主动创新才能成为可能。市场竞争促使企业比竞争对手更快、更好地进行更有效的创新活动,竞争是企业持续创新的最为有效的动力源泉。

2.2.3　创新能力

创新能力泛指企业根据市场需求、竞争状况以及自身的条件,组织人员进行研究开发,研制新产品,引入新方法、新模式。开拓新市场的创新意识、创新观念、分析能力、研究开发能力、投资能力、组织能力、营销能力等多方面的相关能力,是创新过程中一系列所需能力的综合体现。在其他创新动力和条件具备的情况下,企业创新能力的强弱直接关系到创新机会的发现、创新活动的资源能力基础和活动开展的有效性。这方面资源能力基础薄弱的企业,往往很难有效发现市场机遇,即使发现也很难建立有效方案并付诸实施。因此,创新能力是企业创新活动开展的基本条件制约。

2.2.4　政府政策

政府政策是企业创新的外在诱导力。市场需求和市场竞争都是来自市场的动力和条件因素,而政府政策则属于来自市场以外的激励和诱导因素。最近的研究显示,政府在教育、基础研究等方面的投入水平,针对一些特殊产业(如对一国经济发展具长远战略意义的产业),或在经济发展的特殊时期(如市场发育不健全,市场机制动力作用不足和失效的情况下)所采取一些政策措施及其实施效果,往往在很大程度上影响和制约企业的创新行为。比如,基于前面就竞争与创新关系的讨论,政府在建立公平竞争环境方面的政策及其实施力度,必然直接影响企业的创新主动性;政府在创新成果保护方面的政策及其实施效果,必然直接影响企业的创新热情;政府在人才培养、使用方面的政策和实施效果,必然影响企业的人才引进、使用成本,从而影响创新资源集聚成本。

政府政策对企业创新活动的影响是多方面和不同程度上的,有的体现在环境建设和资源的供给方面,对创新形成间接的支持;有的则体现为更为直接的支持;一般来说,最为正面和直接的激励主要体现在产业政策、科技创新政策、财政税收政策等几个方面。

2.3　创新系统建设

创新是各种因素复合嵌合、相互作用和不确定程度较高的复杂活动过程,管理难度大、成本高。在创新资源稀缺,而创新对企业竞争能力的影响日益显现的条件下,创新系统的建设便具有重大战略意义。注重创新的战略管理就是要考虑创新管理系统的建设问题,要借助创造性的系统设计和建设,合理利用有限创新资源,培育新的创新资源,为企业竞争力的不断提升建立基础。

2.3.1 企业创新系统

在围绕创新系统内涵的研究方面存在差异。有的人认为,创新系统是由创新者、创新目标、资本、信息、技术、手段、组织、文化、控制、激励、环境等多方面要素构成的有机联系和相互作用的系统整体。也有的人认为,企业创新系统是企业为了更有效地创造、引入、改进和推广新的知识和技术而形成的企业内部的创新网络系统。有的人认为,创新系统是企业内部的各种要素和关系以及外部环境因素的集合,是它们在相互作用于新的知识和技术的创造、扩散和使用的过程中形成的有机整体。

从战略管理的角度理解创新系统的内涵,我们认为,可以侧重以下几个主要方面:一是创新系统必须服务于企业既定战略,有利于企业战略目标的实现或构成目标实现的支持系统;二是创新系统建设的目的在于有效利用企业有限创新资源,确保创新活动的目标一致性和连续性;三是借助创新系统的建立,为企业创新资源的有效引入、集聚、培育创造条件;四是借助创新系统的建立,形成企业创新的良好环境和氛围,在创新活动得到有效激励的条件下确保企业创新能力的不断提高。

2.3.2 系统建设面临的主要问题

根据研究,典型的创新活动通常具有四个一般规律:①创新源于创新机会的分析,敏锐的环境意识,对关键环境、市场、专业领域信息的获得和把握能力,是发现有价值机会的关键;②创新既要依靠推理,更要依靠想象力,宽松、活跃的创新氛围通常是想象力得以发挥的必要条件;③成功的创新通常从小处起步,看似简单且重点突出、目标明确的研究往往能派生有价值的成果;④创新必须有强烈的欲望和积极进取的精神,通常在有效激励和竞争压力的作用下,才能克服组织惰性,使企业具备足够的创新动力。

基于上面对系统内涵和创新一般规律的讨论,并根据我们的研究和体会,当前环境条件下的企业创新系统的建设,必须侧重注意解决以下问题。

1. 创新战略

创新战略一般是指企业通过构想一种新的产品或服务、界定新的市场范围或重新划分产业界限而改变行业长期以来的竞争规则,以获取新的利润和企业新的成长空间。由于涉及企业经营思路的转变、组织结构的调整、生产技术的突破、营销模式的重组和人力资源的重构等诸多方面因素的影响,企业创新战略的形成过程是一项涵盖企业经营各个层面的重大决策。企业在推进一项创新工程时,管理层应该有意识地借助相对科学的手段和工具,从战略的高度理性地分析、研究、审视和规划创新过程的每个重要环节,重视与创新战略相匹配的资源储备和组织安排。只有在对可能出现的困难和可能遇到的内外部冲击作好充分的应对和准备的基础上,才能灵活应变,顺利推进企业的创新活动开展。

现代企业的创新战略决策系统属于基于综合信息技术之上的决策支持系统,通常采用并行工程环境下的群体决策模式。它通过专家们的协商与交流,共同解决单一专家无法解决的问题,减少决策中的不确定性、随机性和主观性,增强决策的合理性、科学性及快速反应,以提高决策的效益和效率。

2. 创新的组织

组织建设是企业能否有效实施创新战略的基本保障,是创新系统建设的重要组成部分。创新企业或有利于创新的组织带有其本身的倾向性和特征,要求组织内部信息沟通、学习交流更顺畅、效率更高,所谓和谐高效就是创新组织要求达到的高的境界。

追求和谐高效,主要要解决组织内部的协调问题。协调是把创新参与者所有个人的努力拧成一股绳,并引导多方努力成为实现一项共同目标的活动。也就是说,要使企业创新系统中的每个人的行为步调一致。在一个企业里,为了实现创新目标,需要多部门、多方面力量的参与。在涉及多方面专业知识和资源投入的创新活动中,分工往往十分具体,还需要企业外部资源的引入,协调难度大、成本高。因此,要求首先从组织建设角度,为内外、上下、过程等各个方面的协调提供基本保证。协调一致的组织活动中,创新领导者群体除了发挥本身的影响力之外,还要求在组织中淡化等级概念,在尽可能平等的基础上,经常以不同的组织方式体现参与群体共同的利益,消除大家在方法、时间、力量或利益上的分歧,使企业创新系统的目标与部门、个人的目标协调一致起来。

创新是典型的创造性活动,要求宽松、平等、和谐和有利于交流、沟通的氛围。创造这样的氛围除了在正式组织系统的设计、建设中体现这些倾向性之外,还可以经常采用一些非正式的组织形式和沟通手段,比如临时性的项目团队、任务小组、主题讨论、茶话会等。

3. 分配与激励

公平合理的分配机制是企业创新系统得以正常运作的重要保证,也是激发成员积极性的关键所在。企业创新系统各成员的合作创新比一般经营活动更为复杂,作为无形资产的知识和技术其价值很难界定,在整个创新过程中存在很多不确定因素和风险,很难准确地确定在相互配合、相互作用的创新活动中各自贡献的大小。因此,在分配时必须遵循利益分配与风险分担相对称、与成本分担相联系的原则,使成员间的责、权、利相统一,进而确保创新目标的实现。

激励是更为广义的调动人的积极性的问题。企业创新系统是一个以完成某一创新目标为目的的团队,激励机制必须建立在有利于团队产出的基础上,即基于团队的激励而非个体激励。因此,激励机制的着眼点不仅要考虑成员现有的需要,更重要的是通过有效的形式,使组织目标不断内化为成员的内在需要,引导和促使成员个人需要不断向更高的层次发展,培养成员与组织共存、共荣的群体意识及对组织的认同感、忠诚感、向心力和凝聚力。即将成员对个人效用的追求转化为对企业利润最大化的追求。在激励形式上要考虑多样性,向非物质激励升华,激励的导向设计要能够促使成员之间的高度协作和共同超越,为完成组织的总体目标而充分发挥各自的创造性和能动性。

4. 企业文化

故步自封、因循守旧的企业文化容易导致企业成员的思维僵化,禁锢创新思想,令企业行为保守、观念陈旧并且行动迟缓,从而割裂企业与市场的联系,阻碍企业创新的步伐。创新企业的文化建设同样要突出其倾向性,要注重培育那种善于学习、开放宽松、兼容并包、勇于创新的企业文化,为创新战略的实施提供必要的环境氛围和思想方面的重要支撑。

创新文化建设涉及企业价值核心与行为模式的确定和形成,即要有利于企业创新目标的实现,又要为企业的持续发展奠定良好的行为基础。文化建设见效慢,进步也较难测度,需要企业上下长期艰苦的努力,但积极进取的企业文化一旦形成,便能大大降低管理成本,对企业持续创新形成强大的推动力。

5.　创新资源与创新能力

创新的目标是要形成企业的差异化优势,创新的重要制约因素是企业调集和利用稀缺的创新资源的能力。成功的创新过程,实际是企业组织不断学习成长的过程。这一过程中,知识、经验的积累,人才的发掘、培养,队伍的形成等,都是企业最为宝贵财富的积累和能力的形成,为企业持续创新和开展更高水平创新活动奠定最为重要的基础。因此,创新系统建设的另一个重要方面,就是要为创新资源的开发、集聚,创新能力的不断提升提供保证。

企业自身创新能力的提升是一个长期艰苦努力的过程,涉及企业战略制定、制度和管理系统建设、研发资源积累、创新文化塑造等诸多方面的一系列问题。企业创新能力的提升本身也要借助创新,这方面的创新活动与技术创新、产品创新等直接产生有形成果的创新实践同样重要,有些活动本身对企业竞争力形成重要支持,其贡献往往难以测度或很难以财务指标和其他显性指标计量,但大量国内外研究证明,创新能力的提升与有形创新成果形成往往表现为前提基础和水到渠成的关系。国内企业鲜有独立知识产权或核心能力的现状反映出,目前我国企业的创新能力水平未能达到产生大量有竞争力显性成果的阶段。但具重要战略意义的企业创新能力的提升对企业的发展后劲至关重要。

研究创新系统的建设问题多为尝试性的探索。企业创新是特别复杂的系统工程,各企业所在行业不同,所处的竞争环境不同,调集资源的能力不同,在推动创新的实践中,必须具体情况具体分析和具体对待,有针对性地选择目标、调集资源、实施变革。创新系统地建设本身就具有创新性质,必须创造性地设计、建设和在实践中不断完善。

2.4　创新企业的外部微观环境

经济学、管理学等领域的最近研究成果显示,以提升企业竞争力为目标的创新活动,往往受到企业所在城市、区域创新资源积累水平和当地微观环境支持系统建设水平的制约。由于创新资源不同于一般生产经营资源,是特别稀缺的资源,该类资源积累水平较高的城市和地区往往对创新企业产生比较明显的吸引和集聚效应;由于创新活动的开展往往依赖城市和区域系统中的诸多组织和参与者的支持,企业获得资源和借助微观环境系统的成本便成为提高创新资源使用效率,支持创新目标实现的另一个方面的重要因素。

2.4.1 有利于创新的产业群发展模式

传统的产业分工往往导致企业忽略竞争优势赖以形成的众多关键参与者和相关因素,不能有效利用所在城市和地区的各类创新资源。产业群思想则倡导特定产业与其相关、互补、支撑产业,与专门化基础设施、销售渠道、消费群,与培训、教育、研发、信息、技术、咨询、行业规范机构等结成城市、区域性协同发展的联合体。传统分工条件下的组织间关系形式的一极是纵向一体化,另一极是随机的买卖交易。前者要求扩大投入和规模,往往导致企业灵活度的丧失,后者不利于上下家沟通,合资、合作等其他正式联盟关系又必然增加管理、协调的难度。产业群则注重城市或区域性非正式关系网络的建立,强调成员组织相互独立,既竞争又合作,鼓励区内组织通过频繁交易增进相互信任和合作。城市、地区行业协会和政府负责促进沟通、合作和网络设施建设等方面的工作。成功的产业群依靠高效、灵活、独立个体的非正式组织网络,不仅取得整体规模、外部经济、技术溢出、地区品牌、群体学习、资源共享等方面的一系列利益,还大大降低了单个企业因规模过大、投入不可逆而面临的环境不确定性风险,避免了正式联合关系所必然增加的管理成本。产业群还在诱导产业创新方向、协调创新步伐、孕育催生新的经济增长点等方面起到特别重要的促进作用。

企业总是依托于特定产业、城市和地区的发展而发展的,产业群的发展模式对企业创新的重要作用正日益引起学术和企业界的关注,也应成为现代企业战略决策者的高度重视。

2.4.2 创新支持系统

城市或区域创新系统是指由相关的知识机构(企业、大学、科研院所、中介机构等)组成的,为了促进所在地企业的创新发展和社会进步,在各组成部分之间生产、传播、引进、扩散和应用新技术、新知识,并将创新作为系统变化和发展关键驱动力的运行体系。其关键是要实现创新主体之间的联系和相互作用,使知识在系统内有效流动,使企业借助系统的支持得以降低创新成本和风险,从而真正提高企业的竞争力。

从系统结构看,创新系统可以划分为创新机构、创新资源、中介服务、系统管理四个相互关联、相互支撑的组成部分。

在创新系统中,创新机构泛指企业、科研院所、大专院校和政府有关部门(如政府直接推动实施的重大创新项目组织等)。其中,企业是最重要的创新行为主体。它们是发起创新、应用知识、创新投入的主要力量。它们在系统中引发竞争,推动技术、知识的扩散,促进上下游的联系和进步,在依托支持系统创新发展的同时,对系统本身的进步和发展产生重要的推动作用。科研机构为创新活动提供知识和专业技术方面的储备和直接支持,而大专院校不仅发挥科研机构的类似作用,还要为创新人才的培养、知识的更新和传播发挥基础作用。

创新资源主要由资金、人才和信息三方面的资源组成,是创新活动开展的基础要素。资金投入是创新活动得以正常进行的重要保证,大量研究证明,研发费用与创新成功的正相关关系十分明显。对于城市或地区来说,当地的融资渠道、融资方式、融资政策倾向和融资成本等,必然对企业创新形成条件制约。创新人才是创新的核心资源。一个城市和地区的人居环境、事业发展机会、人才政策、交流渠道、高等院校水平等诸多方面的因素构成对有限人才的集聚能力,从而影响创新企业发现、引进和使用这类人才的成本。信息资源是现代企业创新最为重要的资源之一。一个城市和地区的信息化水平、公共信息系统提供产品和服务的质量和效率直接影响企业创新的成本。

中介服务系统在技术和知识转移、资源流动过程中起着桥梁、渠道和媒介的作用,主要由各类专业公司、组织、机构组成。它们主要包括:信息中心,培训中心,咨询公司,技术评估,争议仲裁机构,技术开发、交流中心以及技术、人才市场,科学园区,高新技术产业开发区等。在大多数情况下,企业不可能掌握足够的创新信息和资源,资源的交流和组合无法直接在供给方与需求方之间发生,而是要通过第三者发起并促进这种交易、组合关系的有效建立。因而,创新的信息、资源、成果能否得到扩散和充分利用,在很大程度上取决于中介渠道是否畅通和完备,取决于中介组织的服务能力和服务水平。各类中介和专业、技术支持,服务公司形成创新活动的支持系统,在创新中行使撮合、催化、裂变、促进、服务等功能,是城市和区域创新支持系统的一个重要环节。

　　管理系统主要是指城市、区域政府在创新系统建设中的努力和在推动企业创新方面发挥的作用。政府在营造创新环境方面的作用对企业的创新行为往往产生直接影响,政府通过制定和实施有利于创新的政策而推动创新的作用包括,建立有利于创新资源和要素流动的公平竞争机制,推行有利于创新的分配激励政策、知识产权保护政策、提供政府支持下的风险投资等。创新支持系统的构成如图 2-1 所示。

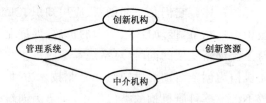

图 2-1　创新支持系统

　　城市或区域支持服务系统实际构成企业创新的微观环境。微观环境的建设发展水平对企业创新的成本形成重要制约。本章探讨企业创新的微观环境问题,是尝试在战略管理的决策中引入区位因素,为涉及区位选择等方面的决策提供支持。

【本章小结】

　　在新的环境条件下,企业创新的战略意义凸显。越来越多的研究显示,只有不断创新,企业才能在竞争中形成和保持优势。战略意义上的创新是一个比较宽泛的概念,一切涉及资源、要素的重新组合,只要其结果导致企业在竞争中形成差异化优势,都属于创新的范畴。

　　创新带有明显的风险投入性质。典型的创新通常周期较长、难度大、成本高,创新的结果也很难预期,但创新一旦成功,创新企业便有可能借助垄断优势获得超额利润。创新是一个复杂的群体学习过程,创新目标实现的过程,还是一个经验、知识不断丰富,创新队伍形成和创新人才脱颖而出的过程。企业在创新中的这种进步,构成企业不断提高和持续创新的资源、能力基础。

　　为了提高企业创新的资源利用效率,企业必须致力于创新系统的建设。系统建设中,企业面临创新战略决策、组织调整、激励报酬、文化塑造、创新资源管理等一系列问题。根据特定行业和特定企业的具体情况,创造性地解决这些问题,并将有限创新资源投入具有战略意义的关键生产、经营环节,才能争取企业创新效益的最大化。

企业创新的效率还受所在城市和地区微观创新环境的影响和制约。新的产业分工和产业群发展模式是经济发展呈区域化趋势中出现的新现象，城市或区域创新环境对企业创新的影响，可以作为一个方面的重要因素，纳入战略决策的考虑范畴。

【思考与讨论题】

1. 以一个成功的创新案例，说明创新对企业竞争力的影响。
2. 以一个你所熟悉的企业为背景，讨论创新可能面临的典型问题。

【本章参考文献】

1. D. Abell. Competing Today While Preparing for Tomorrow. Sloan Management Review，1999
2. Gordon McKibben. Cutting Edge，Boston：Harvard Business School Press. 1998
3. 常修泽. 现代企业创新论. 天津：天津人民出版社，1994
4. ［美］罗伯特·A·伯格尔曼等. 技术与创新的战略管理. 第 3 版. 北京：机械工业出版社，2004
5. ［美］唐斯. 企业策略机器. 闫正茂译. 沈阳：辽宁教育出版社，2003
6. ［美］V. K. 纳雷安安. 技术战略与创新：竞争优势的源泉. 程源等译. 北京：电子工业出版社，2002

第3章 企业外部环境分析

【本章学习目标】

　　学习本章的过程中,要求侧重了解:

· 企业面临何种经营环境。

· 环境及环境变化对企业意味着什么。

· 企业对环境进行系统分析的一般思路与方法。

· 环境变化与企业发展和创新的关系。

　　企业经营活动的开展要求时时与外部环境发生紧密联系,环境因素往往直接影响企业活动的正常运行及其绩效,如企业获取劳力、能源、原材料、资金、信息等资源的成本。如果外界环境相对稳定,企业往往会与顾客、供应商、竞争者、分销渠道以及其他利益相关者建立一种相对不变的关系,对于企业战略的变革只会有十分有限的动力,战略管理过程几乎只是盯着外部环境以确保没有大的变化,战略管理者也许不时地对战略加以轻微的修正。

　　但是在一个出现大量变革因素的环境中,战略管理变得复杂和迫切,为了能够分析当前以及未来可能的形势,以便企业战略与外部环境相匹配,企业必须进行外部环境分析。所谓环境分析就是监测、评价来自外部环境的信息,使企业可以很好地明确自身面临的机会与威胁,确保企业长期健康发展,而且研究表明,环境分析与企业利润正相关[1]。

　　外部环境分为行业环境和宏观环境,它们与企业的关系如图 3-1 所示。

---

[1] J. B. Thomas, S. M. Clark, and D. A. Gioia: Strategic Sensemaking and Organizational Performance: Linkages Among Scanning, Interpretation, Action, and Outcones, *Academy of Management Journal*, Aprial 1993, pp. 239-270.

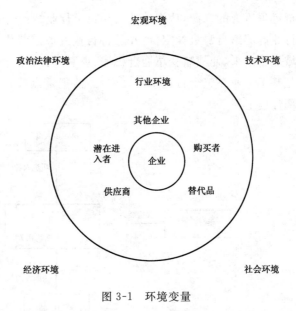

图 3-1　环境变量

3.1　行业环境分析

3.1.1　基本概念与行业分析

行业是生产相同功能的产品、面对同一购买群体的一组企业以及其他利益相关者的集合,它是企业经营所面临的最直接的环境。行业分析是指深入探究这个群体之间的关键环境变量。

行业环境分析主要包括以下几点:一是分析行业内的竞争,二是找出现阶段行业成功的关键因素,三是识别行业环境关键信息。

3.1.2　波特的行业分析模型[①]

在进行行业分析时,战略管理者首先必须分析企业所处行业竞争状况。行业内部的竞争根植于其基础经济结构,取决于五种基本竞争作用力,如图3-2所示。进行行业竞争分析的意义,在于使企业深入到表面现象之后分

---

① 〔美〕迈克尔·波特:《竞争战略》,陈小悦译,北京,华夏出版社,2005。

析竞争压力的来源,认识清楚其相对于行业结构的关键强项和弱项,从而在行业内部给自身最佳定位,并且将行业发展趋势中最具有机遇和威胁的领域显露出来,使战略变革迎合机遇、规避威胁。波特的行业分析模型实际上是基于企业在整个行业中所处的位置,把重点放在了整个行业水平这个外部环境上。

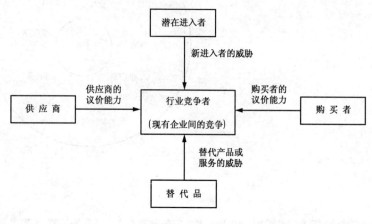

图 3-2 五要素力量

1. 现有企业间的竞争

企业间的竞争就是一个行业内部企业的直接对抗,它往往是五种竞争力量中最重要的一种。在大多数行业内,各企业都是相互依存的,对于每一个企业的竞争行动,其他竞争者都会预期到它对自己的影响,从而采取相应的对策,如削价、提高质量、增加产品特色、提供服务、延长保修期、增加广告等。根据波特的观点,行业内的竞争强度与下列因素有关:

① 竞争者数量和彼此的相对力量。当行业内的竞争者数量众多,而且在规模和能力方面比较均衡时,竞争往往更为激烈;而当一个行业被一个或几个企业统治时,则可能在行业内建立某种秩序,避免激烈的价格竞争。

② 行业增长速度。在行业快速增长时,企业一般只需保持与行业同步增长就可收益;当行业增长缓慢时,对市场份额的竞争就要激烈得多。

③ 产品或服务的差异化程度。产品差异化是指,现有企业凭借产品特色、售后服务、广告或由于第一个进入该行业而获得商标信誉及顾客忠诚度上的优势。所以,如果行业内产品或服务的差异化程度高,则价格方面的竞争可能不很激烈,而其他方面的竞争可能活跃得多。

④ 固定成本高低。当行业内存在着剩余生产能力时,高的固定成本对

企业产生巨大压力,企业为了充分利用生产能力而迅速导致价格战升级。

⑤ 退出壁垒的高低。由于资产专用性、退出的固定成本、政府及社会约束等因素的存在而导致了较高的退出壁垒,这时即使收益甚微,企业仍可能维持在该行业中的竞争。

⑥ 竞争者的多样性。竞争者的多样性表现在战略、起源、文化等方面。多样性的竞争者对竞争有不同的目标与战略,很难准确了解彼此的意图,也很难在行业的一系列"竞赛规则"上达成一致意见,竞争手段往往会多样化。

2. 潜在进入者的威胁

如果新竞争者可以容易地进入某特定行业时,该行业内的竞争程度将提高,所以潜在进入者往往对行业内的企业构成威胁,但是它们的威胁程度取决于进入壁垒和已有企业的预期反应。一些可能的进入壁垒如下:

① 规模经济。规模经济是指一定时期内产品的单位成本随总成本的增加而降低,它可以表现在企业的每一个职能环节中,例如,制造、采购、研发、营销、分销等。规模经济的存在对潜在进入者设置了障碍,因为它迫使新进入者或者一开始就承担大规模生产而导致的高成本投入的风险,或者以小规模生产而接受产品成本的劣势。

② 产品的差异化。产品差异化建立了进入壁垒,因为它迫使新进入者耗费大量资金树立自己的商品信誉,消除顾客对原有产品的忠诚,这种努力通常带来初试阶段的亏损,并且要持续一段时期,甚至常常冒着血本无归的风险。

③ 转换成本。转换成本是指买方由从原供应商处采购产品转换到另一供应商时遇到的一次性成本,它可能包括雇员重新培训成本,新的辅助设备成本,检验考核新资源所需的时间及成本,由于依赖供应方工程支持而产生的对技术帮助的需要,产品重新设计以及中断老关系需付出的代价。如果这些转换成本过高,则新进入者为使买方接受这种转变,使其使用该产品的预期收益大于转换成本与使用成本之和,这就使得新进入者必须在成本或经营方面有重大改进,所以转换成本构成了一种进入壁垒。

④ 分销网络的可获性。现有的企业可能通过老关系、高质量服务等方式左右了分销网络,所以新进入者需要以压低产品价格、分担广告费用等方法促使现有网络接受其产品,甚至建立全新的分销网络。

⑤ 现有企业具有的特殊优势。现有企业具有一些潜在进入者不具备的特有优势,如专有的技术、可靠的原材料来源、区位优势、经营经验等,这些构成了进入壁垒。

⑥ 政府的管制。政府对某些行业的限制进入构成了特殊的进入壁垒,政府的管制可能是出于自然垄断行业的规模经济性要求,例如,大多数政府对电信、电力等网络状行业的进入限制;管制也有可能出于对安全的考虑,例如对民航业、食品业等的管制。

除了以上的一些进入壁垒,潜在进入者的威胁还受到对行业内现有企业预期反应的影响。如果现有企业有对新进入者勇于反击的历史,或是拥有相当充裕的资源进行反击,那么潜在进入者的进入极有可能被遏制。

3. 替代产品或服务的威胁

替代产品是那些能够实现本行业产品同种功能的其他产品。替代品的存在限制了一种产品的潜在回报,替代品行业为该行业能够索取的价格设定了上限。在很多行业,企业会与其他行业生产替代产品的企业开展直接的竞争,尤其是与那些生产具有改善产品性价比趋势的替代品的企业。

当替代产品价格下降或用户改用替代产品的转换成本下降时,替代产品带来的竞争压力将会增大。度量替代产品竞争优势的最好尺度是替代产品进入市场后所得到的市场份额,以及竞争企业增加生产能力和加强市场渗透的计划。

4. 供应商的议价能力

供应商的议价能力会影响行业的竞争程度,它们还可以通过改变出售产品或服务的质量、开拓新的服务项目等方式来影响行业。如果符合下列因素中的一些,供应商或供应商群体就会变得强有力:

① 供应商行业由少数企业支配,且集中化程度相对比买方高。
② 供应商的产品或服务差异化程度高,或者建立起较高的转换成本。
③ 供方产品是企业业务的主要客户。
④ 供应商很容易前向一体化,与现在的顾客形成直接的竞争。
⑤ 该行业对供应商不重要,业内企业不是供方的主要客户。

5. 购买者的议价能力

购买者的议价能力取决于购买者和企业间的砍价杠杆以及购买者的价格敏感性两个方面。在以下情况出现时砍价杠杆将偏向购买者,其议价能力将加强:

① 购买者的集中程度相对于企业更为集中。
② 购买者对产品的转换成本相对于企业对顾客的转换成本更低。
③ 购买者掌握着充分的信息。

④ 购买者后向整合能力较强。

当产品差异化程度、品牌专有度、性价比越低,购买者的价格敏感性越高,其议价能力也越强。

3.1.3 成功关键因素分析

波特的行业模型分析驱动行业竞争的深层次力量,在此基础上战略管理者需要对当前行业成功关键因素进行分析。成功关键因素是指企业在特定市场获得盈利必须拥有的技能和资产①,它们可以是一种价格优势,一种资本结构或消费组合,也可以是一种纵向一体化的行业结构,是影响行业中企业在市场上盈利性的能力的主要因素。成功关键因素分析的任务在于识别(企业所在)行业当前这些因素并预期其发展趋势,为下一步企业制定与这些因素相匹配的战略和内部资源分析而准备。

按行业划分,成功关键因素主要有以下几类:

① 技术类行业成功关键因素:科研专家、工艺创新能力、产品创新能力、在既定技术上的专有能力、网络经营能力。

② 制造类行业成功关键因素:低成本生产(获得规模经济、取得经验曲线效应)、固定资产最高能力利用率、有技能劳工、低成本产品设计、低成本厂址、灵活的生产系列产品满足顾客的要求等。

③ 分销类行业成功关键因素:强的批发网或特约经销商网络、企业控制的零售点、拥有自己的分销渠道和网点、低分销成本、快速配送等。

④ 销售类行业成功关键因素:技术支持、顾客服务、订单处理、产品线和可供选择的产品很宽、商品推销技巧、有吸引力的款式或包装、顾客保修和保险、精明的广告等。

⑤ 技能类行业成功关键因素:技术工人、质量管理诀窍、设计专家、在具体技术上的专有技能、开发出创造性的产品和取得创造性的产品改进及快速商业化能力、组织能力、卓越的信息系统、快速的市场反应、电子商务能力、较多的经验和诀窍等。

⑥ 一般管理能力类行业成功关键因素:有利的企业形象或声誉、总成本很低、便利的设施选址、礼貌的员工、能够获得财务资本、专利保护。

表 3-1 列出了一些具体行业的成功关键因素。

---

① Hofer. C, D. Schendel:*Strategy Formulation:Analytical Concepts*, St, Paul, West, 1977.

表 3-1　不同行业中的成功关键因素

行业部门类别	成功关键因素
石油	原料资源
船舶、炼钢	生产设施
航空、高保真音响	设计能力
纯碱、半导体	生产技术
百货商场、零部件	产品范围、花色品种
大规模集成电路、微机	工程设计和技术能力
电梯、汽车	销售能力、售后服务
啤酒、家电、胶卷	销售网络

资料来源：徐二明，《企业战略管理》，44 页，北京：中国经济出版社，1998。

　　以上是从行业的横向划分来看其成功关键因素，从行业纵向的生命周期而言，在几种驱动力量的作用下，行业会随着时间演变，一般经历幼稚期、成长期、成熟期等阶段，直至最终衰落。在每个不同阶段，企业在行业内取得成功所需要的关键因素是不同的，往往随着行业的结构和特征而改变。

　　① 幼稚期：这一时期的市场增长率较高，需求增长较快，技术变动较大，行业中的用户主要致力于开辟新用户、占领市场，但此时技术上有很大的不确定性，在产品、市场、服务等策略上有很大的余地，对行业特点、行业竞争状况、用户特点等方面的信息掌握不多，企业进入壁垒较低。这阶段成功关键因素可能是产品技术、销售渠道、消费者的信任等。

　　② 成长期：这一时期的市场增长率很高，需求高速增长，技术渐趋定型，行业特点、行业竞争状况及用户特点已比较明朗，企业进入壁垒提高，产品品种及竞争者数量增多。这阶段成功关键因素可能是产品质量、对市场需求的敏感度等。

　　③ 成熟期：这一时期的市场增长率不高，需求增长率也不高，技术逐步成熟，行业特点、行业竞争状况及用户特点非常清楚和稳定，行业标准已经建立，买方市场形成，行业盈利能力下降，新产品和产品的新用途开发困难，行业进入壁垒很高。这阶段成功关键因素可能是生产成本、产品的特色、掌握行业标准、销售渠道、品牌、售后服务等。

　　④ 衰退期：这一时期的市场增长率下降，需求也下降，产品品种及竞争者数目减少。从衰退的原因来看，可能有四种类型的衰退，它们分别是：a. 资源型衰退，即由于生产所依赖的资源的枯竭所导致的衰退。如果衰退属于这一类，则成功关键因素可能是拥有新的所依赖的资源。b. 效率型衰

退,即由于效率低下的比较劣势而引起的行业衰退。如果是这一类,则成功关键因素可能是与新技术的结合。c.收入低弹性衰退,即因需求—收入弹性较低而衰退的行业。对于这一类衰退,成功关键因素可能是低成本、产品差异化。d.聚集过度性衰退,即因经济过度聚集的弊端所引起的行业衰退。对于这一类,成功关键因素可能是回收投资,缩减生产能力。

3.1.4　行业环境关键信息

行业环境关键信息综合反映了某时期行业的基本状况和发展趋势,战略管理者需要在竞争分析和成功关键因素识别的基础上,通过对关键信息的识别和监测,来了解行业状况,预测行业发展趋势,认识行业变化带来的机会和威胁。

行业环境关键信息涉及行业的竞争、需求、技术、增长、盈利五个方面的信息。竞争方面的信息主要是指市场规模、企业数量和行业集中度、企业竞争手段、进入及退出壁垒、替代品的可接受程度等;需求方面的信息主要是指分析需求的增长率、产品总的需求弹性、顾客的稳定性等;技术方面的信息主要包括技术成熟度、技术复杂性、技术可保护性、技术革新的影响等;增长方面的信息主要包括行业所处的生命周期阶段、行业增长速度、生产能力的变动、规模的经济性等;盈利方面的信息主要包括行业平均利润率、资产平均收益率。

3.2　宏观环境分析

3.2.1　分析的性质

宏观环境包括那些不直接影响企业短期行为,但对其长期决策有影响的一般社会环境变量。这些变量包括:
① 政治法律:分配权利及提供限制和保护的法律法规。
② 经济:调节原材料、资金、能源与信息交换。
③ 社会文化:调节价值观、道德与社会习俗。
④ 技术:产生解决问题的发明。
在当今世界不确定性大大增加的情况下,宏观环境发生着迅速而显著

的变化,企业是驾驭不了这些变化的。企业的宏观环境分析的意义在于评价这些因素的发展趋势,确定它们对企业战略目标和战略制定的影响。

3.2.2 分析模型

分析宏观环境的一个常用工具是 PEST 分析模型,即将企业所处的宏观环境划分为政治法律(political and legal system)、经济(economy)、社会文化(society and culture)、技术(technology)四个领域,分析每个领域中与企业密切相关的因素。表 3-2 按 PEST 模型列出了宏观环境中的一些重要因素。

表 3-2　宏观环境中的重要因素举例

政治法律	经济	社会文化	技术
政府体制	市场机制的完善度	生活方式变化	技术的最新发展
政局稳定性	GDP 趋势	消费者的偏好	新管理技术的出现
优惠政策	利率	人口增长率	新产品
税法	汇率	人口年龄分布	专利保护
就业法规	通货膨胀率	人口地区分布	政府研发总费用
反垄断法规	可支配收入	职业预期	工业研发总费用
环境保护法	失业率	风俗习惯	技术努力重点
外贸法规	工资或价格控制	宗教信仰	—
—	能源供给与费用	—	—

1. 政治法律环境

政治法律环境是指一个国家或地区的政治制度、体制、方针政策、法律法规等方面。这些因素常常制约、影响企业的经营行为,尤其是影响企业较长期的投资行为。具体来说,政治环境主要包括国家的政治制度与体制,政局的稳定性以及政府对外来企业的态度等因素;法律环境主要包括政府制定的对企业经营具有刚性约束力的法律、法规,如反不正当竞争法、税法、环境保护法以及外贸法规等因素。如果企业实施国际化战略,则它还需要对国际政治法律环境进行分析,例如,分析国际政治局势、国际关系、目标国的国内政治环境以及国际法所规定的国际法律环境和目标国的国内法律环境。

2. 经济环境

经济环境是指构成企业生存和发展的社会经济状况,社会经济状况包括经济要素的性质、水平、结构、变动趋势等多方面的内容,涉及国家、社会、市场及自然等多个领域。构成经济环境的关键战略因素包括：GDP 的发展趋势、利率水平的高低、财政货币政策的松紧、通货膨胀程度及其趋势、失业率水平、居民可支配收入水平、汇率升降情况、能源供给成本、市场机制的完善程度、市场需求情况等。这些因素往往直接影响着企业的经营，如利率上升很可能会使企业使用资金的成本上升；市场机制的完善对企业而言意味着更为正确的价格信号、更多的行业进入机会等。企业的经济环境分析就是要对以上因素进行分析，运用各种指标，准确地分析宏观经济环境对企业的影响，从而使其战略与经济环境的变化相匹配。

3．社会文化环境

社会文化环境是指企业所在社会中成员的民族特征、文化传统、价值观念、宗教信仰、教育水平以及风俗习惯等因素。从影响企业战略制定的角度来看，社会文化环境可分解为人口、文化两个方面。人口因素对企业战略的制定有着重大的影响。例如，人口总数直接影响着社会生产总规模；人口的地理分布影响着企业的厂址选择；人口的性别比例和年龄结构在一定程度上决定了社会需求结构，进而影响社会供给结构和企业生产；人口的教育文化水平直接影响着企业的人力资源状况。文化环境对企业的影响是间接的、潜在的和持久的，文化的基本要素包括哲学、宗教、语言与文字、文学艺术等，它们共同构筑成文化系统，对企业文化有重大的影响。企业对文化环境分析的目的是要把社会文化内化为企业的内部文化，使企业的一切生产经营活动都符合环境文化的价值检验。另外，企业对文化的分析与关注最终要落实到对人的关注上，从而有效地激励员工，有效地为顾客服务。

4．技术环境

技术环境指的是企业所处的社会环境中的技术要素及与该要素直接相关的各种社会现象的集合，技术不仅是指那些引起时代革命性变化的发明，而且还指与企业生产有关的新技术、新工艺、新材料的出现和发展趋势以及应用前景。变革性的技术正对企业的经营活动发生着巨大的影响，这些技术包括网络、基因、纳米、通信、智能计算机、超导、电子等方面。技术进步创造新的市场，改变企业在行业中的相对成本及竞争位置，为企业带来更为强大的竞争优势。企业要密切关注与本企业产品有关的科学技术的现有水平、发展趋势及发展速度，对于相关的新技术，如新材料、新工艺、新设备或现代管理思想、管理方法、管理技术等,企业必须随时跟踪,尤其对高科技行业来说,识别和评价关键的技术机会与威胁是宏观环境分析中最为重要的部分。

3.2.3 宏观环境关键信息的识别

并非表 3-2 列出的所有因素都会对企业产生重大影响,宏观环境分析的关键步骤是需要找出对本行业、本企业紧密相关的关键信息,对其进行持续的监测。识别宏观环境关键信息的一种工具是"优先事项矩阵"①,如图 3-3所示,步骤如下:

① 识别宏观环境中的关键信息。这里的关键信息是指那些一旦发生变化,就会影响行业很多方面的宏观因素。

② 评估这些信息变量变化的可能性(从低到高排列)。

③ 判断信息变量对企业可能产生的影响(从低到高)。

优先事项矩阵有助于管理者决定哪些信息变量只要简单分析(低优先序事项),哪些需要作为关键因素经常监测(高优先序事项)。宏观环境关键信息实际发生的可能性中等或高,对企业可能影响中等或高的环境变量。这些信息被确定为关键信息,然后被划分为潜在机会与威胁,包括到战略制定之中。

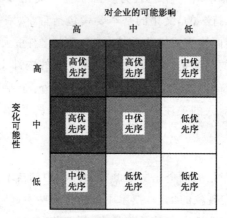

图 3-3 优先事项矩阵

资料来源:L. L. Lederman, Foresight Activities in the U. S. A.: Time for a Re－Assessment? *Long Range Planning* June 1984, p. 46.

---

① [美]J·戴维·亨格,托马斯·L·惠伦:《战略管理精要》,第 3 版,王毅,应瑛译,北京,电子工业出版社,2004。

3.3　竞争对手分析

竞争对手分析是企业外部环境分析的重要方面之一。对手分析帮助企业了解对手企业当前经营现状和动态,对企业战略调整决策形成重要支持,分析所获得和掌握的一些关键信息,往往成为企业内部问题诊断的重要的参照坐标。

3.3.1　对手的界定

明确谁是业内的主要竞争对手,在竞争度较低的行业相对简单。有些竞争度很低、集中度很高的行业,比如,我国目前阶段的移动通信业,全行业参与竞争的企业只有中国移动、中国联通和中国铁通三家,对于一家企业而言,确定对手仅需一点直觉。在集中度较低,竞争水平较高的行业,如我国的餐饮业,一般中等城市的餐饮企业数都要超过两万家,合理界定对手就存在一定难度和相应的研究成本。

界定对手一般可以从辨别针对同一目标消费群的争夺强度入手。仍以餐饮业为例,以一家规模中等水平,产品定位在每人次45元消费的餐馆为背景,在同一城市众多的同行企业中,有相当部分的企业针对不同的消费群体,如高档次宾馆餐饮针对高水平和特殊商务消费人群,快餐和普通家庭式餐馆针对低水平和满足纯就餐需求消费人群,它们对示例中中等消费水平的企业实际不构成威胁。在剩余的企业中,还可以引入区位和就餐人群消费半径、产品服务特色、经营规模等因素,进一步排除次要研究目标,缩小扫描范围,以降低研究难度和成本。

即使在集中度较高的行业,竞争地位排名靠后的企业一般也不能简单地将行业领头企业确定为主要竞争对手,侧重略领先企业和近期十分活跃的快速发展企业不失为很好的研究思路。壁垒较高行业的企业在界定对手的过程中可以侧重考虑现存同行,壁垒较低行业的企业在考虑当前对手的同时,还要注意可能进入行业的新对手。总之,界定对手的研究经常是创造性的工作,必须视具体情况具体分析和对待。由于确定对手工作的质量涉及初始目标设计的合理性和后续研究成本,对战略决策基础的理性程度产生影响,属于企业外部环境分析中值得关注和挑战战略研究人员聪明才智的基础性研究工作。

3.3.2 分析目标

对手分析要达到的目的可以落实在对以下四个方面具体问题的认识和理解方面:

① 对手采取的战略、走势,以及对本企业的影响。

② 对手实施当前战略的能力及对未来发展的支持状况。

③ 对手对行业和环境变化的可能反应及其对企业的影响。

④ 何种举措将可能引发对手强烈的报复性反应。

围绕以上四个方面问题的分析研究可以帮助企业比较系统地了解主要竞争对手的当前战略倾向、发展方向、阶段目标、能力基础,权衡在处理与对手关系的策略选择中必须考虑的关键因素和采取应对措施时应当掌握的尺度。具体分析研究可以考虑围绕以下重点展开。

3.3.3 分析重点

(1)对手的财务状况

主要有三方面:①盈利状况分析。可以侧重考查对手的销售毛利和边际净利润等财务指标。对照行业边际平均利润和自身企业的边际利润的分析,不仅可以帮助研究企业了解对手的盈利水平,还有可能对企业的自身评价和问题发现提供重要线索;②现金周转状况分析。可以重点考察对手的短期融资能力;③发展状况分析。可以重点考察对手的战略投入方向,帮助企业判断对手的未来发展走势等。

(2)对手的非财务目标

可以重点分析与市场占有、业内影响、技术领先等方面相关的一些指标。帮助研究企业了解对手的阶段重点目标和努力方向。

(3)对手的战略决策思维倾向

重点分析判断对手企业决策者对自身企业、对手企业和行业环境等方面的基本认识和决策思维倾向性。

（4）对手的当前战略

重点分析对手企业已经获得和可能获得的竞争优势，支持企业既定战略目标实现所采取的重大政策和相关举措。

（5）对手的能力分析

重点分析对手企业在经营管理、未来发展、快速反应、内部变革、持续不利情况下生存等方面的基本能力状况，判别在以上方面的主要优劣势。

3.3.4　竞争情报系统

竞争情报系统指企业分析竞争环境变化、了解对手动向、支持企业战略决策的信息系统。系统的功能主要包括竞争情报的收集、整理、加工、储存、分析、研究和管理等。借助系统的支持，企业可以提高竞争情报获取的效率。进入世界 500 强的美国公司中，90％以上的企业已建立了较为完善的竞争情报系统。IBM、微软、可口可乐等公司的竞争情报系统已具有随时监视对手对环境变化反应的早期预警功能。

完整的竞争情报系统由计算机硬件和软件系统两部分组成。软件系统通常由各种具有竞争情报功能的独立软件或软件模块组成，每个软件或模块分别用以代替或协助研究人员完成竞争情报周期某个环节的工作。由于实现一个功能完善的软件系统工作量大、费用高，企业通常在建立情报系统时只是将情报周期的某个环节用计算机软件来实现，使竞争情报工作部分自动化，从而减轻一定的工作量，提高工作效率。这种辅助特定环节情报工作的计算机软件称为竞争情报工具软件，目前的主流工具软件有 Brimstone AB 公司的 Intelligence，C-4-U 公司的 Scout，Caesius 公司的 WebQL 等。

竞争情报根据其载体形式可以分为印刷型信息、数字化信息、口头信息和实物信息四种基本类型，根据其情报来源可大致归纳为 20 种，即报刊和专业杂志、行业协会出版物、产业研究报告、政府各管理机构对外公开的档案、政府出版物、数据库、工商企业名录、产品样本手册、信用调查报告、企业招聘广告、企业内部部门人员及现有信息系统、经销商、供应商、行业会议、行业主管部门、展览会、客户、竞争对手、反馈工程、专业调查咨询机构。

竞争情报工作的周期包括四个环节：①提出问题并制定解决计划方案；②收集信息；③分析信息；④把情报提交决策者。其中收集工作是一个连续、系统和多途径的过程，收集方式则视具体情况存在多种选择。

3.4 对环境状况的判断与评价

3.4.1 定性分析与总体评价

行业和宏观环境分析提供了关于环境状况有理有据的信息,战略管理者下一步工作是根据这些信息,判断与评价环境状况。

定性分析是指将企业面临的外部环境中关键因素列举出来,然后分析其发展趋势,从而得出对外部环境的判断和评价。使用最广泛的方法是趋势外推法[①]。外推就是把当前趋势向未来扩展,它基于的假设是:在短期内,世界是连续、缓慢变化的。但外推法存在的最根本问题是,环境变化趋势本身是许多不同变量相互作用的结果,其中任何一个变量剧烈变动,就会改变环境变化的方向。

另一种十分有用的分析方法是行业前景分析法[②],这是通过分析外部环境的关键变量对该行业的可能影响,从而形成行业前景展望,其步骤如下:

① 探讨宏观环境的关键因素的可能变化。

② 识别行业环境中的五种力量的现状和发展趋势。

③ 形成一些未来发展趋势的假设。

④ 把这些假设与单个发展趋势相结合,推导出一些不相矛盾的前景。

⑤ 分析每个前景下行业的大致状况。

⑥ 确定每个前景下行业成功关键因素和竞争优势的源泉。

⑦ 选择那些最有可能发生的前景,或者是对企业未来影响最大的前景,在战略制定中加以运用。

3.4.2 定量分析与总体评价

对环境的定性分析应该和定量分析结合起来,才能更好地对外部环境

---

① [美]J·戴维·亨格,托马斯·L·惠伦:《战略管理精要》,第 3 版,王毅,应瑛译,北京,电子工业出版社,2004。

② [美]迈克尔·波特:《竞争优势》,陈小悦译,北京,华夏出版社,2005。

进行判断和评估。战略管理者可以使用外部因素评价矩阵①［External Factor Evaluation（EFE）Matrix］对环境状况进行定量分析。建立 EFE 矩阵的五个步骤如下：

① 列出在定性分析中确认的环境因素。因素总数在 10～20 个之间，因素应包括企业所处的行业和宏观环境中的各种机会和威胁。首先列举机会，再列举威胁，注意要尽量具体，另外要注意的是，有些因素可能既是机会又是威胁，这需要分别列举。

② 赋予每个因素以权重，其数值由 0.0（不重要）到 1.0（最重要）之间。权重标志着该因素对于企业在行业中取得成功的影响的相对大小性。机会往往比威胁得到更高的权重，但当威胁因素特别严重时也可得到高权重。确定权重的方法包括对成功的竞争者进行比较，以及通过集体讨论而达成共识，所有因素的权重总和必须等于 1。

③ 按照企业现行战略对各因素的有效反应程度为各因素进行评分，范围为 1～4 分，"4"代表很好，"3"代表反应超过平均水平，"2"代表反应为平均水平，而"1"则代表反应很差。评分反映了企业战略的有效性，因此它是以企业为基准的，而步骤②中的权重则是以行业为基准的。

④ 用每个因素的权重乘以它的评分，即得到每个因素的加权分数。

⑤ 将所有因素的加权分数相加，以得到企业的总加权分数。

无论 EFE 矩阵所包含的关键机会与威胁数量的多少，一个企业所能得到的总加权分数最高为 4.0，最低为 1.0，平均总加权分数为 2.5。总加权分数为 4.0 反映企业在整个行业中对现有机会与威胁作出了最出色的反应。换言之，企业的战略有效地利用了现有机会并将外部威胁的潜在不利影响降至最小；而总加权分数为 1.0，则说明企业的战略根本不能利用外部机会或回避外部威胁。

表 3-3 是一个 EFE 矩阵的例子，以"长虹"进入背投彩电业，实行差异化战略为例，列出了"长虹"面临的一些外部因素、评分和加权分等。总加权分 2.83，说明"长虹"在利用外部机会和回避外部威胁方面高于平均水平。这里需要注意的是，透彻理解 EFE 矩阵所采用的因素比实际权重和评分更为重要。

---

① ［美］弗雷德・R・戴维：《战略管理》，第 10 版，李克宁译，北京，经济科学出版社，2006。

表 3-3　外部因素评价矩阵

外部因素	权重	评分	加权分
机　会			
中国加入WTO,中国企业国际化成本大大降低	0.09	4	0.36
中国经济持续发展,人均收入提高,高收入群体增加	0.08	3	0.24
未来几年中国将步入独生子女结婚高峰期	0.08	3	0.24
数字彩电技术的发展	0.10	2	0.20
彩电业的规模效应明显	0.10	3	0.30
彩电行业的主要企业开始走差异化道路	0.10	4	0.40
消费者偏好的多元化趋势明显	0.10	3	0.30
威　胁			
中国加入WTO,中国企业直接面临国外企业的竞争	0.06	3	0.18
国有股减持前途不明,对国有企业融资造成负面影响	0.04	4	0.16
彩电行业库存压力大,彩电业仍有爆发价格战的可能	0.05	1	0.05
销售终端议价能力日益加强	0.08	2	0.16
消费者品牌忠诚度低	0.06	2	0.12
国内彩电行业整体技术能力仍较弱	0.06	2	0.12
总　计	1.00	—	2.83

3.5　环境变化与企业创新

　　环境永远处于不断地变化和发展之中,世界已跨入了21世纪,随着社会进步和科技发展,环境变化的频率越来越快,影响企业的各种因素不仅更加复杂而多变,而且数量也在不断地增加,而这也使得竞争更为激烈,企业更加活跃,企业的创新活动也更为频繁。比如,中国加入了WTO,一些行业对外的开放度迅速提高,因此企业在进行环境分析时就不能只考虑国内的宏观环境和行业环境,而必须联系到国际环境这个更大的范畴。

　　环境变化要求企业作出一些战略调整的同时,也为企业创新指明了方向。比如,随着我国对外开放度的不断加大,企业将直接面对国外高水平的竞争对手,而这并不一定意味着威胁的加大,企业可以在与其竞争中学到许许多多的东西,在自身的管理、技术、营销等方面作出一些创新,进而提高自身的整体素质。再比如,当供货商由于某种原因长期提高其产品的价格时,企业可以研究或寻求新的替代性原材料,如此便可增强自身应对市场变化的灵活性。还有当顾客的需求发生变化时,这恰恰正是企业应该作出产品创新的信号。

当前,环境的变化状况已使得创新成为任何行业都必须具备的一种成功关键因素,而这必然要求企业时时监控环境的变化,时时保持对环境变化的敏感度,这样企业才能抢先一步捕捉到稍纵即逝的机遇,也才有可能在威胁出现的初期便有所警觉,化威胁为企业发展的又一次良机。

【本章小结】

本章着重描述和讨论了以下几点。

1. 企业面临着什么样的环境

企业在复杂的外部环境中生存发展,企业经营环境可分为行业环境和宏观环境。行业是生产相同功能的产品、面对同一购买群体的一组企业以及其他利益相关者的集合,它是企业经营所面临的最直接的环境,包括行业中现有的企业、潜在的进入者、供应商、顾客和替代品生产者。宏观环境包括那些不直接影响企业的短期行为,但对其长期决策有影响的一般社会环境变量,这些变量包括政治法律、经济、社会文化、技术等。

2. 环境及环境变化对企业意味着什么

企业是一个开放的系统,它们影响着外部环境,反过来更被外部环境所影响,并且环境因素大多都是不可控的。所以企业管理者如果不关注环境及其变化,不能够分辨可能重要的机会和威胁,那么他们决策和实施计划的能力会很有限,企业也有可能走入困境。

3. 企业如何对环境进行分析和把握

环境的不确定性,并不是企业管理者忽视环境因素或者以此作为失职的理由,管理者必须重视外部环境及其变化,进行定性分析和定量分析,并加以把握和利用。行业环境分析主要包括以下几点:一是分析行业内的竞争;二是找出现阶段行业成功的关键因素;三是识别行业环境关键信息。宏观环境分析的关键步骤是需要找出对本行业、本企业紧密相关的关键信息,对其进行持续的监测。

4. 环境变化对企业发展和创新的意义

总的来说,环境变化对企业是好事而非坏事,因为环境变化为企业的创新活动指明了方向。在 21 世纪,环境变化的频率越来越快,影响企业的环境因素也更为复杂多变,必然使企业的创新活动更加频繁,也为企业的发展提供更多的良机。

【思考与讨论题】

1. 今天企业面临的最重要的宏观环境力量是什么,你能谈谈原因吗?
2. 企业如何面对环境变化日益增加的不确定性,战略应作何调整?

【本章参考文献】

1. J. B. Thomas, S. M. Clark, and D. A. Gioia . Strategic Sensemaking and Organizational Performance: Linkages Among Scanning, Interpretation, Action, and Outcomes. Academy of Management Journal. April 1993

2. Jack D. Callon . Competitive Advantage Through Information Technology. 北京:机械工业出版社,1998

3. John A. Pearce Ⅱ, Richard B. Robinson, Jr. Strategic Management: Formulation, Implementation, and Control. Sixth Edition. 大连:东北财经大学出版社,1998

4. Paul W. Beamish, Allen. Morrion, Philip M. Rosenzweig. International Management: Text and Cases. Fourth Edition. 北京:机械工业出版社,2000

5. [美]迈克尔·波特.竞争战略.陈小悦译.北京:华夏出版社,2005

6. [美]迈克尔·波特.竞争优势.陈小悦译.北京:华夏出版社,2005

7. [美]J·戴维·亨格,托马斯·L·惠伦.战略管理精要.第3版.王毅,应瑛译.北京:电子工业出版社,2004

8. [美]弗雷德·R·戴维.战略管理.第10版.李克宁译.北京:经济科学出版社,2006

9. [英]格里·约翰逊,凯万·斯科尔斯.公司战略教程.第3版.金占明,贾秀梅译.北京:华夏出版社,2002

10. [美]戴维·贝赞可,戴维·德雷诺夫,马克·尚利.公司战略经济学.武亚军总译校.北京:北京大学出版社,1999

11. 徐二明.企业战略管理.北京:中国经济出版社,1998

第4章 企业内部环境分析

【本章学习目标】

学习本章的过程中,要求侧重了解:
· 资源学派的理论体系。
· 归纳细分企业资源和能力。
· 资源、能力和竞争优势的关系。
· 学习动态能力观。
· 认识能力培育的长期性。
· 评价企业资源和能力。

在 20 世纪 90 年代,产生了与环境学派相对应的资源学派,它是以资源为分析基础的管理理论。这一学派通过研究发现:处于相同行业的企业,面临的环境应该是相同的,然而却有着不同的收益和市场绩效,环境学派不能很好地对这类问题作出解释。

进一步的研究发现:不同的企业在收益上的差异主要不是因为行业不同,而是因为它们所拥有的资源和能力各不相同。处于同一行业内相互竞争的企业所拥有的资源和能力也有很大的差异,优秀企业中相当部分的资源和能力是独一无二和难以模仿的,并且也是无法轻易转移或流动的。

一个企业之所以获得超额利润,除了行业因素外还有就是它拥有同行业其他竞争对手所没有的资源及能力,在这些资源及能力之上,它拥有自己的核心能力。在 20 世纪 80 年代,库尔和申德尔通过对美制药行业若干企业的研究发现,企业的资源和独特能力是造成它们业绩差异的主要因素。1990 年,普莱哈莱德和哈默在对世界上优秀公司的经验进行研究中也发现,这些优秀公司的竞争优势真正的来源在于"管理层将公司范围内的技术和生产能力合并、为使各业务可以迅速适应外部变化机会的能力"。90 年代以来,随着越来越多的企业因发展自己独特的资源和能力而业绩卓越,资源学派日益被人们所关注和接受。

　　资源学派的观点就是:企业战略的制定和实施,除了要选择有吸引力的行业,还必须充分考虑企业拥有的资源和能力。战略管理的第一项任务就是要全盘分析企业的内部因素及外部行业因素,将两者相结合,在被选行业中充分发挥企业的资源及能力的作用;另一项任务就是通过对现在资源和能力的不断投入,进一步发展市场竞争所需的资源和能力,真正建立起企业长期发展所需的竞争优势,而绝不是仅仅停留于对现有资源和能力的利用,这一点更长远,也更重要。

　　企业内部环境的分析,首先是客观、准确地评价现有的资源和能力,然后参照企业的发展战略找到它们与未来的竞争目标之间存在的差距,不断充实和提高自身拥有的资源及能力。每一个企业都有自己的长处和不足,战略管理需要充分发挥和不断加强自己的优势之所在,使之符合某一行业成功的关键因素。

　　从动态的观点来讲,企业的资源及能力与目标之间的缺口相对于动态的环境总是存在的。因为一方面客户的需求以及竞争的发展对企业提出了越来越高的要求;另一方面企业原来拥有的优势随着时间的推移也会慢慢消失。战备管理者要试图弥补企业资源及能力方面存在的缺口,只有不断地投入,不断提高自己的竞争能力,才能不断地创造和保持竞争优势。

　　图 4-1 表示了这一动态过程。

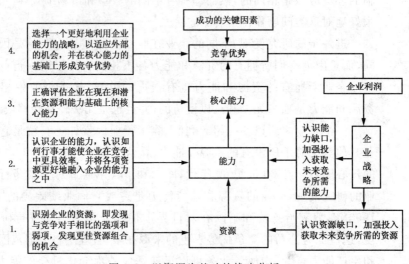

图 4-1　以资源为基础的战略分析

4.1　企业的资源构成

4.1.1　基本概念与分析性质

资源是服务于企业生产经营中的各种投入品。根据投入品的形态,可以分为两大类:有形资源和无形资源。资源能直接影响企业创造出多于竞争对手的价值的能力。例如,公司拥有的巨大的顾客基数和已建立的质量声誉使公司生产的产品胜于其对手。作为能力的基础,资源会对价值创造以及竞争优势的形成产生间接的影响。

4.1.2　有形资源

1. 财务资源

企业的财务资源可以定义为可用于生产或投资的资金来源。它构成企业最基本的资源之一,包括各种内部及外部融资渠道。

（1）未分配利润

未分配利润是企业利润中被保留下来的用于新投资的部分,它们没有作为股利发放给股东。未分配利润是实施组织战略最常用的财务资源。它的优点是:公司不需要征求任何团体或个人的意见,不存在筹资成本,公司也不必向银行等外界公布其战略计划以征求同意;缺陷是:利润保留以股东股利流失为代价。未分配利润要求公司有足够多的利润,不适合陷入财务困境的公司。

（2）股票发行

常常被称为权益资本融资,常常涉及公司的权益或股权,这种融资方式的成功依赖于现有的和潜在的股东对公司前景的态度,会稀释公司的股权比例。其优点是:可以注入大量新资本(如一次性并购),与银行存款相比无须承诺还本付息,可以在新的投资产生利润后再发放股利,给股东以回报;缺陷是:改变公司的股权结构,股票发行产生大量的管理费用,如承销费用。

（3）贷款

在证券市场不够完善的中国，从银行和其他金融机构贷款是一种重要的融资方式，构成企业的一项基本财务资源。贷款的种类多种多样，利率和期限各有不同。大额贷款通常需要公司的资产作担保。贷款的融资成本低于股权的融资成本。因为其安全性有保证，但必须还本付息。风险评估在很大程度上决定了借款人对公司的看法，决定其能否为公司提供贷款。公司以往的业绩、新战略的前景、用于担保资产的价值以及借贷双方的长期合作关系等各方面均对贷款融资产生影响。其优点是：融资成本低，融资迅速且保持了现有的股权结构；缺点是：融资方式苛刻，增加公司的运营风险，还本付息会成为公司的主要负担。

（4）租赁

从专业公司租赁也是重要的融资方式，成为企业一个财务来源。其优点是：是一种简单快速并可能享有税收优惠的融资方式，由于采取租赁方式，企业减少了运营所需的资本，从而提高了企业的资本收益；缺点是：这种融资方式有一定的局限性，租用方最后没有获得其租用的设备所有权。

（5）减少短期债务

组织可以通过以下几种途径减少其短期债务，为企业增加财务资源。

① 延迟对贷方债权人的支付。支付越迟意味着企业能够占用资金更长时间，有利于投资。

② 减少存货。组织的存货周转率是由企业存货周转速度来度量的。在存货上积压更少的资金能够提高企业在其他方面的筹资能力。

③ 加速借方的债权回收。

以上所讲的贷方和借方常常是指企业资产负债表中的流动负债和流动资产，这些债务的偿还期限往往短于一年，然而对许多企业而言，这类短期项目可以提供一种重要的长期融资来源，构成企业一项财务资源。

优点：这种方式是通过更有效地运用组织的现有资源进行融资，因而它与未分配利润方式有许多相同的优点。

缺点：如果组织已经在合理有效地运作，可能难以运用这种融资方式。组织也许需要大量的资本支出，才能获得此方式带来的成本收益。例如，一个新的计算机存货控制系统虽然可以带来存货的减少，但却需要追加新的投资。

（6）出售资产

出售企业一部分资产为其他方面提供更有力的资金支持是 20 世纪 90

年代国外一些企业的重要战略。这种融资方式在资源稀缺或业务过于分散时非常有价值。其优点是：这种融资获取财务资源的方式简单明了，将资源集中于优势环节，也没有稀释企业的股权；缺点是：这种方式对企业冲击较大且不可逆转。另一方面，出售时机的局限性可能导致资产的售价低于其实际价值。[①]

2. 物质资源

物质资源是企业从事生产的基础，它包括企业所拥有的土地、厂房、机器设备、运输工具、办公设施，还有企业的原材料、在产品、库存商品等，它是企业的实物资源。

这些有形资源是比较容易确认和评估的一类资源，一般可以从企业的财务报表上得到反映。但从战略的角度看，资产负债表上所反映的企业所拥有的资源价值是模糊的，有时甚至是一种错误的指示，这是因为过去所做的成本报价并不能真实地反映资源的市场价值。

当考虑某项资源的战略价值时，不仅要看到会计科目上的数目，而且要注意评价其对企业竞争优势的产生与维持所起的作用。实物资源的战略价值不仅与其账面价值有关，而且取决于企业的商誉、组织的能力、地理位置、设备的先进程度等因素。假如一个企业拥有巨额固定资产，有些设备还很先进，但位于偏僻的地区，交通不便，信息滞后，很难快速适应市场需求的变化，则这些固定资产的战略价值就得不到充分地体现。[②]

3. 技术资源

企业要把适应顾客的需求变化，生产并不断开发新产品及服务作为其首要任务。产品及服务的生产依赖企业所拥有的技术资源，缺乏新产品开发能力的企业是没有前途和潜力的，产品的生产及新品的开发都离不开技术资源。

技术资源是企业资源的重要组成部分。技术资源的内容是动态的和不断发展变化的，其资源的使用具有一定的时限。新的管理方法和管理技术的使用、新的制造技术的诞生、市场有新的需求变化等都会导致技术资源的更新。通过产品设计所采用的新技术、所开发的新功能、所生成的新图纸

---

① ［英］Richard Lynch：《公司战略》，昆明，云南大学出版社，1999。
② 蔡树堂：《企业战略管理》，北京，石油工业出版社，2001。

等,经过一定时间必定会取代旧的技术、功能和图纸。技术资源遵循着"创建—重用—淘汰"这一生命周期的规律,它在建立后需要得到不断的维护。企业所拥有的整套技术资源可以保证产品开发的流畅性和低成本,以有效地支撑企业战略的具体化。企业有必要建立自己的技术平台,以此平台技术为基础,推进相关技术、开发相关产品并不断更新,如此可以促进企业内部技术资源的创建、重复使用和维护。①

一个企业不可能独自开发出所需要的全部技术,即使能够也是浪费资源。技术资源除了来源于自身积累,企业还需要与外部合作获取技术资源,并内化为企业所有。

企业与外部合作的途径有:

① 联合开发新技术。由企业自行开发新技术,需要大量的人、财、物的投入,并经过应用研究和开发研究,直到试制成功、新产品投入市场,一般需较长的时间,并有很大的风险。联合开发通常是指企业与科研院所或其他企业的研发合作,借助这些单位的科技优势,弥补企业自身开发能力的不足。这些单位往往拥有为数众多的科技人才、科研成果和先进的研制设备,处在某个研究领域的前沿,掌握着最新的科研信息,具有丰富成熟的科研经验,企业与它们联合开发可以节省时间,避免方向选择上的错误,减少风险。另外,联合开发也可以加快科技成果向产品的转化。

② 委托开发。委托开发也是解决企业自身新技术开发能力不足、加快开发新技术速度的途径。其基本做法是企业将新技术及产品开发项目的某一部分,甚至全部,委托给科研院所或有开发能力的其他单位(受托单位)进行开发,由企业(委托单位)提出开发要求,如性能、规格、外形、材质等,企业并不参与受托单位的开发研制工作。委托开发的形式更有利于企业集中资源做好新产品开发的其他配套和准备工作,并将产品开发的部分风险转移到受托单位。这种形式对受托单位来说也有可取之处:有利于其发挥科研开发的优势,而且它也不必承担新产品开发后投放市场的风险。

③ 引进技术。引进技术是指企业引进国外某种专用设备和技术来生产某种新产品。引进技术可以绕开研究和开发环节,能在短时期内获得新技术、生产出新产品,并能缩短与技术先进企业之间的差距。

④ 购买专利。专利是公布并实施保护的科学技术上的发明创造。世界上每年公布的专利数目是非常惊人的。在我国大约只有10%的专利得

① 王肇英:《产品技术资源生命周期管理》,载《管理咨询》,2001(10)。

到应用,专利具有很大的应用潜力,应成为企业技术资源的一项重要来源。用购买专利的方式获得新技术的关键,是要挑选适合企业自身的技术、工艺特点的专利。[①]

4.1.3 无形资源

1. 人力资源

所谓人力资源可以定义为管理者和员工的工作能力,包括智力工作和体力工作的能力。这种能力是由于对管理者和员工进行培训、教育和其他有关活动才使他们具有的,是智力开发的结果。

企业如何面对错综复杂的内外部环境继续生存和发展,关键在于人力资源的开发与管理,在于企业如何充分利用和发挥自身的人力资源的优势,取得更大的经济效益。被称为"经营之神"的日本著名企业家松下幸之助这样说过:"国家的兴盛在于人,国家的灭亡亦在于人,古圣先贤,早有明训;经营事业的成败,不容讳言,与治国同一道理,在于人事安排是否适宜。"他深刻地说明了人力资源管理在现代企业中重要的战略作用。我们知道当一个企业拥有和开发了有价值的、稀缺的、独有的或有组织的资源的时候,它就创造出了竞争优势。我们可以用同样的标准来衡量人力资源的战略性影响。

① 创造价值。通过努力降低成本、向客户提供独一无二的产品和服务,或通过二者的结合,人们就创造出了价值。这二者的实现都离不开有创造性的人才。

② 稀缺。当竞争对手不能获得与你拥有同等技术、知识和能力的人才时,这些人才就成为你获得竞争优势的源泉。一些公司已经意识到一些雇员的价值和稀缺性。一流的公司为获得较之于竞争对手的优势,在吸引和培训最具优势的人才方面都进行了很大的投资。

③ 难于模仿。当员工的能力和贡献不能被他人仿效时,他们就成了竞争优势的来源。迪斯尼等企业因创造了独特的企业文化和员工的团队精神而闻名,而这些都是难以仿效的。

④ 有组织。当人们的天才和智慧能够有效地结合在一起,在分配一项

---

① 倪自银:《有效利用技术资源加快开发新产品进程》,载《企业经济》,1997(8)。

新任务后,就能够在很短的时间内开展工作,他们同样获得了竞争优势。使员工有效组织的方法是团队精神和相互合作。

以上四点突出地说明人力资源管理与战略管理的紧密关系。根据《今日美国》杂志和 D&T 最近的调查,近 80% 的公司经理说在过去的 10 年,人力资源管理的重要性在他们的企业中不断上升。2/3 的经理说,如今在人力资源上的花费不再被看成是需要尽量减少的费用,而是一项战略性投资。

2. 创新资源

对创新的理解:①创新以商业利益为目标;②是对生产要素的重新组合,使生产经营系统效率更高或费用更低;③具有新颖性,包括新材料、新技术、新工艺的商业化应用,新产品的商业化过程,也包括新市场的开拓、新管理方法和组织形式的采用等。

创新资源包括如下几方面:

① 技术人员或管理人员。如果是纯粹的技术创新,那就离不开技术人员的研发工作。技术人员的多少和质量的高低,是一个企业技术创新能力的重要指标,他们构成企业的一项关键创新资源。创新不仅是指技术上的,还包括管理上的和组织形式上的,这种创新的发起和实施往往是由企业内部的管理人员完成的。高素质的、有创新能力和应变能力的管理人员构成企业的创新资源。管理、组织上的创新往往与技术上的创新相联系,后者构成前者发生的基础。随着一项科学发现和相应的新技术的应用,会产生一系列新产品的开发与新市场的开拓,新的生产方式和流程可能改变企业的价值链及其管理方法和组织结构,技术型创新引发管理及组织上的创新。

② 企业核心技术。核心技术是企业在长期的市场竞争和研发中积累的一组起基础和支持性作用的技术、经验和知识。路径依赖对于企业利用新技术机会的能力起重要作用,核心技术对于企业创新的方向选择具有指导性的意义。在企业实力的传统领域,核心技术促进了创新的有效性,增加了其成功的几率。企业原先的技术积累构成创新的一个重要资源。但在一些快速变化的市场中,核心能力产生了核心"刚性",它使企业难以脱离曾经有效的、可以带来收益和技能的管理系统。员工和管理者会抵制创新,因为创新使他们拥有的技能和价值变小了。

③ 与外部科学信息和资源的沟通渠道。很多领域的研究可以很方便地被划分为两个阶段:基础研究和应用研究。基础研究包括模型和为进一步理解科学原理而设计的初步研究,而不包括特定产品的设计与开发;应用

研究把基础研究得来的原理应用于特定的以引入市场为目标的产品。基础研究和应用研究的边界通常很模糊。尽管如此,仍存在一般性的共识,基础研究是大学和政府科学机构的合适领域,因为其成果不能马上转化成可销售的产品,而应用研究是企业研究者的领域。在基础和应用研究中存在重要的交流渠道。企业应采取行动改善这些渠道。例如,企业可以请大学研究者作顾问,企业也可以位于基础研究机构的附近,以增加非正式以及正式合作与交流的机会。应用与基础研究者将受益于频繁的互相合作。两者的协同互动可以使双方比单独工作更有效率。对企业而言,与基础研究机构的合作和沟通,可以增加发现创新机会的可能性。

④ 创新推动者。组织的创新需要催化剂,而创新推动者正好充当了这个角色。他们可以是非管理者,比如内部的职能专家或者外部的咨询人员,他们的技能都可能被用于创新过程;也可以是企业内部的管理者还有高层管理者以及决策者。对于系统范围的大的创新,内部管理当局经常会聘请外面的咨询人员提供建议和协助。由于这些人来自外部,他们将提供内部人员通常缺乏的一种客观的认识。不过外部咨询人员也常有一个缺陷,即对组织的历史、文化、作业程序等缺乏足够的了解。外部咨询人员与内部人员相比还经常倾向于主张更剧烈的变革,因为他们在创新推行之后不必生活在各种反应中。这可能有利,也可能是弊端。相反,内部人员则可能更深思熟虑,因为他们必须与其行动结果终日为伴。

3. 商誉资源

商誉(goodwill)是指一家企业由于顾客信任、管理卓越、生产效率高或其他特殊优势,而具有的企业形象,它能够给企业带来超过正常收益率水平的获利能力。商誉是企业内部一个十分敏感和重要的资源。在激烈的市场竞争中,如何建立和合理应用商誉,关系到企业的市场绩效。

企业的商誉是由于其所处地理位置优越,或由于服务质量好而获得客户的信任,或由于拥有优秀的管理人才组织经营得当、生产经营效益高,或由于拥有先进技术、掌握生产诀窍等原因而形成的无形资源。这种无形资源在一般意义上可以理解为一个良好的企业形象,具体表现为企业的获利能力超过了一般的获利水平。

商誉一般具有以下特性:①存在的非独立性。商誉与作为整体的企业有关,它不能独立存在,也不能与企业可辨认的各项资源分离。②构成要素的不可计量性。有助于商誉形成的诸多因素,其对商誉的贡献不能用任何公式或方法进行单独的计量。③确认的特殊性。商誉可以是自创的,也可以是外购的。目前,会计上对商誉的确认是对自创商誉不确认入账,只有向外购入的才作为商誉入账。

商誉是企业的声誉,商誉作为企业的无形资源,与其他无形资源有很大的区别。商誉表现为企业具有获得超额收益的能力,即在同等条件下能获得高于正常投资收益率的能力。商誉价值的大小,不仅取决于企业当前获得超额收益能力的大小,还与企业未来获得超额收益的能力相联系。因此可以说,商誉是企业所拥有的、能获得超额收益能力的资源的价值体现。

从内容上看,企业商誉通常包括企业的生产经营能力(生产经营规模、技术水平、财务状况、销售网络、管理水平等)、品牌声誉(商品品质、商标、包装等)和商业道德(经营作风、售后服务、员工素质、竞争方式)等方面的内容。正确理解商誉的特征,依法保护企业的商誉,客观公正地评估商誉的价值,是企业发展中必须解决的战略问题。

商誉的特征有如下几点:

① 复杂性,是指商誉形成的原因是复杂的。企业所处的地理位置优势、资源优势或由于经营效率高、历史悠久、人员素质高等。商誉是多因素共同作用形成的知识产权,其中包括生产经营能力、商品品质和商业道德等。在市场竞争中,这些因素都是企业决策者们智力劳动的创造性成果,其外在形式表现为社会的评价,其内在实质是企业的一项重要的无形资源。

② 长期性,是指商誉是企业通过长期、连续的市场竞争活动而逐渐形成的。企业要取得良好的社会评价,形成良好的商誉,就必须经过大量、长期和有效的市场营销、技术创新、广告宣传、公关活动和优质服务等一系列的智力投入方能形成。而一旦形成,它又具有惯性特征,即可以在较长时间里保持稳定,并发生无形的作用,不会随企业产出的增加而耗减。

③ 依附性,是指商誉在无形资源中属于不可确指无形资源,它不能离开企业的其他资源而单独存在和单独出售。它只有在企业整体出售成交,或整体合并成功后,这项资源的价值才能真正体现。我国的企业财务制度规定,除企业合并外,商誉不得作价入账。商誉是由企业享有的而且不可分离的权利。企业的商誉是社会或他人包括同业竞争者基于对其生产、经营、服务标准方面品质的总体评价,而这种评价是通过经营者日常的市场交易行为与竞争活动逐渐形成的,是外界对企业的信用与名誉状况的客观认同。所以,商誉只能归属于某一特定的企业,离开了某一特定的企业,这种商誉就变得毫无价值。

④ 经济性,是指客观公正的评价与良好的声誉会增加企业的经济效益。反之,任何对其商誉的诋毁、贬低行为,都可能使企业的经济效益下降,甚至可能导致该企业破产、倒闭的严重后果。

商誉可以为企业带来良好的市场业绩,因而也可能成为竞争对手攻击的对象。侵犯商誉的行为者出自敌意,为削弱竞争对手的竞争能力,往往虚构一些无中生有的内容,并将这些虚假内容散布开来,在社会上造成不良影响,导致企业的经济效益下滑。商誉需要企业、法律及社会的保护。

4.2　企业的能力

4.2.1　基本概念与分析的性质

单独的一项资源并不能产生实际的能力,能力来自将各项资源进行的有效组合。所以说,能力是企业若干资源有机组合后的结果和表现。例如,一项好的技术必须与其配套的资金、设备和人员相结合,才能得以发挥作用,产生实际的生产力,也才有可能形成企业的竞争优势。因此,企业拥有资源后,还要培养对各种资源进行组合协调,以发挥其潜在价值的能力。

企业的能力往往是多种多样的,又是多层次的。它不仅表现在企业各种生产经营环节或各职能领域内,而且还存在于企业内部各层次上。有的能力在经营中起一般、必要的作用,有的能持续地支持企业赢得某种竞争优势。能够帮助企业持久地建立竞争优势的能力,我们称之为企业核心能力。企业资源和能力是制定战略的基础,也是企业取得竞争优势和获得超额利润的源泉,特别是企业的核心能力。因此,为了帮助企业制定有效的战略必须对企业能力状况进行分析和评价。[①]

4.2.2　企业能力的构成

1. 人力资源管理系统

人力资源管理(human resource management)又译做人员配备或称做

[①]　蔡树堂:《企业战略管理》,北京,石油工业出版社,2001。

人员管理(personal management)、用人管理(staffing),其工作内容包括:招聘、面试、测试、选择、指导、培训、提高、关怀、评价、奖赏、惩戒、提升、调动、降级及解聘等。

由于人力资源在现代组织中和战略实施工作中的职能和作用至关重要,人力资源经理们正在更加积极地参与战略管理过程,管理学家和管理实践者也将人力资源管理、市场管理、财务管理和生产管理视为企业的四大运营职能。

人力资源管理活动的复杂性和重要性也上升到这样一种程度,即所有的哪怕是最小的企业现在也都需要一个专职的人力资源主管。因为企业对人员的管理必须遵守国家和地方的法律、规章,而各基层主管不可能及时了解所有人员管理法规的发展与要求,因此需要专门的人力资源管理部门协调企业中的各项用人管理决策,以便使企业从整体上符合法律要求。该部门还应保持企业在规章、工资和政策管理方面的一致性与一贯性。

随着企业管理思想的发展,人力资源开发与管理的范围日趋扩大,其内容在泛化。现代组织的人力资源范畴包括相当广泛的内容,除去以往的招聘、薪酬、考核、劳资关系等人事管理内容外,还把与"人"有关的内容大量纳入其范围。诸如机构的设计、职位的设置、人才的吸引、领导者的任用、员工激励、培训与发展、组织文化、团队建设、组织发展等。

人力资源管理的目标也在发生变化。传统的劳动人事管理,是以组织的工作任务完成为目标的,员工个人是完成组织任务的工具。现代人力资源开发与管理,则是在强调员工的业绩、把对人力资源的开发作为取得组织效益的重要来源的同时,也把满足员工的需求、保证员工的个人发展作为组织的重要目标。与以往的"人事管理"相比,"人力资源管理"使人们对"人力"这一生产要素增加了"人"(human)的看法:对人力资源的开发与管理是以人为中心的,其方法和手段有着诸多的人道主义色彩。诸如员工参与管理制度、员工合理化建议制度、目标管理方法、工作再设计、工作生活质量运动、自我考评法、职业生涯规划、新员工导师制、灵活工作制度、员工福利的选择制,等等。这里渗透着管理的"人本主义"思想。

在现代组织中,有着大量现代理论知识和实践经验的经营管理者,把人视为高于其他资源的最有价值的资本,认识到"人是资本,对人力资源的投入越大,回报就越高"。由此,经营管理者就把人力资源开发与管理放在重要的和经常性工作的位置上,愿意对人力资源投入、对人力资源开发与管理活动进行投入,以期取得较高的业绩回报。认识到人力资源开发与管理的效益,经营管理专家和管理学家还从多方面进行管理创新和理论创新,以充分发挥人力资源的创富价值,例如,德鲁克提出的目标管理(MBO)、彼得·圣吉塑造的各阶层人员的学习型组织,彼得斯的调动人的潜能等。

在一个国际企业当中,人力资源管理显得尤其具有挑战性。例如,配偶和孩子不能适应新的环境已成为向海外派遣人员时的一个主要的用人管理问题。这就容易造成一些问题:包括提前回国、工作绩效下降、辞职、解聘、士气低下、家庭不和及雇员不满,会导致企业业绩的明显下滑。福特汽车公司和埃克森公司已开始对那些准备派往海外的工作人员的配偶和子女情况进行了解,并同他们进行面谈。3M公司在目标国家为雇员子女介绍同伴,并向配偶提供教育补助。[①]

2. 信息管理系统

信息将所有的业务功能联结在一起,并为所有的管理决策提供基础。信息是所有企业生存的基础,它是构成企业竞争优势与劣势的主要因素之一。评价企业在信息系统方面的内部优势与弱点是进行内部分析的一个关键方面。日本大型贸易公司三井物产公司的座右铭便是:"信息是公司的生命线"。一个卫星通信网络将三井公司遍及全球的200多个机构连为一体。

建立计算机信息管理系统(computer information systems, CIS)的目的在于,通过改进管理决策的质量而提高企业的绩效。有效的信息系统通过收集、编辑、存储、合成和展现信息而回答重要的经营和战略问题。信息系统的核心是一个包含对管理者很重要的各种文件和数据的数据库。

计算机信息管理系统从企业的外部评价和内部评价两条渠道得到原始资料。它收集数据的范围包括企业内部的营销、财务、生产、人事等功能领域及企业外部的社会、文化、人口、环境、经济、政治、政府、法律、技术和竞争等因素。应按照管理决策的需要对各种数据进行综合加工。

有效的计算机信息系统包括利用硬件、软件、分析模型和数据库。有效信息系统的益处包括对业务功能的更好地理解,更充分地互相交流,更有事实依据地决策,对问题更细致地分析及更有效地控制。

企业组织的更加复杂化、分散化和全球化使信息系统功能更为重要。有效的信息系统像一个图书馆,它对数据进行收集、分类和存档,以供企业

---

① [美]弗雷德·R·戴维:《战略管理》,第 10 版,李克宁译,北京,经济科学出版社,2006。

所有管理人员使用。通过监视环境变化,识别竞争威胁,协助战略的实施、评价和控制,信息系统已成为一种重要的战略武器。

沃森和雷纳最近发现,管理信息系统以如下六种主要方式提供管理支持:电子邮件、得到外部新闻、利用外部数据库、文字处理、数据表格及自动归档。一个好的管理信息系统可提供图形、表格和文字信息。图形展示能力为快速分析当前情况和未来趋势所需要,表格可以提供非常详细的信息并可进行动态分析,而文字信息则可以对数据作出解释并进行定性分析。

通过调查分析,我们发现影响企业信息管理的关键因素可按重要程度递减依次分为以下五类:[①]

(1)企业战略因素

它描述了企业高层领导对企业信息化的总体的态度以及支持的程度(主要体现在资金的投入上)。决策者和管理者是企业的核心和灵魂,企业的信息化建设只有得到了他们的支持才能真正得以实施。

(2)中层领导的支持

它描述了企业中的中层管理人员对企业信息化的总体态度。信息的发展引起了企业的工作方式及交流方式的改变,使组织结构由垂直型变为水平型,原来在高层管理人员和基层操作人员之间完成协调、交流作用的中层组织也开始逐渐削弱。因此,中层管理人员必然会担心企业权力结构的变化、管理方式的变革,尤其是他们自身将在这种改变中受到的影响(例如,权力的丧失)。若不能很好地处理这种担心,中层管理人员必将成为企业信息化的强大阻力。如何取得他们的支持是企业更好地进行信息管理的必要和重要环节。

(3)计算机、信息部门自身的技术与管理水平

它代表了企业的信息部门技术水平、管理水平以及信息技术在企业内应用的深度。在企业的信息化进程中,企业要进一步提高自己的信息化程度,一方面需要企业自身有一定的信息技术建设的基础;另一方面,要求企业的技术人员能够灵活有效地应用新的信息技术,信息部门能够有效地管理整个企业内的信息资源,只有硬件水平的提高是不能提高整个企业的实际信息化程度的。企业一方面可以通过招聘引进新鲜血液;另一方面也可以通过信息技术部门职员的自身学习和相互交流来提高原有人员的技术水平,来促进信息部门的技术水平和管理水平的提高。

① 石斌贝,陈国青,蒋镇辉:《信息管理中的关键因素》,载《中国管理科学》,2000。

（4）企业对计算机、信息部门的管理机制

它概括了企业对信息部门的管理机制以及企业赋予信息部门负责人的地位和职权。企业赋予信息部门负责人相应的地位和职权是体现企业信息化程度的一个非常重要的指标。中国企业信息化的逐步深入就一直伴随着信息技术部门负责人地位的逐步上升。另外,企业如何管理、控制和指导信息部门的工作,如何对信息部门进行业绩考核都属于这一类的范畴。信息部门所完成的工作与企业的其他部门有很大的区别,它主要是实现了一种辅助的功能,因而在实际中很难量化其投资收益情况,实际绩效难以衡量。现在已有人提出各种衡量信息部门绩效的办法,如将这一部门独立起来,作为一个有偿信息提供机构,从而衡量其绩效。

（5）企业中其他员工的素质

它说明了企业中其他员工对信息技术的应用程度和应用水平。企业信息化的一个主要目标就是利用信息技术提高企业生产、服务的效率,企业中其他员工的素质对于企业是否能够有效地利用信息是至关重要的。信息技术的应用在企业中不仅要有深度还要有广度。

3. 管理

管理是组织为实现预期的目标,以人为中心进行的活动。它有着四项基本内容:计划、组织、激励和控制。

（1）计划

企业面对的外部及内部环境是在不断变化的,对于所有企业,唯一不变的就是持续的变化。面对不断变化的环境,计划变得尤为重要,它可以分析企业将来可能面对的困难,并确定如何克服,可以防止企业由于发展方向的不确定而造成的损失。良好的计划可以提高企业目标实现的可能性,它是连接现在和将来的纽带。管理者通过制订计划来确定和分配任务,寻找实现企业目标合理的、令人满意的方法。

计划是企业发展的起点,计划明确了组织的活动目标,目标是企业组织在未来特定时限内所要完成的任务。没有目标,人们就难以拟定未来的活动方案,评价和比较这些方案就没有了标准,对未来活动效果的检查也就失去了依据。计划还明了实现这些目标的原因、内容、时间、地点以及人员等具体因素,使企业确定实现企业目标所需的努力和支出是否得到了保证。

组织的任何活动都需要一定的资源。缺乏必要的人力、物力和技术条件,完善的方案也失去了意义。计划的另一职能是为组织的未来活动考虑资源条件的限制,为企业发展组织资源。

计划是为企业成功发展而必须的预先规划。计划力图以有限的努力达到满意的效果。计划要求企业对内外部环境进行通盘考虑,还要求企业预见到各种变化和结果。

企业的所有人员,包括管理者和员工,每个管理层都应当参与到计划过程当中。每个管理者都要对本部的职能工作进行计划,并且为了促进下属对工作的理解与投入,要让他们参与计划过程。受到积极参与的计划可以对组织和个人的绩效产生积极的影响。计划还可以使所有的员工组成一个有明确工作目标的团队,在企业内产生协同作用。计划的周期因管理层的不同而有很大区别,从最高管理层的2~5年减少到最低管理层的短于6个月。

计划可以使企业以相对稳定的内部环境不断适应变化着的外部环境。由于外部环境,比如市场、经济、政治、竞争者、技术的变化不断加快,今天的企业对这些因素和事件的反应必须比以往任何时候都要迅速。企业应采取主动,适应外部环境,这样才能掌握自己的命运。

(2)组织

组织的职能首选是对人员的管理、对劳动的管理。组织要将任务一一分解,对工作进行说明与细致规定,使管理者和员工明确知道各项工作的具体内容;组织还要按工作和任务需要组建部门,确定内部各个部门的任务,授予权力,建立各个部门之间的权力关系,并且让它们承担责任,决定谁应该向谁负责;实现企业内的协同努力。历史上很多组织良好的企业能够与比自己强大但没有良好组织的企业成功地开展竞争,甚至战胜它。组织的良好体现在:管理者和员工可以得到很好的激励,自觉地为企业的发展和成功而努力工作;能够更有效地配置资源和更高效地使用资源。

组织内的层次和各部门之间的关系进一步决定了组织结构、控制范围和指挥链条。组织结构往往会随着战略的变化而相应发生变化,因为新战略的实施会引起职位、部门的增减、分并及职权的收放。组织结构影响企业中资源配置的效率和目标的实现程度。部门设置的最常见方式为职能制、分部门或分公司制、事业部制及矩阵制。

组织的一项很重要的活动就是授权,今天的雇员有着很高的教育程度,有意愿也更有能力参与组织决策。在绝大多数场合,对他们授予权力和责任,可以提高他们的主动性和创造性,使他们更乐于工作并对工作结果负责。权力的下放可以增加企业的灵活性和应变能力,提高企业效率,它贯穿于整个战略管理过程。

（3）激励

为影响员工,充分发挥他们的潜能,使其实现组织特定目标,企业需要激励。激励解释了为什么一些组织中人员努力工作、气氛和谐、业绩卓著,而另一些组织中人员却不努力工作,组织缺乏准备效率。在实施既定战略的过程中,离开激励,就不能调动雇员和管理者的工作热情、潜能和创造性,其结果是企业的目标很难实现,战略得不到有效的实施,政策不能贯彻。

企业的领导者在制定战略时,要激励他的管理者和雇员,与他们建立良好的关系,理解他们的心理,考虑他们的需求,排除他们的后顾之忧,使他们能够专心工作,努力提高生产效率。作为一个领导者,应充分重视自己的榜样作用和示范效应,激发和引导管理者和员工的热情,充分信任他们,并一视同仁,营造认真、轻松、积极、活跃的氛围。领导还包括建立并向管理者和员工灌输公司的远景目标,鼓励人们为实现这一远景目标而共同努力。柯克帕特里克和洛克认为,一个富有成效的领导应当是这样的:有业务知识、有认识能力、自信、诚实、正直和努力。经验认识表明,与专制的领导作风相比,民主作风可以使部下以更积极的态度去应对变革和提高生产效率。

管理大师德鲁克这样说:"好的领导并不意味要有吸引力的个性,这无异于煽动他人;领导也不等同于'广交朋友和影响他人',这无异于讨好他人。领导要能够提高人们的眼界,将人们的工作绩效提高到更高的标准,要超越通常极限去塑造人们的个性。"

在现代管理中,组织内部形成的各种非正式群体是应当得到充分重视的,群体活力在提高雇员士气、满意程度和促进积极协作方面发挥着重要作用。这些群体的规范与否对管理产生重大的影响:既可以发挥十分积极的作用,也可以发挥十分消极的作用。因此,一个有战略眼光的领导者有必要认识组织内部非正式群体的构成和状态,在战略的制定、实施和评价中考虑到非正式群体的作用。

沟通是管理活动中很重要的一个概念,也是管理者很难有效完成的一项任务,尤其是对大企业。沟通成为激励活动中的一个要素。组织中的沟通或交流决定了企业内信息流动是否畅通,影响员工之间的相互学习和组织的学习能力,决定战略意图是否能够被成功地理解和有效地实施。良好的双向交流可以加强各个部门、分公司或子公司之间的协作,使他们的目标与政策得到管理层的协调和支持。上下之间的纵向交流与同层次之间的水平交流可以促进企业整体能力的提升。良好的沟通可以使员工所关心、所讨论的事情反映到组织的其他部分,使他们的问题和建议被传递到上层。

这种沟通所营造出的参与氛围可以使战略管理过程考虑的因素更全面、实施更加有效,确保了组织目标的实现。因此,在整个组织中建立有效的交流网络并支持交流已构成战略管理的重要目的之一。

（4）控制

管理的控制(controlling)可以定义为监视各项活动,以保证活动按计划进行并纠正各种重要偏差的过程,以保证企业的实际运行与计划相一致。控制之所以重要是因为它监督目标是否按计划实现和上级的权力是否被滥用。

在控制过程中,管理当局必须首先根据计划阶段确定的目标制定衡量的标准,然后用这个标准来衡量个人和组织的工作绩效;而后将实际绩效与计划绩效进行比较,如果两者之间有偏差,那么管理当局必须根据情况采取纠正措施,选择调整实际工作或调整标准。

在这个过程中,对个人绩效的衡量在企业中往往没有被有效地实施,甚至根本没有被实施。造成这一缺陷的原因包括:绩效评价会引起对抗,而管理者都愿意回避这种对抗;绩效评价要占用管理者不愿付出的时间;绩效评价还需要很多管理者所缺乏的专业技能。任何度量个人绩效的方法都存在局限性。为此,企业应当考虑多种方法,诸如图解评价表和关联事件等方法。之后选择一种最适合公司需要的绩效评价方法。各公司正努力将组织绩效与管理者和雇员的收入更加紧密地挂钩。

控制的类型有三种:前馈控制是以未来作导向的控制,是用来防止预期问题的产生;同期控制是发生在一项活动进行之中的控制;反馈控制是发生在活动结束之后的一种控制。

控制工作常常努力集中在下列这些方面中的一个:人员、财务、作业、信息和组织的整体绩效。一个有效的控制系统应该是准确、及时、经济、灵活和简便的。它采用合理的标准,具有战略性的高度,强调例外的存在,并且能指明纠正问题的方向。①

4. 生产管理

生产是企业的基本功能,是厂商为客户提供价值的基础。企业的生产活动包括对所有的投入品——诸如原材料、劳动、资本、机器与设施等进行加工,使之转变为产品或服务并能够为消费者带来价值和效用的所有活动。在不同的行业,由于各自的特点不同,企业生产所涉及的投入品、物质转换

① ［美］弗雷德·R·戴维《战略管理》,第10版,李克宁译,北京,经济科学出版社,2006。

过程及产出品也不相同。如表 4-1 所示，罗杰·施罗德（Roger Schroeder）列出了生产管理的五种功能及相应的决策领域：生产过程、生产能力、库存、人力和质量。

表 4-1　生产管理的五种基本功能

功　能	简　述
1. 生产过程	生产过程决策涉及实际生产系统的设计。具体决策内容包括对技术、设施的选择，工艺流程分析，设施布局，生产线的平衡，工艺控制及运输分析
2. 生产能力	生产能力决策确定企业的最佳产出水平——不能太多，也不能太少。具体决策内容包括预测、设施计划、综合计划、生产计划、生产能力计划及排队分析
3. 库　存	库存决策涉及对原材料、在制品及产成品存量的管理。具体决策内容包括订货的内容、时间和数量及物料搬运
4. 人　力	人力决策涉及对熟练及非熟练工人、职员及管理人员的管理。具体决策内容包括岗位设计、工作考核、丰富工作内容、工作标准及激励方法
5. 质　量	质量管理的目的在于生产高质量的产品与服务。具体决策内容包括质量控制、抽样检查、测试、质量保证及成本控制

资料来源：Adapted from R. Schroeder, *Operations Management*, New York: McGraw—Hill Book Co.,1981,p. 12.

生产过程往往占用企业大量的人力及资本，是形成企业产品、服务成本优势或差异化的主要来源，生产功能中的优势与弱点决定了企业能够做什么、不能做什么，是企业制定战略的依据，它对竞争优势的形成有着重大影响。

在表 4-2 中，詹姆斯·迪尔沃思（James Dilworth）指出了公司可采取的数种经营策略及这些策略对生产经营的影响。

表 4-2　各种经营策略对生产管理的影响

可能的经营策略	实施条件及对企业经营的影响
1. 以低价格商品或服务进行竞争	阻止竞争 拓宽市场 需要更长的生产周期和更少的产品变化 需要专用设备和设施
2. 以高质量产品进行竞争	往往会实现更高的单位产品盈利，或者以更小的销售总量得到更多的盈利 需要作出更大的产品质量保证努力，导致更高的作业成本 需要更加精良也更加昂贵的设备 需要更熟练的技术工人，进而要支付更高的工资和进行更多的培训
3. 强调用户服务	需要更多、更好的服务人员及服务用设备与配件 需要对用户需求或偏好作出更快的反应，需要更高效、更准确的信息系统及更精心的协调 需要更大的库存投资

资料来源：[美]弗雷德·R·戴维，《战略管理》，第 10 版，李克宁译，北京，经济科学出版社，2006。

续表

可能的经营策略	实施条件及对企业经营的影响
4. 更快速、更频繁地推出新产品	需要更通用的设备和人员 导致更高的研究与开发成本 导致更高的再培训成本及更频繁的生产机具的安装 每种产品的销售总量下降,这将失去一些学习曲线效应可带来的产品改进机会
5. 努力实现绝对增长	需要接受一些有更低盈利率的项目或产品,进而降低投资收益率。将人才分散用于各薄弱环节而不是集中使用优势力量
6. 实行纵向一体化	使公司能够控制更长的生产链 在某些生产环节可能实现不了规模经济 可能需要超出企业现有能力的更高的投资、技术和技能
7. 为灵活生产而储备生产能力	提供更大的生产能力,以满足高峰需求;当需求预测偏低时可迅速实施权变计划 需要对储备性生产能力进行投资 提供迅速扩大生产的能力,因为扩张通常需要一定的生产准备期
8. 集中生产	可导致规模经济,可在一家主要用户或供应商附近建立工厂 缺点:一次罢工、火灾或洪水等便可能会使整个生产过程陷于停顿
9. 分散生产或服务	可以接近多地区市场。需要更复杂的协调网络:可能需要昂贵的数据传输系统及一些人员和设备在各地的重复设置。如果每处只生产一种产品,各种产品都必须从一地被运往其他各地。如果各处分别生产对所有产品都很重要的某种零部件,那么公司便容易受到罢工、火灾或洪水这类事件的袭击。如果各处均生产整个系列的产品,那么便可能不会实现规模经济
10. 强调提高机械化、自动化及使用机器人的水平	需要巨额投资 减小灵活性 可能会影响劳资关系使设备维护更为重要
11. 强调员工雇佣关系的稳定性	提供雇员所需要的安全感进而提高其忠诚度 有利于吸引和留住优秀雇员 可能需要重新审视自制还是外购这一决策,并利用人员储备、高产品库存及外包生产等方式应付需求波动

资料来源:J. Dilworth, *Production and Operations Management*:*Manufacturing and Nonmanufacturing*, Second Edition, Copyright @ 1983 by Random House, Inc.

20世纪80年代,在日本丰田汽车公司出现了精益生产,而后由美国人詹姆斯正式提出"精益生产"的概念。精益生产要求企业的各项活动都必须运用"精益思维"(lean thinking)。精益思维的核心就是以最小的资源投入,包括人力、资金、材料、时间和空间,创造出尽可能多的价值,为顾客提供新产品和及时的服务。其主要内容有:

① 控制价值流:它包括产品流、信息流及物质流的控制。

② 一人多工位操作。

③ TPM:即全员维修保养,它的实质就是以人的因素为第一,依靠改善人的素质来改善设备的素质,以达到提高企业素质的最终目的;它要求打破操作人员与维修人员的分工局限,实行由设备使用者本身自主维修设备的制度。

④ "三为"：即以生产现场为中心，以生产工人为主体，以车间主任为核心的现场管理体制，它为实现准时化生产提供了组织、制度上的保证。

⑤ "6S"：即整理、整顿、清扫、清洁、习惯、修养。它们均以日本语音"S"开头。通过这些活动，达到人力与物力的和谐结合，实现生产力的不断优化，促进企业发展。

精益生产的特点在于：

① 强调人的作用和以人为中心。生产线上的每一个工人在生产出现故障时，都有权让整个工区的生产停下，以消除故障；企业各部门间人员密切合作，并与协作户、销售商友好合作，这显著地提高了劳动生产率，同时使产品质量也得到了保证。

② 简化。它减掉了一切不产生价值的工作，它是需求驱动的简化生产，简化了产品的开发过程，采用并行开发方法。在产品开发一开始就将设计、工艺和工程等方面的人员组成项目组，各方面的人集中起来，大量的信息处理在组内完成，简化了信息的传递，使系统反应灵敏，使产品开发时间和资源投入减少。同时还简化了组织机构和非生产的费用，撤掉了如修理工、清洁工、检验工和零件库存管理员等间接工作岗位和中间管理层，减少了资金积压和大量非生产费用。

③ 把浪费降到最低程度。企业生产活动中的浪费现象很多，常见的有：错误——提供有缺陷的产品或不满意的服务；积压——因无需求造成的积压和多余的库存；过度加工——实际上不需要的加工和程序；多余搬运——不必要的物品移动；等候——因生产活动的上游不能按照交货或提供服务而等候；多余的运动——人员在工作中不必要的动作；提供顾客并不需要的服务和产品。①

精益生产方式在世界范围内已被企业界所接受。关于生产，美国里海大学和 GM 公司在 1998 年共同提出了柔性生产模式 AM(agile manufacturing)。这种被誉为"21 世纪制造业战略"的生产模式是对在上世纪 20 年代在泰勒"科学管理"影响下诞生的"少品种大批量生产"的生产模式的挑战。

后者曾一度推动了工业化发展的进程，美国的"福特制"是典型代表，它为社会提供了大量的产品，它成功的基础是当时卖方市场的存在，我们也称此生产模式为刚性生产模式。这一模式的生产效率高，单位产品成本低，但它以损失产品的多样化、掩盖产品个性为代价，市场灵敏度低，不能适应其

---

① 刘蓉，张贺雷，年桂芳：《现代生产管理的最优方式——精益生产》，载《经济管理·新管理》，2001(12)。

快速变化。

柔性生产模式的内涵实质表现在两个方面:即虚拟生产和拟实生产。虚拟生产是指面对市场环境的瞬息万变,要求企业作出灵敏的反映,而产品越来越复杂、个性要求越来越高,任何一个企业已不可能快速、经济地制造产品的全部,这就需要建立虚拟组织机构,实现虚拟生产。拟实生产也就是拟实产品开发,它运用仿真、建模、虚拟现实等技术,提供三维可视环境,从产品设计思想的产生、设计、研发,到生产制造全过程进行模拟,以实现在实体产品生产制造以前,就能准确预估产品功能及生产工艺性,掌握产品实现方法,减少产品的投入、降低产品开发及生产制造成本。这两点是柔性生产区别于刚性生产模式的根本所在。

柔性生产模式与刚性生产模式相比具有以下特点:

① 建立虚拟企业,实现虚拟生产与拟实生产。

② 订单决定生产量。柔性生产模式认为,只有适应市场不断变化的需求,才能提高企业的竞争力;价格与质量不是主要的竞争手段,而只是部分竞争手段,要不断地研发产品,创造产品的特殊使用价值来满足用户;根据订单来确定生产量及小批量品种,这就是柔性生产管理的基本出发点。

③ 建立弹性生产体系。柔性生产根据市场不断需求变化来生产,它产品多、个性强、多样化。而要满足这一生产需求,势必要建立多条流水生产线,由此而带来不同的生产线经常停工,产品成本过高。因此,必须建立弹性生产体系,在同一条生产线上通过设备调整来完成不同品种的批量生产任务,既满足多品种的多样化要求,又使设备流水线的停工时间达到最小,即"只在必要的时间内生产必要数量的必要产品。"

④ 生产区位趋于集中。为了满足市场需求,柔性生产必须在一个生产区位完成整个生产过程。尤其是零配件供应商要与装配厂保持距离,以保证零配件及时交货并实现零库存,从而实现对市场需求变化的灵敏反应。

⑤ 人员素质要求高。人是最灵活最具柔性的资源,这是因为人有社会动机,有学习和适应环境的能力。人能够在柔性生产模式下通过培训、学习、模仿和掌握信息技术等而获得所需要的知识与技能。[1]

5. 研发

企业的第六项能力是研发。在当代的市场中,激烈的竞争要求企业不断推出新产品或改进技术、工艺,这一系列活动都离不开企业的研发。研发

---

[1]　梁东:《现代企业生产管理系统轨迹分析》,载《工业企业管理》,2001(5)。

已经成为企业持续竞争优势的关键来源。

　　企业之所以投资于研究与开发，是因为它们相信这种投资能开发出更高级的新产品或服务、提高产品质量、降低成本，能为消费者创造更大的价值，在与对手的竞争当中，获得消费者的认可，进而增强企业的竞争优势。企业的研发要求内部各个部门之间有着良好的沟通与合作。研发的产品首先要考虑到消费者的需求及偏好，因为生产是为了满足他们的需求，这就需要与销售部门合作。同时，研发还要兼顾到生产制造环节，开发出的产品必需能够批量生产。研发所采用的技术及工艺，不需要是最尖端的，只要是最适合的，美"铱星计划"的失败就是个很好的例子。①

　　用户需求及口味的不断变化，新技术的出现，更短的产品生命周期及日益加剧的国内和国际竞争，使绝大多数公司除不断开发新产品和改进老产品外别无选择。而产品创新思想的缺乏，全球竞争的加剧，市场细分的深化，特殊利益集团的壮大及政府调控的日益增强都使成功地开发新产品愈加困难、昂贵和具有风险。企业为增强克服困难、抵抗风险的能力，一些新的行之有效的研发(R&D)融资方式和组织模式开始出现。这些新模式包括各种形式的战略联盟、R&D 有限责任合伙制(RDLP)、表外 R&D 股票选择权(SWORD)融资等。

　　新的融资模式为研究开发项目提供了降低商业化风险、更灵活有效地分配风险的投资工具，有助于扩大研究开发投资规模。因此，日益成为企业和投资者青睐的技术开发融资模式。

　　(1)战略联盟

　　研究开发战略联盟是指不同企业为开发特定技术或产品而进行的合作形式，可以采用多种模式，例如，合作、合资、委托开发等。这种联盟通常发生在希望获得新产品的大公司与技术丰富、但缺乏产品商业化能力的年轻企业之间。

　　在技术进步加速的环境下，大企业内部 R&D 成本较高，效果并不理想。但它往往具有可靠性强的制造能力、有效的营销服务网络和优良的市场声誉，能够迅速将开发成功的产品商品化和市场化。

　　技术创新能力强的小公司往往由于高技术产品制造过程比较复杂，建立可靠的制造能力需要较长的时间和大量的财力，迅速进入市场并站稳需

①　梁东:《现代企业生产管理系统轨迹分析》,载《工业企业管理》,2001(5)。

要强大的营销系统、服务网络以及资金实力等原因,在产品商品化方面缺乏能力和效率。

战略联盟模式可以使上述两方面实现优势互补。

(2)R&D有限责任合伙模式(RDLP)

RDLP模式是指基于专门从事特定的R&D项目而设立的有限责任合伙制(limited partnership)机构。该模式首次出现于1978年,为了将一笔用于开发一种新的挖掘技术而筹集的资金投入实际开发,而设立了RDLP。RDLP往往由实际需要开发技术并有开发能力的公司(通常是一般合伙人)发起,并与承担有限责任的合伙人组成,由作为一般合伙人的发起公司负责管理。发起公司投入的资金和股份比例非常少,例如1%。

(3)R&D表外认股权融资模式(SWORD)

SWORD即stock warrant off-balance-sheet research & development的缩写,通常由需要开发特定技术,且具有这种技术开发能力的公司发行一种融资单位(unit),投资者可以是个人投资者,共同基金、养老金等机构投资者,每个unit包含一个发行公司股票赎回权和投资者对发行公司股票的认购权。

该模式由美国一家非常成功的生物制药公司——ALZA于1988年首先创立。ALZA公司本身就是通过与著名国际制药公司Ciba-Geigy的战略联盟而迅速发展壮大起来的,并成功地两度采用RDLP模式为两项技术开发融资。ALZA公司拥有342项美国专利,还有104项待批的美国专利,利润及经营现金流状况优良,被华尔街分析家视为快速成长的制药行业中的低风险、高利润公司。

为了强化竞争优势,ALZA公司采用SWORD融资方式,发行unit筹集了4 000万美元用于一种高风险的新技术开发。每个股权单位包括1股新公司普通股和在未来5年内按每股$30美元的价格购买ALZA公司股票的认股权。ALZA公司具有按照预先设定的价格赎回新公司股票的权力。对购买新公司unit的投资者来说,即使ALZA公司赎回新公司股票,仍然可以通过行使ALZA公司股票认购权而继续参与分享ALZA公司技术创新成功的收益。[1]

---

[1] 朱武祥:《研发项目投资新模式》,载《环球企业家》,2001(12)。

4.3 企业的核心能力

4.3.1 能力与核心能力

1. 能力与核心能力的概念

企业的能力是指企业协调资源并发挥其生产与竞争作用的能力。这些能力存在于企业日常工作之中。在这些能力中,有的能力是一般能力,有的能力是核心能力。企业内部的各个部门拥有属于自己的不同能力。一般能力和核心能力(core competence)是有区别的。核心能力并不是企业内部人、财、物的简单叠加,它能够使企业在市场中获得和保持战胜对手的竞争优势,能帮助企业获得商机和超额利润率。

核心能力是一个企业比其他企业做得特别出色的一系列活动,它是能够使企业长期、持续地拥有某种竞争优势的能力,通常表现为企业经营中的累积性常识,尤其是关于如何协调不同生产技能和有机结合多种技术流的学识。它可能出现在特定的业务职能中。这一概念的其他名称还有独特能力和核心竞争力等。

如果把一个公司比喻成一棵大树,树干和大树枝是核心产品,小树枝是业务单位(business units),叶、花和果实是最终产品,那么提供养分、营养和保持稳定的根系就是核心能力,如图 4-2 所示。

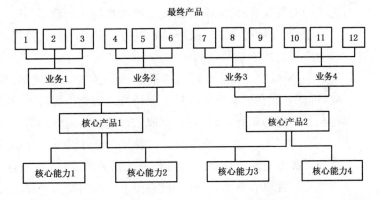

图 4-2 核心能力——竞争力之源

核心能力是企业持续拥有某种竞争优势的源泉,是市场竞争的中坚力量,是企业各个业务单位的"黏合剂",更是新事业或业务发展的"根基"。

2. 核心能力的识别和特征

企业核心能力可分为硬核心能力和软核心能力两类。硬核心能力是指以核心产品和核心技术或技能形式为主要特征的核心能力,这类核心能力在技术密集型行业尤为重要。软核心能力是指企业在长期运作中形成的具有核心能力特征的经营管理方面的能力。这类核心能力更加无形化,更难识别与模仿。

无论是哪种核心能力,其形成要经历企业内部资源、知识、技术等的积累、整合过程。通过这一系列的有效积累与整合,企业形成了持续的竞争优势,从而为获取超额利润提供了保证。但是并不是企业的所有资源、知识和能力都能形成技术的竞争优势,都能发展成为核心能力。要成为核心能力必须具备:

① 有价值性。即有很多的经济价值,可以帮助企业在创造价值和降低成本方面比其竞争对手做得更好,能够提高企业的效率,为企业带来超额的垄断利润。同时,它也能为顾客提供更多的价值,也就是为企业产品进入多个市场提供了潜在的途径。

② 异质性。核心能力是企业所独有的而未被竞争者或潜在竞争对手所拥有的。

③ 难以模仿性。如果该能力易被竞争对手所模仿,或通过努力很容易达到,则它就不可能给企业带来持久的竞争优势。核心能力是通过长期积累的多种技术、知识、内化于企业整个组织体系、建立在系统学习经验基础之上的有机综合体,它具有路径依赖性和持久的竞争力。

④ 不可替代性。一般产品和能力很有可能受到替代品的威胁,但核心能力应当是难于被替代的。

⑤ 延展性。在企业能力体系中,核心竞争力是母本、是核心,有溢出效应,可使企业在原有竞争领域中保持持续的竞争优势,也可围绕核心能力进行相关市场的拓展,通过创新获取该市场领域的持续竞争优势。

⑥ 动态性。企业核心能力一般与一定时期的产业动态、管理模式以及企业资源等变量高度相关。随着彼此相关的变化,核心竞争能力的动态发展演变是客观必然的,曾经是核心能力可能演变为企业的一般能力。

⑦ 非均衡性。创新和研究开发能力是核心能力的本质体现。企业在

构建核心能力的过程中,既有继承性的技术渐进发展,又有突破性的革新。[①]

4.3.2 核心能力与竞争优势

企业的资源、能力是怎样转化为竞争优势的,即是如何超越对手获得超额利润的,企业能否从其资源和能力上获得竞争优势和超额利润,主要取决于其资源和能力所具有的特征。

1. 竞争优势的形成

企业所拥有的资源和能力要使企业在竞争中取得某种竞争优势,一般说来必须具备以下两个特征。

① 稀缺性。只有那种稀缺性资源才有可能转化成企业的竞争优势。如果那些资源和能力是普遍存在的,则很难构成优势。

② 相关性。只有当这些资源及能力是与在该行业中的关键成功因素关联时,它们才能被转化成竞争优势。

2. 竞争优势的维持

当谈到战略性竞争优势时,显然我们会关心这种优势能够保持多久,这就要涉及形成这种优势的资源和能力的特征。

① 持久性。企业拥有某种资源或能力与其他资源和能力相比更具有持久性,如技术专利、产品品牌,依靠这些持久性资源或能力建立的竞争优势会相对稳定。近年来技术的发展日新月异,使大部分企业固定资产提前结束生命周期,事实上许多固定资产在它们的实体还没有被耗尽之前,其账面的资产已经没有了。即使拥有的技术专利也往往会在保护失效之前推动保护意义。只有企业的声誉历经时日,依然不衰,才会给人以深刻印象。因此,今天企业的持久性资源和能力会更多地偏重于企业的无形资产。

② 灵活性。通过资源的买卖、技术的转移,企业可以得到执行战略所需的各项基础,也可以很快模仿别人的成功经验。所谓灵活性即企业资源和能力可以被转移的灵活度。如果这种灵活度较高,那么以此建立的竞争优势就会被削弱,因为其他对手可以很快地得到目前还没有的东西。我们

---

① 杜云月,蔡香梅:《何为企业核心竞争力》,载《中华工商时报》,2002-12-13。

应该更注重那些灵活性较差的资源和能力的开发,包括地理上不灵活的资源;更注重需要整体联动才能发挥作用的资源和能力,还有企业特有的部分资源及能力,如商誉、品牌等。

③ 模仿性。如果说灵活性侧重于某些资源及能力可以通过购买来得到,而模仿性是指那些资源和能力是否容易被别人很快学会并建立起来。模仿性差的东西往往涉及许多复杂的组织工作程序和文化,表面上看来很简单的事情,如麦当劳仅仅是在生产、经营汉堡包,但实际上却蕴涵着许多年的经验。即使有些东西可以被学习和模仿,事物也总是在不断地发展变化当中,资源和能力的先导者依然可以通过不断地改良资源及能力的储备来保持自己的竞争优势。因此,通过不断地投资建立企业的资源及能力储备是战略执行过程中的关键步骤。

3. 竞争优势的保护

随着时间的推移,企业花费巨大努力建立起来的竞争优势可能会被对手模仿,也可能会被行业环境的变化所淘汰。如何保持长期的竞争优势是企业持续发展的关键。

① 企业多项资源的持续期是不同的,有短周期、标准周期和慢周期之分。真正帮助企业建立起长期的竞争优势的资源,往往是那些标准周期和慢周期的资源,无形资源在其中扮演着重要的角色。因此,战略制定者应该想方设法将更多的短周期资源发展成为标准周期或慢周期资源,唯有如此才能保持企业长期的竞争优势,见图 4-3 所示。

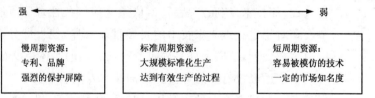

图 4-3　竞争优势的关联

② 防止竞争对手模仿,要隐蔽竞争优势带来的表现。企业也可以通过降低价格快速抢占市场,迅速提高生产能力,设置进入障碍,降低对手的模仿动力;将形成竞争优势的原因模糊化,使竞争对手难以作出准确分析。如果企业的资源和能力能够被灵活地转移、买卖,那么竞争对手就能很快地得到目前还没有的东西。因此,企业应该更注重那些灵活性较差的资源和能力的开发,注重需要整体联动才能发挥作用的资源和能力,更注重企业能力

的培养和发展而不是依赖某些个人的经验和知识。

　　③ 要保持创业者精神。企业的优势永远是暂时的,只有保持创业者精神,企业才能有不懈的追求,有新的目标,才能敏锐地发现内外环境的变化,不断地捕捉那些关键性的市场机会,才能有勇气自己打破原来的优势,建立新的优势,永远处于领先地位。[①]

4.3.3　动态能力与能力培育的长期性

　　企业如何在动荡的环境中获得持久的竞争优势,是当代战略管理研究的重点之一。在动荡的外部环境中,竞争优势的重要来源—资源和能力—以逐渐加快的速度被积累和创造出来的同时,正被耗用和侵蚀掉,R. D. 艾伦(R. D. Alene)称这种现象为超竞争(hyper competition)。在一个技术飞速进步和需求偏好多变、市场环境日益动态化的超竞争环境中,竞争优势的可保持性越来越低,一个停留在已有优势地位、仅仅追求现存资源及能力所带来的竞争优势的企业,迟早会被更富创新精神的竞争对手所取代。艾伦认为,在超竞争环境中长期成功的道路不是试图维持长期竞争优势,而是通过不断地创新追求一系列暂时的优势,使得企业比产业中其他企业总领先一步。[②]

　　基于以上观点,动态能力(dynamic capabilities)这一概念被提出来,其理论随之得到了很大的发展。动态能力,是指企业保持或改变其作为竞争优势基础能力的能力。蒂斯(Teece)等学者认为,具有有限动态能力的企业,不能培养竞争优势,使竞争优势的来源适应时间的发展,企业最终会失去其生存的基础。而具备很强动态能力的企业,能够使它们的资源和能力随时间变化而改变,并且能利用新的市场机会来创造竞争优势的新源泉。企业只有通过其动态能力的不断创新,才能获得持久的竞争优势(R. D. Alene,1994)。

　　① 动态能力理论的逻辑思维是:外部环境分析→定义新的创新机遇→制定响应新的机遇的战略→寻找完成新创新机遇的合作伙伴→合作竞争→新的竞争优势并结束现有合作。即在外部环境分析的基础上,发现和定义新的机遇,并制定出相应的战略;选择暂时的、不连续的伙伴来完成特定战

---

① 蔡树堂:《企业战略管理》,北京,石油工业出版社,2001。
② 黄江圳,谭力文:《从能力到动态能力:企业战略观的转变》,载《经济管理》,2002(22)。

略;通过合作竞争,取得新的竞争优势,在完成预定的战略后解散现有的合作,再回到起点去寻找新的创新机遇。通过不断创新来保持企业在超竞争环境下的持续发展。

② 企业动态能力是一种开拓性的能力。它能够使企业的资源和能力在有限的边界和相对短促的时间内,重新集聚、产生或得到增值性开发,克服能力所受的侵蚀,从而增加企业的竞争力。开拓性能力通过促进创新和创造新的规则为企业的竞争优势提供了长期基础。在动荡的环境中,动态能力崇尚建立开拓性学习能力。开拓性学习能力并不是为了特定的生产目的,而是为了在长时间内向企业提供新的战略观念而进行的侧重于变革的学习。开拓性能力显示了对路径的较少依赖。

③ 动态能力理论的战略目标是不断创造新优势。因为在瞬息万变、难以预测的环境下,所有的竞争优势都是短暂的,若固守原有的优势,将导致竞争优势的最终丧失。只有认真地、不断地和出其不意地打破现有平衡,快速响应机会和企业内外资源的重构,形成一系列暂时的新优势,才能保证企业持续的竞争优势。因此,动态能力理论实质是一个创新理论。

④ 动态能力具有开放性的特征。

a. 动态能力强调建立从外部途径吸纳知识(一方面是资源与能力;另一方面是机会)的特殊能力。企业动态能力是企业内部知识、吸收性知识或引进性知识有机结合的产物。吸收性知识在企业内部和外部资源与能力之间起到了桥梁作用。

b. 企业将自身的能力与外部可利用的能力结合在一起的能力,是动态能力的重要组成部分,于是能力的范围便扩展到企业与企业之间的关系上来了。企业可以运用虚拟组织、战略联盟等组织形式构建企业外部暂时的、非正式的网络,形成一个开放的、灵活的双向学习模式,从而利用外部资源与能力超越自身能力的路径依赖性,减轻企业成长对历史的依赖。

⑤ 动态能力处于一种动态的非均衡状态。在一个变化无常的超竞争环境中,能力持续不断地培养、开发、运用、维护和扬弃,这正是动态能力本质之所在——通过不断地创新而获得一连串短暂的竞争优势,从而从整体上体现出企业的持久竞争优势。

⑥ 动态能力关注与竞争对手间的战略互动(strategic interactions)。在超竞争环境下,竞争对手之间的互动明显加快,竞争互动已成为制定战略的决定因素,只有及时正确地预测竞争对手的战略动态,才能保证自己正确

地把握时机放弃原有优势,创造新优势。①

能力是影响企业市场绩效和形成竞争优势的重要因素,同时它的形成和培养具有长期性。这是由能力的特征及不断发展的外部环境决定的。

① 能力的"普遍模糊"性。能力是企业拥有的关键技能和隐性知识,是企业拥有的一种智力资本。隐性知识和智力资本意味着在辨识企业能力方面存在含义模糊。尽管确认企业在哪些方面比竞争对手做得好是可能的,但是要识别企业为什么会做得好却很困难。即使是企业自身有时也不能准确地识别出自己竞争优势的源泉。这种"普遍模糊"性,一方面保护了企业的竞争优势;另一方面也限制了企业对能力形成路径的认识。这种认识的局限性增加了企业对能力培养和调整进行投资的风险,甚至使这些行动无法实施。

② 能力的"积累"性。企业能力依赖于组织的积累性学习,而不是通过相应的要素市场买卖获得的,其具备非竞争性的特征。但学习是循序渐进的,而不是突破性的。所以企业在进行能力培养与调整时,几乎不可能忽视它的历史过程。能力的培养是一个长期性的工程,其调整也是异常困难的。所以在某种意义上可以认为,企业能力是企业特殊历史进程的产物,是企业历史发展的"管理遗产"。因此,竞争优势源泉的寻找具有路径依赖性,它依赖于企业从过去到达现在所走的路。即使小的路径依赖性也可能有严重的后果。一个已经作出重大承诺的企业,也许会发现在其特定的经营方式上很难采纳看上去很微小的技术变革。

③ 能力与互补资产的关系。企业能力作用的发挥和调整受互补资产(complementary assets)的制约。互补资产是企业的专用性资产,是企业在建立已有能力时进行的不可还原性投资,仅与特定的产品、技术或经营方式联系时才具有价值。能力的培养与互补资产的投资同步而行,其调整既可能提高更可能毁掉互补资产的价值。能力的培养和调整如果不能与互补资产的价值相协调,则会提高沉没成本,从而减少了企业采纳变革寻求发展的可能性。比如企业员工对专用人力资本的投资,在能力培养调整中面临着重大的道德风险,道德风险降低了企业员工进行新的、专用性投资的愿望,从而也降低了企业能力培养和调整成功的可能性。②

④ 能力与外部环境的缺口。企业能力的形成是一个逐步积累、循序渐

① 林健,李焕荣:《企业战略管理理论核心逻辑分析》,载《经济管理》,2002(22)。
② 黄江圳,谭力文:《从能力到动态能力:企业战略观的转变》,载《经济管理》,2002(22)。

进的过程,而同时还随时间的推移慢慢丧失。企业所面临的外部环境也因客户的需求以及竞争的发展而对企业提出了越来越高的要求。具有很强稳定性的能力与不断变化的外部环境对企业的要求之间,总是存在一定的缺口。企业只有不断地投入,培育能力,才可以创造和保持竞争优势。

【本章小结】

在这一章中,我们主要探讨了以下一些问题:

1. 分析概括了资源学派的观点。企业战略的制定和实施,除了要选择有吸引力的行业,还必须充分考虑企业拥有的资源和能力。战略管理的第一项任务就是要全盘分析企业的内部因素及外部行业因素,将两者相结合,在被选行业中充分发挥企业的资源及能力的作用;另一项任务就是通过对现在资源和能力的不断投入,进一步发展市场竞争所需的资源和能力,真正建立起企业长期发展所需的竞争优势,而绝不是仅仅停留于对现有资源和能力的利用,这一点更长远,也更重要。

2. 对资源和能力的构成进行分析,明确它们与竞争优势、企业战略的关系。资源是服务于企业生产经营中的各种投入品。根据投入品的形态,可以分为两大类:有形资源和无形资源。有形资源包括:财务资源、物质资源、技术资源;无形资源包括:人力资源、创新资源、商誉资源。能力来自将各项资源进行的有效组合,是企业若干资源有机组合后的结果和表现。它由人力资源管理系统、信息管理系统、市场营销、组织管理、生产管理、研发构成。基于资源的能力是企业竞争优势的重要来源。

3. 对动态能力理念进行学习和思考。在动荡的外部环境中,竞争优势的重要来源——资源和能力——正被耗用和侵蚀掉,企业必须通过不断地创新追求一系列暂时的优势,在动荡的环境中获得持久的竞争优势。一个停留在已有优势地位、仅仅追求现存资源及能力所带来的竞争优势的企业,迟早会被更富创新精神的竞争对手所取代。

4. 对能力培育的长期性作出初步研究。能力的形成和培养具有长期性,这是由能力的特征及不断发展的外部环境决定的:①能力的“普遍模糊”性;②能力的“积累”性;③能力与互补资产的关系;④能力与外部环境的缺口。

5. 对企业的资源及能力寻求一种客观、公正的评价模型。

【思考与讨论题】

　　1. 结合资源学派与环境学派产生的背景,请讨论何种观点更为正确。

　　2. 比较动态能力理论与资源学派的异同。

　　3. 以某一企业为例,探讨国内企业核心能力培育的途径。

【本章参考文献】

　　1. 林健,李焕荣. 企业战略管理理论核心逻辑分析. 经济管理. 2002(22)

　　2. 黄江圳,谭力文. 从能力到动态能力:企业战略观的转变. 经济管理. 2002(22)

　　3. 蔡树堂. 企业战略管理. 北京:石油工业出版社,2001

　　4. 胡睿. 企业核心竞争力的构建. 经济管理. 2002(23)

　　5. 梁东. 现代企业生产管理系统轨迹分析. 工业企业管理. 2001(5)

　　6. [美]弗雷德·R·戴维. 战略管理. 第 10 版. 李克宁译. 北京:经济科学出版社,2006

　　7. 马璐,黎志成. 企业信息化与企业竞争力. 经济管理. 2000(7)

　　8. [英]Richard Lynch. 公司战略——产品技术资源生命周期管理. 王肇英译. 管理咨询. 2001(10)

　　9. 倪自银. 有效利用技术资源加快开发新产品进程. 企业经济. 1997(8)

　　10. 年桂芳,刘蓉,张贺雷. 现代生产管理的最优方式——精益生产. 经济管理·新管理. 2001(12)

　　11. 朱武祥. 研发项目投资新模式. 环球企业家. 2001(12)

　　12. 张亚明. 信息技术与战略关系的演变. 经济管理. 2002(10)

　　13. 岳毅宏,韩文秀. 信息技术和现代管理变革. 中国软科学. 2002(1)

　　14. 郑蓉. 利用信息技术提高企业竞争优势. 经贸论坛. 2001(4)

　　15. 黄骁俭. 信息技术与管理创新. 中国经贸导刊. 2000(10)

　　17. 石斌贝,陈国青,蒋镇辉. 信息管理中的关键因素. 中国管理科学. 2000(9)

第5章 企业使命与战略目标

【本章学习目标】

学习本章的过程中,要求侧重了解:

- 企业使命的表述方法和战略目标的概念。
- 使命陈述的意义和构成要素。
- 战略目标的特征和制定原则。

5.1 企业使命及其制定

企业在制定经营战略之前,一般应明确企业负担的社会责任、从事的业务,也就是要确定企业的使命。明确的使命陈述是确立战略目标和制定企业战略的基础,也是企业战略管理的起点。

5.1.1 企业使命的含义与特征

1. 企业使命的定义

所谓企业使命(mission),有时又称企业宗旨、企业任务、企业纲领、企业目的或经营原则等,是对企业经营范围、市场目标等的概括描述,涉及企业的长远目标,它从根本上说是要回答:"我们的业务是什么?"这一关键问题。一般来说,企业使命是高度概括和抽象的,它不是企业经营活动具体结果的表述,而是企业开展活动的方向、原则和哲学。

有效的企业使命应符合以下三条原则:第一,适用原则。使命不是一串华丽辞藻,而是为企业的长期努力设立范围,指导、激励甚至约束企业的经营实践。第二,使命必须体现企业深层次的目的。确定企业使命是一种发现的过程,即发现企业生存的根本理由是什么。例如,大卫·帕卡德 1960

年在给惠普员工作演讲时说:"很多人认为,公司的存在仅仅是为了赚钱,这是错误的。尽管这确实是公司存在的一个重要结果,但我们要深入下去,去发现我们存在的真实理由——为社会作出贡献。这种说法虽然听起来显得陈腐过时,但它却是根本的……",再如,四川"长虹"将自己的使命定义为"产业报国,以民族昌盛为己任",这都表明了企业除利润以外的深层次的目的。第三,使命必须容易理解,便于记忆。很多时候,冗长乏味的使命陈述不但不能激动人心,还会使员工对高层领导失去信心,而且陈述过长,也可能会造成语意不清。明智的做法是使用含义具体的字眼,表达明确的信息,言简意赅地表述出企业的使命。例如,中国移动通信集团的使命陈述为:"创无限通信世界,做信息社会栋梁",很简练地表明了中国移动对满足顾客随时随地随意沟通需求的态度,也表明了移动强烈的社会责任感和自信心。

2. 企业愿景与企业使命

与企业使命含义相近的一个术语是企业愿景(vision),也称战略展望。有一些企业同时建立使命陈述和愿景陈述。愿景是指对企业前景和发展方向一个高度概括的描述,由核心理念和未来展望组成。核心理念是企业凝聚激励员工进取的永恒的东西,而未来展望则代表企业的追求和努力争取的东西。愿景规划提供了一个背景,各个层次的人员在这个背景下进行决策。愿景陈述回答了"我们在未来想成为什么样的企业"的问题;而企业使命是指对企业的经营范围、市场目标等的概括描述,回答了"什么是我们的业务"和"谁是我们的顾客"。

一般认为,企业的使命宣言更多涉及"我们现在的业务是什么",而较少涉及"我们今后的业务是什么",即愿景更倾向于以企业的未来为导向,时间跨度更长,通常出现在公司年度报告中的使命宣言则更多地涉及企业的现状,而不是公司的抱负和发展方向,因此企业愿景和使命宣言之间在概念上存在着一定的区别。但是,我们往往可以从企业的使命宣言中找到企业未来发展方向的基础,而且当企业的业务使命(或使命宣言)不但清晰地表述了现在的业务,而且阐明了企业前进的方向和其未来的业务范围时,业务使命和企业愿景就合二为一了。

3. 企业使命的特征

(1) 企业使命具有独特性,而不具有一般性

企业使命应该是该企业所特有的,应该具有高度个性。同一行业中的

不同企业所追求的战略道路往往存在很大差别。提出和制定公司的业务使命背后隐藏的全部意义在于:将自己与行业中的其他公司区别开来,使自己有一个独特的形象,有一个独特的发展道路。

(2)企业使命具有高度概括性

一个有效的企业使命宣言应该具有高度概括性,且简单易懂。企业常常通过一两句话将其使命简洁地阐述出来,笼统的表述为企业适应环境和内部运行的变化提供了变通性。过于细致的使命宣言将可能抑制管理部门的创造力,限制企业创造性增长潜力的发挥。

(3)企业使命强调与顾客的关系,而不是利润

一个好的使命陈述应该体现对顾客的正确预期,因为是用户决定了企业的经营种类。企业提供的产品或服务,只有满足市场需求,其投入才能变为财富。因此,企业的使命陈述应当确认用户的需求,并通过提供产品或服务以满足这一需求。而且,随着知识经济时代的到来,科技进步大大降低了顾客的搜寻成本,竞争的加剧为顾客提供了更多的选择机会。企业使命的制定必须顺应这一变化,以顾客为起点来进行规划,突出与顾客的关系。另外,从需求来说,用户珍视的是产品或服务能为其带来的效用,而不是产品或服务本身,因此理想的使命陈述还应认定本企业产品对用户的功效。埃克森公司的使命陈述突出了能源而不是石油和天然气,环球电影制片公司则强调了娱乐而不是电影,其道理都在于此。

有些企业从盈利的角度来表述它们的组织使命,这是对组织使命的误解。利润作为企业资源有效使用过程中的一种强有力的驱动力,是企业经营的最终目标和结果。它虽然是从所从事的业务领域里获得,但是对利润的追求并不能说明企业的业务领域。企业经营的最终目标通常都是利润最大化,因此从利润角度阐述业务使命无法将各种类型追逐利润的企业区别开来。而且对利润的追逐更不能起到激励员工、催人奋进的作用。

根据企业与顾客的关系来规定企业的宗旨。在这方面,彼得·德鲁克(Peter Drucker)曾有论述:"要了解一个企业,必须首先知道它的宗旨,而宗旨是存在于企业自身之外的。企业宗旨的唯一定义是:'创造顾客'。"

德雷克·F·阿贝尔在《公司业务的界定:战略规划的起点》中指出,企业的业务界定必须从顾客需要出发,包括三个方面的要素:顾客群,也就是需要满足的对象是谁;顾客的需求,也就是需要满足的是什么;采用的技术和开展的活动,也就是采取什么样的方式来满足顾客的需要。从顾客需要的角度阐述企业的使命,能够从一个全面的角度来界定企业的业务所在的领域。

（4）企业使命体现了企业对待社会问题的态度,是企业的社会政策宣言

社会政策会直接影响企业的用户、产品、市场、技术、盈利、自我认知和公众形象,因此制定使命陈述应包括企业对待社会问题的态度,即体现企业的社会责任。企业的社会责任是企业对各种不同的社会利益集团和群体所承担的道义上的责任,包括五方面的内容:第一,企业的社会使命,亦即企业对社会作出贡献及协调各种利益集团之间关系的使命;第二,企业的社会服务,亦即企业应当为社会提供的满足各种需要的服务;第三,企业的社会产品,亦即企业提供的各种产品,既要为企业自身带来利益,也要为社会创造价值;第四,企业的社会利益,即企业必须把维护和实现社会整体利益作为评价其经营活动成果的有效依据和指标;第五,企业的行为定位,亦即企业在使用各种自然资源和社会资源时,应当优先考虑这种使用可能会给社会带来的影响和后果。

企业的社会责任是伴随着社会化大生产和社会进步而出现的一种社会公众对企业的要求。今天,已经有越来越多的企业开始关注社会问题,他们认为企业不仅要对股东负责,还要考虑其他利益相关者、自然资源和整个社会福利。企业可以通过直接或间接的方式承担社会责任。使命陈述是表达企业对待社会问题的态度的有效工具。

5.1.2　制定明确的企业使命的重要性

虽然并不是所有的企业都有文字表述的使命,或公开发表自己的使命陈述,但是有越来越多的企业已将使命陈述看成是制定企业战略的一个重要组成部分。拥有一个激动人心的业务使命往往可以激活企业的战略,聚拢企业的人心,激励人们跃跃欲试,激起人们作出更多的承诺,使人们亲身去经历企业的业务而不是仅仅当做一份工作来做。企业使命陈述的重要性可以概括为以下几个方面:

① 提出企业的价值标准(价值观),确保企业内部对企业的目的和实现目的的主要行为达成共识。企业宗旨中关于企业存在的根本目的的陈述,为全体员工树立了一个共同为之奋斗的价值标准。企业的价值标准是企业以及全体员工选择自身行为的总规范和总指导。个人的行为和目标,部门的行为和目标乃至整个企业的行为和目标是否符合企业发展的方向,其最终的价值标准就是企业的价值标准。同时,以企业存在的根本目的所表达的企业价值标准还起着激励员工的作用。

② 为企业战略管理者确定企业战略目标、选择战略、制定政策提供了方向性指导。企业宗旨中关于企业经营范围或经营领域,以及企业发展方向的陈述,为企业选择战略方案提供了依据。也就是说,企业宗旨为企业确定战略目标,为了实现战略目标应进行哪些经营活动(生产哪些产品,进入哪些市场)和以什么方式(制定什么政策,如何配置资源)进行这些活动指明了方向,提供了依据。

③ 有利于企业树立区别于其他企业的形象和顾客对企业的辨识。企业使命中关于企业经营思想和行为准则的陈述,有利于企业树立一个特别的、个性的、不同于其他竞争对手的企业形象。因为,它反映了企业处理自身和社会关系的重点和态度,反映了企业处理与各种相关利益团体和个人关系的观点和态度。良好的社会形象是企业宝贵的无形财产。

④ 有助于协调企业的不同利益相关者的关系。利益相关者是在企业有特殊利益或权利的个人或集团,主要有三类,即资本市场利益相关者(股东、主要资本供应者),产品市场利益相关者(顾客、供应商、社区和工会)和组织内的利益相关者(员工、管理与非管理者)。通常,不同利益集团的要求和所关心的问题不同而且往往对立。例如,股东对企业的盈利尤为关注,而员工则更关心待遇和福利,顾客则希望企业的产品质优价廉,给予顾客的较高回报可能以降低资本市场利益相关者的回报为代价。明确的企业使命反映了利益相关者对自己未来的憧憬,共同的远景目标反映了利益的共同性,使他们统一思想与行动,形成整体力量。

⑤ 使命陈述明确地指明了企业的业务重点和未来的发展方向,为有效分配和使用企业资源提供了一个基本的行为框架。

总之,制定简洁明确的企业使命,对企业发展和战略管理是至关重要的。没有使命陈述的企业,其经营业绩和发展方向是不确定的。还有一些企业只是当经营发生问题时才想到制定使命陈述,虽然亡羊补牢,未为晚也,但这无异于赌博。德鲁克认为,最有必要严肃考虑"我们的业务是什么"的时刻,是在企业成功之时。

5.1.3 企业使命的构成要素

企业使命是特定企业存在理由的宣言,具有独特性。不同企业的使命陈述在长度、内容和形式等方面常常不同,即使在同一企业的不同发展阶段,也会因内部资源状况和外部环境的变化而改变。但是,一般认为成功的企业使命的表述,至少应包括四个方面内容或九个基本要素,即关于企业经营范围的方面;关于企业生存发展和盈利的方面;关于企业经营哲学的方面;关于企业形象的方面。

1. 关于企业的业务范围

企业的业务范围所要回答的是企业将从事何种事业、用户是谁以及如何为用户服务。决定企业经营范围的应该是顾客,因此在确定企业业务范围时,应该说明要满足的顾客需求是什么,而不是说明企业生产什么产品。例如,AT&T 的使命陈述突出了用户的通信需要,而不是局限于电话电报,因为通信是用户持久的需求,而电话电报则会被取代。西奥多·莱维特提出,企业的市场定义比企业的产品定义更为重要。企业经营必须被看成是一个顾客满足过程,而不是产品生产过程。产品是短暂的,而需求和顾客则是永恒的。

2. 关于企业生存发展和盈利

企业不但要在一个竞争的环境中求得持久的生存,还要谋求盈利和自身的发展,这三者相互依存,有时甚至相互矛盾。例如,过分追求短期盈利也许会损害企业的长久发展,因此如何处理这三者的关系是构成企业使命的一个重要内容。

3. 关于企业经营哲学

经营哲学是企业为其经营活动方式所确立的基本信念、价值观和行为准则。它主要通过企业对利益相关者的态度、企业提倡的共同价值观、政策和目标以及管理风格等方面体现出来,制约着企业经营范围和经营效果。

4. 关于企业形象

企业通过其生产经营活动在社会上形成一定的想象。企业的社会形象往往与其向社会提供的产品和服务、经济效益等直接相联系,是社会公众和企业员工对企业整体的看法和评价。良好的企业形象意味着企业在社会公众心目中的信誉,是吸引顾客的重要因素,也是形成企业内部凝聚力的重要原因。因此,企业试图建立一个怎样的社会形象,是企业使命的一项重要内容。

具体来说,这几个方面或九种基本要素应当回答以下相应问题①:

① 顾客——谁是企业的顾客。

② 产品或服务——企业的主要产品或服务是什么。

③ 市场——企业主要在哪一个地区或行业展开竞争。

④ 技术——企业采用的基本技术是什么。

⑤ 对生存、发展和盈利的关注——企业对近期、中期和远期的经济目标的态度。

⑥ 经营哲学——企业的基本信仰、价值观念和愿望是什么。

⑦ 自我认知——企业最独特的能力或最主要的竞争优势是什么(企业是否也应该了解自身的主要竞争劣势,在企业使命中渗透些企业的劣势因素并表达自己不断努力的意愿,可以使企业更具真实性)。

⑧ 对公众形象的关切——企业希望的公众形象是什么。

⑨ 对员工的关注及其他利益相关者的协调——企业对员工的认识和态度怎样,企业使命的表述是否有效地协调和反映了各相关利益主体,如顾客、股东、员工、社区、供应商和销售商的要求。

企业使命构成体系如图 5-1 所示。

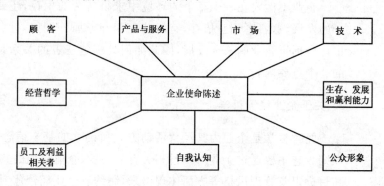

图 5-1　企业使命构成体系

格兰仕集团是一家以微波炉、空调为主导产业,以小家电为辅助产业的全球化的家电生产企业。2006 年,格兰仕集团的销售收入达 180 亿元人民币,微波炉产销规模达 2000 万台,国内市场占有率达 70%,全球市场占有率达 50%。格兰仕用短短几年的时间铸造了全球最大的"微波炉王国"的不朽神话。该公司的使命表述如下:

格兰仕的宗旨:努力让顾客感动。在顾客满意的基础上,才有感动的可

① 弗雷德·R·戴维:《战略管理》,第 10 版,李克宁译,北京,经济科学出版社,2006。

能。这里的顾客是广义的顾客。

格兰仕的价值观：不断创造。价值是物质的，更是精神的。体现个人与企业的价值，在于不断努力创造。产品、企业、品牌、营销、服务、工作、管理、人才等一切企业实力要素均要不断追求价值，追求最大的存在价值。

格兰仕的社会责任：诚信。格兰仕致力于创造一个高尚的企业，一个有社会责任感的企业，能为社会和人类不断创造价值的企业。

格兰仕的人才观：人是格兰仕的第一资本。格兰仕努力创造开放式的优秀团队环境，有高度事业心、责任感、使命感、认同感，与企业荣辱与共、同舟共济的人才是格兰仕的中流砥柱。

格兰仕的市场定位：要成为全球名牌家电的生产制造中心。市场是由广大消费者构成的，市场决定着企业生命，没有市场就没有企业生存和发展的空间，自然也不会有个人的发展空间。

格兰仕的成本观：强调质量成本，有效成本，无效、无质是成本的天敌。最高的质量和效率就是最低的成本。没有效率和没有质量就是最大的浪费。生产、工艺、技术、管理、营销、服务等一切企业实力要素均要追求高质、有效、低成本。

格兰仕集团分别从市场定位、社会责任、价值观、人才观、成本观和顾客等几个方面，以高度概括的语言表述了企业的使命，基本上涵盖了企业使命陈述构成要素的主要方面。

5.1.4 制定企业使命陈述应注意的几个问题

企业的宗旨有一个历史的形成过程。一个企业新建时，其宗旨比较模糊或比较简单，大致局限在经营范围的陈述上。随着企业的发展和对经营过程的体验，其宗旨会逐步成熟和完善。另一方面，不同企业因历史背景、组织文化、管理风格以及高层管理者的价值观的不同，其宗旨陈述详略不一，表达方式也不相同。对企业宗旨陈述的主要要求是保证它能简要地包括所有基本内容。美国学者维恩·麦金尼斯认为，一项使命陈述应注意：①对企业进行定义并表明企业的追求；②内容要窄到足以排除某些风险，宽到足以使企业有创造性地增长；③将企业与其他企业相区别；④可作为评价现时及将来活动的基准体系；⑤叙述足够清楚，以便在组织内被广泛理解。一般来说，企业的宗旨陈述应该注意以下几个问题：

① 企业使命陈述的宽窄度。一方面，使命陈述应该具有足够的宽泛

性。宽泛的企业宗旨陈述为企业战略管理者的创造性提供了选择的余地，使企业在适应内外环境变化中能有更大的弹性。过于狭窄的宗旨陈述会限制这种创造性，甚至扼杀创造性，从而使企业在多变的环境中错过许多机会。同时，宽泛的使命陈述也便于调和各种利益相关者的差异。较含糊、原则性的表现对各种利益团体的重视程度，可以避免产生不必要的矛盾。但是，另一方面，过于宽泛的使命陈述和业务界定可能超出企业的能力，有使企业缺乏业务核心和分散精力的危险，并且无法统一企业对未来的认识。企业的使命陈述必须具有足够的狭窄度，从而可以具体地确定企业兴趣的真正所在。表 5-1 列出了宽窄两种范围的业务界定对比。

表 5-1 宽窄范围的业务界定

宽的范围界定	窄的范围界定
经营娱乐	生产电影
出售希望和美丽	生产化妆品
生产饮料	生产软饮料
经营儿童产品	经营玩具
提供全球邮件递送服务	提供隔夜邮件递送服务
帮助改进办公效率	生产复印机

② 企业使命陈述是动态的，要根据外部环境条件的变化及时调整。企业使命的制定是建立在对外部环境所作分析和对企业未来发展的合理假设基础上的，因此企业使命必须随着环境的变化而相应调整。然而，一个精心制定的使命陈述并不需要进行经常性的重大修改，有效的使命陈述是经得起时间的考验的。

5.1.5 使命陈述与创新文化的关系

每个企业都有其独特的文化，文化是企业从事经营活动的独特方式。所谓企业文化是指在一定的社会经济条件下通过社会实践所形成的并为全体成员遵循的共同意识、价值观念、职业道德、行为规范和准则的总和。构成企业文化的要素主要包括：价值观、信念、礼仪、英雄人物、典礼、故事、语言、比喻、象征等。其中使命和价值观是企业文化的核心。

企业使命和创新的企业文化是相辅相成的。首先，创新的企业文化具有导向功能、凝聚功能和激励功能，通过创造共同的文化氛围，将员工的价值取向和行为引导到群体行为上来，使员工在潜移默化的过程中产生共同的使命感、归属感和认同感,从而逐渐形成对集体的荣誉感,共同朝一个确定的目标去奋斗。组织使命表述了企业的经营哲学、业务范围和价值追求,也是企业员工行为的最高目标和原则。当企业使命与员工价值追求一致时,员工得到了心理上的极大满足和精神上的激励,它具有物质激励无法真正达到的持久性和深刻性。同时,创新的企业文化促进员工对企业使命和业绩目标的深刻认识,激励员工接受企业使命,充满热情地尽力做好自己的工作以及与他人合作执行战略的挑战。反之,在缺乏创新文化的企业里,因为缺少一种共同的价值观和固定的经营方式,企业员工一般很少对企业的使命和战略目标深刻地识别,无法唤起员工的使命感和归属感,工作只是作为谋生的一种手段,而不是生活需要。在这样的企业里,无法使员工形成企业所希望的强有力的联盟,更不用说推动战略目标的实现了。

其次,企业使命的制定也会促进企业创新文化的形成。通过制定使命陈述,体现企业对主要利益相关者现状的真正关心,表明企业对社会责任的态度和经营宗旨,并经常地在企业内交流业务使命,而不是束之高阁,使业务陈述中体现的原则和态度在企业中得到共享,从而促进企业文化和业务使命的匹配。

创新的企业文化的形成是一个长期的过程,一旦形成又会具有很大的刚性。因此,当一种强有力的企业文化能够与企业战略目标很好匹配时,就是一项有价值的资产,若不匹配,则可能成为一种可怕的负担。当企业所处的环境发生急速的变化,不得不对业务使命进行修改时,根深蒂固的价值观和经营哲学不会有助于培养支持战略的运营方式,这时需要对企业文化进行变动。

5.2　企业目标及其制定

确定组织的战略目标是选择战略方案的基础,在制定战略之前,首先要明确组织的战略目标。正确的战略目标来自环境分析的结论和组织使命的引导。

企业使命从总体上描述了企业存在的理由和发展前景,而企业目标则具体指明在实现使命过程中所需追求的最终结果。

5.2.1　企业目标的类型与层次

企业目标可以被定义为在一定时期内,综合考虑外部环境和内部资源,企业为完成其基本任务所要预期达到的具体结果,是组织使命和宗旨的具体化和明确化。企业目标是一个富有弹性的体系,它的基本构成不是固定不变的。按照目标涉及的范围的不同,企业目标可以分为总目标、部门目标和个人目标;按照完成目标的年限,目标又可以分为长期目标和年度目标等。

总目标构成了企业全部经营活动的纲领,是企业的战略性目标,要靠全体成员的共同努力来完成;部门目标描述了每个部门的工作任务;个人目标则是每个成员应该独立完成的任务。

企业的长期目标是指企业在一个相对较长的期间内,通过实行特定的战略,执行其使命而达到的生产经营的结果。长期的战略目标实现期限通常是2~5年,与企业战略的时间跨度保持一致。而企业年度目标是企业在实现长期目标的过程中必须达到的阶段性的里程碑,是长期目标的具体化并使之成为可操作的。年度目标和长期目标在所包括的内容上并无根本的区别,只是长期目标更多的是综合性的和战略性的,它着重于确定企业在竞争环境中的未来地位;而年度目标则主要是执行型的,其重点在于明确企业各个经营单位的功能,在近期内应取得的成就和应完成的具体任务。由于涉及的时限较短,面临的不确定因素相对较少,因而年度目标应该更为明确和具体,可以直接作为考核工作业绩的标准。

企业目标是其经营活动的最终结果。从广泛的目标一直到具体的个人目标形成一个等级层次,体现出目标的层次性,其中高层次目标是低层次目标的指针,低层次目标则是高层次目标的具体展开,如图5-2所示。

各层次的目标构成了一个连续的统一体,随着层次的变化,各目标的定义也渐次发生变化。在这个目标体系的顶端,是关于企业存在理由的基本目的,反映在企业的使命陈述中,另一端是各种短期目标,中间是各种其他目标。越是低层次的目标越具体。

提出目标,用以指导为达到目标所进行的各项活动,并不是战略管理的特有方法。早在20世纪50年代,在战略管理的概念形成之前,彼得·德鲁克就已提出了目标管理(MBO)的概念,他所倡导的通过明确而且可衡量的目标来改进管理工作的观念已被人们广泛地接受,并在一些企业的管理实践中取得了成效。

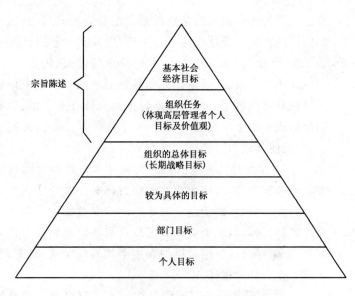

图 5-2　企业目标层次体系

资料来源：[美]约瑟夫·M·普蒂,海因茨·韦里奇,《管理学精要》,亚洲篇,北京,机械工业出版社,2000。

5.2.2　战略目标的含义与特征

战略目标是指企业在其战略管理过程中,对所要达到的市场竞争地位和管理绩效等主要成果的期望值。战略目标的设定,同时也是企业使命的展开和具体化,是企业使命中确认的企业经济目的、经营原则和社会使命的进一步界定,也是企业在既定的领域开展经营活动所要达到的水平的具体规定。战略目标与企业其他目标相比,具有以下一些特点:

① 宏观性。战略目标是一种宏观目标。它是对企业全局的一种总体设想,它的着眼点是企业整体而不是局部。它是从宏观角度对企业未来的一种较为理想的设定。它所提出的是企业整体发展的总任务和总要求,它所规定的是整体发展的根本方向。因此,人们所提出的企业战略目标总是高度概括的。

② 相对稳定又不乏灵活性。战略目标既然是一种长期目标,那么它在其所规定的时间内就应该是相对稳定的。这样,企业员工的行动才会有一个明确的方向,大家对目标的实现才会树立起坚定的信念。当然,强调战略目标的稳定性并不排斥根据客观需要和环境的变化而对战略目标作必要的

修正。因为企业面临的是日益复杂的动态的环境,这就要求企业的战略目标应能随环境的变化作相应的调整,应具有一定的灵活性而不应是僵化的。

③ 可分性。战略目标作为一种总目标、总任务和总要求,总是可以分解成某些具体目标、具体任务和具体要求的。这种分解既可以在空间上把总目标分解成多个方面的具体目标和具体任务,又可以在时间上把长期目标分解成一个个阶段性的具体目标和具体任务。人们只有把战略目标分解,才能使其成为可操作的东西。

④ 可接受性。企业战略的实施和评价主要是通过企业内部人员和外部公众来实现的,因此企业的战略目标必须被企业内外公众理解并符合他们的利益。但是,由于企业内部不同的利益集团常常有着不同的甚至是相互冲突的目标,因此企业在制定战略目标时必须注意协调相关主体之间的利益关系。另外,战略目标的表述必须避免歧义,且有现实意义,这样才易于被企业成员所接受。

⑤ 可衡量且具有时间约束性。为了对企业的经营活动进行准确的衡量,战略目标应该是具体的、量化的和可以检验的。目标必须明确,具体地说明将在何时达到何种结果,对那些无法量化的指标,也要用定性的术语表达应达到的程度。同时,目标还应有时限要求,尤其是阶段性目标更是如此。战略目标必须清晰地表述出在什么时候、在多大程度上完成什么样的业绩,因此,战略目标应该避免诸如:"取得最大化的利润""降低成本""提高销售额"等一般性表述。

⑥ 可挑战性且又是现实可行的。目标本身就是一种激励,特别是当企业目标充分地体现了组织成员的共同利益时,会极大地激发组织成员的工作热情和献身精神。因此,有效的战略目标应该具有感召力和鼓舞作用,且具有挑战性,但作为行动指南的目标必须切实可行,也就是经过努力能够达到的。不切实可行的目标会受到漠视或使人沮丧,从而挫伤人们的积极性。

5.2.3 战略目标的构成

企业的战略目标是多元化的,既包括经济目标,又包括非经济目标;既包括定性目标,又包括定量目标。尽管如此,各个企业需要制定目标的领域却是相同的,所有企业的生存都取决于同样的一些因素。详细地说,在使命和功能定位的基础上,企业战略目标可以按四大内容展开:市场目标、创新目标、盈利目标和社会目标。具体内容介绍如下①。

1. 市场目标

一个企业在制定战略目标时最重要的决策是企业在市场上的相对地位。企业所预期达到的市场地位应该是最优的市场份额,这就要求对顾客、目标市场、产品或服务和销售渠道等作仔细的分析。

① 产品目标:以产品组合、产品线或产品销量、开发新产品的完成期限来表示。

② 顾客服务目标:以交货期和顾客满意度来表示。

③ 市场目标:用市场占有率、销售额或销售量来表示。

④ 渠道目标:包括纵向渠道目标(渠道的层次)以及横向渠道目标(同一渠道成员的数量和质量目标)。

⑤ 沟通目标:包括广告、营业推广等活动的预算和预算效果。

2. 创新目标

在环境变化加剧、市场竞争激烈的社会里,创新观念正日益受到重视。创新作为企业的战略目标之一,使企业获得生存和发展的生机与活力。在企业中,基本上存在着三种创新:技术创新、制度创新和管理创新。为树立创新目标,战略制定者一方面必须预计达到市场目标所需的各项创新;另一方面必须对技术进步在企业各个领域中的贡献作出评价。

① 制度创新目标。制度创新目标即对企业资源配置方式的改变与创新,从而使企业适应不断变化的环境和市场。

② 技术创新目标。这一目标将导致新的生产方式的引入,既包括原材料、能源、设备、产品等有形的创新目标,又包括工艺设计、操作方法的改进等无形目标。制定技术创新目标将推动企业乃至整个经济广泛和深刻的发展。

③ 管理创新目标。管理创新涉及经营思路、组织结构、管理风格和手段、管理模式等多方面的内容。管理创新的主要目标是试图设计一套规则和程序以降低交易费用,这一目标的建立是企业不断发展的动力。

3. 盈利能力目标

这是企业的一个基本目标,企业作为一个经济组织必须获得经济效益。

---

① 王方华,吕巍:《企业战略管理》,上海,复旦大学出版社,1997.

作为企业生存和发展的必要条件和限制因素的利润,既是对企业经营成果的检验,又是企业的风险报酬,也是整个企业乃至社会发展的资金来源。企业盈利目标的达成取决于企业的资源配置效率及利用效率,包括人力资源、生产资源、资本资源的投入—产出目标。

① 生产率目标。以投入产出比或单位产品生产成本来表示。

② 人力资源目标。人力资源素质的提高能使企业的生产率得以提高,同时还能减少由于人员流动造成的成本开支。因此,企业的战略目标中应包括人力资源素质的提高、建立良好的人际关系等目标,以缺勤率、人员流动率或培训人员数量及培训计划数量来表示。

③ 资本资源目标。达成企业盈利目标同样还需要在资金的来源及运用方面制定各种目标。用资本结构、新增普通股、现金流量、运营成本、红利偿付和货款回收期来表示。

4. 社会目标

现代企业越来越多地认识到自己对用户及社会的责任。一方面,企业必须对本组织造成的社会影响负责;另一方面,企业还必须承担解决社会问题的部分责任。企业日益关心并注意良好的社会形象,既为自己的产品或服务争得信誉,又促进组织本身获得认同。企业的社会目标反映企业对社会的贡献程度,如环境保护、节约能源、参与社会活动、支持社会福利事业和地区建设活动等。

① 公共关系目标。这一目标的着眼点在于企业形象和企业文化的建设,通常以公众满意度和社会知名度为保证,属支持性的目标。

② 社会责任目标。这一目标通常是指企业在处理和解决社会问题时应该或可能做什么,如在对待环境保护、社区问题、公益事业时所扮演的角色和所发挥的作用。

③ 政府关系目标。企业作为纳税人支持着政府机构的运作,同时政府对企业的制约和指导作用也是显而易见的。这一目标的达成往往会给企业带来无形的竞争优势。

在实际中,由于企业性质不同,发展阶段不同,企业并不一定在以上所有领域都设定目标,并且战略目标也并不局限于以上几个方面。

5.2.4　战略目标的作用

　　战略目标对企业至关重要,因为它确定了企业发展的方向,有助于业绩评估,促进了企业各部门之间的合作与协同,揭示了业务重点,并为有效地制定和实施战略提供了基础。具体来说,第一,战略目标能够帮助实现企业外部环境、内部条件和企业目标三者之间的动态平衡,使企业获得长期、稳定和协调发展。第二,战略目标为具有不同价值观的管理者制定协调一致的决策提供了基础。在企业内,将各利益相关主体联系起来的因素很多,但奋斗目标的根本的一致则是基本条件,这就是目标的聚合功能。通过在战略制定活动中使管理者对目标达成共识,使其成为企业成员的共同追求,企业可减少在目标实施过程中的潜在冲突。第三,由于战略目标具有可衡量性和可分解性,从而为战略方案的制订和实施提供了评价标准和考核依据。第四,战略目标描绘了企业发展的远景,突出了企业的经营重点,并激励员工为实现企业任务而努力工作,对员工具有很大的激励作用。每一个员工都是具有明确目的的个体,他们有机会将自己的想法加入到目标体系中,而不再只是做所分配的工作,遵循指导,等待决策。当员工真正参与到目标的制定过程中时,他们就会充满热情。

5.2.5　战略目标的制定原则

　　正确的企业战略目标来自环境分析的结论和组织使命的引导,因此,制定战略目标时首先必须研究环境分析的结论,以了解企业所处的环境特征和发展趋势。其次是确立企业的使命,最后才是制定战略目标。企业在制定战略目标的过程中,应遵循以下基本原则。

1. 关键性原则

　　这一原则要求企业确定的战略目标必须突出关系企业经营成败的关键问题及关系企业全局的问题。

2. 平衡性原则

　　它要求做到:第一,不同利益之间的平衡。第二,近期需要和远期需要之间的平衡。第三,总体战略目标与职能战略目标之间的平衡。

3. 权变原则

这一原则要求企业应根据宏观经济情况不同,制定多种目标方案。企业战略目标的制定是基于一定的环境条件的假设,当环境发生了重要变化时,战略目标必须相应作出调整;这就是目标制定过程中的权变原则。权变的观念要求识别环境变化中的关键变量,并对它作出灵敏度分析,提出这些关键的变量的变化超过一定的范围时,原定的战略目标就应当调整,并准备相应的替代方案,即企业应该对可能发生的变化及其对企业造成的后果,以及应变替代方案,都要有足够的了解和充分的准备,以使企业有充分的应变能力。

4. 可行性原则

确定的战略目标必须是经过努力能够如期实现的,因此在制定战略目标时,必须全面分析企业各种资源条件和主观努力所能达到的程度。既不要脱离实际凭主观愿望把目标定得过高,也不可不求进取将目标定得过低。

5. 定量化原则

企业的战略目标必须用数量指标或质量指标来表示,而且最好具有可比性,以便检查和评价其实现的程度。

【本章小结】

企业在制定经营战略之前,首先应确定企业的业务使命,并在此基础上确立企业的战略目标。明确的使命陈述是确立战略目标和制定战略的基础,也是企业战略管理的起点。本章主要讨论了以下内容:

1. 企业使命的表述方法和构成要素。
2. 制定使命陈述的意义。
3. 企业战略目标特点和构成。
4. 制定战略目标的原则。

【思考与讨论题】

1. 拥有内容详尽的使命陈述是否能带来优良的企业绩效? 试讨论之。
2. 业务陈述和战略目标制定适用于相对稳定的环境,在今天快速变化的环境中已不使用,试讨论之。

【本章参考文献】

1. ［美］Robert E. Hoskisson，Strategic Management-Competition and Globalization. South-western College Publishing

2. 弗雷德·R·戴维. 战略管理.第 10 版.李克宁译. 北京：经济科学出版社,2006

3. 文理,许跃辉,肖皖龙. 企业战略管理. 合肥：中国科学技术大学出版社,2000

4. ［美］汤姆森·斯迪克兰德. 战略管理. 段盛华译.北京：北京大学出版社,2001

5. 陈继祥,吴振寰. 企业经营战略——集成整合途径与案例.上海:上海交通大学出版社,2000

6. ［美］约瑟夫·M·普蒂,海因茨·韦里奇. 管理学精要.亚洲篇.北京:机械工业出版社,2000

7. 张世恒. 企业战略管理.成都:四川大学出版社,1997

8. 童臻衡. 企业战略管理. 广州：中山大学出版社,2001

9. 刘冀生. 企业经营战略. 北京：清华大学出版社,1995

10. 詹姆斯·C·科林斯,威廉·C·拉齐尔. 中小企业管理——概念与案例. 大连：东北财经大学出版社,1998

11. 王方华,吕巍. 企业战略管理. 上海：复旦大学出版社,1997

12. 项保华. 战略管理——艺术与实务. 北京：华夏出版社,1994

13. 牛全保,王学彬. 工商企业经营战略管理. 郑州：黄河水利出版社,1998

14. 蔡树堂. 企业战略管理. 北京：石油工业出版社,2001

15. 杨锡怀. 企业战略管理——理论与案例. 北京：高等教育出版社,1999

16. 解培才. 企业战略管理. 上海：上海人民出版社,2001

第6章 单一经营与多元化战略

【本章学习目标】

　　学习本章的过程中,要求侧重了解:
　　·单一经营企业的基本策略:成本领先、差异化、集中。
　　·多元化战略的概念、动因、类型和风险。

6.1 单一经营企业的基本战略

　　单一经营企业的基本战略主要有三种:成本领先(cost leadership)、差异化(differentiation)和集中(focus)。

　　基本战略如图 6-1 所示。

	竞争优势	
	相对低成本	差异化
广景目标	成本领先	差异化
狭景目标	成本集中	差异化集中

图 6-1　三种基本战略

6.1.1 成本领先

1. 定义

　　如果企业进行所有价值活动的累计成本低于竞争者的成本,它就有成本优势。成本优势的战略性价值取决于其持久性。如果企业成本优势的来源对于竞争者来说是难以复制或模仿的,其持久性就会存在。企业如果向买方提供可以接受的价值水平,以便其成本优势又不为售价低于竞争者的需要所冲销,成本优势就会带来超额受益。

一个企业的相对成本地位取决于:

① 相对于竞争对手的价值链构成。

② 相对于每一项价值活动的成本驱动因素的相对地位。

如果竞争对手的价值链和本企业不同,那么这两条价值链的内在效率就会决定相对成本地位。价值链的差异通常只包括一个小范围的价值活动,因此企业可以通过比较这些不同活动的成本从而将不同的价值链从相对成本地位的影响中分离出来。

企业价值活动中与竞争对手相同的相对成本地位取决于企业相对于这些活动的成本驱动因素的地位与竞争对手之间的比较。例如,如果地区规模驱动推销队伍的成本,那么推销队伍的相对成本就会反映竞争对手的地区市场份额与规模曲线的倾斜度。企业应逐个估价共同价值活动的相对成本地位,然后将它们与不同活动的相对成本累计起来以决定全面成本地位。

2. 获取成本优势

企业获取成本优势有两种主要方法。

① 控制成本驱动因素:企业可以在总成本中占有重大比例的价值活动的成本驱动因素方面获得优势。

② 重构价值链:企业可以采用有所不同、效率更高的方式来设计、生产、分销或销售产品。

这两种成本优势的来源并不相互排斥,即使价值链与其竞争对手大相径庭的企业也总会有一些共同性的活动,它在这些活动中的相对成本能加强也能削弱全面成本地位。成功的成本领先者,通常从价值链中的多种来源获取成本优势。持久成本优势并不是来自一项而是来自多项活动,而重构价值链常常在创造成本优势中起着一定作用。成本领先地位要求对企业里的各项活动都进行审查,以寻找降低成本的机会,并始终如一地寻找它们。成本领先的企业多半具有来自高层管理加强这种行为的文化,也常常包括一些象征性的做法,如简朴的设施、有限的经理特权等等。

3. 战略性成本分析步骤

成本领先可用如下的战略性成本分析步骤:

① 识别适当的价值链,以分摊成本和资产。

② 判定每种价值活动的成本驱动因素以及它们的相互作用。

③ 识别竞争对手的价值链,确定竞争对手的相对成本和成本差异的根源。

④ 通过控制成本驱动因素或重构价值链或下游价值来制定降低相对成本地位的战略。

⑤ 确保为降低成本所作的努力不会损害差异化,或者有意识地选择这种做法。

⑥ 检验成本削减战略的持久性。

6.1.2 差异化

1. 差异化来源

价值链中差异化有代表性的来源见图 6-2。

2. 差异化战略中的失误

企业差异化战略中容易犯一些错误,这些错误会影响企业制定经营差异化的战略。这些错误主要是由于企业对经营差异化的基础与成本的认识不全面造成的。

① 无价值独特性:一个企业在某些方面具有独特性并不是意味着独特的东西就是差异化。一般的独特性如果不能降低买方成本或提高买方所认同的价值,这种独特性就不可能形成经营差异化。

② 过分差异化:如果一个企业不懂得作用于买方价值和可见价值的机制,那么企业可能会作出过分的差异化。

③ 溢价太高:如果一个企业不能把其成本保持在与竞争对手大体相近的水平,即使企业能够维持经营差异化,溢价的成本也可能会因增加而难以维系。

④ 不了解经营差异化成本:除非经营差异化可见的买方价值超过成本,否则经营差异化不能带来显著的效益。

3. 差异化步骤

差异化战略可以有以下几个必要的分析步骤:

	内部后勤	生产经营	外部后勤	市场和销售	服务	
基础建设	管理层对企业形象的关注；基础设施对企业活动的支持；出色的管理信息系统					
人力资源管理	出色的人员培训	稳定的用人政策；工作程序的质量；吸引优秀科学家和工程师的方案	—	留住优秀销售人员的激励手段；补充更优秀的销售和服务人员	对服务人员广泛有效的培训	利
技术开发	出色的原材料管理与分类技术；专门的质量保证设备	特色产品；快速的模型引进；独特生产工艺和机器自动化检测程序	独特的车辆调度软件；特种车辆或容器	工程支持；出色的研究中介；适用模型的快速引进	先进的服务技术	润
采购	最可靠的进货运输系统	高质量的原材料；高质量的零部件	位置最佳的仓储；损失最小化的供货运输	理想的中介；理想的产品、形象定位	高质量备件	
	损失或降级最小化的投入管理；辅助生产过程的及时、有效性	规模的协调一致；有吸引力的产品外观；对变化的快速反应；低次品率；更短的生产周期	快速、及时交货；精确和高效的订单处理；损失最小的搬运	高水平和高质量的广告；高覆盖面和高质量的销售队伍；与分销商和买方私人关系；技术文献的共享；销售支持；最广泛的促销；获得最广泛的买方信用	快速安装；高质量服务；完备的备用件存货；广泛的服务；覆盖面广泛的买方培训	利润

图 6-2 价值链中差异化有代表性的来源

① 确定谁是真正的买方：经营差异化分析的第一步是确定真正的买方。

② 确定买方价值链及企业对其影响：企业对买方价值链直接和间接的影响将决定企业通过降价或提高买方效益为其创造的价值。

③ 确定买方购买标准的顺序：买方价值链的分析确立了决定买方购买标准的基础。

④ 评价企业价值链中现存和潜在的独特性来源：经营差异化可以在企业整个价值链的独特性中形成。

⑤ 识别经营差异化的现有和潜在资源的成本：经营差异化的费用取决导致经营差异化活动的成本驱动因素。

⑥ 选择相对经营差异化的成本，为买方创造最有用的独具特色的价值活动结构。

⑦ 检验已选择的差异化战略的持久性:经营差异化必须能够抵制侵蚀和模仿,否则就不会产生显著的效益。

⑧ 在不影响已选好的经营差异化形式的活动中降低成本:一个成功的经营差异化的企业一定要积极削减对买方价值无足轻重的活动的成本。这样做不仅能提高利润率,而且可以避免因为溢价过高而造成受到来自成本导向的竞争对手攻击时的脆弱性。

6.1.3 集 中

1. 定义

集中战略主要是指主攻某个特定的顾客群、某产品系列的一个细分区段或某个地区市场。虽然低成本与差异化都是在全产业范围内实现其目标,集中战略的整体却是围绕着很好地为某一特定目标服务这一中心建立的,它所制定的各项职能性方针都要考虑这一目标。

2. 前提

集中战略的前提是:公司能够以更高的效率、更好的效果为某一狭窄的战略对象服务,从而超过在更广阔范围内的竞争对手。结果是,公司或者通过较好满足特定对象的需要实现了差异化,或者在为这一对象服务时实现了低成本,或者兼得。尽管从整个市场的角度看,集中战略未能取得低成本或差异化优势,但它的确在其狭窄的市场目标中获得一种或两种优势地位。

三种基本战略之间的区别如下图 6-3 所示。

图 6-3 战略优势

6.1.4　小　结

成功地实施这些战略需要不同的资源和技能。基本战略也意味着在组织安排、控制程序和创新体制上的差异。其结果，保持采用其中一种战略作为首要目标对赢得成功通常是十分必要的。三种基本战略在这些方面的意义列举见表 6-1。

表 6-1　三种基本战略

基本战略	通常需要的基本技能和资源	基本组织要求
成本领先战略	• 持续的资本投资和良好的融资能力 • 工艺加工技能 • 对工人严格监督 • 所设计的产品易于制造 • 低成本的分销系统	• 结构分明的组织和责任 • 以满足严格的定量目标为基础的激励 • 严格的成本控制 • 经常、详细的控制报告
差异化战略	• 强大的生产营销能力 • 对创造性的鉴别能力 • 很强的基础研究能力 • 在质量或技术上领先的公司声誉 • 在产业中有悠久的传统或具有从其他业务中得到的独特技能组合 • 得到销售渠道的高度合作	• 在研究与开发、产品开发和市场营销部门之间密切协作 • 重视主观评价和激励，而不是定量指标 • 有轻松愉快的气氛，以吸引高技能工人、科学家和创造性人才
集中战略	• 针对具体战略目标，由上述各项组合构成	• 针对具体战略目标，由上述各项组合构成

一种基本战略如果不能具有相对于竞争对手的持久性，就不能为企业带来优于产业平均水平的经营业绩，即使改善产业结构的措施引发对手模仿，也会改善全产业范围的盈利状况。这三种基本战略的持久性决定了企业的竞争优势抵御竞争者行为或产业发展带来的侵蚀。表 6-2 列举了各种基本战略包含的不同风险。

表 6-2　基本战略的风险

成本领先的风险	差异化风险	集中的风险
成本领先的地位无法保持 • 竞争对手模仿 • 技术变革 • 成本领先的其他基础受到侵蚀	经营差异化无法保持 • 竞争对手效仿 • 差异的基础对客户的重要性削弱	集中战略被效仿 目标市场的结构无吸引力 • 结构侵蚀 • 需求消失

续表

成本领先的风险	差异化风险	集中的风险
差异化的相应地位丧失 成本集中的企业获得细分市场上更低的成本	成本的相应地位丧失 差异化的企业在细分市场获得更具差异性经营	多目标竞争对手主宰细分市场 • 市场与其他市场的差异减小 • 多品种生产的优势加强,产生新的细分市场

6.2 多元化战略

6.2.1 多元化概念与性质

多元化经营(diversification)又称多样化经营,是企业为了获得最大的经济效益和长期稳定经营,开发有发展潜力的产品,或通过吸收、合并其他行业的企业,以充实系列产品结构,或者丰富产品组合结构的一种经营模式。企业多元化经营战略是由著名的产品—市场战略大师安索夫于20世纪50年代提出的,它是企业发展到一定阶段,为寻求长远发展而采取的一种成长或扩张行为。

按照多元化程度的差异,可以把实行多元化经营的企业划分为四种类型:①单项业务企业,是指单项产品销售收入占企业销售总额的95%以上;②主导产品企业,是指单项产品销售收入占企业销售额的70%～95%;③相关联多元化企业,是指多元化扩展到其他相关领域后,没有任何单项产品的销售收入能占到销售总额的70%;④无关联多元化企业,是指企业进入与原来业务无关的领域,如钢铁企业进入了食品行业。

6.2.2 多元化动因

总的说来,多元化经营的战略目标可分为以下几方面:

① 加速企业成长。这一目标强调的是企业资产、经营和盈利规模的扩大,而并不赋予企业明确的产业发展方向。在这一目标下,企业的使命就是通过资本运作介入到高成长性的市场,实现资本的快速增值。西方资本市场中活跃的

投资控股公司所进行的资本运营就是紧密围绕着这一目标而展开的。

② 充分利用企业现有的资源和优势。这一多元化经营目标是基于各产业间的相似性,这种相似性使得企业的资源和优势能拓展到现有产业之外并得到充分利用。各产业之间的资源与优势共享体现在企业品牌、现有技术、研发实力以及市场运作等方面,企业可以把其在品牌、技术和市场等方面的优势拓展到其他经营产业,以规模经济降低多元化经营的成本。

利用现有资源和优势这一战略目标意味着,企业的多元化经营战略是兼顾内外的:对内,充分分析和挖掘自身优势,并有意识地通过多元化经营使这种优势最大化;对外,紧紧把握市场机会,把自身的优势和市场需求有机结合起来。自身优势分析是利用现有资源和优势这一战略目标为基础,不能脱离自身优势而去谈市场机会,否则企业就偏离了根本的战略目标,很容易滑入自己毫无优势可言的细分市场。

③ 加强核心竞争力。核心能力是企业整体拥有的、能为客户创造基本利益和价值的、决定企业持久竞争优势的能力,它是一组相互关联和有机协调与结合的技术和技能所构成的集合体,是企业抢占未来商机,谋求更大发展的重要和决定性力量。建立企业核心能力是一个长期的过程,优秀企业建立世界级核心能力一般需要 10~15 年。

以提高核心能力为目标的企业必须以拥有核心能力为前提,这时的多元化经营通常有两种形式:一是通过现有核心能力在新行业领域的运用来提高核心能力水平;二是从新的行业领域获取新的核心能力,再将现有的和新的融合为一个整体来提高核心能力。

④ 培育企业新的增长点。任何行业都面临一条生命周期曲线。当所处的行业步入成熟且即将衰退的时候,企业就必须思考两条道路:一条是通过技术上、市场上、管理上的不断创新,使行业从一条生命曲线过渡到另一条上升的曲线上;另一条道路是将企业引导到别的新兴行业,用现有的资源创造未来的现金流入。多元化经营目标就是要在恰当的时候,将企业引入更具发展潜力的行业来脱离原来趋于饱和、衰退的行业。

6.2.3　多元化类型

1. 安索夫的分类

安索夫在《企业战略》一书中提出的分类,可用图 6-4 来描述。

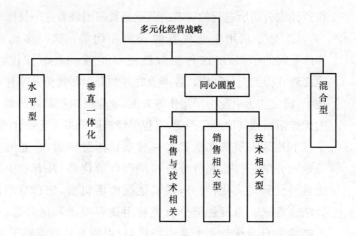

图 6-4 安索夫的多元化经营战略分类

2. 赖利—鲁迈特的分类

由赖利提出,鲁迈特进一步完善的多元化经营战略分类,可用图 6-5 来描述。

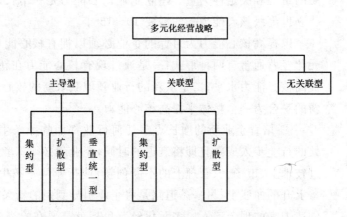

图 6-5 赖利—鲁迈特的多元化经营战略分类

这种分类法在国外理论界较为流行,许多研究者根据上述分类法来研究不同国家企业的多元化经营绩效的问题。

3. 西方教科书中的分类

以美国为例,在美国工商管理硕士(MBA)有关企业战略的教科书中,对企业多元化经营一般采用图 6-6 所示的分类。

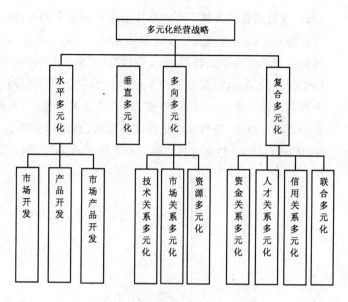

图 6-6　美国教科书中的多元化类型划分

6.2.4　多元化成本与风险

1. 多元化成本

多样化战略有其采取的原因及弊端,有些劣势可能是非常严重的。这里的问题不是要不要实行多样化战略,而是究竟采取多大程度的多样化。毋庸置疑,多样化战略能够给企业创造价值。但是,任何战略创造的价值都遵循经济学中的"收益递减规律"。就是说,每一次多样化战略或企业增加的每一项新业务所创造的价值,都较前次所增加的业务所创造的价值要少。因为企业总是寻求和利用最有利润前景的多样化机会,剩余的是那些不具最诱人的多样化机会。收益递减规律意味着,每一次业务的增加或多样化所产生的边际附加值(marginal value-added,MVA)趋向于减少。如图 6-7 所示,MVA 曲线是条负斜率曲线。

另外,随着多样化程度的提高,所伴随的管理成本也升高。这种管理成本主要来自两个方面:①信息不准确或不及时所造成的损失。这是由于随着多样化程度的提高,企业业务数量增加,信息量也增加。企业管理人员不可能有足够的时间去处理涉及每一战略经营单位及其相互关系的信息,也就是说,企业高层管理人员不可能掌握企业不同业务的全面情况。信息的不充分可能使企业高层管理人员在资源分配时作出错误的决策,使应得到资源而发展的经营单位得不到资源,相反应放弃的经营单位却得到了资源。②随着多样化程度的提高,协调和控制不同经营单位的费用也随之增加,尤其是当多个经营单位共享生产技术、设施、营销渠道等资源时,协调和控制更加复杂,费用更高。总之,随着多样化程度的提高,总边际管理成本(marginal bureau-cratic cost,MBC)趋向升高。如图 6-7 所示,MBC 曲线是条正斜率曲线。

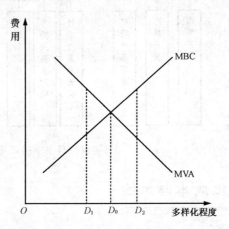

图 6-7　企业业务扩展的边际效应

综合考虑边际附加值曲线 MVA 和边际管理成本曲线 MBC,从图 6-7中可以看出,企业采用多样化战略会有一个临界点 D_0,在此点上,MVA＝MBC,即两条曲线交汇。当企业多样化程度达到 D_1 时,多样化所产生的边际附加值超过所伴随的边际管理成本,MVA＞MBC,此时继续寻求多样化是有利可图的。然而,当多样化程度达到 D_2 点时,多样化所产生的边际附加值小于所带来的边际管理成本,MVA＜MBC,此时说明企业采取多样化战略已经过了头。而正是在 D_0 点,边际附加值恰等于边际管理成本,此时企业的多样化战略达到它的最佳状态。

当然,在实际的管理活动中,寻找出最佳的多样化程度点 D_0 是困难的,但企业可以通过摸索和实践逐渐向这个最佳点靠近。

最后要说明的一点是,边际管理成本曲线不是一成不变的。随着企业管理技术的不断创新和信息技术的发展,可以大大减少管理一个复杂组织所产生的管理费用。也就是说,边际管理成本曲线 MBC 尽管仍是条正斜率曲线,但它的位置要下移,即从以前的 MBC_1 下移到 MBC_2,如图 6-8 所示。其结果是企业的最佳多样化程度点就从 D_1 提高到 D_2。也就是说,由于管理技术的创新和信息技术的发展,企业就可以有效地实行更高程度的多样化战略,管理更多业务。但是多样化战略终归有一个限度或极限,超过这个限度,多样化战略得不偿失。

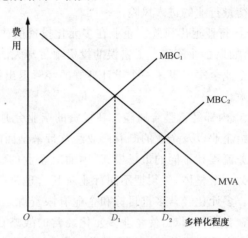

图 6-8　管理创新的效应

2. 多元化风险

多元化经营面临五个方面的风险:

① 来自原有经营产业的风险。企业资源总是有限的,多元化经营往往意味着原有经营的产业要受到削弱。这种削弱不仅是资金方面的,管理层注意力的分散也是一个方面,它所带来的后果往往是严重的。然而,原有产业却是多元化经营的基础,新产业在初期需要原产业的支持,若原产业受到迅速的削弱,公司的多元化经营将面临危机。

② 市场整体风险。支持多元化经营的一个流行的说法是,多元化经营通过"把鸡蛋放在不同的篮子里"去化解经营风险——正所谓"东方不亮西方亮"。然而,市场经济中的广泛相互关联性决定了多元化经营的各产业仍面临共同的风险。也就是说,"鸡蛋"仍放在一个篮子里,只不过是篮子稍微大了一些罢了。在宏观力量的冲击之下,企业多元化经营的资源分散反而加大了风险。一家产品出口公司可通过多元化经营扩大业务规模,然而在面临金融危机冲击的条件下,这家公司却难以在各个经营业务中与最强硬的对手展开竞争,最终落得被各个击破的下场。

③ 行业进入风险。行业进入不是一个简单的"买入"过程。企业在进入新产业之后还必须不断地注入后续资源,去学习这个行业并培养自己的员工队伍,塑造企业品牌。另一方面,行业的竞争态势是不断变化的,竞争者的策略也是一个未知数,企业必须相应地不断调整自己的经营策略。所以,进入某一行业是一个长期、动态的过程,很难用通常的投资额等静态指标来衡量行业的进入风险。

④ 行业退出风险。企业在多元化投资前往往很少考虑到退出的问题。然而,如果企业深陷一个错误的投资项目却无法做到全身而退,那么很可能导致企业全军覆没。一个设计良好的经营退出渠道能有效地降低多元化经营风险。

⑤ 内部经营整合风险。新投资的产业会通过财务流、物流、决策流、人事流给企业以及企业的既有产业经营带来全面的影响。不同的行业有不同的业务流程和不同的市场模式,因而对企业的管理机制有不同的要求。企业作为一个整体,必须把不同行业对其管理机制的要求以某种形式融合在一起。多元化经营多重目标和企业有限资源之间的冲突,使这种管理机制上的融合更为困难,使企业多元化经营的战略目标最终趋于内部冲突的妥协。当企业通过兼并进行多元化经营的时候还会面临一种风险,那就是不同企业文化是否能够成功融合的风险。企业文化的冲突对企业经营往往是致命的。

【本章小结】

成本领先、差异化和集中是单一经营企业常用的基本竞争策略,选择和实施何种策略受到企业特定发展阶段资源能力的制约。无论采用何种策略,都必须以有利于企业形成相对优势为前提而不断创新,并通过创新以提高现有资源的利用效率,这是单一经营企业顺应环境变化趋势,扬长避短和寻求长治久安的基本努力方向。

多元化战略是企业发展到一定阶段,为寻求长远发展而经常采用的一种成长和扩张模式。多元化战略在企业所在行业的快速成长期往往产生较好的策略效果,但随着企业涉及行业跨度的加大和规模的扩张,管理成本和组织学习等方面的成本也迅速增长,要求企业能力的迅速提升与之相匹配。适度多元化是战略管理领域的一个世界性课题,更是我国企业所面临并亟待认真研究的一个十分重要的问题。

【思考与讨论题】

1. 以一个你所熟悉的企业为背景,讨论单一经营企业的成功经验或面临的典型问题。

2. 以一个你所熟悉的中国企业为背景,讨论多元化发展中存在的典型问题。

【本章参考文献】

1. 迈克尔·波特. 竞争战略. 陈小悦译. 北京:华夏出版社,2005
2. 迈克尔·波特. 竞争优势. 陈小悦译. 北京:华夏出版社,2005

第7章 联合、兼并与重组战略

【本章学习目标】

学习本章的过程中,要求侧重了解:
- 明确联合、兼并与重组的定义、性质及异同。
- 联合、兼并与重组的主要动因。
- 联合按不同方式划分的类型,以及兼并重组的方式。
- 联合中合作伙伴的评价方法,以及兼并目标企业的价值评估。
- 联合、兼并与重组的成本控制与风险防范。
- 如何解决联合与兼并中的技术获得问题。
- 联合、兼并、重组与创新的关系。

在经济全球化和信息化将世界紧密联结在一起的背景下,企业孤立经营的传统格局正在被打破,企业靠单一的批量生产或规模经营已不能再获得长期利益。企业与企业、企业与顾客、企业与供应商、企业与其他相关群体的相互作用和相互影响日益密切,进入了从孤立生产向协作经营、从产品型向关系型、从独立发展向互联合作的大转变时期。企业竞争的战略重点逐渐转向与相关的社会集团或群体建立起实现互利互惠的合作关系,把自己的核心能力和技术专长恰当地同其他的各种有利的竞争资源结合起来弥补自身的不足和局限性,以取得实际效益。

企业要推行以合作求竞争这种新型企业战略,就必须认识和掌握与之配套的新的组织结构、合作形式和战略安排技术,本章着重介绍联合、兼并与重组等合作形式。

7.1 相关概念与性质

7.1.1 战略联合

广义地说,两个或更多个公司进行合作,以达到特定商业目标的任何安排或协议，都可称为一种战略联合。企业战略联合的出现是企业经营环境变化的一种必然结果。近十几年来，企业间竞争的程度越来越剧烈，随着经济全球化的不断发展，使得任何单个企业在从事生产经营活动时，都必须面临世界范围的竞争挑战。同时，由于科技的高速发展和产品的日益复杂化，无论企业实力多么雄厚，单独控制所有产品和所有技术的时代一去不复返。而传统的价值链中可挖掘的潜力（比如削减费用、减少管理层级、重新设计流程、改善信息系统及办公自动化等）越来越少，向组织内部寻找有效的生产力提高的来源越来越困难了，而组织之间通过团结合作、合力创造价值，充分利用网络资源，挖掘组织间的生产潜力，则可以协助企业获得前所未有的获利能力和竞争优势。战略联合正是在这一背景下产生的。

7.1.2　重　组

企业重组是一个较为广阔的概念，其内涵可分为广义和狭义两个层次。广义的企业重组是指为保护所有者利益，通过对企业拥有资源的各种形式的组合，从而实现企业价值增值的目的，它既包括资产重组、债务重组和资本重组，又包括管理机构重组、员工重组等内容。狭义的企业重组是指财务重组。它主要包括资产重组、债务重组和资本重组。在实际工作中，企业重组的核心内容表现为资产重组，所谓资产重组是指企业改组为上市公司时，将企业的原有资产和负债依法进行合理划分，通过分立或合并等形式，对企业的资产和管理机构重新组合及设置。

7.1.3　兼　并

兼并（merger），含有吞并、吸收、合并之意，属于企业重组活动中的扩张这一类别。狭义的兼并是指在市场机制作用下，企业通过产权交易获得其他企业的产权，使这些企业法人资格丧失，并获得它们控制权的经济行为。广义的兼并是指在市场机制作用下，企业通过产权交易获得其他企业产权，并企图获得其控制权的经济行为。

从资本主义经济的发展来看，特别是从资本主义的原始资本积累阶段到自由竞争阶段，再从自由竞争阶段进入垄断阶段来看，兼并是一种正常的市场行为。到目前为止，西方国家已经历了五次兼并浪潮。第一次兼并浪潮发生在 19 世纪与 20 世纪之交,这个阶段资本主义正由自由竞争阶段向垄断阶段过渡,横向兼并是这一阶段的重要特征。第二次兼并浪潮发生在 20 世纪 20 年代的两次世界大战间的经济稳定发展时期,期间出现了多种兼并形式,其中以纵向兼并居多。第三次兼并浪潮发生在 20 世纪 50 年代和 60 年代的战后资本主义"繁荣"时期,其兼并的主要形式是混合兼并。第四次兼并浪潮发生在 20 世纪 70~80 年代,兼并规模超过以往任何一次,兼并与反兼并斗争日益激烈。第五次兼并浪潮从 20 世纪 90 年代中期至今,其显著特点是规模极大。

7.1.4 联合与兼并、重组的异同

战略联合不同于由兼并所导致的企业间的合并。前者在大多数情况下没有资本关联,加盟企业地位平等,各企业保留自己的独立运作。后者通常是两个企业的资本完全融合,形成一个新的企业。联合的突出优势在于它的快速度和低风险。联合不要求两个企业之间做到各个方面的融合。这些整合的活动可能耗时数月乃至数年,在技术变化很快的今天,企业试图通过兼并而获取的能力,很有可能在兼并完成的时候即已过时,从而造成花钱买了不需要的东西。正因为战略联合可以快速地实施,又有相当的灵活性,符合目前企业注重速度和控制成本的要求。时至今日,联合已经成为企业优势互补、拓展竞争地位、超常规发展的重要手段。研究表明,今后 10 年,联合有望超过兼并,成为企业间交易的主流。

总之,兼并与战略联合有同有异:①两者的战略动机基本一致,但各有侧重,战略空间也有所不同,在形式上战略联合的表现形式更多样和更灵活;②从价值链角度来看,两者相差不大,如果从组织学习角度来看,兼并是"内部学习",而战略联合是以"外部学习"为主,然后再溢回母公司进行"内部学习";③兼并后的组织形式主要是合并、控股、共生和保护,而战略联合的形式则是法人型、合伙型及协议型。兼并后的管理主要通过治理结构及内部行政管理机构,而联合更依赖于沟通及事先的协议;④至于成败因素,基本上可以归纳为操作和管理因素,但作用方式和重点有所不同。兼并的退出机制包括剥离、出售或分离,而战略联合则依涉及股权与否而不同。

就我国来说,战略联合出现的早一些,合资企业成为我国市场开放的首批开拓者,它们给我们带来了先进的技术和管理方法。有很多企业在战略联合的运用上很成功,比如香港的中策公司。另外,联合的方式也更趋多样

化和国际化,比如海尔与德国西门子、飞利浦等建立了多元的技术联合。近10 年来,兼并也随着资本市场的日益壮大而蓬勃地发展起来,企业应该根据自身及外在的条件审时度势,恰当地选择发展途径。

7.2　联合、兼并与重组的战略意义

在现代社会经济条件下,竞争和合作是矛盾的统一体,两者既是对立的,更是统一的,联合竞争是现代竞争的新手段。企业在充分认识到各种竞争关系中的矛盾性的同时,也必须充分认识并发展、利用各种合作关系,并通过合作,实现更有效率的竞争和发展。

真正认识联合是否具有战略意义,这对于衡量公司业绩也是十分重要的。任何一次联合的真实价值,即使进行联合的是一家独立的合资企业,若仅从协作的成本和收入来看,都是不明显的。我们必须考虑为那些被放弃的机会所付出的代价和联合给公司带来的实质性好处。以富士—施乐的情况为例,这家企业是由施乐复印机公司与富士胶卷公司为帮助施乐在日本销售复印机而合资建立的。经过一段时间的发展,由于施乐的战略发展和富士—施乐的实力增强,这家合资企业开始在全球范围内向施乐供应产品,并成为开发新技术的伙伴。它的规模不断扩大,获利颇丰,并向施乐偿付了一定的红利。但是它的真正价值却在于帮助施乐在 20 世纪 80 年代击退了日本人的竞争,制止了施乐公司下滑的趋势,并帮助其在全球范围内掌握了主动权。联合在企业战略中的作用远远大于合伙关系本身。

归纳起来,联合的战略意义有以下几点:

① 联合战略的总体意图是促使其技术和其他资源的利用实现最优。实行战略联合可以缓解激烈的对抗性竞争对企业的冲击,这样减少了由于对抗性而产生的资源浪费,企业间可以产生联合的最大化垄断利润,使社会财富增加。

② 协同效应,即“1+1＞2”,联合的组成部分能通过战略而实现协同的目的,从而使联合的能力和有效性得到积极的创造,远远高于企业单位所能达到的水平。在“联合”内部,分工与协作有利于各企业间优势互补,可以形成更为有效的专业化分工,发挥规模效益,以使产品整体成本降低。从而使“联合”企业实现各自的“低成本”和“专业化”的发展战略。

③ 协调。通过联合战略,使联合的各企业协调起来,达到富有成果的状态。这样有助于确保联合的各组成企业之间相互协调运转,有助于确保

执行人员与高层管理者之间的步调一致。

④ 资源配置。联合对于资金的运用和获得有更大的选择性,能对其进行有效配置。实施战略联合的行业竞争战略,不但可以形成行业壁垒,防止新的竞争者进入,缓解竞争的激烈程度,实施阻绝进入策略。而且在实施企业战略联合的环节内部可以形成稳定的供应链,稳定产品及材料的价格,减少交易成本的发生。甚至在进行新产品开发时,可降低研制费用,防范研制失败的风险;同时还可以使技术扩散的速度加快,有利于社会的技术进步。

⑤ 在实行"合作博弈"的竞争战略时,培养竞争对手不但可以提高自己的核心能力,还是一种"占位策略",遏制竞争对手的扩张意图。战略联合的龙头还可以利用品牌优势,形成领导价。

总之,战略联合,可以使企业的竞争力增强,外部交易的内部化,并使交易成本降低,获取信息的成本也降低,生产经营和分配的效率提高,对资源的配置和生产结构的调整起到积极的作用。

7.3 联合、兼并与重组的主要动因

7.3.1 外部力量驱动

① 为了在经济全球化竞争格局中占据有利的地位。随着社会生产力的发展,经济主体不断拓展其活动范围,现代通信、交通工具使"地球村"时代得以实现。经济全球化的发展,各国经贸关系的密切相融,使得国与国之间的交往越来越深入,那种单靠公司自身的力量去打通各国经贸关系的做法显然是不经济的。全球化的浪潮使企业的生存及发展空间豁然开阔,同时竞争也日益全球化和白热化,世界成为一个统一的大市场,资源在国与国之间空前自由地流动。另一方面,消费者的主权意识日益增强,每个人都渴望以最低的价格得到最好的产品和服务。现在你购买的 IBM 电脑,可能采用的是 Intel 的芯片、台湾地区的主板、韩国的显示器和中国大陆的硬盘,而在这背后驱动的正是全球化浪潮中的消费者成本效益比最优的要求。全球化使企业单独作战获得成功的可能性大大降低,只有结盟才能在更高的起点上获得更长久的竞争优势。

② 规模效应的条件变化产生的内动力作用。随着自由贸易环境的形成,使得原有规模经济效应的边际条件发生了变化,大量的实证研究表明在

一定区域或行业内规模报酬呈现出递增的趋势。因此,在经济全球化改善了国际投资和贸易条件下,一些跨国公司从追求更大规模的经济效应出发,积极开展跨国战略联合,在获取经济利益的同时扩大自己的实力。

③ 区域经济集团化带来的引力作用。世界经济在朝着全球化方向发展,现阶段的表征是区域经济集团化。从 20 世纪 80 年代中期开始,区域经济集团化发展趋势明显加强。截至 2004 年年底,全世界向 WTO 通报的区域贸易安排已达 307 个。其中最具代表性的要数欧盟(EU)、北美自由贸易区(NAFTA)、亚太经济合作组织(APEC)及东盟(ASEAN)。随着区域经济集团的发展,贸易壁垒形式翻新,特别是欧共体宣布建立统一大市场以来,欧共体对汽车和纺织品等采取统一的贸易保护政策,使美国、日本等其他工业国家与欧共体贸易摩擦不断。美国和日本跨国公司为了对付欧共体的壁垒措施,积极与西欧同行业的大公司结成战略联盟。例如,美国斯密斯—凯恩公司与英国比彻姆集团结成国际战略联盟,从而绕过了欧共体所设立的种种贸易壁垒得以进入欧共体市场,在税率最低的国家从事生产、销售等经营活动。

7.3.2　内部条件需要

① 企业增强自身实力、进入市场、扩大市场份额的需要。企业之间通过建立战略联合来扩大市场份额,双方可以利用彼此的网络进入新的市场,加强产品的销售,或者共同举行促销活动来扩大影响。例如,私人公司与公众公司组建合资企业,私人公司具有某些优势,诸如封闭所有权,而公众公司也具有某些优势,如可通过发行股票来筹集资金。在某些场合,私人公司和公众公司各自具有的独特优势可在合资企业中得到结合。合资双方或多方可以很好地进行优势互补。

② 企业获得技术、获得专门技能、获得原材料及存在迅速采用某种新技术的需要。目前,技术创新和推广的速度越来越快,企业如果不能紧跟技术前进的步伐,就可能被市场淘汰,即使很大的企业也存在这一方面的压力。而技术创新又需要企业很强的实力和充分的信息,否则很难跟上技术创新的步伐,这就要求具备各种专业特长的企业之间的配合,而联合正好可以满足这一要求。

③ 成本制约的需要。变幻莫测的竞争、高度不确定的顾客需求和越来越快的技术更新速度使得企业在竞争中支付着日益高昂的成本。尽管如

此,企业却必须不断开发新产品,以满足市场上新的潜在需求。在品牌经营尤为重要的行业,人们又不得不为创建和维持品牌支付巨额成本。现代企业越来越需要合作伙伴同舟共济了。

④ 风险制约的需要。投资项目具有很大的盈利潜力,但需要大量的资源,并有很大的风险,而通过战略联合的方式可以分担风险,使企业经营风险大大降低。例如在科技投入方面,由于研究开发费用很大,而成功率很低,即使开发成功,很可能迅速被更先进的技术所取代,而通过几个企业联合共同开发,不仅可以提高成功的可能性,而且可以使费用得到分担,迅速回收,这就大大降低了风险。

⑤ 快速进入国际市场的需要。竞争全球化是市场竞争的一个趋势,这已经为越来越多的企业所共识,企业要谋求全球化的发展,但是仅靠出口产品的方式占领国际市场存在着很大的局限。现在很多企业都试图在国外生产,国外销售,这一方式也存在着很大的问题,因为国外的经营环境与国内有很大的区别,且由于各国法规的限制,对企业的发展有极大的制约。通过与进入国建立战略联合,用合资、合作、特许经营的方式可以有效地解决这一问题,这些优点是在国外直接投资建厂、购并当地企业所不具备的。

⑥ 核心能力互补的需要。进入 21 世纪以来企业面临着日益激烈的竞争,不得不将资源集中于公司最具竞争优势的领域。但是,单项核心能力并不能保证公司在全球市场上提供最具竞争力的产品,因为如今的产品要依赖各方面的关键技术,以至于没有哪家公司能在所有领域保持竞争优势。所以,与他人合作,融合各自的核心能力发挥综合效应,就成为必然的选择。

⑦ 对资源的需求。从经济学最基本的观点来看,资源对于需求来说总是短缺的,资源需求的增长已经使投资成本大为提高,今后还会进一步提高。战略联合能够以少量的投资有效地、适当地动员起所需要的各种资源,各合伙人在各自所承担的环节上也会有更多的机会来降低投资成本和提高规模效益。企业有价值的资源通常是稀缺的、不可完全被模仿以及无法被其他资源替代,因此识别、占有和积累资源是公司战略的重要步骤。如果存在有效的资源交易市场,企业就不需要战略联合获取资源,而是依赖市场。然而市场交易通常是不完备的,在现货市场上交换有时可能是无效率的,而且某些资源可能是不可以交易的,因为它们可能和组织的其他资源混杂在一起或者本身就嵌入组织的内部而无法剥离,因此为了获取有效的资源,常采用的战略就是合并、收购和战略联合。而通常认为在两种情况下企业可

能会选择战略联合：一是获取别人的资源，比如技术诀窍、品牌、声誉等；二是保护自己的资源同时又能从利用别人的资源中获益。

7.3.3　企业兼并的动因

① 协同作用。产生规模经济的一个因素是不可分性。不可分性可以存在于人员、管理费用或设备之中，人和机器的专业化也可以导致规模经济，组织成本也因对相关活动的协调而降低。通过减少重复活动，可以降低经营成本。兼并后，在生产经营、行政管理、调查研究、原料采购和产品推销等方面的活动，都可以统一协调、组织，减少重复的固定成本，节约人才物的耗费。

② 降低生产能力。在 20 世纪 80 年代早期的经济衰退期间，降低生产能力成为当时一个很流行的兼并动因。其目的不是为了开拓新的市场，而是使传统工业合理化。1984 年 10 月，联邦德国的克劳克纳和克鲁普两个钢铁公司宣布合并，希望把每年的成本降到 2.5 亿马克。该合并计划包括把雇员裁减至 3000 名，把钢坯生产能力限制在 100 万吨，把轧钢能力限于 200 万吨等调整措施。

③ 管理层的利益驱动。管理层的兼并动因往往是希望提高公司在市场上的统治地位和保持已有的市场地位。首先，当公司的规模发展得更大时，公司管理层尤其是作为高层管理人员的总经理的威望也随着提高，这方面虽然很难作定量的计算，但却是不容置疑的；其次，随着公司规模的扩大，经理人员的报酬也得以增加；再次，在兼并活动高涨时期，管理层希望通过兼并的方法，扩大企业规模，使公司能在瞬息万变的市场中立于不败之地或抵御其他公司的兼并。所以，在一定程度上，兼并别人能带来安全。

④ 谋求增长。处于成长性行业的目标公司往往更吸引进攻公司。此外，兼并一个公司而获得增长可能要比在新的领域内开拓而获得发展要花费更小的成本和更少的时间。

⑤ 获得专门资产。例如，制造商可能为了保证原材料供应而进行纵向兼并。兼并也可能是因为目标公司有一个有效的管理队伍或优秀的研究与开发人员可以利用。在某些特殊的情况下，某一个优秀的人才甚至也会成为兼并的动因。

⑥ 提高市场占有率。这种动因与寻求规模经济的动因类似，因为提高市场占有率必然要求提高产品产量，有助于降低单位产品的成本。

⑦ 多角化经营。通过兼并其他行业中的公司,实行多角化经营,以增加回报,降低风险。

⑧ 收购低价资产。即以低于目标公司经营价值的价格获得目标公司,从中谋利。采用这个方法的条件是进攻公司对目标公司资产的实际价值比目标公司对其自身更了解。目标公司可能拥有有价值的土地或完全保有的地产,而这些在会计账簿上却以折旧的历史成本反映,过低地估计这部分资产的价值,使得进攻公司可以从中营利。

⑨ 合理避税。例如,衰落产业中的一个亏损企业被另一个产业中的厚利企业兼并,它们的利润则可以在两个企业之间分担,从而可大量减少税务。

⑩ 政府意图。严格地说,这算不上是企业兼并的动因,它只是在一些特殊的经济政治环境中,或集权经济,或市场机制不完善的国家,出于一定的政府意图而使若干企业进行兼并或合并。

7.4 联合、兼并与重组的基本形式

7.4.1 联合的分类

近年来,出现了一个全球公司进行战略联合的活跃时期,这些战略联合避免了直截了当的收购,而是采取多种多样的形式,从简单的公司间签订协议相互买卖对方产品,到成立分开的且法律上独立的实体等。

1. 根据联合所组成的竞争实体不同来划分

① 行业竞争性联合。实践中,围绕着满足相近最终需求的不同产品的生产和流通,上下游企业及同一层次的不同企业共同组合形成了不同的行业。竞争往往不仅在各个行业内部的不同企业之间展开,而且也在不同行业之间展开。近年来,由于超市业态的快速发展,百货行业等的客源和购买力分流就是行业竞争的典型。又如西式快餐业进入中国市场后,餐饮业的竞争就不仅只是中餐馆与中餐馆之间、西式快餐店与西式快餐店之间、中餐馆与西式快餐店之间的竞争,而且也是中餐业与西式快餐业之间的竞争。实施行业竞争性联合,就是指处于同一个行业内部的企业,采取一定程度的协同行为,展开对本行业有竞争关系行业的竞争。

② 地缘性联合。"商业中心"是零售经营理论中十分重要的基本概念,

它是在长期的社会经济发展过程中,逐步形成的由许多商业企业和服务企业组成的集合体。按现代"协同论",同一区域内的企业协同发展,"店多成市",形成具有一定功能的商业中心。除了处于同一商业中心内的企业之间存在直接竞争外,不同商业中心之间也展开竞争,而且这种竞争有不断加剧之势。由于在一个城市或一个地区之内,购买力基本上是一个常数,它在不同商业中心之间分配,而购买力是流动的,为此商业中心之间必然存在着对购买力的竞争。商业区域竞争力既与商业区域所处的地理位置,特别是交通条件,以及商业网点布局有十分密切的关系,也与商业区域本身所形成的服务能力和服务特色有很密切的关系。对处于商业中心内的商业企业而言,应该采取正确的地缘性联合竞争战略。其中,上海徐家汇商业区域的实践是一个很好的典型。

③ 规模经济性联合战略。为了形成必要的经济规模,求得规模效益,企业可以通过自我扩张的方式,但这种方式的扩张速度有限,也可以通过企业购并的资产重组方式。重组方式是一种能快速实现规模扩张的途径,但是其实施的难度较大。当然,以产权一体化为特征的途径无疑是企业应该加以注意的。但我们认为,非产权一体化的规模经济性联合是一种具有灵活易行,能迅速扩大经营规模的、更值得加以注意的方式。同区域或异地的企业之间结成销售联合体,利益均沾,风险共担,协同努力,将迅速有效地增加分销能力,适应现代化大生产和市场竞争的需要。联合同类企业共同承担创新所需要的资金投入,运用两个甚至多个企业的资金和技术实力,不仅能加强创新的技术力量,而且也使创新得到更充分的资金支持,提高了创新成功的概率,为联合各方都带来巨大的利益。

2. 根据联合范围和股权不同来划分

① 合资,即由两家或两家以上的企业共同出资、共担风险、共享收益而形成的企业。这种方式目前十分普遍,尤其是在发展中国家。通过合资的方式,合作各方可以以各自的优势资源投入到合资企业中,从而使其发挥单独一家企业所不能发挥的效益。合资企业既可以是权益合资企业,也可以是非权益合资企业,而其他类型的合作计划一般都是非权益的。例如,在许可证或管理合同之下,给予许可证或提供管理服务的一方,将收到许可费或管理费。许可费在某些情形中可以基于特许经营所产生的利润。非权益安排一般不产生共同拥有的实体,这一实体是有别于联合体各方的。此外,联合决策的范围也是有限的。

② 研究与开发协议。为了研究开发某种新产品或新技术,合作方可以制定一个合作开发协议,联合各方分别以资金、设备、技术、人才投入联合开发,开发成果按协议由各方共享。这种方式由于汇集了各方的优势,因此大大提高了成功的可能性,加快了开发速度,另外,由于各方共担开发费用,降低了各方的开发成本与风险。

③ 定牌生产。如果一方具有知名品牌,但生产能力不足,另一方有剩余生产能力,则有生产能力的一方可以为知名品牌一方生产,然后对方冠以知名的品牌进行销售。这样,生产能力不足的一方可以迅速获得一定的生产力,增加产品销售,扩大品牌影响,而另一方则可以利用闲置的生产能力,谋取一定的收益。对于拥有品牌的一方,还可以降低投资或购并所产生的风险。

④ 特许经营,知识、技术、设计或专利的许可。合作各方还可以通过特许的方式联合。其中一方具有重要的无形资产,可以与其他各方签订特许协议,允许它们使用自己的品牌、专利或专有技术,从而形成一种联合战略。这样特许方可以通过特许权获取收益,并可以利用规模优势加强无形资产的维护,而受许可方可以利用该无形资产扩大销售,提高收益。

⑤ 相互持股。相互持股是合作各方为加强联系而持有对方一定数量的股份,这种联合中各方的关系相对更加紧密,各方可以进行更为长久、密切的合作,与合资不同的是双方的资产、人员不必进行合并。

3. 根据联合所处的市场营销环节过程不同来划分

① 品牌联合。品牌是现代企业最宝贵的无形资产,具有极高的共享价值。日益风靡大陆的特许加盟制就是品牌联合的典型。富士在中国之所以取得惊人的扩张速度,很大程度上归功于其特许加盟经营方式:只要符合基本条件,任何店铺都可以申请加盟"富士彩扩冲印点",富士统一配置设备、供应相纸和装修店面。而柯达前几年对冲印点的控制很严,许多都是自己投资开设,且对店铺面积、运作流程、工艺等要求高度统一,导致柯达在大陆的铺开速度受阻,一度将中国市场领导者的桂冠让给富士。联合品牌的例子几乎随处可见:美国大众汽车和 Trek 自行车公司携手销售汽车和自行车;美国航空公司、花旗银行以及万事达也联合起来为用户提供同一种信用卡;飞利浦公司和牛仔裤制造商里维斯宣布将在一种夹克里安装电子设备:藏在领子里的麦克风和口袋里的 MP3;康柏电脑经过复杂的战略和财政决策,决定在每个康柏 PDA 上使用微软的掌上型电脑品牌等等。

② 新产品开发联合。新产品的开发成本日高、风险日增,有些项目的开发成本即使行业巨头也无力独立承担。在思科公司和摩托罗拉公司的联合计划中,双方打算在未来 4~5 年中,共同投资 10 亿美元,开发建设一个无线 Internet。两家公司计划交叉许可技术和开发互补产品。此外,它们还打算共同出资在世界范围内建立 4 个 Internet 解决方案中心,鼓励第三方公司共同开发和建立基于 Internet 标准的新服务和新产品。双方都从中受益,节约了巨额的研发成本,还增强了市场竞争力。

③ 市场推广或分销协议。销售渠道是营销下游的重要环节,渠道竞争已逐渐成为企业竞争的焦点。世界经济一体化使市场空间空前广阔,单个企业要凭自身力量在全球范围内建立完整的分销体系是不经济也不可能的。为此,制药行业许多跨国公司委托在国外关键市场拥有卓越经销系统的竞争对手销售产品。在美国,默克公司销售日本山之内公司的 Gaster,利利公司经销腾泽公司的头孢唑啉钠;而在日本,武田公司销售拜耳公司的硝苯吡啶,腾泽公司经销史克公司的甲氰咪胍。

④ 促销联合。促销联合包括广告、营业推广和推销等各方面,一般发生在不同类、无竞争性的产品之间。"小天鹅"与"碧浪"结成广告同盟,每一袋碧浪洗衣粉上都有"小天鹅指定推荐"标志。一家酒店和航空公司联合,凡在酒店消费达一定限额的顾客可获得一张该航空公司的免费机票;反之,在航空公司累积飞行达一定里程的顾客也可免费入住该酒店。此案例成功的关键在于经常飞行的消费者往往也是酒店的频繁光顾者。目标顾客群重合度高的促销联合最为有效。

⑤ 价格联合。寡头垄断行业的价格联合最有利可图。将定价统一规范在一定界限之内,既可避免无谓的恶性竞争、省却博弈的烦恼,又可提高行业进入壁垒,有效防止新竞争者的加入。这样,虽然会对消费者的利益稍有损伤,但从行业前途来看,也未必不是一种两全其美的良策。

⑥ 供货或采购协议。这是指营销上下游环节不同企业的联合。制造商与代理商(或经销商)的联合、广告主与广告公司的联合、企业与供应商或客户的联合均在此列。这类联合的特征是联合主体处在价值链的不同环节上,代表垂直一体化的一种形式。

7.4.2 兼并的类型

① 按兼并双方所处的行业来分,可把兼并分为横向兼并、纵向兼并和

混合兼并。当兼并与被兼并公司处于同一行业,产品属于同一市场,则称这种兼并为横向兼并;若被兼并公司的产品处在兼并公司的上游或下游,是前后工序或是生产与销售之间的关系,则称这种兼并为纵向兼并;若兼并与被兼并公司分别处于不同的产业部门,不同的市场,且这些产业部门之间没有特别的生产技术联系,则称这种兼并为混合兼并。

② 按兼并后法人地位的变化来分,可以分为吸收合并和新设合并。吸收合并是指一个公司通过吸收其他公司的形式而进行的合并。采用这种方式,被吸收的公司解散,失去法人资格,继续存在的公司称为存续公司,存续公司要进行变更登记。新设合并是两个或两个以上公司通过并成一个新公司的形式而进行的合并。采用这种形式的合并,合并各方均解散,失去法人资格。

③ 按兼并的方式、适用法律和纳税处理来分,可把兼并分为资产收购、338交易、股票收购、A类重组、B类重组和C类重组六大类,其中每一大类又可以分为若干亚类。资产收购可细分为直接资产收购、法定兼并和子公司兼并三个亚类;A类重组可细分为A类法定兼并、A类法定合并、A类子公司兼并和A类子公司反向兼并四个亚类;B类重组可以细分为B类母公司股票收购和B类子公司股票收购两个亚类;C类重组可以细分为C类母公司资产收购和C类子公司资产收购两个亚类。

④ 按被兼并公司的管理层、股东或董事会是否欢迎这种兼并行为来分,可以把兼并分为善意兼并和恶意兼并。

⑤ 按兼并双方所在地区来分,可分为同地域兼并和跨地域兼并。按兼并企业是否隶属于同一所有制形式来分,可分为同种所有制企业间兼并和不同种所有制企业间兼并。按兼并双方所在国家或地区来分,可分为国内兼并和跨国兼并。

7.5 合作伙伴的选择

7.5.1 对合作伙伴个体的评价

首先,联合双方应各自具备某种竞争优势。出于建立联合的目的和愿望,合作双方只有具备某种优势和专长,才能成为联合的伙伴或成员。伙伴的长处和优势还要经得起时间或竞争的考验。在经济全球化的今天,仅仅具有在局部地区的相对长处和优势的企业都不能算是最佳联合伙伴。建立战略联合的目的是通过不同企业优势互补和整合而达到"1+1>2"的作用。如果联合各方都不具备优势或优势不明显,甚至具有明显的弱点,双方又都想借助对方发展自己,那么从战略上或从全球竞争的意义上讲,这种联合就很难避免遭受失败的命运,即使取得一些成功,也往往是暂时的。

其次,联合双方的资产应具有互补性,那么通过建立战略联合就可以利用本企业原先不具备的资产优势,增强自己的竞争力。种类不同的资产结合在一起可以产生互补性,性质相同的资产也能为联合的双方提供规模上和范围上的经济支持,因而双方的这种优势、专长及资产的整合可以产生良好的协同作用。若两个企业之间具备了协同效应和互补性资产,则战略联合就有了形成竞争优势的可能性。但仍不能绝对地保证联合的成功和长期存在,因为外部环境和企业自身都在不断地变化,一旦上述两方面的条件发生变化,联合的情况也会随之改变。如在初始阶段,双方若出于对某种资源的依赖性而走到一起,且一方对另一方的资源的依赖程度不大,一旦合作发生困难,可以很容易地从市场上得到其所需要的资源,而另一方却绝对地需要其伙伴的资源,则这种情况必然会对联合的平衡产生负面影响。这就是说,双方的资源不仅应该在性质上有差别,而且在实力上也不应差距过大。

7.5.2 合作伙伴之间的协同优势或战略配合

首先,合作伙伴战略应该具有一致性。合作伙伴既然建立了联合,那么其长期目标就应该一致。这是保证战略联合持续成功的重要条件之一。当然这并不是说联合各方目标必须完全一致,这对于保持各自独立性的公司来说,是不可能的。企业在与潜在的合作伙伴联合时特别关注的一个问题就是:它是否具有良好的战略适应性以提高我在完成企业目标上的成绩?对于这个问题,传统上侧重于评估潜在的合作伙伴之间的互补性。这种评估分为三个层次:第一,潜在的合作伙伴是否对联合具有战略价值;第二,对联合本身进行分析,该联合是否具有明确的存在理由和清晰的战略目标;第三,各合作伙伴加入联合的原因是什么? 它们加入联合是为了长期目标还是短期目标?战略适应性只是伙伴选择所要考虑的最基本因素。如果加入联合的一方希望在世界范围内发展科技实力,另一方则希望通过引进合作伙伴的技术,节省研究开发费用,提高自己在本国市场上的地位,并长期把自己限制在本国市场,那么由于两者的长期目标发生冲突,合作的基础消失,联合的存在就会出现问题。如果双方的目标都是向国际化方向发展,那么联合就能持续下去。实际上,联合伙伴之间的战略目标冲突是很难避免的。这就要求联合伙伴经常地接触和沟通,寻求缩短或消除目标距离与冲突的途径,保证联合的平稳运行。

其次,联合双方的规模与实力应相当。联合的双方都希望寻找一家规模和实力相当的合作伙伴。如果联合的双方实力严重失衡,就可能给联合带来许多麻烦。强大的一方可能会对另一方颐指气使,而弱小的一方可能要过分依赖强大的合作伙伴。这样,联合便不能在互惠互利的基础上制定决策,其稳定性和发展前景也会受到严重的威胁。在一般情况下,联合的双方的规模与实力都应该是差不多的,但有时也有例外,比如大伙伴起领导作用,小伙伴甘愿听从大伙伴的指挥,联合也不无成功的可能。当然,如果小伙伴在高科技或新产品开发等方面在联合中有控制力,也有利于联合双方的关系协调。

7.5.3　合作伙伴之间的文化配合

企业文化理论认为,在现代经济发展中,评价一个企业的成功与否主要看企业是否能不断建立、发展和完善企业自身的文化传统,以适应市场需要。对于我国的企业,特别是从事外向发展的大企业,仍存在着跨文化融合的难点问题。在国际战略联合过程中,企业文化理论对中国企业的经营管理和管理者提出了更多和更高的文化要求和素质要求。在企业文化已成为现代企业精神支柱的时代,如果企业管理者不能清楚地理解文化是怎样对企业发挥作用的话,其管理行为必然失当,企业的生存与发展也会受到威胁。

企业在选择合作伙伴时,必须注重联合伙伴之间企业文化的一致性和差异协调能力,必须深入了解、研究各公司的文化背景。一个联合,如果单纯从能否实现既定目标的角度上来看可能没有问题,甚至前景光明,但如果伙伴之间存在着文化上的不一致,就会被失败的阴影所笼罩。这就显示出文化因素对于联合顺利运转的重要作用。因而,文化及战略的一致性越高,战略联合成功的可能性就越大。但文化一致性也不是绝对的。公司在选择联合伙伴时,不能苛求对方一定具有相同或相似的文化,实际上公司之间文化相同或相似的情况并不多见,对来自不同国家和不同民族的合作伙伴来说,就更是如此。从另一方面讲,因为互相学习是保证战略联合成功的关键因素,伙伴之间文化完全相同或过于相似也不利于双方互相学习、取长补短。成功的关键在于伙伴之间应该具备一种对文化差异理解的态度、灵活地协调文化差异的能力、向对方长处学习的热情、相互信任及强烈的责任感等。

7.5.4 兼并目标企业的价值评估

企业兼并过程中兼并双方最关心的问题,莫过于合理估算目标企业的价值以确定并购价格。由于买卖双方对目标企业的价值含有主观判断的因素,往往有不同认定,若差距太大,则难以达成妥协导致交易失败,因此正确选用企业并购中的价值评估方法有着重大意义。

要准确评估被并购企业的价值,首先必须正确地理解企业价值的含义。从直观角度来看,一个企业的价值完全可以通过对其组成的单项资产逐一进行评估,然后加总来确定企业整体资产价值。然而,通过对组成企业的各单项资产的评估价值加总来确定的企业价值,其实质是:它只能代表被并购企业的"投入"价值或"所费价格"。从企业整体评估角度来看,一个企业价值的高低,更重要的不是看投入了多少或所费了多少,而是看企业能产出多少或带来多少经济效益。如果一个企业不能生产或提供符合社会需要的产品或劳务,经济效益很差或根本没有经济效益,即使它的资产数量再多,从企业生产经营或服务的角度来看,它的价值也不会很高。相反,一个企业资产的数量虽然较少,但是经济效益很好,能够生产或提供符合社会要求的产品或劳务。那么,这个企业的价值就会远远超过其单项资产价值之和。因此,企业的价值应该是指企业生产能力的价值,是指企业参与市场交换所能获得的价值总和。它表现为企业的预期获利能力。

企业价值的评估方法,源于资产评估的价值标准,取决于评估的目的。有什么样的评估目的,就有什么样的价格标准,也就产生了什么样的评估方法。对被并购企业的价值评估,目前在我国评估界主要采用以下几种方法:收益现值法、市场价格法、重置成本法、清算价格法、现金流量折现法、市盈率法等。在企业并购过程中的价值评估应根据其评估目的、评估对象及其他相关因素选择合适的评估方法,以有利于简捷、合理、客观地确定评估价值。

7.6 联合、兼并与重组的成本与风险

7.6.1 企业联合中的成本与风险

战略联合的成本主要有联合品牌的品牌使用费以及选择合作伙伴的机

会成本。品牌使用费的多少受多种因素影响。①产品失败的风险越大,加入联合所付的品牌使用费就越高。②如果进行品牌联合的产品品质不好,该品牌所冒的风险就大。风险越大,越容易出问题,因为若声明这种产品品质好,会比较令人相信这种产品。这种销售方式可能引致顾客蓄意报复或对品质问题敏感,因而它承担的销售风险就会越大,所要求的品牌使用费越高。③某一品牌伙伴对主要品牌越有好处,联合主要品牌越愿意付出更高的费用。而联合品牌也存在着潜在危险,比如,一旦捆绑在一起的品牌中的某一个出了问题,就会殃及另一个,福特汽车和费尔斯通轮胎就是最好的例子。未经深思熟虑就采取大胆行动的结果往往令人失望。1994 年,手表商 Swatch 决定进军汽车业,制造小巧、便宜、时髦的汽车,它选择奔驰作为自己的合作伙伴。但是直到现在,人们还是无法将 Swatch 和汽车联系在一起。

联合双方还要尽量防范关键技术扩散以及联合双方目标发生分歧等这样的联合风险。如果联合双方能够向对方提供对方不具有或不充分拥有的资源,联合就具备了良好运转所需要的基本前提。但联合建立起来后,组织边界便有了可渗透性,这种渗透性为双方提供了了解对方的一扇窗口。借助这扇窗口,双方可以彼此学习对方的知识与技能。随着联合的发展,双方投入资源的重要性会发生变化。比如说,在为进入东道国市场而同东道国企业联合中,如果东道国企业学到了跨国公司的技术,那么跨国公司的这些技术投入在联合中的重要性就会下降;相反,如果跨国公司已经十分了解东道国的市场,并建立了自己的关系网络,东道国企业的重要性也会下降,这种互补性资源的贬值会给联合的继续运转造成困难。即使双方提供的资源没有贬值,随着合作时间的推移,双方的战略目标也会发生变化。当一方联盟的资源不再需要时,就会选择退出联合,这往往给另一方带来很大风险,使其陷入进退维谷的境地。

7.6.2　企业兼并的风险

在现实操作中,由于兼并购买方缺乏经验和买卖双方的信息不对称,卖方可能有意或无意地隐瞒一些对买方也许是非常重要的信息,而买方往往无法通过兼并前的评估对此进行充分的挖掘,使之成为兼并以后企业的巨大隐患。概括说来,企业兼并后的风险主要有以下几点:

① 经营风险。这种风险指兼并者在兼并完成后,无法使整个企业集团产生经营协同效应、经验共享互补等效果所带来的风险。因此,企业在兼并

中要充分考虑本企业与目标企业经营要素间的互补性和协同性；被兼并企业产品市场的发展状况；市场份额是否有效扩大及是否产生规模经济效应；是否产生财务协同效应，改善了企业的财务状况；是否达到资源共享；是否有利于提高企业的竞争力，为企业带来更多的利益等。美国的第四大钢铁公司 LTV 就是在收购第六大钢铁公司共和公司后遭遇经营风险而以申请破产保护而告终的。

② 管理风险。此风险指对其业务领域内各组成要素的综合管理能力不高而带来的风险。尤其是企业为了多角化经营的动机而进行的兼并，由于不具备新领域的经营管理能力和水平，不熟悉新的行业，使得企业不但不能实现多角化经营降低风险的目的，反受多角化经营所累，造成资金严重短缺、经济效益低下、投资膨胀。因此，并购企业进行多角化经营时必须具备一些前提条件，如主业基础扎实，在现有市场中占有一定优势；自有资金充足，劳动生产率高；已形成了独具特色的企业文化；已建立了完善的管理体系和监督约束机制等等。另外，企业并购时还要考虑扩张领域与企业发展战略方向是否一致；是否能发挥品牌优势、服务优势和用户覆盖优势；是否能发挥技术互补优势；在管理组织与人才上是否有充分的准备；是否有先进的管理模式和经验可以输出和移植等。

③ 财务风险。企业的兼并收购活动离不开巨额资金的支持，单独依靠企业本身的自有资金只是杯水车薪，也是不现实的。因此，企业不得不大量举债进行兼并，从而导致企业巨大的财务风险，并购后因付不出本息而破产倒闭。如 1988 年，加拿大坎波公司斥巨资 66 亿美元收购美国三家大型百货公司，收购资金除少量自有资金外，大量的是银行贷款和年利率在 15％的垃圾债券。仅利息支付这一项就超过了营业利润，在不到两年的时间里，坎波公司就发生了财务危机，以至宣告破产。因此，企业在举债时要考虑自身的承受能力，只有当预期的资产收益率大于举债资本的成本时，才能发挥财务杠杆作用；同时还应考虑并购企业本身的资产负债比例及负债结构，如果负债比例过高，就不适宜再举债并购，否则财务结构会更加恶化；银行等信贷机构要加强监管企业的举债行为，以防成为举债企业的牺牲品。

④ 信息风险。信息不对称，往往会使兼并收购盲目进行，如果兼并对目标企业了解不够或目标企业故意隐瞒有关信息，往往会导致错误的并购。如香港瑞菱国际收购讯科国际，由于瑞菱国际只知讯科有良好的发展前途，对讯科过度投资泰国及马耳他的生产基地，债务负担沉重导致策略性亏损的情况知之甚少，以至作出错误收购讯科的决策。自 1990 年收购后，每况

愈下,到 1992 年底,讯科欠款 2.6 亿港元,年利息支出达 0.76 亿港元,净资产为负 540 亿港元,瑞菱国际也深受其累,被迫进行债务重整,出售讯科 34% 的控股权。可见,企业在作出并购决策之前,应尽可能多地了解目标企业的详细信息资料,可以聘请投资银行作为并购财务顾问,以降低交易成本,并避免因信息不对称而造成并购失败。

⑤ 政策风险。政策作为一只"看得见的手",其作用是弥补市场经济运行中存在的某些先天性缺陷。因为在利润最大化目标的驱使下,各微观经济主体相互争夺市场资源,不可避免地会损害社会经济总福利,因此政府必须用政策加以调整。在企业兼并活动中,如果兼并的结果不符合国家政策导向,那么这宗兼并的风险程度就会增大。例如,兼并形成垄断或达不到环保要求等,国家就有权废止这宗交易。因此,要求企业在实施兼并时必须实行多方案决策以正面应对多变的政策。一旦对这些把握不足,企业将面临很大风险。

7.7　联合中的技术获得问题

正如前文所述,联合双方为了防范技术泄露,往往会采取一系列严密的控制措施,以加强对本企业关键资源的保护。这里的关键资源通常是不想向对方转让或无意向对方转让的资源,它通常是构成企业核心竞争力的关键要素。虽然,通过联合以获得关键技术的例子也有,例如韩国的现代、大宇和起亚三大财团通过与美国、日本汽车巨头的"联姻",不仅积累了丰富的汽车生产经验,而且获得了某些关键技术,使韩国迅速发展成为世界主要汽车生产国和输出国。但是大部分的联合企业在对方的技术保护之下,并不能吸收到先进的关键核心技术。因此,要提高企业技术水平,还应考虑其他合作方式。

比如战略技术联合,即两个或两个以上企业(主要是大型集团化企业)为实现技术创新战略目标而建立起来的合作伙伴关系。一般来说,现代大型企业通过集团化的发展道路,其技术创新能力已大幅度提高。但科技的快速发展,高新技术产品的开发竞争日趋激烈,对于一些重大技术创新项目,现代大型企业的技术创新能力依然暴露出了三方面的不足:技术匹配能力不足、投资能力不足、风险承担能力不足。由此,技术联合便应运而生了。例如,IBM 拥有 100 多个技术联合伙伴,日本东芝公司为了加强半导体技术的开发力量,与国内、国外数十家企业开展了多角化的技术联合。尤其是与西门子和摩托罗拉两公司的联合伙伴关系,由于长期共同开发了好几代

DRAM(数据随机存储器)产品以及在 MPU(微处理机)技术上的相互支持,它们之间的联合伙伴关系密切程度不断得到加强。

虽然到目前为止,有影响的技术联合主要都是由发达国家具有很强研究开发及生产技术实力的企业创建的,但实际的技术联合活动并不仅仅限于发达国家的企业。许多发展中国家具备一定技术实力的企业,看到了技术联合这种企业技术合作形式所具备的优点,也都在不同程度上参与了技术联合的实践活动。我国一些实力较强的企业在与国外企业开展技术合作中,实际上已经形成了技术联合的关系。由于我国企业参与跨国技术联合的实力较弱和经验不足,在与外国企业建立的技术联合中大多处于一种依附地位,在技术转移的流向上也主要是从发达国家流向我国。只要我国企业的技术水平、特别是研究开发技术水平与发达国家的企业存在明显差距,这些问题和我国企业处于依附地位的状况便会继续存在下去。目前我国有少数企业在与发达国家企业结成的技术联合中,正在为解决上述存在的问题、摆脱被动依附地位而努力。如在提高研究开发能力方面,上海大众汽车有限公司已作出了成绩。该公司成立以来,将引进、消化、吸收德国大众汽车公司先进技术的工作与培养自己的研究开发能力工作有机地结合了起来,现已具备了一定的研究开发能力。又如在参与国际市场竞争方面,一汽和一汽大众公司已走在了前列,它们在 1995 年向国外出口 400 辆轿车(捷达 300 辆、奥迪 100 辆),这是我国首次批量出口轿车。预计随着我国企业参与国际市场竞争能力的提高,特别是大中型企业的研究开发部门的作用增大,我国企业在与外国企业技术联合中存在的上述问题及处于依附地位的状况将逐渐被解决和改变。

企业兼并中要获取对方的关键技术,就应加强企业兼并之后的技术整合,将实现关键技术的转移作为技术整合的明确目标。双方技术人员进行技术合作、加大技术开发力度,在双方现存技术基础上进行技术创新,也是技术整合的应有之义。优势技术的相互转移、相关技术的互补、技术创新就是技术整合的主要内容。

7.8　联合、兼并与重组战略应以创新为目标

7.8.1　兼并应以创新为动机

综观各种并购理论,无论是代理理论,还是交易成本经济学,或是产权

理论,或是差别效率理论,尽管它们的叙述有所不同,但本质上是一致的,即并购与不确定性的降低紧密相关。各种理论都符合以下更一般的观点:并购是为了降低不确定性。在进行并购时,需要先确定"降低不确定性"的具体目标,究竟是为了实现规模经济,还是为了节约交易成本,而不是拘泥于某一个并购理论。

熊彼特认为,在一个周而复始、不存在不确定性的经济中,处于分工中的各种工作可以预先确定下来,各种生产过程中的投入等于产出。如果某个生产过程的产出大于投入,追求利润最大化的厂商就会把生产规模扩大到使投入等于产出。因而,不存在不确定性的经济不可能有利润。在零利润中没有创新,因为创新的成本将由创新者承担,而创新的利润将会由于他人的模仿而减少,终归趋于零。创新是对零利润经济的打破,当不确定性发生的时候,创新就成为必要的了。不确定性使某些人的生存条件恶化,迫使其中不甘心坐以待毙的人起来创新。创新的结果可能重生也可能毁灭,利润(或亏损)就成为为减少不确定性所作努力的报酬。鼓励人们追求高利润的社会因而有更多的机会创新,在逆境中求得生存和在顺境中求得发展。利润将不仅仅是创新的可能结果,而且变成了创新的激励因素。

因此,根据熊彼特的经济理论,在有效的市场竞争机制的作用下,创新成为企业降低未来不确定性增加市场竞争力的唯一力量。可见,并购其实是建立一个新的生产函数过程,是熊彼特所说的企业家进行生产要素的新组合的过程。在并购中展示企业家的创新职能,促进资源的优化整合,降低不确定性,实现并购增值,应成为企业并购的动机。

7.8.2　兼并后的整合管理应有创新

企业被兼并后,购买方取得了目标企业的控制权,便可以按照自己的经营政策进行经营管理。不论是同行业间并购还是不同业间的并购,收购者均需根据自身的实际情况,从企业长期发展的角度,对目标企业进行局部的政策调整或作整体的变动,以提高企业的获利能力。

管理整合是兼并企业的管理系统和目标企业的管理系统重新组合形成一个新的管理系统的过程。管理整合的本质是不同类型管理资源的重组和融合。它的内涵十分丰富,包括战略整合、资产整合、人力资源整合、组织整合、技术整合和企业文化整合等六项主要内容,而且它们之间互相联系,有机融合,不可偏废。管理整合突破了原有企业的管理空间限制,谋求新系统间的完全融合，这本身就是管理上的一种创新。管理整合仍属于企业管理的范畴，本质上还是一场企业管理，是单个企业管理职能的拓展和空间的延伸，是不同管理资源和管理空间的冲突和融合过程。管理区域由企业内发展到企业外，伴随着新管理资源的涌入，会引起原有管理系统产生严重失衡。如何在失衡中达到新的均衡，便是管理整合的内容和任务。可见，管理整合不仅其本身就是管理上的一种创新，还要求其管理技术及管理意识上要有创新，才能新旧企业无缝连接。

【本章小结】

1. 联合与兼并有异有同，联合在大多数情况下没有资本关联，加盟企业地位平等，各企业保留自己的独立运作。兼并通常是两个企业的资本完全融合，形成一个新的企业。联合的突出优势在于它的快速度和低风险，并且不要求两个企业之间做到各个方面的融合。

2. 联合战略的总体意图是促使其技术和其他资源的利用实现最优，使外部交易内部化，降低交易成本，提高生产经营和分配的效率，对资源的配置和生产结构的调整起到积极的作用。

3. 联合、兼并的动因多种多样，有经济全球化的推动，也有企业为增强自身竞争实力、扩大市场份额、获取某些专门资产的内部管理需要推动。

4. 联合、兼并按不同的划分方式可划分为多种类型。根据联合所组成的竞争实体不同可划分为行业竞争性联合、地缘性联合、规模经济性联合；根据联合范围和股权不同可划分为合资、研究与开发协议、定牌生产、特许经营、相互持股；根据联合所处的市场营销环节过程不同可划分为品牌联合、新产品开发联合、市场推广或分销协议、促销联合、价格联合、供货或采购协议。按兼并双方所处的行业来分可分为横向兼并、纵向兼并和混合兼并；按兼并后法人地位的变化来分可分为吸收合并和新设合并；按被兼并公司的管理层、股东或董事会是否欢迎这种兼并行为来分可分为善意兼并和恶意兼并等等。

5. 联合中合作伙伴的选择，应具有这样的条件：联合双方应各自具备某种竞争优势、联合双方的资产应具有互补性、联合双方战略应该具有一致性、联合双方的规模与实力应相当、联合伙伴之间企业文化具有一致性和差异协调能力。企业兼并中目标企业的价值评估主要采用以下几种方法：收益现值法、市场价格法、重置成本法、清算价格法、现金流量折现法、市盈率法等。

6. 战略联合的成本主要有联合品牌的品牌使用费以及选择合作伙伴的机会成本,联合双方还要尽量防范关键技术扩散以及联合双方目标发生分歧等这样的联合风险。企业兼并中需要注意的风险有:经营风险、管理风险、财务风险、信息风险、政策风险等。

7. 企业若要通过联合提高企业技术水平,应选取合适的联合形式,比如采取技术联合。企业兼并中要获取对方的关键技术,就应加强企业兼并之后的技术整合,将实现关键技术的转移作为技术整合的明确目标。

8. 无论是企业联合、兼并的过程还是兼并后的整合均应以创新为目标。

【思考与讨论题】

1. 联合企业与兼并活动有什么不同? 它们在哪些方面又有所相似?
2. 在选择合作伙伴时,对其无形资产该如何评估?
3. 外资并购国有企业有哪些积极意义和弊端?

【本章参考文献】

1. 邹昭晞. 企业战略分析. 北京:经济管理出版社,2001
2. 徐二明. 企业战略管理. 北京:中国经济出版社,1998
3. 王方华,吕巍. 企业战略管理. 上海:复旦大学出版社,1997
4. 何畔. 战略联盟:现代企业的竞争模式. 广州:广东经济出版社,2001
5. [英] D. 福克纳,C. 鲍曼. 竞争战略. 北京:中信出版社,1997
6. 李扣庆,陈启杰. 联合竞争——商业企业决胜新战略. 财经研究,1998(11)
7. 倪曼,王津津. 关于我国企业实施战略联盟的思考. 国研网,2000(9)
8. 李春杰. 跨国战略联盟动因分析. 中国企业报,2000 - 12 - 07
9. 王秀. 联合——合并的前奏. 中国经济时报,2000 - 06 - 22
10. Akshay R. Rao,Robert W. Ruekert. 品牌联合的威力. 世界经理人文摘,2001(11)
11. 刘影. 企业合作大势指向战略联盟. 中国经营报,2002 - 02 - 05
12. 张明林. 战略联盟:企业竞争新阶段. 中国企业报,2002 - 09 - 25
13. 刘建清. 战略联盟:资源学说的解释. 中国软科学,2002(5)
14. 袁磊. 战略联盟合作伙伴的选择分析. 企业管理,2001(9)
15. 方世建,陈硕. 战略联盟:竞争走向合作竞争. 华东经济管理,2000(12)

16. 杨强,汪秀婷,胡传军. 战略联盟——企业发展的新思路. 管理现代化,
    2001(1)
17. 孙烨. 企业战略联盟运转探析. 经济师,2001(11)

第8章　国际化战略

【本章学习目标】

学习本章的过程中,要求侧重了解:

· 企业国际化的动因以及与企业竞争优势的关系。

· 企业国际化进程的阶段模型,重点了解跨国合作的类型、模式以及成功的条件。

· 企业国际化经营的战略模式,重点掌握跨国模式的特点,了解企业国际化的成本压力和差异化的压力,思考企业资源的寻求途径与区位选择对获取资源和能力的影响。

· 跨国经营的难点,认识到企业价值链环节的协调和控制对企业竞争优势的影响,理解协调企业的战略、组织结构和企业文化三者的关系对构建企业的跨国经营能力的影响。

· 全球事务管理者的重要性,预测跨国企业未来的发展方向。

8.1　国际化战略——维持竞争优势

有一些企业天生就是国际化的企业,大多数企业走向国际化往往是国内激烈竞争的结果,也是企业国内战略的国际延伸。国内竞争促使企业不断地改进技术和创新,使企业获得低成本、高质量和差异化的竞争优势,在国内和国际竞争中处于有利地位。国际化为企业提供了更多的机遇,企业不仅可以获得新市场和特殊的资源,而且也开发了新的信息和知识来源,这样维持并提升了企业的竞争优势。企业在获得更多新机会的同时,在企业战略、组织、经营和管理等方面也面临着更加复杂、更加多样性和更加不确定性的挑战。

8.1.1　企业国际化概述

在世界最大的跨国企业中,企业的业绩提高与其国际化的程度之间存在着很强的相关关系,见图 8-1。所谓国际化(internationalization),就是使本国企业逐渐意识到国际经济活动对其未来发展的影响力和重要性,并与其他国家的企业建立和进行交易的过程。国际交易包括国际贸易、对海外企业的直接投资以及其他方式的跨国界交易活动。国际交易对一家企业的发展有着直接和间接的影响。某个企业在一国作出的商务决策,例如有关在某国进行投资设厂的问题,会对被投资的国家和其他国家的相关企业产生重大的影响,反之亦然。

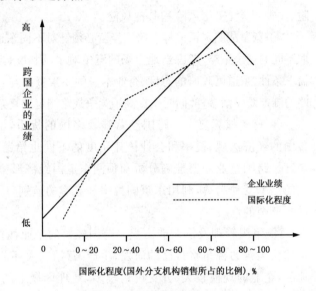

图 8-1 跨国企业的国际化程度与其业绩的关系

注:本图根据美国最大的 100 家跨国企业和欧洲最大的 100 家跨国企业的数据编制而成。

资料来源:J. M. Geringder , Paul W. Beamish , and R. DaCosta, Diversification Strategy and Internationalization:Implications for MNE Performance, *Strategic Management Journal* ,Vol . 10 ,1989, pp. 109-119.

企业实施国际化战略,其目的在于提高企业的竞争优势。企业的国际化战略是指企业在正确评估企业自身的资源要素和预测国际环境变化的基础上,形成跨国性的甚至全球性的战略目标,并为实现这个战略目标而进行的整体长远规划。企业国际化往往经历一个逐步加深的过程,从一般的间接出口商品开始,经过直接出口商品、颁发许可证、合资经营,再到完全拥有国外的独资企业。当企业在国外直接投资经营的时候,此时的企业便成为我们通常所说的跨国企业。所谓跨国企业或多国企业(multinational enterprise ,MNE),是指总部位于某一国家,但在两国或更多的国家从事经营

的企业。跨国企业有很多共同的特征,主要有以下三点:

① 共同的所有权纽带将各分企业相连。

② 各分企业共享资源。

③ 各分企业受总企业战略目标的统一指引。

国际化的企业在经营范围和领域、规模、经营环境、组织方式、经营管理方式等各个方面与仅在国内经营的企业有着明显的差异,主要有以下四点:

① 风险承受能力强。跨国经营面临很多的风险,如政治风险、汇率风险、法律风险、文化风险和其他风险。

② 竞争战略灵活多样。跨国经营必须针对不同东道国市场的竞争环境采取不同的竞争策略,考虑当地市场的竞争对手的状况、当地的自然环境条件和需求条件、东道国政府的态度、企业本身的要素资源与目标等等。企业竞争战略的制定既灵活多样,同时也提高了竞争战略制定的复杂程度和难度。

③ 财务核算复杂。跨国经营涉及多国的货币,汇率的变化是经常的,各国的经济法规、税率和会计核算制度的不同也给跨国的财务管理增加了难度。跨国企业需要准确分析和预测东道国经济形势的变化以及国际市场上的汇率变动趋势,利用东道国税率和利率的差别,通过运用内部转移价格进行资金的调拨。

④ 组织管理及协调能力强。跨国经营的企业往往以全球为立足点,以全球化经营的视角将自己的研发、生产、营销三大环节分布于不同的国家和地区,企业的规模较大、分支机构较多,地理区域上的差异产生了时间和空间上的距离以及语言和文化的差异性。现代通信技术的发展为高效的组织管理和全球的协调提供了必要的技术平台。

8.1.2 企业国际化的动因

从不同的角度来看企业走向国际化的动因,这些动因既有前瞻性的也有被动性的。从企业的角度来看,主要有保持持续增长的愿望、主动提供的国外订单、国内市场的饱和程度以及具有技术开发的领先优势等等因素。从宏观的角度来看,企业外部环境如政治、社会、经济和技术等方面的变化引致了相互冲突的需求。从传统的角度来看,大多数公司的国际化往往与企业国内的市场战略目标相联系。例如,对关键要素的获取、新市场的开拓、低成本要素的寻求等三种动因成为企业跨国经营的主要动力。雷蒙德·维农将这些相互作用的动因概括进了他的产品周期理论当中。产品周期理论提出了与国际直接投资密切相关的产品三阶段：产品创新阶段（new product stage）、产品成熟阶段（mature product stage）和产品标准化阶段（standardized product stage）。该理论认为，企业的各种优势最终体现在产品上，随着产品生命周期的变化，企业产品生产的地域也会从一个国家转移到另一个国家，以寻求最佳的区位优势，获得自己的竞争优势。从当今的角度来看，经济规模的扩大、研发成本的上升、技术升级速度的加快和产品周期的缩短等力量使得许多产业向全球扩散，同时企业自主性国际化意识也日益增强。企业利用自身资源和能力的优势进行国际化经营以获取更大的竞争优势，如寻求可靠的关键资源、开发低成本生产要素、进入激发创新产品发展的新技术或新市场、获取全球信息优势等。企业跨国化经营很少是由单独一种因素所驱动，更多的是多种因素共同驱动的结果。

8.1.3 国内战略的延伸与重构

企业自身的资源和能力、国内市场的饱和度、国外市场的吸引力、技术的快速升级、研发投入的高风险、产品周期的缩短以及竞争对手的国际化等等多种因素驱动着企业进行国际化经营。企业的视角也突破了国内市场的狭隘性，大多数企业跨国经营更多的是国内战略对外的延伸。早期国际化的企业几乎没有明晰的全球性目标和完整的国际化战略，将国外经营看做是国内生产战略和组织的附属物，没有将其提升到战略的高度，对外经营活动实行机会主义形式的管理。随着企业对外直接投资的增加，在国外建立销售渠道和生产基地，大多数企业的战略思维和观念发生改变，国际化经营战略成为企业国内战略的延伸。

企业的资源和能力是企业竞争优势的基础，企业获得竞争优势高度依赖于企业的创新能力和运气。竞争优势的产生，根源就在于市场竞争过程中存在着某些缺陷之处，国内市场的激烈竞争和消费者的成熟挑剔，低成本和差异化是企业获取竞争优势的两种基本不同的经营战略，迈克尔·波特提出了三种基本战略：成本领先战略、差异化战略和重点集中战略，将差异化和低成本看做是对立的两面。在实际运作中，企业通常把差异化和低成本统一起来。企业的竞争优势通过国际化得到了维持和增强。企业国际化主动性意识使得企业的观念超越了国界，企业在全球寻求所需要的资源缺口，企业的战略视角也从国内提升至国际。伴随着企业经营观念的变化，企业原先的战略也同时进行重构，将企业可分离的价值链环节安排在全球最为有利的区域，服务于全球市场。

8.2　国际化进程——跨国合作与竞争

　　国际化进程(internationalization)是一个企业由纯粹的国内经营发展成为跨国企业的所必须经历的过程,也就是企业从国内经营走向跨国经营的过程。企业国际化的第一个问题就是:企业要进入哪一个国外市场、何时进入以及以什么样的方式进入。

8.2.1　企业国际化的两重视角

　　企业的国际化进程通常由多个阶段组成,即有不同的几种行为模式。国际化具有内向(inward-looking)和外向(outward-looking)两重视角,外向视角体现了企业对国外市场竞争特点的认识,内向视角使以国内经营为主的企业意识到国际竞争对于企业自身竞争能力的冲击。

　　外向视角包括以下几种行为模式:

① 出口产品。

② 向外国企业颁发许可证。

③ 在国外与外国企业建立合资企业。

④ 在国外建立或收购成为全资企业。

　　与内向视角有关的行为模式有以下几种:

① 进口(或寻求资源)。

② 从外国企业取得许可证。

③ 在国内与外国企业建立合资企业。

④ 成为一家国外企业的全资子企业。

　　内向视角往往为企业所忽视,企业内向视角和外向视角的行为模式与国际扩展阶段性模型中的行为很相似,在下面的企业国际化进程的阶段模型中将对其进行描述。

8.2.2　企业国际化进程的阶段模型

　　企业国际化经营的扩展阶段模型是一种外向视角的观点,反映了企业逐渐增加国际业务投入这种常见的国际扩展模型。在阶段性模型中,一个企业会从间接出口或者临时出口发展到积极出口和颁发许可证，进而发展到与国外企业进行权益性合资，最后发展到全方位的跨国生产和营销。阶段性模式一般分为：

① 间接出口。

② 直接出口。

③ 颁发许可证。

④ 在国外建立合资企业。

⑤ 在国外拥有全资子企业。

上述的分类是广义的划分，实际上还有许多细分阶段。比如在出口中，企业往往是从履行国外主动提供的订单开始，随着贸易的增加，企业可能面临选择出口的方式，是委托代理商出口，还是通过取得货物所有权的出口中间商出口；是企业自己销售或是通过外经贸部门或是委托国外的销售企业直接出口，还是选择通过经纪人或是出口代理商间接出口等等。企业国际化经营一般是按着上述的顺序来开展经营的，也是可取的。企业随着在国际商务中经验的丰富和能力的增强，将会以某种可预见的方式扩大投资和增加投入。阶段性模型还表明了，企业国际化的业务将会向着全资子企业这样的方式演变，这样企业所承担的风险更大，但企业具有更强的控制力又提高了承担风险的能力，见图 8-2。

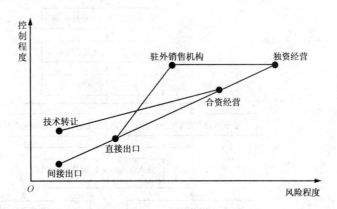

图 8-2　市场进入方式的企业风险程度、控制程度及演变

大多数企业的国际化进入方式都是按照阶段模型演变，也有一些企业从某种特定类型的阶段起步，并停留在这一阶段；也有一些企业直接逾越某些阶段进行跳跃式的发展；还有一些企业甚至逆向发展。阶段性模型给我们提供了一种有用的通常的方法，这种方法不是企业必须的或应该的做法，

它不适用于或者不能完全反映所有企业国际化经营的方式。

企业进入某一特定的外国市场,面临着社会风险、政治风险、法律风险、经济风险、文化风险以及其他风险。企业在进入特定的国外市场之前,先对世界上各个国家和地区的市场规模和发展速度、人口状况、贸易额和贸易构成、经济发展水平、自然资源和基础设施、劳务成本以及财政状况等信息进行收集、分析和评价,全面认识这些国家和地区的地理、人口状况、文化、风俗、经济发展水平等问题。这为企业的国际化经营辨明可能的机会与风险,有助于企业把握进入的时机与确定进口、出口以及投资的国别和地区。表8-1描述了国际化进程阶段模式中每种进入方式的优点与缺点。图 8-3 描述了国际市场进入方式的选择决策模型。

表 8-1 企业国际化进入方式的优缺点比较

项目	产品出口	技术许可	品牌连锁	与当地企业合资	全资子企业
优点	规模经济; 与全球战略一致	较低的开发成本; 较低的政治风险	较低的开发成本; 较低的政治风险	对当地的了解;分担成本与风险	控制技术; 控制运作
缺点	无低成本场所; 高昂的运费; 关税障碍	失去对技术的控制	失去对质量的控制	失去对技术的控制; 与合伙人冲突	高成本; 高风险

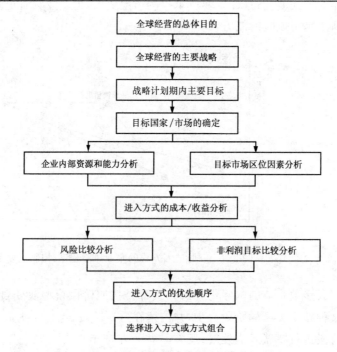

图 8-3 企业进入国际市场方式的选择决策模型

8.2.3 跨国合作的模式

　　企业选择某种特定的进入方式或者几种方式的组合进入某一目标市场,企业作出这一决策的依据是:企业内部的资源和能力、本国国内的环境和政府政策、东道国的区位因素以及企业所在产业的特点。企业进入某国市场,与东道国政府、供应商、购买者、现有和潜在竞争者以及中介机构等紧密关联,合作经营是企业进入一国市场常见的方式。合作经营包括权益性合作和非权益性合作,国际合资企业是由两个或两个以上的具有不同国籍的企业所共同拥有的企业,这种类型的企业特征是合资入股、共同经营、共担风险、共享收益。非权益性合作是指跨国联盟。图 8-4 描述了跨国企业海外直接投资的形式,全资子公司和全方位生产是至少 80 种常用的对外直接投资方式的一种。企业跨国权益性合作中,在投资规模、合伙方式以及所有权配置三方面进行选择与权衡,以满足自己跨国经营的目标,见图 8-4,它们是:加强现有业务、现有产品投放新市场、开发在现有市场上销售的产品和经营一种新业务。

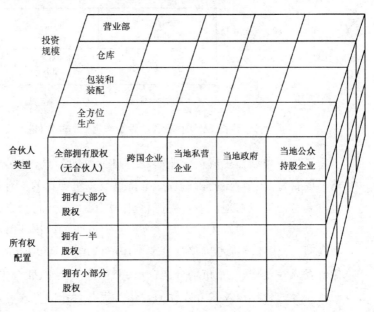

图 8-4　跨国企业海外直接投资的模式

资料来源:Paul W. Beamish, Allen Morrison, Philip M. Rosenzweig, *International Management: Text and Cases*, 4th ed. China Machine Press , 1998 , p. 5.

跨国战略联盟(strategic alliance)属于非权益性合作,它是指两个或两个以上的经营实体之间为了某种同一战略上的目的而建立的一种合作关系。如果跨国合资企业也是为了同一战略上的目的,那它也属于跨国战略联盟。国际竞争环境的压力,使得相互竞争性的企业充分认识到,企业之间除了竞争之外还需要进行合作,寡头垄断市场的恶性竞争后果是两败俱伤,也就是博弈上的非占优均衡战略。跨国战略联盟是一种很好的合作方式,合作的结果就是要达到"双赢",当环境发生巨大变化或者发生企业并购时,也就意味着战略联盟的结束。跨国战略联盟的特征描述如下。

① 合作是以一种不同的形式展开的竞争。

② 合作伙伴有共同的战略目标。

③ 合作中存在着正常的、有益的、偶尔的冲突。

④ 向合作伙伴学习和合作伙伴的共同学习是最重要的任务。

⑤ 合作是有条件的、有限度的和时间性的。

国际权益性合作企业的基本目标见图 8-5 所示。

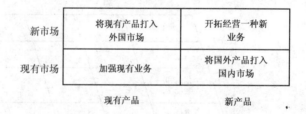

图 8-5　国际权益性合作企业的基本目标

　　跨国战略联盟中成员企业的竞争目标可能各异,但它们拥有相同的战略上的目标,主要有:防御、追赶、维持以及重组等目的。有效的跨国战略联盟需要考虑产业与地区的相关性、合作伙伴的实力对比、合作形式的灵活性以及以购并或自然解体作为归宿等因素。常见的跨国战略联盟形式是职能型联盟,合作的范围可以仅仅是某个职能领域,也可以是全方位的合作。比如研发风险合作、交互市场分销合作、交互特许合作、联合生产或制造合作、资产互补的合作以及联合投标的合作等等。合作的方式可以通过建立实体的形式或通过协议的形式进行,战略联盟更多的是需要灵活性,主要目的在于成员企业通过学习能够从联盟中获得最大的收益。企业之间的关系是合作和竞争的关系。企业进入一个新的国外市场需要合作,企业与竞争者之间需要合作,竞争存在于战略联盟中以及战略联盟与其他企业之间,企业通过在合作与竞争中的选择和相互信赖以建立竞争优势。

　　企业合作是有风险和成本的,当合作的企业之间既存在竞争也存在合作的关系时,合作的一方可能利用合作的形式来发展自己的相对优势,给其他合作方造成风险。成员企业的高层战略和组织的复杂性给合作企业的管理也带来了风险和成本。为降低合作企业的风险和成本,各成员企业都需要考虑并建立与运作合作企业紧密相关的五个方面的问题。

　　① 了解企业自身的能力和需求,确认是否需要合作、合作时间和评估合作成功的可能性。

　　② 选择合适的合作伙伴,确认合作的目标、是否获得所需资源和能力以及自身的适应性。

　　③ 合作企业的设计,明确合作企业的经营范围、与母公司的战略关系及合作各方的管理角色。

　　④ 合同或协议的订立,考虑信用和法律问题、达成合作企业终止的条款。

　　⑤ 合资企业的经营管理,要求合作企业管理者协同工作、处理文化差异、防止不平等与保持灵活性。

8.3　国际化模式——获取资源与能力

　　企业的竞争优势在于资源和能力的充分应用与发挥,企业持续的竞争优势更在于建立企业的资源基础。企业在分析自身资源和能力的实力和不足之后,针对产业内成功的关键要素,制定出充分利用资源实力和缩小资源缺口的战略。国际化为企业获得所需资源提供了通道,在企业一定的国际化的战略模式下,辨认需要填补的资源缺口。对不同的市场和同样的市场,企业采用不同的国际市场进入方式或者不同方式的组合来获取缺口的资源和培养自己的能力,这是企业模仿、创新、维持和超越竞争者的过程。

8.3.1　国际化的战略模式

　　伴随着企业对外直接投资的增多,绝大多数跨国企业将会对原先的国内战略进行重构,形成自己的战略模式,国际化的战略模式一般有如下四种:

① 国际模式:具有母企业中心倾向(ethnocentric predisposition)的跨国企业将依据母企业的价值观和利益制定和实施战略计划,其特点是母企业对研发以及当地产品与销售战略具有很强的控制权。

② 多国模式:具有多中心倾向(polycentric predisposition)的跨国企业将根据东道国当地文化的需求来制订自己的战略计划,其特点为各国的子企业具有很大的独立性,母企业行使最终控制权。

③ 全球模式:具有区域中心倾向(regiocentric predisposition)的跨国企业既重视盈利也重视为公众所接受,并采用可以同时满足本地与地区需求的战略,是基于成本基础上向全球提供标准化的产品,其特点是母企业集中决策,对海外子企业大部分业务严格控制。

④ 跨国模式:具有全球化倾向(geocentric predisposition)的跨国企业以全球化的观点看待经营,结合成本与地域差别两重因素,在全球的范围内安排研发、生产和营销。

四种不同战略模式的主要特征见表 8-2。

表 8-2　四种跨国企业战略模式的特点

项　　目	国际模式	多国模式	全球模式	跨国模式
战略的侧重点	利用母国的技术和创新能力在全球范围内进行技术扩散和适应性调整	满足不同市场的差异性,提高子企业经营的灵活性、适应性和开拓力	以全球集权式的管理和全球规模的经营来建立成本优势	同时建立全球效率、经营灵活性和世界范围的学习能力
资源和能力的配置	母企业集中控制核心技术,其他分权为国外子企业	国外子企业分权管理,子企业自主性强	全球规模的集权管理	分散的、相互依存的、系统的、专门化的管理

8.3.2　标准化与差异化

没有一种通用的战略模式适合所有的跨国企业,企业选取何种战略模式也是随着环境的演变而相应调整。四种战略模式各有所长,跨国企业根据自己的历史传统,在成本压力与地域压力的矛盾中进行平衡,也就是企业需要在全球化与当地化的压力中进行战略模式的选择,见图 8-6。标准化能降低成本,但满足不了地区差异性的需求偏好;满足了当地的多样性需求,却又会增加企业的成本。随着全球经济一体化趋势的增强,区域经济一体化是全球经济一体化的表现形式。西奥多·莱维特教授认为,技术、社会和经济方面的发展趋势正在共同创造一个统一的全球市场,这促使企业界开发符合国际标准的产品以适应全球市场。成功跨国企业的国际化经营不仅仅重视全球标准化的生产,也同样重视民族的区域差异因素。企业所提供的大部分产品和服务既有全球共同的特点,也有鲜明的民族特点。

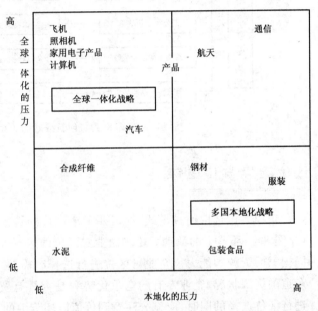

图 8-6　全球化压力和本地化压力对不同
产业的企业战略模式选择的影响

推动市场全球化的力量主要有国际宏观的和产业中观的力量。国际宏观的推动力量包含了更加自由的国际贸易、全球金融服务体系和国际资本市场的形成以及通信技术的进步等力量;产业中观的推动力量包含了全球顾客需求偏好的趋同化、企业客户的全球化、国际化的竞争对手、高投资强度以及购买者或供应商的讨价还价的压力等力量。推动企业本地化的力量主要有东道国和跨国企业本身的力量。东道国的力量主要包括贸易壁垒、地域文化差异以及民族主义和部族主义等力量;跨国企业本身的力量包括组织对变革的抵制、高重量/价值比或高体积/价值比产品的运输限制、新的生产技术以及准时制造系统等力量。

跨国企业往往倾向于将产品的核心部件标准化、次要部件当地化,用以满足全球化压力和差异化压力的需要。企业通过标准化和差异化战略获得了在母国内所没有的竞争优势。标准化使得企业拥有规模经济、范围经济和低成本要素的优势,差异化可能会培养和提升企业的创新能力,使得企业尽可能迅速地对当地资源作出反应,顺应一国的市场需求,同时也会使得企业将创新技术向全球扩散。图 8-7 描述了跨国企业的战略模式和创新战略的关系。

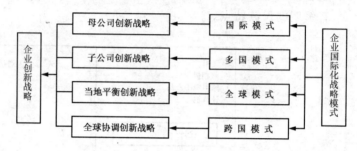

图 8-7　战略模式与创新战略的关系

8.3.3　区位选择与价值链

企业无论选取何种模式,都需要考虑区位的选择和企业自身的价值链(见图 8-8)环节上的活动。跨国企业对区位的选择就在于企业可以利用不同国家的资源和能力。企业对区位进行选择时需要考虑三个方面的因素:东道国资源状况、企业专有的竞争优势和是否具有贸易的可能性。企业在进行区位选择的同时,应充分注意到价值链环节上的不同活动,每项活动所需的投入资源各不相同,企业所在不同区位或国家可能会给企业价值链的不同环节带来不同的竞争优势。

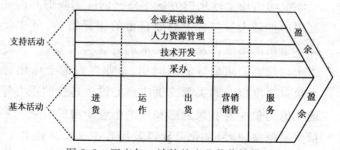

图 8-8　迈克尔·波特的企业价值链模型

资料来源:Porter Michael,*Competitive Advantage*,New York:The Free Press,1985,p. 37.

企业的价值链模型描述了企业经营活动的整个过程,上述模型将企业的活动分为支持活动和基本活动两类。以其制造业为例,典型的企业价值链可以进行如下阶段的划分,见图 8-9 所示。

图 8-9 制造业典型企业价值链活动过程的阶段模式

企业首先分析价值链各个环节的主要投入资源,对该投入资源在不同国家的成本和可得性进行比较以选择区位。政府补贴和税收政策以及生产设施的地理分布等因素也影响着企业对最佳区位的选择。同时,活动的分散化削弱了企业价值链环节之间的联系,增加了企业的协调和控制成本,比如运输成本、时间成本及仓储成本等,这部分抵消了最佳区位选择带来的好处。

8.3.4 企业资源寻求

企业制定国际化的战略模式,目的就在于最充分地运用企业现有资源和能力以及寻求企业缺口的资源,维持和增强企业的竞争优势。企业资源寻求的途径直接关系到企业价值链的主要环节,比如企业的生产制造、产品的研发及市场营销等活动。一个企业通过分析产业成功的关键资源和能力,结合自身的资源和能力,考虑决定潜在利润的其他资源,其中包括稀缺性、耐久性、可转让性、可复制性及回报适当性,评价企业所在产业的竞争优势,利用资源寻求的途径获得维持持久竞争优势所需的资源和能力。企业对资源寻求途径的偏好可能也会导致企业竞争优势的丧失,如果企业偏向于从外部寻求资源,尤其是高度依赖独立供应商的供应,那么很容易忽视生产制造过程中出现的新兴的技术和专门知识。这样可能弱化企业的设计与制造能力,也可能导致企业逐步丧失这些能力。

从企业自身的角度来看,企业资源寻求的途径有企业外部资源寻求和企业内部资源寻求,从国别的角度来看,企业资源寻求的途径有国内资源寻求和国外资源寻求,图 8-10 描述了企业资源寻求战略的类型。

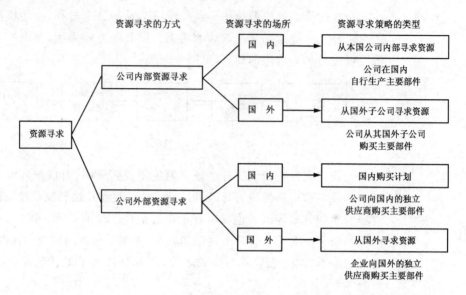

图 8-10　企业资源寻求的战略类型

　　企业在特定的国际战略模式下,结合所在产业的特点,在全球化和差异化之间寻求某种平衡,分析企业价值链环节上的所需的投入资源,在全球选择最佳区位,结合企业资源寻求途径的偏好,弥补企业的资源缺口,获取和培养企业持续竞争优势的资源和能力,这是一个动态的过程。

8.4　跨国经营——内部协调与控制

　　跨国企业在复杂的国际环境开展经营活动,协调和控制价值链环节上的各项活动,对企业战略、组织结构和企业文化之间的关系进行调整与控制。

8.4.1　研究开发、生产制造与市场营销

　　目前,很多的跨国企业已经发展到跨国战略模式阶段,企业的国际销售额在总销售额中占有很高的比例,企业的国际销售产品的种类和数量也逐渐增多,这里以跨国战略模式为例分析企业价值链环节上的主要活动的协调。跨国战略模式的核心就是企业能否有能力在全球范围内安排与协调研究开发活动、生产制造活动与市场营销活动之间的关系。

研究开发活动、生产制造活动与市场营销活动是企业价值链的主要环节,这三者的目标各不相同且存在着冲突。将价值链中研究开发、生产制造与市场营销三大环节分离出来,因为这三项增加企业价值的活动的协调与衔接的管理是决定企业竞争优势的关键。图 8-11 表示了三者之间的关系。

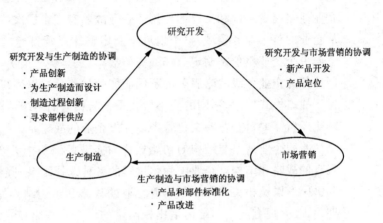

图 8-11　研究开发、生产制造与市场营销的协调关系

　　企业的技术开发能力匹配于企业的生产能力,如果企业仅仅依赖于研究开发部门,这一般不能为企业带来长久的竞争优势。日本企业模仿与技术创新的实践证明了:对制造过程的学习模仿到技术的再创新,再到领先的产品设计和技术,这一过程构成了产业发展和升级的顺序。企业既要满足市场差异性的需要,又有企业降低成本的压力,因而企业的市场营销策略与生产制造部门有着经常性的矛盾。市场营销与生产制造两者之间的协调途径一般有核心部件标准化、系列产品设计、全性能通用产品与灵活定位通用产品的全球产品策略,这些途径可以使企业在保持营销的灵活性的情况下能降低制造成本。营销部门对于市场需求的敏感性超越了设计与生产制造部门,传统的产品开发是沿着研发到制造到销售或营销再到研发的开发这一顺序。在产品周期缩短的竞争压力下,传统的产品开发顺序很难及时反映市场的动向,这需要与营销、研发两部门协调一致,这样也能迅速反应和应用市场上的新技术。

8.4.2 战略、组织结构与企业文化

　　一个企业的持久成功需要有理性的战略、高效和谐的组织结构以及积极向上的企业文化。企业战略起着指引性的作用,组织结构和企业文化对企业战略起着基础和支撑的作用。企业战略有三个层次:一是公司层次,即从企业的整个业务领域、整个地域来制定整体经营目标;二是企业层次,从下属单个企业单位来制定市场的竞争战略;三是经营层次,诸如营销、融资、制造等为企业各级战略服务的不同职能的战略。这里将跨国企业的战略定位于战略模式层次,不同的战略模式需要与相应的组织结构相匹配,企业国际化经营需要对企业跨文化管理以支撑企业的战略。

　　跨国企业战略与结构的初始选择对企业的组织能力产生持久的影响,现有的战略和结构是企业国际化过程的各种选择结果。企业自身、政府、外部供应商以及相关中介等制约着企业的战略和组织结构的改变,较短的时期内,改变现有战略和结构是比较困难的。企业战略模式的重要特点就是总部集权与分部分权的关系,不同的战略对资源和能力的配置方式不同(见表8-2),企业国际化扩张过程的不同阶段需要不同的组织结构,对任何企业来说,不存在一种通用的组织结构,约翰·斯托普福德和韦尔斯的国际组织结构阶段模型(见图8-12)为战略和结构的匹配提供了研究的基础。根据这个阶段模型,企业国际化的初期会采用一个国际部门经营,随着国际销售额的增加,在产品种类数量未有所增加的情况下,企业通常会采用地区部门结构。另一些产品种类的数目随着销售额增加的企业一般会采用全球产品部门的组织结构,当国际销售额比例和产品种类的数目都很高时,企业将会采用全球矩阵的组织结构。

　　约翰·斯托普福德和韦尔斯的国际组织结构阶段模型提供了设计或者改变企业组织结构的经验思维。理论上,建立全球矩阵结构有利于企业平衡效率、地区差异反应能力和全球范围内知识交流学习能力的关系。实际上,企业变革组织结构要取决于企业的战略、资源对环境的适应性和文化传统,组织结构的设计在分散与集中之间进行平衡与协调。图8-13表明了与不同战略模式相匹配的不同组织结构模型。

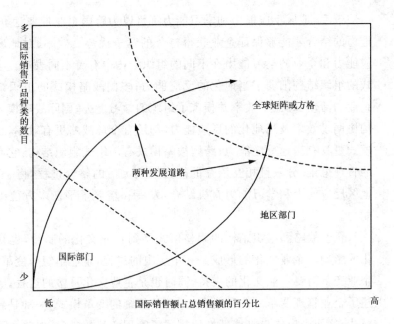

图 8-12　约翰·斯托普福德和韦尔斯的国际组织结构阶段模型

资料来源：Adapted from John M. Stopford and Louis T. Wells, *Strategy and Structure of the Multinational Enterprise*, New York：Basic Books，1972.

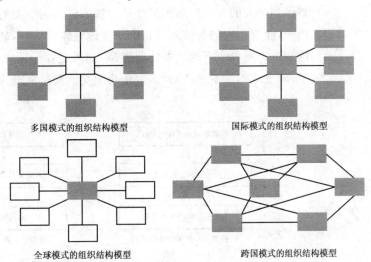

图 8-13　国际化的战略模式与组织结构模型

资料来源：改编于克里斯托弗·巴特雷特，舒曼特·古谢尔，《跨边界管理》，波士顿：哈佛商学院出版社，1989。图中阴影部分表示决策的集中程度。

效率、地区反应能力和学习能力都可以为跨国企业带来竞争优势,三种能力的结合才能够保证企业获得持久的竞争优势。效率、对地区差异的反应能力和企业的学习能力在不同的组织结构中有着不同表现。全球战略模式的组织结构削弱了当地化的反应能力;多国战略模式的组织结构分割了企业的活动、降低了效率并损害了组织的学习能力;国际战略模式的组织结构协调了效率及当地化的反应能力,却没有全球战略更有效率,也没有多国模式更具有当地反应能力;跨国战略模式有网络式组织结构,它有着多方位的管理思维、分散且相互依存的能力以及灵活的整合过程,将企业的效率、地区反应能力和学习能力有机结合,发展和培养了平衡多方位组织的组织能力。

企业战略和组织结构的调整模式受到企业文化的制约,也受到社会文化的影响。企业文化的形成是一个历史的过程,企业组织对变革有畏惧感,企业变革需要企业文化的支持,同时也是企业文化重塑的过程。图 8-14 描述了企业管理变革的两种模式,一种是传统的变革模式,一种是新兴的变革模式,这两个模式只是概括性地描述了管理变革的顺序,忽略了民族差异性的高程度特性,也过于简单化和抽象化了。

传统的变革过程从企业结构和体系的重建开始变革,是从上而下和从整体到个人的变革。新兴的变革过程则将员工个人的态度融合于企业文化当中,使得个人的价值观更符合企业的整体价值观,最终引致企业正式结构的变革。前者变革的成本比后者高,如果企业采用突变的管理方式进行变革,则变革的成本更高,大多数企业的变革都是渐进的过程。

图 8-14　企业管理变革的模型

8.5　企业国际化——挑战与演变

技术升级速度的加快、市场全球化趋势的增强、产品生命周期的日益缩短、东道国需求偏好的变化、全球竞争的加剧等因素引导着跨国企业的变革,企业资源管理的网络一体化、多方位的管理思维和能力、灵活的协调策略等特性的出现,就是企业适应这种变化环境的反应。环境的压力促使跨国企业调整自己的战略和组织结构,这需要胜任的全球管理者,环境变化的压力也促使跨国企业朝着保持灵活性和创新力的方向演变。

8.5.1　全球事务管理者

跨国企业既有长远的战略,也有与战略相匹配的结构,在缺乏相应能力的全球管理者的条件下,企业的全球经营可能达不到预期的效果,甚至于会导致企业遭遇到挫折和困难,全球事务管理者的技能与企业国际化经营水平和能力之间具有很高的关联。全球事务管理者努力使企业与东道国政府、企业、竞争者等进行合作、交易,总部与分部在不同的文化背景中相互交流、交融。

全球事务管理者是伴随着企业国际化经营而产生的,企业内外环境的变化需要全球事务管理者具备跨国经营的综合性知识基础、概念以及一系列完善的公关能力、跨文化的交往能力。全球事务管理者包括跨国企业的全球业务管理者、全球职能管理者、地区业务管理者以及企业最高管理者等。全球业务管理者在跨国企业中具有制定经营战略、设计资源结构以及协调全球经营活动等职能;全球职能管理者在跨国企业中具有搜集情报信息、传播企业最佳实践经验、促进跨国创新等职能;地区业务管理者在跨国企业中具有沟通不同文化、倡导并维护地区利益、实施企业战略等职能;跨国企业的最高管理者则需要平衡企业的长、短期目标以及推动企业持续创新。

全球事务管理者最需要的就是观念和思维方式的改变,需要立足于全球进行思考。全球性的思考方式就是需要改变一对一的思维方式,形成一对多、多对多关系的思维方式,考虑相关国家和地区的情况,熟悉甚至通晓各地的文化差异。跨国战略模式中,总部与各分部之间形成网络化模式,资源、信息、产品、人员在共同决策的环境中流动、协调与合作,这就需要全球事务管理者的全球性思维和技能。全球事务管理者的技能可以概括为:

① 具有适应、使用和发展全球战略技巧的能力。

② 具有处理革新和变化的能力。

③ 具有处理文化多元性的能力。

④ 具有在灵活的组织结构中设计和工作的能力。

⑤ 具有与人协作的能力和团队的精神。

⑥ 具有交际能力。

⑦ 具有在组织中学习和推广知识的能力。

全球事务管理者全部具备上述能力是非常罕见的,但不是不可能的。合格的全球事务管理者是非常稀缺的资源,这需要跨国企业在人力资源管理中针对全球事务所需的人才进行甄选、培训、开发、激励、绩效评定等,系统的培训与轮换的工作实践是迅速提升管理者技能的有效途径。挑选具有适应能力、专业水平等有潜力的人才,将其派往海外接受培训以适应当地文化并融合到其中去,了解各国的社会、经济、政治、传统等情况,培养全球事务管理者,也要考虑他们家庭的适应能力和费用支出。

8.5.2 跨国企业的未来演变

20世纪90年代以来,市场和技术的巨大变化,许多跨国企业在急剧变化的环境中有些不知所措,一些多元化经营的跨国企业开始进行着"归核化"运动,将企业有限的资源聚集到核心业务上来,力图保持企业的持续增长和竞争优势。有着庞大规模、多元化经营、多重地理位置的跨国企业应如何发展以适应未来的需要呢?

市场全球化的趋势、全球经济增长缓慢、消费者需求的多样化、技术更新速度的日益加快、产品生命周期的缩短、企业之间竞争的加剧等环境的急剧变化,对企业的国际化经营提出了更高的要求。这需要企业既要有全球性的特征,也要具有地方特色,规模既可以变大也可以变小,既实行分权管理也实行集权管理,动态适应环境的变化。创新是保持企业活力和竞争力的根本,创新包含了开拓新的业务和市场、整合现有资源、合理优化管理流程和变革企业的管理思维。企业创新来源于市场的变化,企业创新的动力来源于战略的执行层次,这需要跨国企业的所有管理者重新定位。原先对环境变化是按线性方式渐进累积变化的假设,明显的与现实不再符合,低成本要素不再是企业国际化扩张的主要动因,珍贵的智力资源和专业技术成为构建企业竞争优势的稀缺资源,企业通过全球资源寻求以获得这种资源。

跨国企业未来的发展,是在一个明确的战略和有序的财务控制下进行创新的。原有层级垂直式的职能控制和协调机制制约了企业的活力,新的环境下是对跨国企业所有管理者的挑战,管理者自身的角色需要重新定位:

① 执行战略层次的管理者成为企业创新、开拓业务的创业者。

② 职能层次的管理者成为指导并激励他人的指导者。

③ 最高层次管理者成为创建基础设施并营造学习氛围的领导者。

所有的管理者都需要学习和扩大自己的知识面,企业的每个成员都应该获得企业组织内的信息。执行战略层次的管理者应是积极推动创业的倡导者,他们借助于广泛的信息网络技术所提供的工具在公司内部建立网络并灵活运用,领导者营造了整合的氛围,指导者推动各研发、生产、营销单位的不同信息、技术、资源的紧密联系。从企业不同的活动层面来看,企业的活动又可以分为创业过程、整合过程和更新过程。创业过程激发企业寻求外部发展的机会;整合过程就是协同运用企业的资源和能力的过程;更新过程是企业不断挑战自我、更新思维能力的过程。图 8-15 描述了管理者在不同过程中的角色和职能的模型。

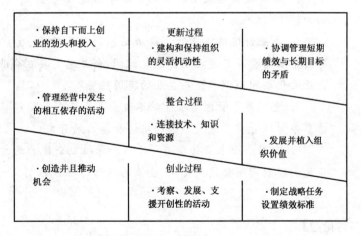

图 8-15　不同过程中的管理者角色和职能模型

资料来源:改编于巴特利特,戈歇尔,《跨国管理:教程、案例和阅读材料》,第 2 版,赵曙明主译,大连,东北财经大学出版社,2000。

上述模型是对跨国企业未来发展的一种可能预测,目的是在有边界的企业内创造无边界的信息流通氛围、保持企业积极向上的进取能力、有效管理企业与外部的接触界面、推动企业不断创新和创业,从而达到企业国际化经营的目的。

【本章小结】

1. 企业实施国际化战略是国内战略的国际延伸,多种因素驱动着企业走向国际化。

2. 企业国际化进程一般是从出口到颁发许可证再到海外直接投资设厂合资或独资的形式开展国际化经营,国际化进程有两重视角,企业往往忽略内向视角。

3. 企业跨国合作是常见的形式,合作包括权益性合作和非权益性合作,权益性合作有多种模式,战略联盟是非权益性合作,影响企业合作成功有很多的因素。

4. 跨国企业有四种国际化的战略模式:国际模式、多国模式、全球模式与跨国模式,每种战略模式下,企业都需要在全球化与当地化的压力之间、区位选择与价值链环节的活动之间寻求平衡,不同的战略模式有着不同的创新战略模式。

5. 跨国战略模式下的全球资源寻求途径对企业的竞争优势有着双重影响。

6. 企业价值链环节的主要活动包括研究开发、生产制造与市场营销,跨国企业需要在三者之间协调与控制,企业也需要在企业战略、组织结构和企业文化之间协调以适应企业的跨国经营。

7. 全球事务管理者技能的不适应是企业国际化经营的主要挑战,对全球事务管理者需要进行系统的培训和能力的开发以适应不同的文化。

8. 跨国企业未来将朝着灵活性和保持创新能力的方向演变,管理者的角色和职能都将会发生变化,企业的活动过程分为创业过程、整合过程和更新过程。

【思考与讨论题】

1. 讨论在国际化战略的内向视角中,影响本国企业选择外来合作伙伴的因素、条件和成功的可能性。

2. 讨论影响跨国企业弥补资源缺口的方式以及获取持续竞争优势的条件。

3. 讨论跨国企业未来可能的创新渠道、创新模式和创新条件。

【本章参考文献】

1. Paul W. Beamish, Allen Morrison, Philip M. Rosenzweig. International Management：Text and Cases. 4th ed. China Machine Press，1998

2. 滕维藻,陈荫枋.跨国公司概论.北京：人民出版社,1994

3. 徐康宁,陈万华.跨国公司与中国企业跨国经营.南京：东南大学出版社,1995

4. 刘海云.跨国公司理论与实务.武汉：华中理工大学出版社,1996

5. 原毅军.跨国公司管理.大连：大连理工大学出版社,1999

6. 邹昭晞.企业战略分析.北京：经济管理出版社,2001

7. 文理,许跃辉,肖皖龙.企业战略管理——原理、实例、分析.合肥：中国科技大学出版社,2001

8. 马春光.国际企业经营与管理.北京：中国对外经济贸易出版社,2001

9. 范晓屏.国际经营与管理.北京：科学出版社,2002

10. ［美］菲利普·科特勒.营销管理——分析、计划、执行和控制.第9版.梅汝和等译.上海：上海人民出版社,1999

11. ［美］加里·德斯勒.人力资源管理.第9版.吴雯芳,刘昕译.北京：中国人民大学出版社,2005

12. ［美］哈默等.战略柔性：变革中的管理.朱戎等译.北京：机械工业出版社,2000

13. ［美］戴维·B·约菲,本杰明·戈梅斯—卡斯.国际贸易与竞争——战略与管理案例与要点.宫恒刚,孙宁译.大连：东北财经大学出版社,2000

14. ［美］巴特利特,［英］戈歇尔.跨国管理：教程、案例和阅读材料.第2版.赵曙明主译.大连：东北财经大学出版社,2000

15. ［美］贝特曼等.管理学：构建竞争优势.王雪莉等译.北京：北京大学出版社,2001

16. ［美］格兰特.公司战略管理.胡挺,张海峰译.北京：光明日报出版社,2001

17. ［美］希尔.国际商务：全球市场竞争.第3版.周健临等译.北京：中国人民大学出版社,2002

第9章　战略实施

【本章学习目标】

学习本章的过程中,要求侧重了解:

- 战略实施的一般原则和过程。
- 战略目标分解和目标管理的基本思路与方法。
- 组织调整和流程优化在战略实施中的作用与特点。
- 战略实施中的领导与领导方法。
- 学习为支持战略实施的资源配置、调整思路。
- 探讨企业文化建设支持战略实施的基本问题。

美国管理学者波奈玛说过:"一个合适的战略如果没有有效的实施,会导致整个战略失败。但是有效的战略实施不仅可以保证一个合适的战略成功,而且还可以挽救一个不合适的战略或者减少它对企业造成的损害。"从波奈玛的这段话我们不难看出,战略实施对整个战略的成功是多么的重要。然而,长期以来,理论界对制定企业战略的研究、论述很多,而对战略实施的研究却相对比较欠缺。战略实施知识的匮乏,常常导致企业在精心制定好战略后,却不知如何进行有效的实施。这也是战略管理在实业界的应用远远没有达到其应有水平的最主要原因。

本章按照战略实施的逻辑顺序,从战略发动、战略计划、战略匹配三个方面,对战略实施进行详细的论述,以期给企业的战略实施提供有效的思路。

9.1　战略实施的原则与过程

9.1.1　战略实施的原则

有经验的经理们都知道,做一件事情(战略实施)往往比决定做这件事情(战略制定)要困难得多。事实确实如此,一项对 93 家财富 500 强公司的调查显示,在战略实施当中,半数以上公司遇到过以下 10 个问题(按频率高低排列):①

① 实施过程比预定计划慢。

② 出现没有预料到的大问题。

③ 行动协调无效。

④ 竞争对手的行为和危机的出现使注意力从战略实施转移开。

⑤ 参与员工无能。

⑥ 对低层员工培训和指导不足。

⑦ 不可控的外部环境因素。

⑧ 部门经理领导和指导不足。

⑨ 关键实施任务和行动描述得不清晰。

⑩ 信息系统对行动监测不力。

企业在面对这些问题的时候常常手足无措,导致战略无法顺利实施。在这里我们也无法给出具体的解决办法,但在战略实施中有四个基本原则②,可以作为企业实施经营战略的基本依据。

1. 适度的(有限的、能满足要求的)合理性原则

受信息、决策时限以及认识能力等因素的限制,在经营目标和公司战略的制定过程中,对未来的预测不可能很准确,所制定的公司战略也很难是最优的。此外,在战略实施的过程中,由于企业外部环境及内部条件的动态变化,常常会遇到很多意料之外的事情,因此只要在主要的战略目标上基本达到了预定的要求,就应当认为这一战略的制定及实施是成功的。

在现实生活中,人们不可能完全按照原先制定的战略计划行事,因此战略的实施过程不是一个简单机械的执行过程,而是需要执行人员大胆创造,大量革新,因为新战略本身就是对旧战略以及旧战略相关的文化、价值观念的否定,没有创新精神,新战略就得不到观测实施。因此,战略实施过程也可以是对战略的创造过程。在战略实施中,战略的某些内容或特征有可能改变,但只要不妨碍总体目标及战略的实现,就是合理的。

另外,企业的经营目标和战略总是要通过一定的组织机构分工实施的,

① Hunger,Wheelen,*Essentials of Strategic Management*,second edition,Prentice Hall INC.

② 刘冀生:《企业经营战略》,北京,清华大学出版社,1995。

也就是要把庞大而复杂的总体战略分解为具体的、较为简单的、能予以管理和控制的问题,由企业内部各部门以及部门各基层组织分工去贯彻和实施。组织机构是适应企业经营战略的需要而建立的,但一个组织机构一旦建立,就不可避免地形成自己所关注的问题即本位利益,这种本位利益在各组织之间以及与企业整体利益之间会发生一些矛盾和冲突。为此,企业的高层管理者要做的工作是对这些矛盾冲突进行协调一致、折中、妥协,以寻求各方面都能接受的解决办法,而不可能离开客观条件去寻求所谓绝对的合理性。只要不损害总体目标和战略的实现,还是可以容忍的,即在战略实施中要遵循适度的合理性原则。

2. 统一领导,统一指挥的原则

对企业经营战略了解最深刻的应当是企业的高层领导人员,一般来讲,他们要比企业中下层管理人员以及一般员工掌握的信息要多,对企业战略各个方面的要求以及相互联系的关系了解得更全面,对战略意图体会最深,因此战略的实施应当在高层领导人员的统一领导、统一指挥下进行。只有这样,其资源的分配、组织机构的调整、企业文化的建设、信息的沟通及控制、激励制度的建立等各方面才能相互协调、平衡,才能使企业为实现战略目标而卓有成效地运行。

同时,要实现统一指挥的原则,要求企业的每个部门只能接受一个上级的命令,但在战略实施中所发生的问题,能在小范围、低层次解决问题,不要放到更大范围、更高层次去解决,这样做付出代价最小,因为越是在高层次的环节上去解决问题,其涉及的面也就越大,交叉的关系也就越复杂,当然其代价也就越大。

统一指挥的原则看似简单,但在实际工作中,由于企业缺少自我控制和自我调节机制或这种机制不健全,因而在实际工作中经常违背这一原则。

3. 最少干预原则①

战略的实施过程也是一个克服实施中的障碍和解决问题的过程。战略实施中需要解决复杂程度不等的问题。最复杂的问题会涉及企业的总体目标和战略是否得当,最简单的问题只涉及基层组织的控制和激励是否有效。最少干预原则指的是按实施中发生问题的复杂程度采取必要的(尽量少的)

---

① 陈继祥:《企业经营战略》,上海,上海交通大学出版社,2000。

干预措施,亦即低层次的问题不要放到高层次去解决。这条原则可依据的理由是简单的,因为这样做付出的代价最小。

按照最少干预的原则,只在问题所在环节上就事论事地进行干预,有时也会产生次优化,因为某个环节上的问题不会在企业中孤立地存在,这也是通常所说的"左邻右舍"的关系。但这种次优化的影响通常不会很大,而组织中的余地(任一个组织中总有一些不够严密的间隙和余地)往往可以吸收这种次优化的影响。从这一点也可以看出,最少干预原则是与适度合理性原则相联系的。

4. 权变原则

企业经营战略的制定是基于一定的环境条件的假设,在战略实施中,事情的发展与原先的假设有所偏离是不可避免的。战略实施过程本身就是解决问题的过程,但如果企业内外环境发生重大的变化,以至原定的战略的实现成为不可行,显然这时需要把原定的战略进行重大的调整,这就是战略实施的权变问题。其关键就是在于如何掌握环境变化的程度,如果当环境发生并不重要的变化时就修改了原定的战略,这样容易造成人心浮动,带来消极后果,缺少坚韧毅力,最终只会导致一事无成。但如果环境确实已经发生了很大的变化,仍然坚持实施既定的战略,将最终导致企业破产,因此关键在于如何衡量企业环境的变化。

权变的观念应当贯穿于战略实施的全过程,从战略的制定到战略的实施,权变的观念要求识别战略实施中的关键变量,并对它作出灵敏度分析。提出这些关键的变量的变化超过一定的范围时,原定的战略就应当调整,并准备相应的替代方案,即企业应该对可能发生的变化及其企业造成的后果,以及应变替代方案,都要有足够的了解和充分的准备,以使企业有充分的应变能力。当然,在实际工作中,对关键变量的识别和启动机制的运行都是很不容易的。

9.1.2 战略实施的过程[①]

战略实施的过程见图 9-1。

---

① 刘冀生:《企业经营战略》,北京,清华大学出版社,1995。

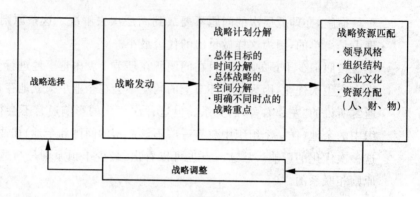

图 9-1　基本的实施过程

　　战略在尚未实施之前只是纸上的或人们头脑中的东西,而企业战略的实施是战略管理过程的行动阶段,因此它比战略的制定更加重要。在将企业战略转化为战略实施的过程中,有三个相互联系的阶段:

　　①战略发动阶段。在这一阶段上,企业的领导人要研究如何将企业战略的理想变为企业大多数员工的实际行动,调动起大多数员工实现新战略的积极性和主动性。这就要求对企业管理人员和员工进行培训,向他们灌输新的思想、新的观念,提出新的口号和新的概念,消除一些不利于战略实施的旧观念和旧思想,以使大多数人逐步接受一种新的战略。对于一个新的战略,在开始实施时相当多的人会产生各种疑虑,而一个新战略往往要将人们引入一个全新的境界。如果员工们对新战略没有充分的认识和理解,它就不会得到大多数员工的充分拥护和支持。因此,战略的实施是一个发动广大员工的过程,要向广大员工讲清楚企业内外环境的变化给企业带来的机遇和挑战、旧战略存在的各种弊病、新战略的优点以及存在的风险等,使大多数员工能够认清形势,认识到实施战略的必要性和迫切性,树立信心,打消疑虑,为实现新战略的美好前途而努力奋斗。在发动员工的过程中要努力争取战略的关键执行人员的理解和支持,企业的领导人要考虑机构和人员的认识调整问题,扫清战略实施的障碍。

　　②战略计划阶段。将经营战略分解为几个战略实施阶段,每个战略实施阶段都有分阶段的目标,及其相应的政策措施、部门策略以及相应的方针等。要定出分阶段目标的时间表,要对各分阶段目标进行统筹规划、全面安排,并注意各个阶段之间的衔接,对于远期阶段的目标方针可以概括一些,但是对于近期阶段的目标方针则应该尽量详细一些。对战略实施的第一阶段更应该使新战略与旧战略有很好的衔接,以减少阻力和摩擦。第一阶段的分目标及计划应该更加具体化和操作化,应该制定年度目标、部门策略、

方针与沟通等措施,使战略最大限度地具体化,变成企业各个部门可以具体操作的业务。

③战略运作阶段。企业战略的实施运作主要与下面六个因素有关,即:各级领导人员的素质和价值观念;企业的组织机构;企业文化;资源结构与分配;信息沟通;控制及激励制度。通过这六项因素使战略真正深入到企业的日常生产经营活动中去,成为制度化的工作内容。

9.2　战略发动与战略规划

9.2.1　战略发动

由于战略的制定和选择主要集中在企业的高层并由少数人参与进行,但战略的实施关系到了每一位员工的日常工作,所以在具体实施特定战略之前,做好发动工作,提高员工对战略的认同度是成功地实施战略的前提条件。

经理们仅仅宣布一项新战略并不意味着全体员工将同意它或在实施战略时给予合作。有些人对于新战略的价值可能会存在怀疑,认为它与组织的最佳利益是背道而驰的,不可能成功,甚至还会威胁到他们自己的利益。而且由于信息在传输过程中的失真,不同的员工对新战略可能会产生不同的理解,对于实施新战略所带来的各种变革有不同的想法。当经理们决定了一个新战略并开始实施时,长期存在的各种态度、既得利益、惯性力量和长期形成的组织惯例常常会对战略的有效实施产生不同程度的阻碍作用。

为了解决上述问题,必须让广大员工了解企业战略意图,认同企业战略目标,清除现实中的障碍,克服大量的疑问和不同意见,对实施取得共识,保证拥护和合作,将实施的各个部分稳妥就位并加以综合。这就需要向广大员工讲清楚企业内外环境的变化给企业带来的机遇和挑战、旧战略存在的各种弊病、新战略的优点以及存在的风险等,使大多数员工能够认清形势,认识到实施战略的必要性和迫切性,依靠战略勾画出的生动而富于创造性的远景来鼓舞员工士气,树立信心,打消疑虑,使企业战略得到员工的充分拥护和支持,调动他们的积极性和主动性,激发出他们的参与热情,把大家思想和认识统一到企业的价值观和战略目标上,从而奠定战略实施和推进的基础。

9.2.2 战略规划

公司战略制定出来以后,由于迫切希望早日看到战略实施的效果,管理者常常在尚未制订出详细而可操作的实施计划的情况下,匆匆开始战略的具体实施。有些管理者甚至认为制订实施计划是在浪费时间或延误战机,无视战略实施计划的重要作用。

战略实施是一项长期而复杂的过程,尤其是参与实施的人员很多,容易导致目标的模糊和战略的偏差。因此,战略实施前制订具体和可操作的实施计划,避免实施过程中出现混乱局面,做到有备无患,是成功实施战略的先决条件。

战略实施计划主要包括以下内容:一是将企业总目标、总任务作时间上的分解,明确进度规划和分阶段目标,并分析论证既定时间框架下的可行性;二是作空间分解,制定各事业部门和职能部门相应的分战略,在分战略和分任务明确之后,进一步制定相应的措施和策略;三是明确企业不同时期、不同部门的战略重点以及哪些指标需要确保,哪些指标可以相对灵活,当指标之间相互冲突时的取舍即战略目标优先权的问题,以便有重点地全面推进企业战略,保证战略目标实现。

1. 总体目标的时间分解

总体目标的时间分解是指将企业总目标、总任务作时间上的分解,明确进度规划和分阶段目标。分解目标过程中必须注意子目标在既定时间框架下的可行性。

总体目标时间分解的一个重要的工具就是建立年度目标(annual objectives)。建立年度目标是一项由企业中所有管理者直接参与的分散化活动。积极参与年度目标的制定可以加强各级管理者对公司目标的认同感和责任感。年度目标对企业战略的成功实施具有十分重要的意义。因为年度目标是配置企业有限资源的基础,是评价管理者业绩的主要尺度,是监测战略实施过程、实现长期目标的工具。此外,年度目标还明确给出了公司、分部和各职能部门的工作重点。因此,企业必须制定明确表述并广泛传播的年度目标,同时投入足够的时间和精力,保证年度目标恰当合理、与长期目标一致并支持企业战略的实施。

制定年度目标要注意以下几个因素:

①年度目标要包含利润、收入、增长和按业务、区域、用户群体及产品分类的市场份额等内容。

②各年度目标必须协调一致，保持目标的横向一致性和纵向一致性。

③目标应有明确的数量、质量、成本、时间等规定并便于调整。

④目标必须合理同时又具有一定的挑战性。

图 9-2 和表 9-1 给出了 A 公司根据长期目标（即两年中使公司业务收入翻一番）而制定的年度目标。

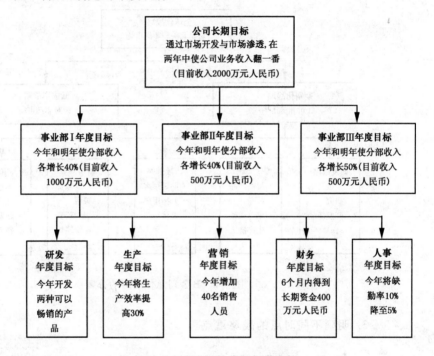

图 9-2　A 公司的分级年度目标

资料来源：弗雷德·R·戴维，《战略管理》，第 10 版，李克宁译，北京，经济科学出版社，2006。

表 9-1　A 公司的业务收入预期　　基年：2002 年

单位：千万元人民币

收　入	2002 年	2003 年	2004 年
事业部 I 收入	1.0	1.400	1.960
事业部 II 收入	0.5	0.700	0.980
事业部 III 收入	0.5	0.750	1.125
公司总收入	2.0	2.850	4.065

资料来源：弗雷德·R·戴维，《战略管理》，第 10 版，李克宁译，北京，经济科学出版社，2006。

2. 总体战略的空间分解

总体战略的空间分解是指按照公司的组织结构,在公司总体战略的基础上,制定各事业部和职能部门相应的分战略,最后进一步制定相应的措施和策略。

图 9-3 为 B 公司总体战略的分解。

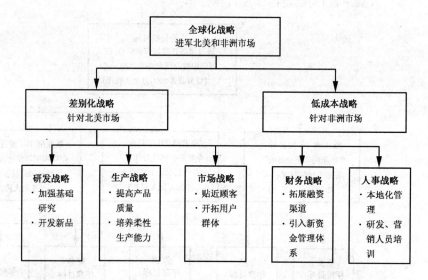

图 9-3　B 公司总体战略的分解

3. 明确不同时点的战略重点

明确企业不同时期、不同部门的战略重点以及哪些指标需要确保,哪些指标可以相对灵活。当指标之间相互冲突时的取舍即战略目标优先权的问题,以便有重点地全面推进企业战略,保证战略目标实现。

4. 目标管理

目标管理(management by objectives，MBO)是由组织内上下级人员讨论确定工作人员的工作目标,并进行自我控制与自我评价,以激励工作人员、提高工作效能的一种计划与考核管理方法。目标管理最大的吸引力在于提供了一种将组织的整体目标转换为组织单位和每个成员目标的有效思路和方式。

　　目标管理通过一种专门设计的过程使目标具有可操作性,这种过程一级一级地将目标分解到组织的各个单位。如图 9-4 所示①,组织的整体目标被分解为事业部目标,再到职能部门目标,最后到个人目标,形成一个目标的层级结构。在此结构中,某一层的目标与下一层的目标连接在一起,而且对每一位员工,目标管理都提供了具体的个人绩效目标。因此,每个人对他所在单位成果的贡献都很明确,如果所有的人都实现他们各自的目标,则他们所在单位的目标也将达到,而组织整体目标的实现也将成为现实。

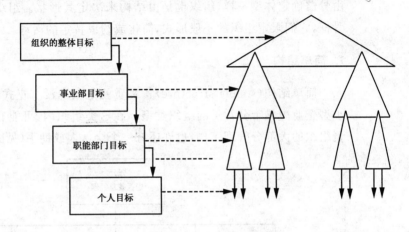

图 9-4　目标的层级结构

　　目标管理的特点是讲求人人参与目标的制定,因此目标管理的目标转化过程既是"自上而下"的,又是"自下而上"的。这种互动的目标分解方式,起到了分解目标和激励员工的双重作用。

　　制定目标管理计划的典型步骤是:

　　① 制定组织的整体目标和战略。

　　② 在事业部和职能部门之间分配主要的目标。

　　③ 各单位的管理者和他们的上级一起设定本部门的具体目标。

　　④ 部门的所有成员参与设计自己的具体目标。

　　⑤ 管理者与下级共同商定如何实现目标的行动计划。

　　⑥ 实施行动计划。

　　⑦ 定期检查实现目标的进展情况,并向有关单位和个人反馈。

　　⑧ 基于绩效的奖励将促进战略的成功实施和目标的成功实现。

---

①　宝利嘉:《500 种最有效的管理工具》,第一卷,北京,中国经济出版社,2001。

9.3 组织调整与流程优化

9.3.1 组织结构的定义和类型

组织结构①(organization structure)描述组织的框架体系。就像人类由骨骼确定体型一样,组织也是由结构来决定其形状。组织结构就像一副骨框,它们限定组织的一般形式,简化或约束特定的活动。

1. 简单结构

简单结构(simple structure)其实质就是根本没有正式结构,这在许多小型企业内是十分常见的组织类型。在这类组织内,可能有一个所有者负责组织的大部分管理工作,也许还有一个合伙人或助手(见图9-5)。

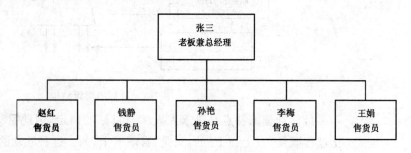

图9-5 简单的组织结构

2. 职能型结构

职能型结构(functional structure)是按照企业各个单位所执行的工作性质来构造的,该组织结构一般根据人们共同的专门知识、经验或使用相同的资源而将其组合在一起。当组织从一个小的公司成长起来后,职能型组织结构一般是可以采用的第一种结构(见图9-6)。表9-2列出了这种类型组织结构的一些优点和缺点。

---

① 斯蒂芬·罗宾斯:《管理学》,第7版,北京,中国人民大学出版社,2004。

图 9-6　职能型组织结构

表 9-2　职能型组织结构的优势和劣势

优　势	劣　势
简单和清晰的责任	合作困难
集中的战略	在制定战略时强调本部门的利益,而不具有公司整体的眼光
认可的职能地位	鼓励部门间的竞争
战略竞争可能会很缓慢	

3. 多分部型组织结构

多分部型组织结构(multi-divisional structure)通常是指以产品、地域、生产工序等的不同来划分事业部的组织结构形式(如图 9-7)。图中 A 单位、B 单位、C 单位就是一个个可以按照不同方式划分的事业部。要注意的是,每个事业部下的职能层可以根据需要采用职能型、矩阵式、产品团队式等不同的组织结构。

当组织增长时,需要细分它们的行为来处理可能在生产、地域或业务的方面出现的大量的多元化问题。钱德勒认为战略是由总部决定的,但是现代公司里通常部分是由各单位决定的。当然,总部也确实影响战略并且分配资源。

多分部型组织结构的优势和劣势见表 9-3。

表 9-3　多分部型组织结构的优势和劣势

优　势	劣　势
集中关注业务领域	昂贵的职能重复
解决了职能合作问题	单位间会进行竞争
可以衡量个体单位的业绩	减少了职能专家的内部变动
能够培训未来的高级经理	与总部的关系会出现问题

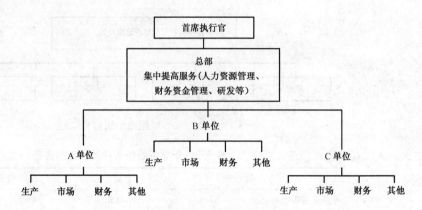

图 9-7　多分部型组织结构

4. 事业部公司结构

　　组织的进一步增长会引起组织各不同部分之间以及与外部公司之间更加复杂的变动,例如与集团外部全新的公司合资经营、建立联盟和合作伙伴关系以及其他形式的合作都会产生。结果是,最初的公司可能会在将建立的各种契约关系中担任一个核心股东的角色,形成事业部型组织结构(business structure)。事业部型组织结构见图 9-8,其优缺点见表 9-4。

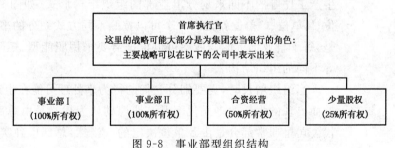

图 9-8　事业部型组织结构

表 9-4　事业部组织结构的优势和劣势

优　势	劣　势
考虑到现代所有权的复杂性	中心层控制太少
获取专家意见进行新的合作	除了"股东或银行"的角色,几乎没有集团的作用
增加对新市场的进入	如果两个合伙者不能够进行合作或一个合伙人失去了兴趣就会引起问题
扩大的联盟可以减少风险	有限的协调作用或规模经济

5. 矩阵式组织结构

矩阵式组织结构(matrix structure)通常有两种形式,一种是按产品和地区分部(见图 9-9),另一种是按职能和项目分部(见图 9-10)。

	产品Ⅰ	产品Ⅱ	产品Ⅲ
地域1			
地域2		战略可能由每个矩阵群体 决定,也可能由总部决定	
地域3			

图 9-9　矩阵式组织结构 1

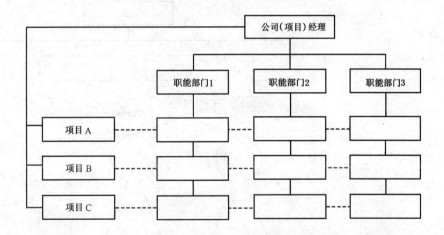

图 9-10　矩阵式组织结构 2

一些情况下,一个大公司建立独立的子公司是没有什么好处的。这一般出现于一些公司,它要形成独立的单位,但是在各单位间还需要紧密的合作。这种既对产品也对地理区域负责,具有双重责任决策的组织结构称为矩阵式组织,其优缺点见表 9-5。

表 9-5　矩阵式组织结构的优势和劣势

优　势	劣　势
决策冲突时亲密的合作	复杂、缓慢的决策;需要每个参与者都同意
适宜特定的战略环境	对责任的定义不清楚

续表

优 势	劣 势
直接讨论代替官僚	如果一些部分的团队合作很差,会在它们之间产生紧张局面
提高管理参与	

6. 产品团队结构①

产品团队结构(product team structure)是近年来出现的一种主要的结构创新。它具有与矩阵结构相似的特点,但较易运作而且花费较矩阵结构少,因为这一结构是将人员组成永久性的跨职能团队(如图 9-11)。

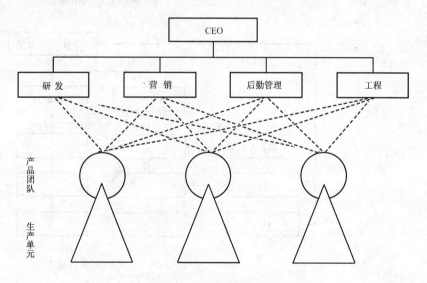

图 9-11 产品团队结构

产品团队结构如同矩阵结构,工作活动是按产品或项目区分,以减少官僚成本,增进管理当局监督、控制生产过程的能力。然而,并非如同在矩阵结构那样仅是暂时性的指派至不同项目,而是把职能专家分配在永久性的跨职能团队中。其结果是团队结构的协调成本低于矩阵结构,而工作效率却大为提高。

跨职能团队在产品开发过程开始时就已形成,因此所引发的任何困难,

---

① Charles W. L. Hill: *Strategic Management*, third edition, Houghton Mifflin Company.

可提前在其主要的重新设计问题产生之前就予以消除。当所有职能从开始就直接投入时，设计成本及其后的生产成本均可保持较低。而且使用职能团队可加速创新及顾客回应，因为职权被分散到团队时，决策可被较快地制定出来。

产品团队结构的优缺点见表9-6。

表9-6 产品团队结构的优势和劣势

优 势	劣 势
决策冲突时亲密的合作	复杂、缓慢的决策：需要每个参与者都同意
适宜特定的战略环境	对责任的定义不清楚
直接讨论代替官僚	如果一些部分的团队合作很差，会在它们之间产生紧张局面
提高管理参与	

9.3.2 组织结构与战略的关系

1. 结构追随战略

将组织设计和结构与战略的特别需求相匹配的重要性是在哈佛大学的阿尔弗雷德·钱德勒教授领导的对诸如杜邦、通用汽车、西尔斯和标准石油等全美70多个大公司的具有里程碑意义的研究中首次提出的。钱德勒教授的研究揭示出一个组织战略的变化会导致新的管理问题，为成功地实施新战略，需要一种新的或改良的组织结构。战略和组织结构之间存在如图9-12所示的关系。

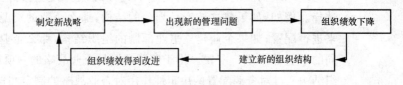

图9-12 钱德勒的战略—组织结构关系

资料来源：Alfred Chandler，*Strategy and Structure*，Cambridge，Massachusetts，MIT Press，1962。

钱德勒教授进一步得出了其著名结论：结构通常追随公司的战略。例如，要想取得成功，一个以差异化为战略的事业部需要比一个以低成本为战略的事业部从总部获得更大的自由度。通用电气等公司的实践都有力地证实了这一结论,表明企业战略是结构的决定因素,即不能从现有结构的角度考虑如何制定战略、实施战略,而应根据外部环境、内部资源的变化制定相应的战略,然后再调整现有组织结构,使之与战略相适应、相匹配,从而确保战略得以有效实施。

此外,钱德勒的研究还得出了下面的结论:

① 企业在实施某一战略时,不同形式的组织结构具有不同的效率。

② 企业的组织结构具有生命周期。

③ 企业大幅度增长是重新设计组织结构的前提条件。

④ 企业进入各种相关或者不相关的产品或市场后,为获得经济效益,就必须改变组织结构,这是重新进行组织的必要条件。

2. 结构影响战略

战略是设计与选择组织结构的决定因素之一,同时结构能够并且确实会影响战略的选择。其具体表现在以下三个方面:

(1)组织结构对战略目标和政策的影响作用

首先,企业原有的组织结构决定了企业战略的制定方式。例如,采用简单结构的小型企业的战略制定可能就是最高领导的个人决策;而采用事业部公司结构的企业战略制定更可能的是在母公司的总体控制下,由各个子公司自行决策。其次,组织结构还决定了企业战略的表述方式。例如,在按地区建立组织结构的企业中,战略目标和政策常常以地区性术语来表达;而在按产品建立组织结构的企业中,战略目标和政策常以产品性术语来表达。

(2)组织结构决定资源配置

组织结构决定了企业的资源配置方式,进而影响到企业战略的制定和选择。例如,如果建立按产品划分的结构,那么企业的资源也按产品的不同来进行配置;如果企业建立事业部制的组织结构,那么企业的资源就会按不同的事业部来进行配置。由于资源配置是企业战略的一项重要内容,因此组织结构通过对资源配置的决定性作用对企业战略的制定和选择产生影响。

(3)组织结构的变革影响战略的革新

在外部环境相对稳定时期,战略的调整和组织结构的变化都是以渐进的方式进行,战略与结构的矛盾并不突出。但是,在剧烈变化的环境中,企业需要实施战略转折和战略创新时,就对组织结构提出了严峻的挑战。这时,如果组织结构的变革不力,就会制约和阻碍企业战略的革新。

总之,战略和组织结构之间存在非常密切的关系。一方面,结构追随战略、服从战略、服务战略;另一方面,结构影响战略。因此,保持和发展企业战略和组织结构之间的良性的、动态的相互适应和匹配关系对战略的成功实施具有非常重要的意义。

9.3.3 基于战略的结构选择[①]

前面我们介绍了各种常见的组织结构,明确了各种结构的优缺点。我们这里要讨论的是,在公司制定了一个新的战略之后,为了更好地保证新战略的实施,企业应该如何选择最适宜的组织结构,或者是根据新战略调整原有的组织结构。

1. 基于职能层战略的结构选择

在职能层,为了达到职能目标,每个职能部门都需要不同类型的组织结构。因为当我们只考虑单个职能部门时,不存在所谓的组织幅度问题,所以职能层组织结构的选择在这里主要考虑的是组织的深度。

(1) 研发部门的组织结构

研发部门的职能战略通常是以培养提高本部门的创新能力、开发能满足顾客需求的产品和技术为目的。因此,组织在此层面的结构选择必须能够给研发人员提供一种便于协调与合作的组织结构,以便能迅速将新的产品或工艺技术加以推广应用,同时有助于形成一种能让研发人员敢于创新的活跃的组织氛围。研发部门的组织结构是一种典型的扁平化、分权式或以工作小组为主要形式的组织类型。扁平化的组织结构能够给研发人员提供创新活动所需要的自由、独立的空间,而团队或工作小组的工作形式可以提高研发人员的合作精神和共同解决问题的效率。

(2) 生产部门的组织结构

生产制造部门的职能战略通常专注于提高生产效率、产品质量和顾客反应速度。组织在此层面需要能够保证分工明确、权责清晰、技能标准化、反应迅速的组织结构。因此,生产部门的组织结构通常是集权式管理、等级分明、便于控制的层级结构,以提高生产效率、发挥学习曲线效应、保证稳定的质量。

(3) 销售部门的组织结构

与研发部门类似,销售部门的组织形式通常也是扁平化的组织结构。

---

① Charles W. L. Hill: *Strategic Management*, third edition, Houghton Mifflin Company.

许多大型公司的销售部门一般由三层构成——销售经理、地区或产品经理以及销售人员。由于销售人员直接和变幻莫测的外部打交道,所以销售人员必须拥有必要的权限相机行事。因此,销售部门的组织结构设计要特别考虑权力的分配以及相应的控制。

财务、人力资源等其他职能部门的组织结构设计,也应本着提高组织效率、便于创新和提高顾客反应速度等原则,根据各自的职能特点选择相应的组织结构并与其各自的战略相匹配。

2. 基于业务层战略的结构选择

为每个职能部门选择好恰当的组织结构后,就应实施组织安排以便统一管理所有的职能部门,进而实现公司业务层次的战略目标。由于关注的焦点是处理跨职能的关系,水平分化(组织活动的分组)和实现业务层战略整合的选择显得尤为重要。表 9-7 总结了当企业采取成本领先战略、差异化战略、聚焦战略时应该选用的适宜的组织结构。

表 9-7　通用战略和组织结构

通用战略	适宜的组织结构	关键部门	组织文化
成本领先战略	职能型	生产制造	弱
差异化战略	产品团队或矩阵组织	研发和市场	强
聚焦战略	职能型	产品和客户	强

(1)成本领先战略的组织结构选择

实施成本领先战略的目标是为市场提供最低成本的产品。这意味着组织不仅要努力降低生产成本,还要降低所有职能部门的成本,如研发成本、销售成本及营销成本等。此外,职能部门之间、上下级之间的协调、控制、沟通等组织管理、运作成本同样必须最低。为了实现这些目标,成本领先战略通常采取职能型的组织结构。因为职能型组织的分化(differentiation)水平和整合(integration)水平都比较低,组织趋于扁平化,由此其组织管理、运作成本也相对较低。

(2)差异化战略的组织结构选择

实施差异化战略需要组织的职能部门必须具有某种独特的能力,例如强大的研发能力或市场营销能力等。实施差异化战略时通常意味着企业必须向不同的细分市场提供具有差异化的产品。因此,差异化战略的企业往往比低成本战略的企业拥有更复杂(分化和整合水平都较高)的组织结构。

差异化战略要求在各职能部门之间建立密切的协作关系。基于技术能力的差异化战略要求组织结构通常是以研发部门为中心的矩阵式组织结构,其他部门根据研发目标调整自己的战略行动;而与基于产品的一流质量和对顾客的迅速反应等方面的差异化战略相适应的组织结构是产品团队式或地域性的组织结构。

(3) 聚焦战略的组织结构选择

聚焦战略通常主攻某个特定的顾客群、某产品系列的一个细分区段或某一个地区市场。聚焦战略由于服务对象相对狭窄而很难获得规模经济,容易导致产品成本偏高,因此降低组织的运作成本非常重要。同时,由于聚焦战略向特定顾客提供个性化的产品和服务,组织还必须具有足够的弹性和灵敏度。

为了满足这些要求,实施聚焦战略的公司通常选取职能型组织结构。因为这类公司组织结构的规模一般较小,职能结构的复杂程度足以满足公司为细分市场提供个性化产品和服务的要求。职能型组织结构的分化和整合水平相对较低,运作成本不高。

3. 基于公司层战略的结构选择

在公司层,企业必须选择一个能够保证它在一系列不同的业务单位都能有效运作的组织结构。尽管在具体的形式上不同的公司战略对应的组织结构略有不同,但实施公司层战略的基本结构都是多分部型的组织结构(见表 9-8)。并且公司越大、业务的分化水平越高,就越需要采用事业部型的组织结构。

表 9-8　公司战略和组织结构

公司战略	适宜的组织结构	对一体化的要求	组织文化
不相关多元化	事业部型组织结构	低(事业部间没有交易)	弱
垂直一体化	多分部型组织结构	中等(资源调度规划)	中等
相关多元化	多分部型组织结构	高(通过相同的规则在事业部间获取协同效应)	强

(1) 不相关多元化战略的组织结构选择

实施不相关多元化战略的公司通过建立或重构一个比外部资本市场更快速、有效的内部资本市场来获取收益。集团公司总部更多的是充当一个银行的角色。各个事业部独立运作,不存在内部的交易。因此,组织结构的设计必须保证每个事业部能够独立的经营。

对照本节第一部分关于各种组织结构的介绍,我们很容易得出事业部型的组织结构是实施不相关多元化战略的最佳结构。

(2) 垂直一体化战略的组织结构选择

垂直一体化战略是指对供应链上的某些环节进行整合,以降低交易费用,把外部交易内部化。实施此战略的公司各事业部由于处于同一供应链的不同环节,彼此关系非常紧密。事业部之间的资源调度规划十分重要。因此,在组织结构的设计上,首先必须建立事业部之间良好的横向交流机制;其次,公司总部的权力必须加强,以便更好地协调、规划各事业部的业务。

(3) 相关多元化战略的组织结构选择

实施相关多元化战略的公司各事业部之间共享研发、信息、客户等资源,获取范围经济和协同效应。为了保证这种高度的资源共享,组织结构设计时总部必须高度集权,以协调、平衡各事业部间的利益,实现公司总体目标。但集权容易带来激励的不充分,因此在多分部型组织结构的基础上加以适当地组织改良是必要的。例如,为了共享研发资源,同时又让各事业部有足够的动力参与公司研发,在具体的研发项目上采取矩阵式或产品团队式结构,作为多事业部结构的补充是可行的。

9.3.4 全面质量管理与组织结构设计

全面质量管理(total quality management,TQM)是一种由顾客的需要和期望驱动的管理哲学。它是由企业全体人员参加的,充分发挥经营管理和专业技术作用,建立严密的质量保证体系,以最有效的手段为用户提供产品和服务,优化那些对于消费者极其重要的产品与服务的系统。其中"质量"是指广义的质量,即除了产品质量之外,还包括管理工作质量。

全面质量管理的思想对企业的组织结构设计提供了新思路。首先就是降低组织的纵向变异。通过拓宽管理跨度和实现组织扁平化,减少企业的管理费用，并增进组织纵向的交流。其次，TQM 要求减少劳动分工。传统的组织结构设计强调专业化的高度分工，但这容易导致"你我分明"的对立情绪，不利于组织的合作与横向沟通。但 TQM 则促进了工作的丰富化和跨专业职能界限的工作团队的更多使用。最后，TQM 强调分权化决策。设计组织结构时把职权和职责尽可能地向下委让，并尽量接近顾客。

9.3.5　流程再造

流程再造（reengineering）又称为工序革新、工序管理或工序重新设计，是指对工作、岗位和生产过程的重新设计和重新构造，其目的在于降低企业生产成本，提高产品质量、服务水平和生产速度。

流程再造是由前麻省理工学院的迈克尔·哈默博士、前得克萨斯大学的托马斯·达文波特博士以及 CSC Index 咨询公司的前总裁詹姆斯·钱皮发起的。它本身不是一类组织结构形式，但却是实施扭转战略的有效方式。企业进行流程再造的原因被认为是：很多公司在历史上形成了按照业务职能构造的纵向式组织结构。这种结构导致了管理者和雇员以特定业务职能为中心，而不是以为整体用户服务、产品质量和公司业绩为中心。最后，所有的公司机构都会在一定的时间里官僚化。当习惯成为自然，常规得以巩固和保护后，政治就会取代经营绩效而占上风。

流程再造就是针对上述问题，极力突破企业多年来形成的根深蒂固的旧规则和旧规程，即那些自形成之日起从未受到怀疑的、被人们习以为常的政策、规则和规程（如信贷决策必须由信贷部门作出；需要当地库存以维持良好的顾客服务等）的集合。但流程再造不是通过微调和精调来解决现有问题，而是考虑"如果这是一家新公司，我们应该怎么做？"

成功实施流程再造的企业很多。典型的如碳化物联合公司（Union Carbide Corporation），该公司实施流程再造后，在三年里降低了 4 亿美元的固定成本。但是，由于流程再造通常伴随着大量痛苦，50%～70%的流程再造工作都没有达到预期目标。由纵向型转向横向型结构的再造工程见图9-13。

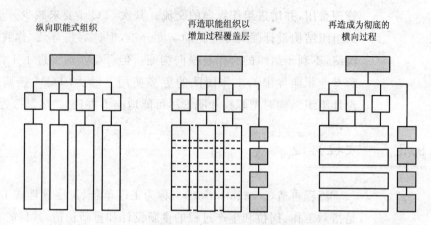

纵向职能式组织　　　　　再造职能组织以　　　　　再造成为彻底的
　　　　　　　　　　　　增加过程覆盖层　　　　　横向过程

图 9-13　由纵向型转向横向型结构的再造工程

资料来源:参考宝利嘉文库,关于流程再造的内容必须根据图 9-13 进行再修改。

9.4　战略实施与领导

　　领导不仅是企业战略的制定者,同时还是战略实施的促进者、管理者和控制者。在战略实施过程中,领导者不仅要发挥组织、协调、激励等基本的管理职能,还要扮演战略管理者、资源配置者、任务分配者、危机处理者、变革创新者等各种促进战略实施的角色。领导者在战略实施中的主要任务是对正在发生的事情和事务运行的现状保持通晓,促使形成利于战略实施的文化,保持组织的革新能力,抑制公司的权力斗争,强化道德标准,修正战略实施状况,等等。高明的战略要能够得于成功的实施,一个具有高超领导技巧的合适的领导者是必不可少的。

9.4.1　领导者应具备的战略素质

　　能够有效地实施企业战略的领导者应具备以下素质:
　　(1) 道德与社会责任感
　　企业战略管理者的道德与社会责任感是指他们对社会道德和社会责任的重视程度。因为企业的任何一个战略决策都会不可避免地牵涉到他人或社会集团的利益,因此企业领导者的道德和社会责任对战略决策的结果会产生十分重要的影响。

（2）有长远眼光

企业的领导人应该按企业未来发展的要求来作出战略抉择。领导人的这种远见卓识取决于领导人广博的知识和丰富的经验，来自对未来经济发展趋势的正确判断，取自企业全体员工的集体智慧。当领导人对未来有了科学判断之后，还应该迅速转化到行动之中去，即采取"领先一步"的做法来及早获取竞争优势。同时，作为一个领导人，应时刻关注竞争格局，经常分析竞争对手的状况，逐项将自己与对手进行比较，只有吃透了对手，才能谈"百战不殆"。

（3）随机应变的能力

它可以定义为接受、适应和利用变化的能力。在今天和未来的世界中，企业的领导人必须能迅速理解并接受变化，愿意主动积极地根据这些变化来调整自己的思想和企业战略，以及善于利用变化来转化不利因素为有利因素，以达到发展企业的目的。

（4）开拓进取的品质

一个企业若要发展壮大，企业领导人一定要有一定的冒险精神。要敢于在市场上，敢于在未知领域中，敢于在与国际强手的较量中，保持一种积极开拓、顽强不服输及挑战的气概。

（5）丰富的想象力

想象是从已知世界向未知世界的拓展。具有丰富想象力的企业领导人可帮助企业创造和利用更多的机会，可协助企业进行自我改进与自我完善，并能帮助企业迅速适应千变万化的环境。

9.4.2　战略与领导者的匹配

哈佛大学的阿尔弗雷德·钱德勒教授通过研究发现，在公司发展的不同阶段，最适合公司的首席执行官会发生变化。因此，一项好的公司战略确定之后，为了确保战略得于成功实施，必须选择类型（技能、经验等）与之匹配的领导者。例如，采用集中战略、强调一体化的公司需要的是一位攻击性很强、具有公司所在产业丰富经验的首席执行官——动态产业专家（dynamic industry expert）；采用多元化战略的公司则需要一位具有分析头脑、拥有其他产业丰富知识并能管理多样化产品的人——分析组织经理（analytical portfolio manager）；采用稳定战略的公司需要的是保守、具有生产或工程背景、拥有标准化规程经验的首席执行官——谨慎利润计划者（cautious profit planner）；处于成长性行业的弱小公司则需要一位善于迎接挑战、改变局面的人——扭转专家(turnaround specialist);而一个无法挽救的公司,需要的就是一位能够上破产法庭、清算资产的人——清算专家(professional liquidator)。

战略与领导者的匹配关系主要体现两个方面,一是战略与领导者行为模式的匹配,见表9-9;二是战略与领导者行业背景的匹配,见表9-10。

表 9-9　战略与领导行为模式

行为特征 ＼ 领导者类型 战略方式	爆发性发展战略 探索者	扩展性发展战略 征服者	持续性发展战略 冷静者	巩固战略 行政型人士	单纯营利战略 节约型人士	紧缩战略 体贴型人士
处事准则	非常灵活,极富创造性,偏离常规	有节制地不遵从常规,具有利于新事物的创造性	准则结构牢固,根据时间表可靠地行动	重复、例行公事、服从上级	按章办事、注重细节	在既定目标内表现出最大灵活性,接受限制性
社　交	非常外向,很有鉴别力和魄力,但受环境驱使,多疑	选择性外向,将挑选出的人组成小组	保持控制,受人尊重	内向,有教养	程序式	体贴、懂人情、果断的、鼓舞人的信念,避免激动
能动性	过分积极,好动,期待自由不羁	精力充沛,能对弱信号作出反应	导向目标,稳重,遵守协议	稳重冷静,按部就班,等着瞧	循规蹈矩,不得已才办,不主动	沉默寡言,但有灵活性
成功紧迫性	性急,蛮干,提出挑战,易受任何独特事物的刺激	逐渐扩大势力范围,考虑风险	平稳发展,满足于控制局面	维持现状,保持自己的势力范围	反应性行为,靠外界刺激	战略指导多于战术指导
思维方式	直观,非理性思索,无条理,有独创性	能看到一定限度以外,博学有理想	严格,有条不紊,深刻、专一	严肃和遵从性观念,联系以前的情况	墨守成规,事无巨细均按惯例办	广泛的,相对性的,多方面的

表 9-10　GE 九方格经营屏幕

行业吸引力	高	投资和全面增长的成熟型企业家	投资和有选择的增长计划型企业家	控制或推迟投资或不投资、善于扭亏为盈的企业家
	中	投资和有选择地增长的周密计划者	维持或保护营利的计划者	出售或不投资、能扭亏为盈的专家
	低	维持或保护专业化管理者	出售或不投资、有经验的降低成本专家	出售或不投资的清盘专家
		强	一般	弱
			竞争地位	

9.4.3　领导人的战略实施模型

领导人确定之后,即是领导战略的实施。领导者领导战略实施的模式主要有如表 9-11 所示的五种方式。

表 9-11　领导战略实施的五种方式

模　型	领导者研究的战略问题	领导者扮演的角色
指令型	应如何制定出最佳战略?	理性行为者
转化型	战略已考虑成熟,现在该如何实施?	设计者
合作型	如何能使高层管理人员从一开始就对战略承担自己的责任?	协调者
文化型	如何使整个企业都保证战略的实施?	指导者
增长型	如何激励管理人员去执行完美的战略?	评判者

1. 指令型

这种模式的特点是企业总经理要考虑如何制定一个最佳战略的问题。在实践中,计划人员要向总经理提交企业经营战略的报告,总经理看后作出结论,确定了战略之后,向高层管理人员宣布企业战略,然后强制下层管理人员执行。

这种模式的运用要有以下约束条件:

① 总经理要有较高的权威,靠其权威通过发布各种指令来推动战略

实施。

② 本模式只能在战略比较容易实施的条件下运用。这就要求战略制定者与战略执行者的目标比较一致,战略对企业现行运作系统不会构成威胁;企业组织结构一般都是高度集权制的体制,企业环境稳定,能够集中大量的信息,多种经营程度较低,企业处于强有力的竞争地位,资源较为宽松。

③ 本模式要求企业能够准确、有效地收集信息并能及时汇总到总经理的手中。因此,它对信息条件要求较高。这种模式不适应高速变化的环境。

④ 本模式要求有较为客观的规划人员。因为在权力分散的企业中,各事业部常常因为强调自身的利益而影响了企业总体战略的合理性。因此,企业需要配备一定数量的、有全局眼光的规划人员来协调各事业部的计划,使其更加符合企业的总体要求。

这种模式的缺点是把战略制定者与执行者分开,即高层管理者制定战略,强制下层管理者执行战略,因此下层管理者缺少了执行战略的动力和创造精神,甚至会拒绝执行战略。

2. 转化型

这种模式的特点是企业经理要考虑如何实施企业战略。在战略实施中,总经理本人或在其他方面的帮助下需要对企业进行一系列的变革,如建立新的组织机构和新的信息系统,变更人事,甚至兼并或合并经营范围,采用激励手段和控制系统以促进战略的实施。为进一步增强战略成功的机会,企业战略领导者往往采用以下三种方法:

① 利用新的组织机构和参谋人员向全体员工传递新战略应优先考虑的战略重点,把企业的注意力集中于战略重点所需的领域。

② 建立战略规划系统、效益评价系统,采用各项激励政策以便支持战略的实施。

③ 充分调动企业内部人员的积极性,争取各部分人对战略的支持,以此来保证企业战略的实施。

这种模式在许多企业中比指挥型模式更加有效,但这种模式并没有解决指挥型模式存在的如何获得准确信息的问题,各事业单位及个人利益对战略计划的影响问题以及战略实施的动力问题;而且还产生了新的问题,即企业通过建立新的组织机构及控制系统来支持战略实施的同时,也失去了战略的灵活性,在外界环境变化时使战略的变化更为困难。从长远观点来看,在环境不确定性的企业,应该避免采用不利于战略灵活性的措施。

3. 合作型

这种模式的特点是企业的总经理要考虑如何让其他高层管理人员从战略实施一开始就承担有关的战略责任。为发挥集体的智慧,企业总经理要与企业其他该层管理人员一起对企业战略问题进行充分的讨论,形成较为一致的意见,制定出战略,在进一步落实和贯彻战略,使每个高层管理者都能够在战略制定及实施的过程中作出各自的贡献。

协调高层管理人员的形式多种多样,如有的企业成立各职能部门领导参加的"战略研究小组",专门收集在战略问题上的不同观点,并进行研究分析,在统一认识的基础上制定出战略实施的具体措施等。总经理的任务是要组织好一支合格胜任的、制定及实施战略管理人员队伍,并使他们能够很好地合作。

合作型的模式克服了指挥型模式即变革模式存在的两大局限性,使总经理能接近一线管理人员,获得比较准确的信息。同时,由于战略的制定是建立在集体考虑的基础上的,从而提高了战略实施成功的可能性。

该模式的缺点是由于战略是不同观点、不同目的的参与者相互协商折中的产物,有可能会使战略的经济合理性有所降低,同时仍然存在着谋略者与执行者的区别,仍未能充分调动全体管理人员的智慧和积极性。

4. 文化型

这种模式的特点是企业总经理要考虑如何动员全体员工都参与战略实施活动,即企业总经理运用企业文化的手段,不断向企业全体成员灌输这一战略思想,建立共同的价值观和行为准则,使所有成员在共同的文化基础上参与战略的实施活动。由于这种模式打破了战略制定者与执行者的界限,力图使每一个员工都参与制定、实施企业战略,因此使企业各部分人员都在共同的战略目标下工作,使企业战略实施迅速,风险小,企业发展迅速。

文化型模式也有局限性,表现为:

① 这种模式是建立在企业职工都是有学识的假设基础上的,在实践中职工很难达到这种学识程度,受文化程度及素质的限制,一般职工(尤其在劳动密集型企业中的职工)对企业战略制定的参与程度受到限制。

② 极为强烈的企业文化,可能会掩饰企业中存在的某些问题,企业也要为此付出代价。

③ 采用这种模式要耗费较多的人力和时间,而且还可能因为企业的高

层不愿意放弃控制权,从而使职工参与战略制定及实施流于形式。

5. 增长型

这种模式的特点是企业总经理要考虑如何激励下层管理人员制定及实施战略的积极性及主动性,为企业效益的增长而奋斗。即总经理要认真对待下层管理人员提出的一切有利于企业发展的方案,只要方案基本可行,符合企业战略发展方向,在与管理人员探讨了解决方案中的具体问题以后,应及时批准这些方案,以鼓励员工的首创精神。采用这种模式,企业战略不是自上而下的推行,而是自下而上的产生,因此总经理应该具有以下的认识:

① 总经理不可能控制所有的重大机会和威胁,有必要给下层管理人员以宽松的环境,激励他们帮助总经理从事有利于企业发展的经营决策。

② 总经理的权力是有限的,不可能在任何方面都把自己的愿望强加于组织成员。

③ 总经理只有在充分调动及发挥下层管理者的积极性的情况下,才能正确地制定和实施战略,一个稍微逊色的但能够得到人们广泛支持的战略,要比那种"最佳"的却根本得不到人们热心支持的战略有价值得多。

④ 企业战略是集体智慧的结晶,靠一个人很难制定正确的战略。因此,总经理应该坚持发挥集体智慧的作用,并努力减少集体决策的各种不利因素。

9.4.4 组建企业战略领导班子及对其的激励

1. 战略领导小组的组建原则

① 确认首要领导的原则。即根据环境的变化和企业要实施的战略的要求,选择合适的首要领导,再结合首要领导的素质与能力,让其发挥企业战略实施的核心作用。

② 由首要领导组阁的原则。即由已经确定的首要领导来确定战略领导小组的其他成员。这其中再配以适当的监督机制,以保证战略领导小组的万无一失。

③ 能力相配的原则。即战略领导小组内部成员的能力应该相互补充,相互匹配。要根据战略管理对领导能力的要求和企业内外环境的变化,选择具有首要领导不具备的能力的人进入领导小组,以弥补首要领导的不足。

④ 协作的原则。即在组建领导小组的人选时应该考察其成员的合作性,选择具有合作性的人员进入领导小组,以建立小组内部和谐的人际关系,增添必要的润滑剂。

⑤ 优化组合的原则。即在组建领导小组时,可能会有众多的人员搭配方案,这时应该选择最佳或满意的方案来实现组建目标。这样,便于实现能力匹配的要求且有利于战略的制定和有效的执行。

2. 组建战略领导小组的途径选择

根据已经确定的战略领导小组的组建原则,就可以着手进行具体的组建。由于各个企业的实际情况不同,由此产生了不同的组建途径:

① 调整现存的领导小组成员,使之成为新的战略领导小组的成员。即依靠现存的领导小组来负责新的战略领导职能,对其只作局部的调整和必要的培训,以适应新的要求。这样做的优点在于:现有的领导小组成员熟悉内部情况,便于开展工作;领导小组内成员相互了解,便于合作;可以保持企业领导的连贯性,也可以树立典范,增强企业的凝聚力。

② 选聘新人来组建新的战略领导班子。这是在企业内部不具备合适的人选时才作出的选择。在一定的条件下,它反而会更好更快地贯彻新的战略。采用这种途径的好处在于:挑选对新战略有信心的外部人员,能够避免现任领导成员面临的障碍,可以使他们更加顺利地进入新的角色和履行新的使命;同时,新的工作会使新的人选产生新鲜感,特别容易激发人的活力,使之创造性地完成使命;另外,新人选受企业人际关系和旧秩序的影响较少,可以更加超脱地推行新战略。当然,选用新人选也会有一些弊端,例如新人选对环境不熟悉,需要花费大量的时间、精力去了解情况;另外,新选人员容易受到原来领导成员或企业其他员工的排斥。因此,采用此途径应该在详细、审慎、妥善地分析与安排之后,并配合一定的时机,才能够使用。

3. 对战略领导小组人员的激励

战略领导人员是实施企业战略的关键因素。战略领导人员的积极性将直接关系到企业管理的成效。实践已经证明,即使干劲十足的领导人员也需要激励。只有激励,才会强化战略领导人员的战略行动,促使其进行各种创新性的变革。因此,激励在战略管理中具有非常重要的作用。

对战略领导人员的激励,其目的就在于促使企业战略领导人员对长期目标、战略计划和创业精神有足够的重视,鼓励其及时创造性地调整战略行为,以调动和维持战略领导人员实施战略管理的积极主动性。激励的形式一般可以分为物质的和非物质的。物质的激励是指增加工资、发放奖金、提高其生活待遇(如住房、福利)等;非物质激励是指表扬、记功、颁发奖状等精神奖励。在实际运作中,把激励程度和战略活动绩效挂钩,根据绩效的大小来确定具体的激励措施。这样,正确的衡量战略管理人员的绩效,便成为激励的关键。由于企业日常经营活动常常与战略活动交织在一起,因此要将战略活动和作业活动进行正确的区分,建立双重结构、双重预算和双重绩效评估系统,以便正确实施对战略行动方面的激励。

为了对战略行动进行必要的激励,应该做好以下几个方面的工作:

① 正确区分战略实施阶段,明确具体工作步骤和责任。

② 根据战略目标,确立各个阶段应该取得的成果及应该达到的程度。

③ 按战略考核标准进行多方式的评价、考核。

④ 对战略实施过程中领导人的行为的努力程度进行正确的评价,给予奖励,以强化这种行为。

9.5 资源配置与战略实施

9.5.1 企业战略资源的内容

企业推行战略前的准备,除了用计划推行和适应战略的组织调整之外,战略资源的配置优劣将直接影响到战略目标的实现。那么,什么是企业的战略资源呢?

企业战略资源是指企业用于战略行动及其计划推行的人力、财力、物力等资产的总和。这其中也包括时间与信息,因为它们是无形的,因此很少被人关注。而时间和信息在某种条件下可能会成为影响企业战略实施的关键性战略资源。企业这些战略资源是战略转化行为的前提条件和物资保证。具体来讲,战略资源包括:

① 采购与供应实力。企业是否具备有利的供应地位,与自己的供应厂家的关系是否协调,是否有足够的渠道保证,能否以合理的价格来获取所需的资源。

② 生产能力与产品实力。企业的生产规模是否合理,生产设备、工艺是否能够跟得上潮流,企业产品的质量、性能是否具有竞争力,产品结构是

否合理。

③ 市场营销与促销实力。企业是否具备了开发市场的强大实力,是否有一支精干的销售队伍,市场策略是否有效等。

④ 财务实力。企业的获利能力与经济效益是否处于同行前列,企业的利润来源、分布及趋势是否合理,各项财务指标及成本状况是否正常,融资能力是否强大等。

⑤ 人力资源的实力。企业的领导者、管理人员,技术人员等素质是否一流,其知识水准、经验技能是否有利于企业的发展,其意识是否先进,企业的内聚力如何等。

⑥ 技术开发的实力。企业的产品开发和技术改造的力量是否具备,企业与科研单位、高校的合作是否广泛,企业的技术储备是否能在同行业中处于领先地位。

⑦ 管理经营的实力。企业是否拥有一个运行有效、适应广泛的管理体系,企业对新鲜事物的灵敏度如何,反应是否及时、正确,企业内是否有良好的文化氛围,在企业内是否形成良好的分工与合作,能否进行有力的组织等。

⑧ 时间、信息等无形资源的把握能力。企业是否能充分去获取、储备和应用各种信息,时间管理是否合理等。

企业的这些战略资源的整合基本上就构成了竞争实力。战略资源本身也具有如下特点。

① 战略资源的流动方向和流动速度取决于战略规划的决定。

② 企业中可支配的资源总量和结构具有一定的不确定性,在战略实施的过程中,资源的稀缺程度、结构会发生各种变化。

③ 战略资源的可替代程度高。由于战略实施周期长,随着科学技术的进步,原来稀缺的资源可能会变得十分丰裕,也可能发生相反的变化。

④ 无形资源的影响程度难以准确地确定。例如,企业的信誉资源对企业获取公众的支持、政府的帮助会产生很大的影响。正因为如此,企业的战略管理者在实施战略时,必须充分了解这些战略资源的内在特质,并作出适当的预防措施,只有这样方能保证战略的平稳运行。

9.5.2　战略与资源的关系

企业在实施战略的过程中,必须对所属资源进行优化配置,才能充分保证战略的实现。战略与资源的关系主要表现在如下几个方面。

(1) 资源对战略的保证作用

战略与资源相适应的最基本的关系,是指企业在战略实施的过程中,应当有必要的资源保证。而在现实中没有资源保证的战略,又没有充分认识到其危险性的企业不在少数。究其原因,大致可以归纳为以下几点:

① 战略制定在思考程序上存在缺陷,他们没有注意到确保资源的必要性,从而制定了"空洞"的战略。

② 必要的资源难以预测而导致偏差,由于预测不准,结果造成缺乏资源保证的战略。

③ 没有把握本企业资源(尤其是看不见的资源)而出错误,造成尚未预料的损失。

(2) 战略促使资源的有效利用

即使企业有充足的资源,也不是说企业就可以为所欲为。过度滥用企业资源,会使企业丧失既得利益,也会使企业丧失应该得到更多利益的机会。因此,企业采用正确的战略之后,就可以使资源得到有效的利用,发挥其最大效用。更有甚者,战略可以促使企业充分挖掘并发挥各种资源的潜力,特别是在人、财、物上体现出来的看不见的资源。

(3) 战略可以促使资源的有效储备

由于资源是变化的,因此在企业实施战略的过程中,通过现有资源的良好组合,可以在变化中创造出新资源,从而为企业储备了资源。所谓有效储备,是使必要的资源以低成本、快速度、在适宜的时机来进行储备。战略可以通过两种类型来实现这一目的:战略推行的结果可以附带产生新的资源;这种新资源可以成为其他战略必要的资源而经常被及时地使用。

9.5.3　资源分配的标准

在大的多元化公司中,总部在分配资源给其经营公司或各部门提出的各种战略中扮演着重要的角色。在小公司,同样的机制也将进行,只是相对不正式一些。产品部分的业务领域或是职能领域也需要获得资金来支持其战略意见。

在分配资源时,有三个标准可以使用:

① 所要求的资源对于充实组织的行动和远景的贡献。在组织的总部,资源分配任务是引导资源远离那些不能表达组织目标的地方,而趋向于那些能表达的领域。

② 对关键战略的支持。许多情况下,资源分配的问题在于所要求的资金超出了可以获得的资金,这就需要进一步地选择,而不仅仅是能够表达组织的使命和目标就可以的。

a. 对核心能力的支持,有可能发展和增加竞争优势;

b. 价值链的增加,尤其是可能发展和增加竞争优势。

尽管这两方面都在长期加强了组织目标,在资源分配时它们也可以被当做一个有用的附加标准。

③ 与一个特定建议相关联的风险程度。很明显,如果风险很高,那么战略成功的可能性就很小,一些组织会比另外一些更加能够接受高水平的风险。因而,这种情况下,标准需要考虑组织的接受风险的水平。

9.5.4 公司层的资源分配

公司层的资源规划主要是在组织的不同部分之间进行资源的分配,这些组成部分是企业的职能,如营销、财务等;可能是业务分部或地区性分部(如在跨国公司内);也可能是服务部门(如在公共服务组织内)。应该在理解这些独立的部分是怎样支持整体战略的情况下去理解这个资源分配过程。在这里我们分析如何处理广义的分配问题以支持战略的实现。图9-14举例说明了实际中分配资源的一些方式,这与两个决定分配的整体方法的重要因素有关:

① 如果要成功地实现战略变动,就需要在资源库中有变动程度的概念(perception of the degree of change),它反映了总资源水平需要变动(如增长或下降)的幅度或者在总体资源不变的情况下,不同资源领域之间转移的幅度。

② 分配过程的集中程度——详细分配是否受公司层支配或者是否与组织内不同单位的期望和详细计划相对应,这与公司的结构以及决策层次等有关。

为了说明资源分配的一般方法,将讨论下面三种情况:

① 资源总数或调度中资源的不发生变化。

② 资源总数在增长。

③ 资源总数在下降或者在资源稳定的情况下进行资源重新分配。

在每种情况下,我们都会考虑资源规划的集中化控制或分散化控制两种方法。应该记住,图9-14中4个方框代表的四种方式很少以纯粹的形式存在,一般是几种方式的混合。实际中资源分配常常是各种程度的"讨价还价"或"招标"的调和。不管怎样,这些模型对于了解不同情况下资源分配的主要思想还是有用的。

图 9-14 在公司层的资源分配

1. 无资源变化

如果组织中的管理人员战略发展不需要在资源总数或资源调度上作任何变化,那么他们就会按着这种理解方式来管理资源的分配。在图 9-14 中,这种情况由两个极端的方式所代表:公式化分配(集中指导的程度很多)和自由讨价还价(分配是分散化的)。在这种情况下,许多公司受到批评是:它们采用的资源分配方法太严格,以致在对组织的战略进行逐步调整时会出现问题,而这种调整对组织的发展很重要。

许多组织都使用一个公式作为分配的出发点。例如,广告预算可能是销售的 5%,或者在公共服务组织内,收入可能按每人多少分配(如医生的病人)。这样就会给"讨价还价"留下一些余地,例如,公司可以重新确定公式或计量资源的方法。

即使作为出发点,公式化的分配过程也存在一些不足。首先,在公式的适用性或公正性问题上常常出现一些分歧,常见的应付措施是修正公式,并使之更复杂,如通过加权,或者引入新的要素等。但这既不能解决分歧,而且还会使问题更糟糕,因为这种类型的公式总是具有一定程度的任意性。零基预算(zero-based budgeting,ZBB)可能是检查这一过程的一种方法,并能将分配与客户的需要或需求联系起来。

相反的极端例子,即组织总部和部分(分部)之间的自由讨价还价也许接近零基预算的条件,但却极少以独立的形式出现。如果变化程度很低,高级管理人员可能不应该因资源的微小变动而卷入到讨价还价过程中。真正要求的是判断一个部分或分部本身在总数的范围内是如何分配,怎样在给分部或各部门更多的自由同时,实现对整个战略的控制的问题。

另外,对变化度的理解将会决定资源分配的方法。防御型(defender)组织可能会在靠近公式一端的范围内经营,因为它想通过发展那些使资源分配没有重大变化的战略来使组织面临的变化最小。相反,开拓型(prospector)组织可能会积极地寻找由那些反对现状的资源分配制度所带来的各种新机会。因此,即使是在变化不大的情况下,它们也会以自由讨价还价的方式经营。

2. 增长过程中的资源分配

当组织要实施那些要求资源作很大变动的战略时,就需要各种不同的资源分配方法,见图 9-14。例如,在增长的过程中常常以相对的形式进行资源的再分配,但却不减少组织中任何一部分的资源,即仅仅是简单地将新资源有选择地在组织内部进行分配。

同样,怎样进行这种再分配也存在极端方式,一个极端是集中地规定优先领域,并且由组织的中心或总部来进行资源分配;另一极端是组织内部的中心或总部从这个"银行"中竞价要求额外的资源,处于增长期的大多数组织都选择处于这两个极端之间的一条中间道路。可以将这种方式描述为有约束的竞价(constrained bidding),在这种方式下,组织的分部或部门可以竞价要求额外的资源,但要在组织制定的标准和约束的范围内进行。

3. 在静态或下降的形势下分配资源

处于增长环境的组织所面临的许多问题在静止或下降的组织环境下同样存在,但却有许多重要差别。特别地,这种情况下的资源分配要绝对地减少某些领域的资源,以维持其他领域的资源供给或支持新的发展。

解决这种资源(经常是很难的)再分配问题的办法:在一些组织内再分配只是简单地由上级(或总部,或中心)来指定(imposed),如可能会关闭某些工厂。另一种情况,再分配以公共竞争方式实现,如可能让组织内的员工自由更换。这样,当岗位空缺时,他们将公共竞争并会分配给最需要的单位。同样,也有一种中间形式,即对资源实行有约束的竞价,在这种情况下,资源会从一个领域转向另一个领域,为了做到这一点,经常将组织用于再分配的总资源的一部分分配给新的业务。

许多公司和公共服务组织在 20 世纪 80 年代和 90 年代初期,都遇到了

资源再分配的难题,克服这些困难的方法说明了以下各点:

① 通过将相关的领域或活动合并(amalgamating),可以减少资源的使用量,如在医院内两个相关的科目可以合并在同一个部门下。虽然资源节约经常用"消除重复利用"或"规模经济"来解释,但这些都不如在新单位内通过优先级排序获得的机会来得重要(不是一个单位一个单位地去比较)。

② 另一个常用的解决方法是在正式的结构之外设立新的单位。这个新单位的资源是从其他领域得到的(因此维持"痛苦的平衡"),最后再将这个新单位并到主体结构中,通过这一过程完成资源的再分配。

③ 在有些情况下,可以通过一个公开的过程进行资源的再分配,如简单地关闭组织的一部分。这种集中分配的极端形式,在组织面临不能生存的危机的情况下使用。

4. 共享资源的分配

在大公司中,公司一层的资源分配面临的最大困难之一就是确定组织不同部门之间资源重复使用、资源重用的程度。它们会以多种不同的方式产生,从在部门间共享服务(如秘书)到更大的事件,如两个分部是否共享生产力或拥有的公共的销售力量等。这类问题与组织的结构和体制关系密切。很重要的一点就是要认识到组织总部是否愿意放松对资源分配上具有更多的集中指导。相反,在分部或子公司独立性很强的情况下,这种来自组织中心或总部的详细指导就不太重要了。在存在资源共享或重用的地方,有许多种分配这些共享资源的方法,下面是三种主要方法:

① 从总部到分部间接地征收管理费用。

② 直接征收服务费(这些服务来自集中服务部门或其他分部)。

③ 直接将管理责任委托给一个指定的分部,然后由这个分部向其他用户收取费用。

直接将发放资源管理责任和计量放在一个部门内,但是这又存在产生新的管理收费系统官僚化的危险。因此,许多组织将这些收费限定在两个主要领域。

① 能够真正反映供应商/顾客关系的内部服务,可通过横向服务协议等形式进行收费。

② 在管理费用的主要项目(如楼房面积等)上应鼓励分部更多地从战略上考虑资源分配问题。

9.5.5　事业部层的资源分配

在这里我们首先引用价值链的观点,作为分析组织战略能力的一种分析方法。它强调指出组织应该知道对组织战略的成功贡献最大的是哪些价值活动,如通过相对于竞争者的成本优势或差异化(或者在公共服务组织中通过成本效益或提高服务质量)等促进战略的成功。而且,组织的战略能力常常由管理这些不同的价值活动之间的联系的方法来决定。在计划实施新战略时,这些问题在资源规划中同样至关重要:

① 规划中一定要弄清楚哪些价值活动对所定战略的成功实施最重要,并且在规划时要给予特别的注意。

② 规划一定要解决整个价值链的资源要求问题,包括价值链之间的联系以及与供应商、销售渠道或顾客的价值链。

虽然这一层次上的资源规划要非常地详细,但是不管怎样也要以战略的态度理解它,这一点非常重要。特别是要了解详细,但是不管怎样也要以战略的态度理解它,这一点非常重要。特别是要了解详细的经营资源计划(operational resource plans)是怎样支持组织的战略的。因此,通过强调三个中心问题,将详细计划放到战略框架。

① 资源确认——从战略上看需要哪些资源,怎样安排这些资源。

② 与现有资源的一致性——对现有资源的依赖程度怎样? 它们是现有资源的一个变化吗?

③ 资源之间的一致性——所要求的资源能互相联合吗?

执行层的资源计划与战略见图 9-15。

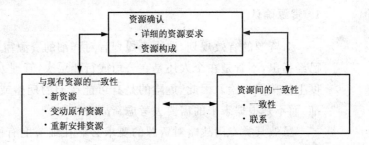

图 9-15　执行层的资源计划与战略

表 9-12 举例说明了在成功实施战略过程中怎样才能将价值链用做计划资源需求的清单。这个清单应该用来确定那些对战略非常重要的价值活动,以及相关的一致性问题——既包括与现有资源的一致性,也包括独立资源与活动之间的一致性。

表 9-12　战略变化对资源的影响

支持活动	与供应链的联系	主要活动					与运输链的联系
		内向后勤	经营	外向后勤	营销与销售	服务	
采购	资源支持;成本;质量;所在地	运输;仓储;资金	机器;可支配资源	运输;仓储	产品/服务;专利/特权;商标名	保证制度;信贷便利	渠道选择;类型;成本;地址;业绩
技术开发	技术资源(包括筹资)	专门知识;设计;技术转让	工艺;开发	船运	网络联系;信息系统	错误诊断	运输系统;展览;EPOS
人力资源管理	培训 TQM	聘请员工;股东/债权人;关系形象	团队开发;工作满意程度;分包商培训	子公司	代理机构;销售人员;商誉	售后服务;员工声望;维修员工	特权;生产;培训
管理系统	供应商资格审查;准时生产制;质量控制	购买系统;车船调度;材料安排	生产计划;质量控制;现金管理;存货控制;安排布局	送货安排(运输调度)	订单处理;债务控制	顾客服务系统	EPOS;市场研究

1. 资源确认

对资源的有效规划,取决于规划者对详细的资源需求情况的了解程度。已经指出,不管是在个人还是在公司或行业层次,管理人员的管理在很大程度上依赖于经验。因此,危险的是有可能按旧的期望或已经存在的经营标准,而不是根据未来的需要去考虑新战略。

虽然某类专门战略对资源的要求必然在细节上有所不同,但是有关不同种类的战略各自对资源要求的研究还是有用的,表 9-13 比较了两个例子。

表 9-13　支持不同战略的主要技能和资源

低价战略	差异化战略
主要技能	主要技能
"过程"设计	"产品"设计
劳动力管理	营销
易于生产的"产品"	创造性的本领
低价分销	研究能力
	公司形象
要求	要求
严格的成本控制	松散的控制
详细汇报	简单汇报
结构化程度高	很强的协调、协作能力
量化目标	基于市场的激励

① 低价战略要求将资源分配的重点放在注重成本和效益的工厂和工艺上,使其有能力进行再投资以保持这些优势。也可能将重点放在实现操作过程简单化低成本的分销系统上。另一方面,采用差异化(differentiation)战略的组织可能会要求各种不同的技术、能力和资源,特别是可能需要很强的营销、研究和创新能力,强调产品开发和工程化。因此,重要的是要去确认那些对某类战略的成功十分重要的价值活动。

② 组织的竞争地位不仅由它对独立的价值活动、所要求的资源和所作的规划的好坏来决定,还取决于管理体系与方法对采用的战略的匹配和支持程序。表 9-13 还指出了支持不同类型的战略所必需的一些主要的要求。因此,成本效益不仅要由过程规划、劳动力管理等来保证,而且还取决于管理系统是否支持这些规划,因为管理系统是成本效益得以实现的保证,这可能会导致严格的成本控制和详细的报告等。相反,差异化战略可能只要求"松散"的报告和控制系统,而重点是放在各价值活动的合作(co-ordinating)上,以保证在产品或服务的生产和传输的过程中能真正地增加价值。由于以下三个原因,要想理解价值活动规划和管理体系是怎样支持战略的实施,实际上是很难的。

a. 新战略可能会要求组织变更它们的方法。在表 9-13 给出的例子中这个转变可能很不容易实现——在两个方向上都不容易实现——因为所设计的资源控制和规划都是用来支持老战略而不是新战略的。

b. 一般战略并不是一种绝对的选择,例如,在追求差异化战略时,是放弃对成本效益的管理还是相反。但在实际中,两者对于战略的成功都非常重要。

c. 分散化的组织可能会用不同的办法为不同的产品和业务定位。这就要求根据每个市场或客户团体的需求来安排资源,这对那些所有的工厂、劳动力和管理都是为共同的产品(或服务)服务的组织来说很困难。例如,为快速满足客户订单而出售的产品可能要求生产系统有些机动的余地,以利于减缓填满生产能力和实现成本效益的压力,以便生产其他的产品并满足顾客的需要。

2. 与现有资源的一致性

在为新战略规划资源的过程中隐含的危险之一,就是试图达到理想的资源状况。但是,几乎没有一种战略变化是"凭空"引入的(即不能原来什么资源都没有)。因此,资源规划的第二个中心问题是怎样适应组织的现状。事实上,为了避免与现有的经营出现冲突或不相容问题,组织可能通过新的分部或甚至是新的公司生产和销售某些新产品。因此,资源规划还涉及组织结构问题并导致组织在管理上的变化,在这里就不详述了。

在评估与现有资源的一致性时,首先要明确实施战略要求组织有哪些主要变化,然后分析对现有资源的调整和组织协调是否可行。

3. 所要求的资源之间的一致性

成功战略的重要因素之一是各重要的价值活动之间的联系方式(包括与供应商、销售渠道和顾客的联系)。为了支持战略,一定要保持对各种不同的价值活动的规划方法的一致性(consistency)。

在复杂的情况下,管理者常常难以决定资源规划该从何处开始。在某种意义上,其实也没关系,因为产品开发计划可能要求将图中所示的各种联系重复几次。在这方面,对新产品的需要可能是由于制造能力没有充分利用而促成的,即制造能力没有完全被利用,因而需要新产品来填充制造能力。进而,需要仔细分析这个工厂能生产的新产品的种类和类型,分析新产品是否有市场,工作人员是否具有相关的技术和能力等,这个规划优先级的问题将在下节详细讨论。

要为产品投放市场制定一个可行的计划不仅仅是由于这些关系非常复杂,而且还由于管理这些单个价值活动的责任在组织中被分割了(可能是在两个不同的部门),由此产生的政治问题常常会使情况更糟。这些部门的不同的观点和目标也应该在规划过程中进行统一,因为它们在战略实现的过程中非常重要。

9.6 企业文化

加强企业文化建设,保证企业文化同企业宗旨、理念、目标的统一,是企业战略实施成功的一个重要环节。通过企业文化的导向、激励和凝聚作用把员工统一到企业的战略目标上是战略实施的保证。因此,企业文化应适应并服务于新制定的战略。但由于企业文化的刚度较大,且具有一定的持续性,当新战略要求企业文化与之相配合时,企业原有文化的变革会非常慢,旧的企业文化常常会对新的战略实施构成阻力。而我国企业在战略实施过程中,常常忽视企业文化建设,从而也影响到了战略实施的效果。

9.6.1 企业文化概述

企业文化是指企业全体职工在长期的生产经营活动中培育形成并共同遵循的最高目标、价值标准、基本信念及行为规范,企业文化是一种管理文化、经济文化及微观组织文化。

企业文化应该包括四个方面的内容:

① 企业的最高目标或宗旨。企业是一个经济实体,必须获取利润,但我们绝对不能把盈利作为企业的最高目标或宗旨。企业经营实践证明,单纯把盈利作为最高追求,往往适得其反。世界上比较优秀的企业,大都以为社会、顾客、职工服务等作为最高目标或宗旨。

② 共同的价值观。所谓价值观就是人们评价事物重要性和优先次序的一套标准。企业文化中所讲的价值观是指企业中人们共同的价值观,共同的价值观是企业文化的核心和基石,它为企业全体员工提供了共同的思想意识、信仰和日常行为准则,这是企业取得成功的必要条件。因此,优秀的企业都十分注意塑造和调整其价值观,使之适应不断变化的经营环境。

③ 作风和传统习惯。作风和传统习惯是为了达到企业最高目标和价值观念服务的。企业文化从本质上是讲员工在共同的联合劳动中产生的一种共识和群体意识,这种群体意识与企业长期形成的传统和作风关系极大。

④ 行为规范和规章制度。如果企业文化中的最高目标和宗旨、共同的价值观、作风和传统习惯是软件的话,那么行为规范和规章制度就是企业文化中的硬件部分,在企业文化中硬件要配合软件,使企业文化在企业内部得以贯彻。

9.6.2 战略—文化的一致性

当实施一个新战略时,管理层要考虑下列有关战略—文化一致性的问题:新战略与现有文化之间的匹配。

① 规划出来的战略与公司现有文化是否一致? 如果是,就全速前进。把组织变化与公司文化捆绑起来,看新战略如何比现有战略能够更好地实现使命。如果不是,就提出下面的问题。

② 能否很容易调整文化,使它与新战略更加一致? 如果是,就谨慎前进,导入一系列改变文化的活动,比如较小的结构调整、培训与发展活动、招聘与新战略更一致的新经理等。例如,当"宝洁"的高层管理者决定实施一个降低成本的战略时,就改变了一些事情的做法,但是并没有取消品牌管理系统。两年多之后,企业文化与这些调整相适应,生产率提高。如果不是,……

③ 管理层是否愿意、而且能够作出较大的组织变革,并且接受时间上的延误和可能增加的成本? 如果是,围绕文化管理,建立一个新结构单元来实施新战略。例如,通用汽车的高层管理意识到,为了更具竞争力,公司必须作出一些重大变革。因为现有结构、文化与规程都非常不灵活,管理层决定建立一个新分部来制造新汽车。通过与美国汽车工会合作,在达成一致的基础上制定了一个全新的劳动协议。精心挑选出来的员工分别接受了100~750 小时的培训,一种全新文化就这样一点一点建立起来了。如果不是,……

④ 管理层是否仍然愿意实施新战略? 如果是,找一个合资伙伴或与另一家公司签订合同执行该战略。如果不是,另外制定一个战略。

9.6.3 战略稳定性与文化适应性

战略的稳定性反映企业在实施一个新的战略时,企业的结构、技能、共同价值、生产作业程序等各种组织要素所发生的变化程度;文化适应性反映企业所发生的变化与企业目前的文化相一致的程度。处理二者关系可以用下面的矩阵图表示,见图 9-16。

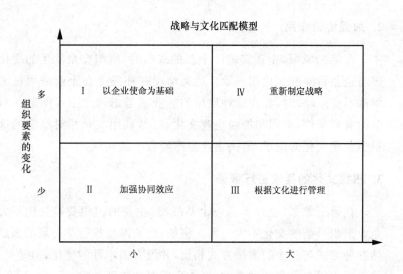

图 9-16　潜在的一致性

在矩阵中,纵轴表示企业战略的稳定性状况,横轴表示文化的适应性状况。

1. 以企业使命为基础

在第一象限,企业实施一个新的战略时,重要的组织要素会发生很大变化。这些变化大多与企业目前的文化有潜在的一致性。这种企业多是那些以往效益好的企业,可以根据自己的实力,寻找可以利用的重大机会,或者试图改变自己的主要产品和市场,以适应新的要求。这种企业由于有企业固有文化的大力支持,实行新战略没有大的困难,一般处于非常有前途的地位。在这种情况下,企业处理战略与文化关系的重点是:

① 企业在进行重大变革时,必须考虑与企业基本使命的关系。在企业中,企业使命是企业文化的正式基础。高层管理人员在管理的过程中,一定要注意变革与使命内在的不可分割的联系。

② 发挥企业现有人员在战略变革中的作用。现有人员之间具有共同的价值观念和行为准则,可以保持企业在文化一致的条件下实施变革。

③ 在调整企业的奖励系统时,必须注意与企业组织目前的奖励行为保持一致。

④ 要考虑进行与企业组织目前的文化相适应的变革,不要破坏企业已有的行为准则。

2. 加强协调作用

在第二象限,企业实施一个新的战略时,组织要素发生的变化不大,又多与企业目前的文化相一致。这类情况往往发生在企业采用稳定战略(或维持不变战略)时,处在这种地位的企业应考虑两个主要问题:一是利用目前的有利条件,巩固和加强企业文化;二是利用文化相对稳定的这一时机,根据企业文化的需求,解决企业生产经营中的问题。

3. 根据文化的要求进行管理

在第三象限,企业实施一个新战略,主要的组织要素变化不大,但多与企业组织目前的文化不大一致。例如,企业准备推行某种新的激励方式,虽然这种方式与过去的激励方式相比,并没有根本性的变化,但是某些利益相关者基于对自身利益的考虑,可能会反对实施新的方法。此时,企业需要研究这些变化是否可能给企业带来成功的机会。在这种情况下,企业可以根据经营的需要,在不影响企业总体文化一致的前提下,对某种经营业务实行不同的文化管理。同时,企业要对像企业结构这样与企业文化密切相关的因素进行变革时,也需要根据文化进行管理。

4. 重新制定战略

在第四象限,企业在处理战略与文化的关系时,遇到了极大的挑战。企业在实施一个新战略时,组织的要素会发生重大的变化,又多与企业现有的文化很不一致,或受到现有文化的抵制。对于企业来讲,这是个两难问题。

在这种情况下,企业首先要考虑是否有必要推行这个新战略。如果没有必要,企业则需要考虑重新制定战略。反之,在企业外部环境发生重大变化,企业考虑到自身长远利益,必须实施不能迎合企业现有的文化的重大变革,企业则必须进行文化管理,使企业文化也作出相应重大的变化。为了处理这种重大的变革,企业需要从四个方面采取管理行动:一是企业的高层管理人员要痛下决心进行变革,并向全体员工讲明变革的意义;二是为了形成新的文化,企业要招聘或从内部提拔一批与新文化相符的人员;三是改变奖励结构,将奖励的重点放在具有新文化意识的事业部或个人的身上,促进企业文化的转变;四是设法让管理人员和员工明确新文化所需要的行为,形成一定的规范,保证新战略的顺利实施。

9.6.4 在战略和文化间建立匹配关系

选择一种能够与现行文化中的"不可侵犯"的或是不可改变的部分相一致的战略是战略制定者的责任。一旦战略选定,变革公司文化中阻碍战略有效执行的方面就是战略实施者的责任。

变革一个公司的文化,且使之与战略相结合是最艰难的管理任务之一——这方面说比做要容易得多。第一步是诊断现在文化中哪些方面是支持战略的,哪些不是;然后,经理们不得不对那些相关人员公开地、直截了当地说明文化中不得不变革的方面;紧接着必须有修正文化的实际行动,能够使每个人都理解这是以建立更适合战略的新文化为目的的行动。

9.6.5 战略与企业文化的匹配

企业文化是成功实施企业战略的重要支持。企业在选择和创建企业文化时,必须以战略对文化的要求为出发点,综合考虑战略类型、行业特点、管理风格、产品或服务特性等各种因素,实施有助于推动战略实施的文化类型。

这里主要介绍与进攻型、防御型、撤退型企业战略相匹配的企业文化。

1. 进攻型战略的企业文化

实施进攻型战略的企业主要通过技术开发、产品开发、市场开拓、生产扩大等策略不断开发新产品、新市场,掌握市场竞争的主动权,提高市场占有率。与此相适应的企业文化应当以"持续创新"为核心,营造一种有利于创新、尊重个性、鼓励开拓、不怕失败的宽松氛围。这种类型的企业文化具体包括以下特点:

① 企业员工等级身份模糊,行为随便,不拘小节。

② 企业成员具有高度的冒险精神及承担重任的勇气。

③ 企业拥有高效的、斗志昂扬的、渴望成功的环境。

④ 企业重视个人的协调能力和在不确定的社会环境中完成工作的能力。

⑤ 在实施决策前,对重要问题具有强烈要求取得共识的倾向。

⑥ 企业鼓励全体员工都能独立思考、锐意进取,并善于采纳普通员工的合理建议。

⑦ 企业对因各种创新而给组织带来良好效果的成员予以高度评价与赞扬。

⑧ 高度重视积极性冲突,希望员工在任何竞争市场都积极主动地参与,为自己的意见进行激烈的辩论。

⑨ 职位与收入严格与个人实际工作绩效相联系。

2. 防御型战略的企业文化

实施防守型战略的企业为应付竞争对手的挑战,规避激烈的市场竞争,投入的资源仅用于维持现有的竞争地位,希望取得稳定发展,以守为攻、后发制人。与此相适应的企业文化应坚持稳重、严谨,注意管理细节的工作作风,提倡遵守纪律、循规蹈矩、审慎行事,勤勉敬业,强调严格控制和高度规范化、秩序化、标准化。这种类型的企业文化具体包括以下特点:

① 企业内等级层次分明、正规刻板。

② 办公室秩序井然,严肃寂静。

③ 人与人之间彬彬有礼,和气有加,经常使用技术或行政称谓。

④ 具有很多反映身份和地位的标志。

⑤ 行动速度缓慢而谨慎,非常重视计划、程序、时间性。

⑥ 决策一旦制定就必须坚决执行。

⑦ 员工之间互相尊重对方意见,鲜有观点争论。

⑧ 管理人员在职责范围内提出的建议常能得到重视并付诸实施,不能容忍下级不服从上级的现象。

⑨ 权力受到高度尊重,尽量避免冲突。

⑩ 具有根据个人实际完成工作情况和私人背景而确定员工职位和收入水平的标准。

3. 撤退型战略的企业文化

撤退型战略的企业文化常常在竞争中处于不利地位,或者其产品处于衰退期而严重滞销,或者财务状况恶化等等。此时,企业不得不牺牲一定的眼前利益来对付严重的竞争威胁。

一般情况下,长期在某部门工作或参与某种产品生产与销售的员工,当遇到该部门或该产品被撤销的情况时,他们可能会因为无法继续工作而失去工作、晋升的机会。因此,撤退型战略会遭到他们的极力抵触。此时,企业若不能以恰当的形式来回报员工以往的贡献,不仅会助长当事人的不满和抵触情绪,而且也会影响员工士气,进而影响企业战略的实施。更糟的是,这样很有可能会破坏企业长期以来形成和保持的文化氛围。

从企业外部来看,企业与其供应者、合作者、消费者之间的彼此信任的关系是通过长期努力而建立的。因此,企业实施撤退型战略,要处理好这些关系,努力保持良好的企业形象,避免带来长期的负面影响。

为此,实施撤退型战略的企业必须借助于企业文化来达到战略目标。与此相适应的企业文化应当既能在企业内部营造人心安定、士气不减的氛围,又能继续保持良好的公共关系和企业形象。

【本章小结】

战略实施过程是企业进行具体战略规划、方案设计,并按规划、设计要求,为实现战略目标而动员和调集现有资源,积极行动起来的过程。战略实施过程中,企业活动涉及组织结构调整、各类资源重新配置、企业文化重塑等多个方面和各个层面的变革,企业上下都将面临较为复杂局面,整体学习和调整的任务趋于繁重。

战略实施过程中,组织内部的不稳定因素增加,要求企业全体员工同心协力,一切以有利于战略目标的实现为基本行为准则,创造性地积极开展工作。

战略实施过程中,企业领导者和领导群体扮演最为重要的角色。他们在组织动员、资源调集、任务分配、危机处理、局面控制、变革创新等方面的影响力和才能,往往成为战略实施成败的关键。

【思考与讨论题】

1. 根据你的个人经验和体会,讨论领导者应具备的战略素质。
2. 根据你的个人经验和体会,讨论一个特定企业的组织变革与文化重塑问题。

【本章参考文献】

1. Hunger, Wheelen. *Essentials of Strategic Management*. second edition. Prentice Hall INC
2. Richard Lynch. *Corporate Strategy*. second edition. Prentice Hall INC
3. Charles W. L. Hill. *Strategic Management*. third edition. Houghton Mifflin Company
4. John A. Pearce II. *Strategic Management*. six edition. McGraw Hill Company, INC

5. Michael A. Hitt. *Strategic management*. fourth edition. South - Western College Publishing

6. 弗雷德·R·戴维. 战略管理. 第 10 版,李克宁译. 北京:经济科学出版社,2006

7. 斯蒂芬·罗宾斯. 管理学. 第 7 版. 北京:中国人民大学出版社,2004

8. [美]阿瑟·汤姆森,斯迪克兰德. 战略管理. 第 10 版. 段盛华等译. 北京:北京大学出版社,2004

9. [英]格里·约翰逊,凯万·斯科尔斯. 公司战略教程. 金占明,贾秀梅译. 北京:华夏出版社,1998

10. 刘冀生. 企业经营战略. 北京:清华大学出版社,1995

11. 陈继祥. 企业经营战略. 上海:上海交通大学出版社,2000

12. 宝利嘉. 500 种最有效的管理工具. 第一卷. 北京:中国经济出版社,2001

第10章 战略评价与控制

【本章学习目标】

学习本章的过程中,要求侧重了解:

- 战略控制的概念、框架和内容,了解战略控制与传统管理控制的异同、战略控制的作用以及战略控制的层次。
- 战略控制理论中三种控制模型的主要内容:组织业绩的评价与控制模型、组织行为的评价与控制模型以及战略基础的评价与控制模型;了解各模型中不同控制理论所侧重的控制模式的具体适用特点。
- 有效评价与控制系统的设计原则、有效奖励系统的不同内容以及在建立和利用计算机信息系统过程中应注意的问题。
- 如何将有效战略评价与控制系统与企业各种类型的既定战略相匹配并服务于企业的战略目标。
- 学会结合以上各战略控制理论的要点和具体企业不同的状况与行业特点分析、制定不同的具有创新性的有效战略控制系统。

通过前面的章节,我们了解了企业在战略管理过程中如何分析组织内外环境、如何制定目标、战略以及行动方案、选择何种组织结构配置资源以及怎样进行组织领导来实施相关战略。然而要保证组织战略最终能被成功实施还需要一种能使组织有效运行、员工得到有效激励的评价与控制机制。换句话讲,前面的章节仅是从文字上或思想上对组织目标、行动计划、组织结构以及资源、权利的分配方面制定了一个精美完善的目标和框架,然而要使组织向着既定目标有效运行,则必须设计一个战略评价与控制系统才能保证战略计划的成功实施和组织目标的如期实现。有效的战略评价与控制系统能够对各种相关信息进行适时反馈、协助管理者对环境变化进行及时决策和反应。战略控制环节是战略管理过程中十分必要的一环。

在本章中,我们将主要了解这样的一些问题:战略控制的确切含义[1]、性质

---

① [美]斯蒂芬·罗宾斯:《管理学》,第 10 版,北京,中国人民大学出版社,2004。

以及控制流程;如何设计一个有效的战略控制系统;如何将战略评价与控制系统与各种战略相匹配以及企业在选择评价与控制系统时应注意哪些问题。

10.1 概念与性质

什么是战略控制? 它具体指哪些活动内容? 为什么要进行战略控制? 它在战略管理流程中又有何重要的作用? 在本节中,我们将主要了解这些有关战略评价与控制领域的重要概念和问题。

10.1.1 战略控制的概念与作用

首先,所谓控制,按照管理学上的定义是指监视各项活动以保证他们按计划进行并纠正各种重要偏差的过程。企业的控制活动在管理流程中有着重要作用,管理者可以通过控制系统得到及时的信息反馈、发现问题、采取纠正措施并对组织和员工的业绩进行评价与激励。

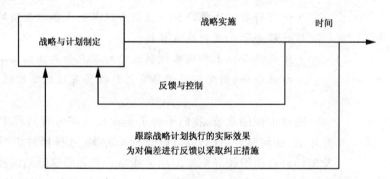

图 10-1 管理流程图

自 20 世纪 90 年代以来,战略管理理论受到人们的广泛重视与应用。下面是代表性战略管理文献上有关战略控制的几种定义:

按照希尔(Charles W. L. Hill)与琼斯(Gareth R. Jones)所著《战略管理》,战略控制是指在企业的公司层、业务层以及职能作业层构建适当的控制系统的过程,通过这些不同层面的控制系统,经理人员可以评价本公司是否获得出众的工作效率、质量、创新、客户满意度以及公司战略是否得到成功的实施。

根据希特(Michael A. Hitt)等所著《战略管理——竞争和全球化》,战略控制是指公司管理层通过长期的和战略性的评价指标对业务部门及它们的分部门的业绩进行评价。

弗雷德·R·戴维所著《战略管理》概括了战略评价与控制的三项基本活动：①考察企业战略的内在基础；②将预期结果与实际结果进行比较；③采取纠正措施以保证行动与计划的一致。

从以上对战略控制的各种定义中可以看出，战略评价与控制的实质是企业通过设计有效的战略管理评价与控制系统对竞争环境的变化、战略本身的可行性以及战略实施情况的信息进行及时反馈、分析、评价、迅速反应，并同时进行人员激励的一个持续动态的过程。它的目的是保证组织竞争战略的有效实施，并最终提高组织在迅速变化的竞争环境中获得持续的竞争优势。

举个例子来讲，某公司为达到最高的效率目标实施了低成本战略，这时组织需要大量相关的成本信息，如本公司相对于竞争者的成本状况、竞争者的目前行动、公司的成本变化走势以及资源投入的价格等等。公司通过对这些信息的收集来制定将来的战略规划——比如，引入自动化的机器设备以节约劳动成本。同样，公司还可以通过对信息的收集来评价组织的行为。如一个职能型组织结构的公司发现本公司的成本在上升、质量在下降，通过对问题的调查发现原因出于职能部门间缺乏合作与协调。根据这个信息，管理者决定将组织结构改为以产品划分的组织结构，并利用部门交叉的工作团队或小组来提高职能部门间的合作与新品开发的速度。

此外，合理的战略控制与评价系统可以解决管理中遇到的委托—代理问题和多分部制组织结构的企业内部部门间因缺乏信息沟通与合作而产生的问题。

10.1.2 战略控制的内容与框架

战略评价与控制的内容主要分为三类：对组织业绩的评价与控制；对组织行为的评价与控制；对战略基础或战略本身的有效性的评价与控制。

对战略实施结果或者组织及个人业绩的评价与控制与传统管理控制活动的方式有相同之处。它们的主体内容大致都可分为如下几个环节：①确定战略评价与控制的指标体系或预算体系；②将实际执行结果与预定的评价标准进行评比，分析偏差，找出原因；③采取纠正措施并将业绩或绩效评价结果与激励机制结合起来。

对战略实施结果的控制活动侧重于利用某些财务指标（如投资收益率ROI、剩余收益 RI、经济增加值 EVA 等）与组织制定的各级战略目标体系对组织整体、各级业务部门以及个人的业绩进行评价与控制。

对组织行为的评价与控制主要是对组织战略实施过程中的行为方式进行约束与控制,如利用组织内部的规章制度或工艺流程的标准化以及组织文化等手段对部门和员工的行为进行约束与控制。

对战略基础和战略本身的评价与控制活动主要是指对组织内、外环境的关键因素进行监控,分析战略假设是否依旧有效、面临新生的关键机会与威胁现行战略本身是否依旧可行以及如何对战略规划进行及时调整等。这种战略评价与控制具有一定的开放性,信息需求量大,需要组织拥有迅速、畅通的对内(外)部信息的传递机制以及部门间的合作与协调。从一定意义上讲,这种战略评价与控制可以影响组织的战略方向与行动基础,对组织成败具有关键意义。

综合上述三种战略评价与控制活动,我们可以看出一个组织所进行的战略评价与控制活动可用如下框架予以概括,如图 10-2 所示。

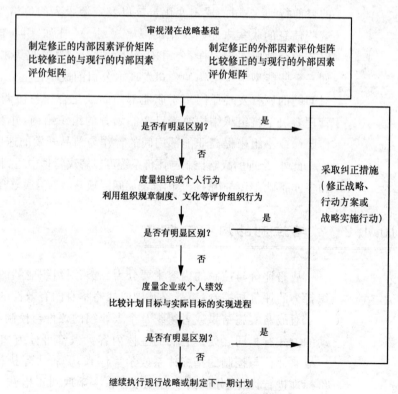

图 10-2　战略评价与控制框架

资料来源:弗雷德·R·戴维,《战略管理》,第 10 版,李克宁译,北京,经济科学出版社,2006。

10.1.3　战略控制的层次与方式

　　一般来讲,对组织行为与业绩的评价与控制活动分别发生于组织的三个主要层面:公司层、业务层和职能作业层。公司层的管理者对组织整体的业绩最为关心,如利润、投资收益率以及资金周转率等,其目的是制定用于衡量组织整体业绩的标准并形成有效的竞争战略。与之类似,其他层次的管理者最关心的是制定一套标准来衡量业务层或职能作业层的业绩。所有这些衡量手段都应以最终获得领先的效率、质量、创新和对顾客的迅速反应为标准。此外,需要注意的是每个层面上的控制系统不应给其他层面带来问题,如业务层为提高本部门业绩所采取的行为不应以损害公司层的业绩为代价。

　　企业内各个层面的战略评价与控制活动主要分为三种方式:事前控制(又称前馈控制)、事中控制(又称同期控制)和事后控制(又称反馈控制)。具有不同组织结构类型或处于企业生命周期不同阶段的企业对这三个环节的控制活动有着不同的要求与侧重。

　　事前控制发生在实际工作之前,组织可利用前馈得来的及时、准确的信息来避免预期出现的问题。在战略管理过程中,事前控制的主要目的是保证组织"做正确的事"。我们在前面的章节中讨论了如何确定以及分解组织目标、选择与分解有效的竞争战略、制定合理的长短行动计划以及预算等前期工作。这些前期工作的目的都是解决组织"应做哪些正确的事",而且这些工作中设计的指标将作为对公司各级部门战略执行业绩及经理人员业绩进行评估的标准。

　　然而,战略进入实施阶段以后,由于组织内、外部环境可能发生的重大变化以至于带来新的机会或威胁都可能会导致现行战略及行动方案的不可行,如不加修正继续执行,那么再高效的执行业绩都不会扭转因战略方向的错误、机会的丧失或意外威胁等给组织带来的巨大损失和失败的危险。因此,为了杜绝以上问题的发生,制定相应的权变计划(contingency plans)是非常必要的。

　　权变计划是指在特定关键事件没有按预期发生的情况下可采取的变通战略。权变计划可以保证组织对环境变化进行迅速反应、防止在危机中陷入混乱,并有助于培养管理者的应变能力。

制定权变计划应本着简单的原则,没有必要对所有领域、所有可能发生的事情都制定权变计划。此外,在组织进行战略评价与选择时,那些往往被忽视的未被选中的备选战略都可以作为权变战略。当企业现行战略的内部或外部基础发生重要变化时,这种权变战略可以被迅速实施。权变计划曾在杜邦公司、道氏化学公司、联合食品公司和爱默森电气公司发挥了重要的作用,它们将制定有效的权变计划工作主要分为七步:

① 确认可能使现行战略失效的有利的和不利的事件。

② 确定这些事情可能发生的环境条件及触发点。

③ 评价各种突发事件的影响,估算这些事件带来的益处或害处。

④ 制定权变计划,要确保这些计划与现行战略的兼容性和经济上的可行性。

⑤ 评价各权变计划的作用,即这些计划在何种程度上能够抓住相关事件带来的机会或规避有关威胁,这样可以定量地确定各权变计划的潜在价值。

⑥ 确定各关键突发事件的早期征兆并监视这些征兆。

⑦ 对于那些确实已显现征兆的、即将发生的事件,预先制订行动计划以获取时间优势。

事前控制虽然具有避免问题的优点,但是在实际运用中由于信息的有限与时间、传递上的迟误都将导致这种事前控制很难办到。因此,管理者们总是不得不借助于另外两种类型的控制:事中控制与事后控制。

事中控制也称过程控制,管理者要控制企业战略实施中关键性的过程或全过程,随时采取控制措施,纠正实施中产生的偏差,过程控制可以在发生前或重大损失之前及时纠正问题。最常见的事中控制方式是直接观察。此外,企业也可利用组织内的规章制度以及组织文化对组织及人员的行为进行随时的过程控制。

事后控制是企业实际运作中最常见的控制类型。这种控制方式的重点是要明确战略控制的程序和标准,在战略计划部分实施后,将实施结果与原计划结果相比较,由组织的职能部门及各事业部定期将实施结果向高层管理人员汇报,由领导者决定是否要采取修整措施。

与事前或事中控制相比,事后控制在两个方面要优于它们。首先,事后控制为管理者提供了关于计划的实施效果的真实信息,根据偏差的大小管理者可以了解计划的目标实现程度;其次,事后控制可以增强员工的积极性,它可以提供人们希望评价他们业绩的信息。

事后控制在战略评价与控制活动中主要是指在战略执行后通过一些财务或非财务指标对组织整体的业绩进行评价,并据此作为组织今后制定更为有效的竞争战略或整体规划的参照依据。同时,战略控制中的事后控制环节所产生的数据信息常常是组织外部各利益相关者们衡量组织目前绩效、发展前景以及衡量自己利益的依据。

10.2　战略评价与控制系统模型的理论回顾

根据前述对战略评价与控制活动内容的分类,即为:对组织业绩的评价与控制、对组织行为的评价与控制以及对战略基础或战略本身的有效性评价与控制。下面,我们对每一类评价与控制活动中常用的一些评价与控制模型进行介绍。

10.2.1　对组织业绩进行评价与控制的模型

常见的对组织业绩进行评价与控制的三种模型为:市场控制(market control);产出控制(output control)和战略管理控制(strategic management control)。

1. 市场控制

市场控制模型实际上属于产出控制模型中最为目标化的一种模型,它基于一些财务指标对组织业绩进行衡量,如股票市场价格、投资收益率(ROI)及经济增加值(EVA)等。另外,市场控制又分为业绩管理控制模型和基于价值的管理控制模型。

企业通过财务计量的指标着重分析企业的偿债能力、营运能力及管理水平。分析的重点为企业本期和长期的获利能力、经营效率和经营过程中资本等资源利用的有效性,目的在于帮助企业据此作出正确的战略决策。目前,对企业组织业绩进行评价与控制所采用的各种财务指标体系逐渐得到完善。这些指标可主要分为风险类和报酬类,如表 10-1 所示。

表 10-1 财务业绩指标分类

风险类	报酬类
流动能力	盈利能力
资本充足程度	成长性
资产质量	市场评价

风险类指标主要用来衡量企业的财务安全程度,而报酬类指标衡量企业的获利性。若对企业的财务业绩进行详细分类,则风险类指标中的流动能力指标又可分为流动比率、速动比率与经营现金流动对当期负债比;资本充足度可分为负债权益比、资产负债率、普通权益乘数和利息保障倍数;资产质量可分为应收账款周转率、存货周转率、总资产周转率和每股面值。报酬类指标中盈利能力可分为销售利润率(ROS)、净资产利润率(ROE)、总资产利润率(ROA)、每股收益(EPS)、股利支付率和销售毛利率;市场评价分为市盈率和股利收益率。

具体的业绩分析与评价包括对企业长短期偿债能力以及获利能力的分析。其中,衡量企业短期偿债能力的指标有流动比率、速动比率、经营现金流动对当期负债比、应收账款周转率和存货周转率等;衡量长期偿债能力的指标有资产负债率、负债权益比和利息保障倍数等;衡量获利能力的指标有销售利润率、净资产利润率、总资产利润率、每股收益、股利支付率、销售毛利率、市盈率、经济增加值(EVA)和股利收益率等。

下面介绍一下市场控制模型中经常采用的一些主要评价与控制指标。

(1) 股票价格(stock price)

股票价格是衡量公司业绩的一种主要工具。首先,股票价格的波动可以给股东提供公司业绩方面的反馈信息。其次,公司高层管理者的报酬通常是与公司的股票价格相关的,所以他们对股市的涨跌非常关注。再者,股票价格的下跌易导致公司被敌意收购。最后,股票作为一种长期的投资工具,它在一定程度上还显示了公司的长远发展前景。

(2) 投资收益率(ROI)

在对组织业绩的管理中,组织目标通常用财务指标的最优化来表示。许多多分部制(multi-divisional)企业依据责任范围的不同,把企业的各组织部门划分为成本中心、利润中心和投资中心。这种责任中心制的划分意味着组织的目标可以分解为各下级部门的分目标,这些分目标一般是指业务部门的损益表(income statements)和资产负债表(balance sheet)等财务报告中各指标的最优化,如可以是投资收益率(ROI)或者其他一些指标如成本最低化、利润最大化等。许多这样的大型企业授予它们的业务部门一定的自由权限来独立运作达到这些目标。

投资收益率是指经营净利润与经营资产之比,这可以从损益表中得到体现。其基本公式是:

$$投资收益率＝经营净利润 / 经营资产$$

在企业的公司层面,公司高层管理者或股东可以利用 ROI 指标,将本公司的业绩与其他公司进行比较。通过对比,高层管理者可以得出本公司的战略执行情况。例如,苹果公司将本公司的 ROI 与其他同行业公司如戴尔电脑、康柏等进行比较,发现苹果的 ROI 低于其他公司。经分析发现原因出于苹果公司在产品创新与对竞争者降价行为的反应速度方面远低于同类竞争者。

正如在公司层面利用 ROI 将公司整体的业绩与其他公司进行对比一样,在企业的业务层面也可利用 ROI 来评价对比不同业务部门的业绩。实际上有些企业之所以选择事业部制的组织结构,原因之一就在于将各事业部划分为独立的利润中心后,可以利用 ROI 等指标对各分部的业绩进行评价与控制。例如,通用汽车采用事业部制组织结构的部分原因就在于方便采用这种指标体系进行各分部之间评价与控制。同样,许多在世界各地拥有制造基地的生产型企业都可以通过这种评价指标来衡量各个制造基地的经营业绩。例如,美国施乐通过对比发现美国施乐公司的盈利性远低于日本的合作公司——富士施乐。ROI 是对业务层部门业绩进行评价与控制的有效指标,尤其当业务分部经理的报酬与分部业绩挂钩时,ROI 更是一个有力的衡量工具。

美国《财富》杂志公布的 1000 家大公司的调查表明(Anthony ,Govindarajan,1995),被调查的 459 家大公司中 65％的企业以 ROI 作为投资中心的业绩评价指标。但是此指标也具有这样的缺点:投资利润率仅重视短期业绩评价,忽视了对企业长期盈利能力的评价,为保持当期的投资利润水平,经理人员往往拒绝一些有利于长期获利能力的其他投资活动,如对研发活动的投资等。

(3) 剩余收益(RI)

剩余收益是指投资中心的经营利润扣除其经营资产按规定的基准收益率(以资本成本为基础进行确定)计算的投资收益后的余额。其计算公

式为:

剩余收益＝经营利润－（经营资产×规定的基准收益率）

与投资收益率相比,剩余收益有两方面的优点。首先,它可以消除利用投资收益率的评价结果带来的错误信号,因为 ROI 可能会掩盖某些投资中心的实际业绩,并促使管理当局重视对投资中心的业绩用金额的绝对数进行评价;其次,它鼓励投资中心负责人乐于接受比较有利的投资,使部门目标与企业整体目标趋于一致。

尽管剩余收益具有很多内在优点,但是很多公司似乎更多采用投资收益率而非剩余收益,原因是投资收益率的含义很容易被理解,并且它的数据容易从各公司或行业中获得,且可比性强①。此外,单纯依靠剩余收益进行投资中心的业绩评价,也会出现错误信号,因为当投资中心规模不等时,利用剩余收益本身对投资中心进行业绩评价,难于做到公平合理。北欧的许多大公司通常将 ROI 而非 RI 作为衡量业务部门业绩的一种有力工具,并将公司的奖励系统与公司利润挂钩。尽管一些学者认为这些指标与业绩管理并不相关,但是以这些指标作为一种衡量与评价手段的确是必要的且具有很多优点。

(4) 现金流量投资收益率(CFROI)和经济增加值(EVA)

基于价值的管理控制模型定义了一些新的衡量指标,这些指标很大程度上依然是货币性指标或者从财务数据中获得的。基于价值的管理控制模型试图克服以往那些依靠财务报告进行管理控制而造成的公司的短期行为与长期战略目标相矛盾的缺点,从而试图提高短期决策与组织长期战略目标的相关性。

有些学者认为,单凭一般财务指标对业绩进行管理控制往往仅是出于保护贷款者利益的角度,仅反映一些保守的指标。与此相比,基于价值管理的控制指标经济附加值(EVA)和现金流量投资收益率(CFROI)则更着眼于股东的利益,提供一些优于财务利润等指标的企业当前价值信息。如组织短期的目标与政策,通过这些信息的分析,可得出对股东长期利益的一种预期。

CFROI 从现金流量的思想出发,现金流量思想一定程度上类似于资金预算中的所有决策都以对将来的现金流预期为基础的思想。公司可被看做各种投资项目的集散地,各个部门的 CFROI 进行评比后得出计划的资金成本。现实中,CFROI 成为一种计算内含报酬率衡量现金流量的方式。图 10-3显示了 CFROI 指标计算的各构成元素。

---

① 余绪缨:《管理会计学》,北京,中国人民大学出版社,1999。

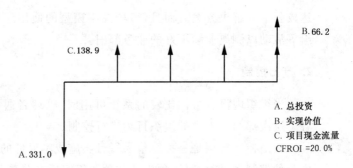

图 10-3　CFROI 计算构成元素

CFROI 模型虽然在逻辑上可行,但它并不像理论中描述的那样简单易行。因为业务部门必须要保存多个时期的现金流量记录,并基于当前投资项目不断进行决策更新。

然而,目前学者们对基于价值的管理控制领域的研究并不主要基于现金流量。他们从财务报告出发作了大量的修改、调整与再评估工作。例如,他们提出的经济增加值指标和经济增加值(EVA)是指税后经营利润与投入资本的资本成本之差。其计算公式为:

EVA＝税后经营利润－(投资×资本成本率)

上式中,税后经营利润是指企业税前的利润乘以(1－税率)的结果。而投资则是指总资产扣减流动负债,再加上长期性支出(如研发费、职工培训费等)。

经济增加值(EVA)指标本质上来讲仍是一种剩余收益(RI)指标,但 EVA 还包括了诸如 R&D 等被视为资本投资的成本项目。这些成本经过界定与重新分配可作为多个时期的资本支出。EVA 概念的提出者认为一个公司的市场价值是与其 EVA 业绩相关的,因此基于 EVA 的公司决策将可有助于提高股东的价值,他们并出具了对股市的统计分析数据来作为对他们观点的支持。其实,即使没有这些证据,EVA 模型仍是一个有吸引力的控制模型,因为它给管理控制引入了战略的观点。EVA 模型没有吸纳那些忽略了诸如品牌、能力等无形资产价值的高度财务会计性的理论观点,而是鼓励我们正确看到这些投资背后的战略意义。而目前许多公司的资产负债表上忽略了这些很重要的资产项目。虽然也许很难要求改变企业财务报表的内容和标准,但我们仍可考虑将业绩管理模型建立在公司内部管理的逻辑基础上。

市场控制模型通常只在某些拥有比较系统的组织内使用,如只有当通过与其他公司的对比,ROI 和 RI 等指标才有此控制功能。但在业务层上,这些指标是否有效则依赖于管理者是否能在组织内部的产品转移定价方面达成公平的解决方案。而且,市场控制模型的使用还可能导致组织进行重组等活动以剥离业绩不好的业务部门。

2. 产出控制

当组织内没有可供比较的系统可用时,管理者通常采用产出控制来对各个层次部门与人员的组织行为进行控制。

产出控制模型是一种简单易行且实施成本最低的控制系统模型。在实施此种控制系统时,组织预先评估预测组织所有分部、部门及个人的目标体系,然后依此目标对他们的业绩进行监控。在此模型中,通常要设计一种奖励系统与组织或个人绩效挂钩形成对组织各级层管理人员的激励。

业务层面的目标由公司层的管理者制定,如销售、生产增长和市场份额等。业务层经理以此目标为标准,设计其组织结构和战略以达到预定目标。通常,公司层经理总是不断提高此目标体系来力图督促业务部门改善业绩。如通用电气的 CEO 杰克·韦尔奇为通用的 300 多个业务部门制定了清晰的目标,力求每个部门都能在其行业中数一数二。业务分部的经理们享有高度的自主权制定自己的战略来达到这个目标。否则,本部门将处于被剥离的危险。

职能层面的目标体系应本着从效率、质量、对顾客的快速反应和创新四种角度为组织创造竞争优势的原则来制定。组织可以利用标杆(benchmarking)方法制定职能部门的目标控制系统来对部门和个人进行控制。职能部门目标的制定应以提高部门工作质量和效率并为业务层创造竞争优势为目的。例如,按照以上原则,销售部门的目标可从销售成本(效率)、销售收入(质量)、满足顾客需求所需时间(顾客反应)和销售方式(创新)四种角度来制定。然后,销售人员的个人目标可再根据部门的目标来制定。

利用产出控制对员工个人进行评价与控制也是十分常见的。例如,对销售人员基于销售业绩的目标控制、对生产人员实行计件工资制的控制模式等。但是也有许多工作人员的业绩是很难通过产出进行衡量的。例如,以团队或工作小组内员工的业绩就很难评价或评价成本很高。因此,这需要设计一种基于团队业绩进行激励的奖励系统,对于某些非常复杂的工作进行评价,如研发工作与高层管理者的工作,可考虑将奖励系统与一些一般性财务指标相结合,如 ROI 或股票价格等。微软公司对高级程序员就采用了股票期权的激励形式。同时,股票期权也是对高级管理人员的一种主要激励形式。

实施产出控制需要保证组织各级目标的合理性与正确性。如果仅关注数量目标则可能导致为了这种目标的实现以牺牲质量为代价。此外,由于转移定价方面的冲突容易导致业务部门为追求本部门的 ROI 目标常常以牺牲组织整体目标为代价。而且,为达到目标,业务部门还可能采用制造虚假数字或报表等非常手段。

3. 战略管理控制

在当今经济全球化和日益激烈的竞争环境中,公司已不能仅凭及时将新型技术只运用于有形资产、金融资产和负债的管理以赢得持续的竞争优势。无形资产和智力资本正成为公司赢得未来动态性全球经济竞争胜利的核心能力。所以,新的竞争环境使得不少企业在现行财务业绩评价与控制基础上研究开发了衡量企业在顾客、服务、业务、流程、产品质量、市场战略、人力资源等非财务评价指标。

在此,我们介绍一种平衡记分卡模型(balanced scorecard)来了解现代战略管理控制的一些思想。

平衡记分卡是由罗伯特·卡普兰(Robert S. Kaplan)和大卫·诺顿(David P. Norton)在 1992 年在《哈佛商业评论》上发表的一篇论文中提出的。该模型侧重组织长期目标的实现。结合了财务与非财务的指标体系对组织业绩进行评价与控制。平衡记分卡实际上就是衡量公司在满足不同利益相关者(员工、供应商、顾客、股东等)要求方面的业绩,如图 10-4 所示。平衡记分卡模型总结了一系列导致企业成功的关键因素,用来帮助业务部门将业务层的运作与组织的整体战略关联起来。

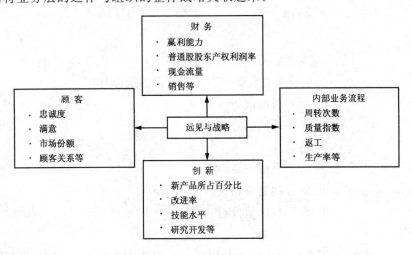

图 10-4　平衡记分卡①

---

① 余绪缨:《管理会计学》,北京,中国人民大学出版社,1999。

平衡记分卡的顾客观包括几个衡量企业战略执行情况的核心指标:顾客满意度、顾客忠诚度、赢得顾客、顾客盈利能力以及目标市场中的市场份额和账面份额。

市场份额可以根据顾客数目、消费金额或产品销售量来衡量;顾客忠诚度可以用企业与其客户保持关系的比率来衡量,而保持和增加市场份额的理想办法是留住老顾客;顾客诚信度可通过企业与现有客户之间的业务增长百分比来衡量;争取顾客可以用企业吸引或赢得新顾客和业务的比率衡量,即计算新顾客数目或目标市场中新顾客的营业额。

尽管不同行业或同一行业中不同市场区域的企业所追求的价值目标和竞争战略有所不同,但我们还可以总结出三类共同的价值目标:

① 产品和服务特征。

② 顾客关系。

③ 形象和信誉。

平衡记分卡的企业内部流程部分一般包括订单处理流程、产品开发流程、服务流程、销售流程、策略发展流程和管理流程。尽管不同企业的流程会各不相同,但顾客关心的只是流程的终点。因此,对流程业绩进行评价首先要确定关键业务流程,然后围绕影响企业效率的产品质量、成本、服务和速度等主要因素展开。其中,衡量制造企业产品质量的指标主要有:

① 加工零件次品率。

② 一次完工率。

③ 浪费。

④ 废料。

⑤ 返工。

衡量服务业所提供服务的质量的指标有:

① 顾客长时间等待的项目。

② 不准确的信息。

③ 拖延。

④ 未能完成订单。

⑤ 顾客的财务损失。

⑥ 顾客目标值没有达到。

⑦ 无效沟通。

平衡记分卡中衡量创新的业绩之一——产品与服务创新的指标有:

① 新品开发。

② 柔性制造。

③ 技术能力。

④ 研发能力和效率。

衡量另一种创新业绩——员工能力的指标有：

① 员工满意度。

② 员工流动率。

③ 教育与培训。

④ 内部认同。

⑤ 公司文化等①。

后来卡普兰和诺顿一直强调平衡记分卡模型是实施战略控制的一种工具，它不仅是驱动组织业绩改善的关键而且是所有相关战略信息的聚集地。在卡普兰和诺顿最近出版的新书中，他们还明确指出了平衡记分卡模型在多部门制的大公司管理中的作用。在公司层，平衡记分卡详细说明了组织的角色以及职责，如进行最优化资本分配、交叉销售、获得规模经济以及发展核心竞争力。从这种总体"战略议程"出发，每个战略事业部照此制定自己的长期战略计划和各自的记分卡指标。卡普兰和诺顿谨慎地解释道，组织各级层的指标体系必须与组织战略相适应，并且各个部门所需要的衡量指标要有所差异，不应对不同部门采用一套通用的指标体系。制定这些衡量指标的过程应在公司高层管理人员的监督下进行。

平衡记分卡模型已在北欧的某些公司中得到应用，如瑞典 Skandia AFS 保险公司利用此模型来监控公司智力资本的开发并已受到普遍关注。此外，如 ABB 公司、SKF 公司以及 Ericsson 公司也在公司层及业务层至少部分地开发、采用了平衡记分卡模型以提高多元化地组织管理。目前，在芬兰、丹麦及挪威的许多公司也利用平衡记分卡来改善对公司业绩的衡量与控制。

10.2.2　对组织行为进行评价与控制的模型

前述对组织业绩进行控制的几种模型都需要制定一套客观的、可供衡量的标准对组织业绩进行监控。然而，由于这些指标较难制定或制定成本很高，从而使组织不得不考虑结合采用另外一种控制方法——通过某种显

---

① 余绪缨：《管理会计学》，北京，中国人民大学出版社，1999。

性或隐性的规章制度和文化对战略实施的组织行为进行控制。常见的对组织行为进行控制的两种模型为：规章制度控制(bureaucratic control)和组织文化控制(organization culture control)。

1. 规章制度控制

规章制度控制模型通过制定一套综合的规章制度或标准对各事业部、职能部门及个人的活动或行为进行控制以获得某些可预见性的结果。如果员工遵守规章制度行事，则所有的执行活动与决策将以重复的方式进行。实施规章制度控制系统的目的在于对战略实施的方式、途径予以标准化而并非着重于对目标的制定。

标准化(standardization)是指组织为使员工的行为具有可预见性而使公司的决策与协调流程进行标准化或制度化。标准化可以减少组织管理中产生的代理问题，因为它可以具体规定各业务层、职能层或个人的行为方式。具体来讲，组织可以进行标准化的内容有：投入(inputs)、转换行为(through - puts/conversion activities)和产出(outputs)。

对投入的标准化控制是指按照预定标准对投入内容进行筛选和控制的过程。它可分为对人员的筛选和物料投入的控制。例如，Arthur Andersen&Company 在员工聘用的筛选方面非常严格，在人才招聘方面具有很高的声望；而日本公司则对投入生产的物料及零部件质量的控制方面非常严格，以减少产品的质量问题。此外，准时生产(JIT)模式下的库存系统也可协助对投入内容的标准化控制。

对转换行为的标准化控制是指设计工作行为的标准，目的在于使重复性的工作行为按照标准化的方式进行。规章制度控制是那些可对其生产流程进行标准化的公司进行控制的主要手段之一，如肯德基、麦当劳公司的快餐食品制作流程形成了各自一套标准化的操作制度以保证产品质量的稳定性。

对产出的标准化控制是指为保证最终产品或服务的质量特性而具体采取的一些控制活动或规定的一些标准化制度。为保证产品的质量达到标准，企业通过质量控制(quality control)以及各种标准来对产品的生产及质量进行控制，其中常用的控制指标有退货率或顾客抱怨频度等；在生产线上，可通过定期抽样来检查员工的工作质量。目前，面临日益激烈的竞争压力，企业不仅仅注重成本的控制，还更加注重产品或服务等输出环节的控制以留住日益挑剔的顾客。

正如前面所提到的麦当劳公司就利用这种规章制度控制方式对企业的

组织行为予以标准化控制，即从筛选食品供应商、特许经营商到机器生产、员工操作培训再到汉堡的统一生产和对客户的快速反应都进行了标准化控制。

像其他控制模型一样，规章制度控制也有其内在的缺点。首先，规章制度控制模型中涉及许多规章制度的制定，而且有时制度的制定总比废除制度相对容易一些，尤其伴随着公司的成长，会有越来越多的制度条例充斥于组织活动中。这会使得组织失去灵活性而变得越来越官僚化。而且，由于内部规章制度对部门职责的明确划分还会使得各部门活动的大局意识与合作精神下降。此外，人们对环境的变化不再敏感、创新精神逐渐降低从而会削弱组织产生竞争优势的基础。所以，组织管理者必须不断对组织的各种规章制度进行评价，适当废止旧制度、谨慎启用新制度。此外，还必须注意减少由于组织内部规章制度的繁杂带来的大量冗余的文书工作。

产出控制与规章制度控制方式通常同时使用。例如，在一个多事业部制的组织结构中，公司层的管理者首先制定市场控制目标和产出控制目标以形成对业务层各事业部的评价与控制系统；然后在各个事业部中采用规章制度控制手段来对部门内部员工的行为进行标准化控制以达到本部门的目标。而且，为了避免各事业部为追求短期利润等产出控制类型的目标，有必要利用规章制度控制作为一种补充手段形成对事业部或职能部门其他方面业绩的控制。比如，组织可以通过规定事业部必须投入的研发费用来控制某些事业部通过任意削减研发投入来获得一些短期利润目标的行为。

此外，在对销售人员的评价与激励中应当慎用产出控制方式，因为产出控制方式中所强调的目标控制容易导致销售人员对顾客进行"强卖"从而损害顾客的忠诚度。因此，许多公司采用规章制度控制模型和组织文化控制模型来促进企业对顾客的迅速反应。

2. 组织文化控制

组织文化可被定义为一个为组织员工所共享的某些形式、标准以及价值观的集合体，它能影响组织运作的行为方式。在组织运作中，一些外部的约束系统如直接监督、产出控制及规章制度等往往无法约束员工的行为，而一旦组织的形式、价值观为员工所接受并成为其价值观的一部分，则这种方式对员工行为产生的影响将是根深蒂固的。

通常，组织文化通过符号、象征、故事、神话、仪式、庆典、规范、价值观、组织激励以及组织中单独使用的语言等方式传递给员工。

组织文化通常由组织的创始人和高层管理者创造。例如,沃尔特·迪斯尼(Walt Disney)的保守个性直到其去世还影响着迪斯尼员工的行为模式。组织创始人的领导风格一旦确定并传递给其他高层管理者后,那么在组织的成长过程中这种风格会越来越明显,因为组织此后所吸收的新员工都是那些认同这种领导风格并持相同价值观的人。日久天长,员工的价值观与行为风格将会趋同。

此外,组织领导者对组织结构的设计同样会决定或影响其组织文化的特征。如微软总裁比尔·盖茨总是力求公司组织结构尽可能地向扁平化方向发展,并注重对许多小型工作团队或小组的授权。这样有助于创造一种提倡企业家冒险精神的组织文化。公司内的经理人员敢于冒险并承担责任。与此相反,福特汽车公司的创始人亨利·福特一世注重独揽一切决策与控制权,并密切关注高层管理人员的行为。亨利·福特二世继承了其父的管理风格,结果使得福特汽车公司的管理人员形成了保守、惧怕风险的组织文化气氛,从而制约了公司变革与创新的节奏。

据调查,公司高层管理队伍的构成也会影响组织的文化。如果公司高层管理队伍中的管理人员有着不同的职能背景或来自有着不同文化氛围的组织,那么这种公司所面临的形成组织惰性和战略失误的威胁一般将会减少。相反,IBM 在开发个人电脑及网络软件方面的滞后等问题的根源之一就在于 IBM 公司高层管理者几乎全部来源于组织内部的同一个部门——大型企事业部。

10.2.3　对战略基础进行评价与控制的模型

人类社会从工业社会转入信息社会,企业的经营环境发生了巨大的改变,最重要的三种特征是顾客、竞争和变化。买方市场的形成使顾客的需求成为企业发展的主导因素;现代企业面临着越来越激烈的竞争压力;信息社会的到来使企业生存的内外环境发生了迅速的变化,市场的变化节奏愈来愈快。所有这些因素的形成给企业带来了前所未有的压力。20 世纪 90 年代起,以适应环境迅速变化而制定长远竞争战略以致形成企业竞争优势根本任务的战略管理(strategic management)日益受到人们的重视,而评价与控制活动也有了新的内容与侧重。

在现代企业的战略管理流程中,评价与控制活动的对象除了包括上述传统管理控制内容以外,还有了新的内容。下面介绍五种重要的现代企业战略控制活动：①对战略实施过程进行控制（the control of strategy implementation）；②对战略假设进行验证控制（the control of validating strategic assumptions）；③对战略问题进行控制（the control of managing strategic issues）；④交互式战略控制（the control of interactive strategy）；⑤阶段性战略评价与控制（periodic review and control）。

1. 对战略实施过程进行控制

以战略实施过程为控制内容的战略控制经常描述为管理者为保证战略实际实施活动按计划进行而应承担的责任。例如，Schendel 与 Hofer 依照战略控制在战略管理流程中的作用来界定战略控制："战略控制应集中于这两个问题上：①战略实际实施行动是否按照计划进行；②实施效果是否达到计划的标准。"Harrison 则认为："战略控制系统应使管理者保证战略实际实施结果与战略计划中想要达到的结果一致。"Bungay 与 Goold 认为："一个战略控制系统应保证组织制定的各种长、短期的具体计划落实到实际的实施行动中。"

这种战略控制模式的目标与传统的管理控制目标是一致的。但它的控制方式却十分不同，因为传统的管理控制重点集中在计划的内容上，而战略实施控制模式则集中在对某些关键成功因素的评价与控制上。为说明这种差异，Bungay 与 Goold 对本田公司的战略控制模式进行了描述：

"本田公司密切关注其顾客满意度的排名情况。他们通过本公司自己对问题产生根源的调查来协助产业调查报告的编制。本田公司高级管理层的最高目标是使本田公司的顾客满意度排名第一。……与之相比，公司第二位目标则不是利用如此正式的方式达到。……这个被本田公司视为与顾客满意度具有同等重要程度的第二位目标就是使公司所有部门的'员工兴奋度'保持很高的水平。'员工兴奋度'通过公司高级管理人员走访各个部门并定期对观察到的情况进行报告来进行监控。除了上述两种控制活动之外，本田公司还利用大量的作业性指标来衡量本田各个工厂的效率，如设备利用率、机器故障率、生产周期（cycle times）以及废品率（waste levels）等。但这种类型的控制属于职能型控制，与前述两种战略控制的重要程度是不同的。"

2. 对战略假设进行验证控制

以战略假设为主要控制内容的战略控制假定组织内、外环境中存在大量因素以及它们之间的相互关系决定了组织在制定战略时难于对环境全面了解,因此组织战略计划的制订需要对环境预先作一定的假设。这就决定了组织的各种计划天生就是一种选择性的方案。所以,此后战略实施过程中的管理重点不应简单地只放在保证战略按计划实施方面,组织应将计划的有效性作为验证的起点,要不断地检查验证现行计划的有效性。

验证战略假设的流程包括收集、整理数据并据此制定适当的反应措施。数据收集应是组织全体员工参与的过程,因为"不同的员工会收集到不同类型的数据,……因此组织内应形成一种广泛的分散性观察活动与对组织战略实施的整体意识"(Schreyogg,Steinmann)。然后,对数据的整理工作应由基层经理(line managers)和高层经理人员组成的小组进行,最后由组织最高管理层作出对现行战略的变更决策。

此种类型的战略控制活动的主要目的是对战略本身进行监控,这与传统管理控制中保证实施按计划进行的控制模式是相反的,而且它的控制流程与传统管理控制流程也是不同的。所以,战略假设验证模式与传统管理控制模式从根本上有所差异。

3. 对战略问题进行控制

前述战略控制活动重点集中于对给定时点上制定战略计划所作出的环境假设进行不断监控以验证现行战略计划的持续有效性。然而,即使组织在制定战略时对环境完全了解,但在战略实施后环境仍会不断变化,而且会带来新的机会与威胁,这种可能出现的机会与威胁同样可能会导致现行战略的失效。而以战略问题为主要控制内容的控制活动(SIM)就指出了这样的问题。

此种战略控制在战略实施过程中不断对环境的重大变化进行监控并及时反应。因环境变化所带来的这些重大问题应足够突出。这种对环境变化的监控和数据的收集与整理应由大型组织内的一个专门部门或者由小型组织内的2~3名高层管理者负责。对各种问题的反应措施应依据各问题重要程度与紧迫程度而定。如果对问题的反应可以推迟则可将其作为下一期计划制定的信息依据。如果必须迅速作出某种反应,则可以在现行战略实施过程中附加制定一个新的项目计划。这种额外添加项目计划或删除现行计划内失效的内容从本质上讲是对计划本身的修正或变更。所以 SIM 的控制目的和流程与传统的管理控制模式也是不同的。

4. 交互式战略控制

另外一种战略控制类型是 Simons 提出的交互式控制模式。Simons 指出传统管理控制流程仅是对实际实施结果与计划的偏差进行分析与纠正，它们仅是一种诊断性工具而忽视了组织每天都要面对的环境变化所可能产生的机会或威胁。企业要取得成功必须对环境变化带来的重大机会与威胁进行迅速反应。交互式控制则可用来满足组织管理的这种需要。

Simons 将交互式控制定义为"公司管理者用来定期亲自参与下级部门决策活动的一种正规系统"。交互式控制系统并不是一种独特的控制系统，它只是一种可进行交互式使用的控制系统。因此，在某个公司内用来作交互式诊断的控制系统也许同样能被其他组织使用。公司高层管理者可以选择组织业绩的某个方面以交互的方式进行控制。被选择的控制领域可以利用一些预先设定的可持续的目标进行评价与控制。一线管理者准备有关计划实施结果与计划之间偏差的详细分析报告，并由一线管理者与高层管理者进行交互式讨论。一线管理者在准备分析报告的过程中对有关环境变化的数据进行调查与收集。这些环境变化对组织的影响将在对一线管理者准备的偏差分析报告进行交互式谈论中得到讨论。

这种监控实际实施业绩、准备与讨论偏差分析报告的控制流程应该经常实行——在某些情况下一周一次为好。这种对偏差分析报告的讨论可成为就当前形势讨论如何达到组织目标的一种论坛。例如，John Scully 在百事公司的任职期间，他采用了"尼尔森斯排名"（Neilsens Ratings）作为其控制系统。百事产品的市场业绩在"尼尔森斯排名"得到反映，并据此作为对公司策略转移进行讨论的论坛。

尽管交互式控制模式以交互方式采用了传统的管理控制系统，但它的目的并不是保证战略实施依照计划进行，而是制定出某种战略转移或采取新的方式来利用组织在战略实施过程中所遇到的新生机会或规避新生威胁。因此，交互式战略控制模式还是旨在对战略的控制。

5. 阶段性战略评价与控制

此种类型的战略控制活动涉及按照一个预定的时间间隔来定期地对现行战略进行全方位的再评估。评估的目的在于评估环境变化后战略假设的有效性或新的机会、威胁，并据此对战略作出适当的变更与调整。全方位的再评估是指评估的范围覆盖所有的战略计划的假设以及组织环境的所有方位。由于流程涉及面广泛,所以再评估的频度一般为一年一次或几年一次。

环境变化有时非常明显,如石油危机的发生,而有时分散看来许多变化非常细小,但是这些细小变化的积累效应可能同样会对战略产生重大影响。Newman 认为,阶段性战略控制可以辨别和评估这些易被忽视的细微变化的累积性效应。在实施阶段性战略控制的组织内,一线管理者负责收集、汇报有关战略假设或新生机会、威胁的数据。对数据的整理与反应将由一线管理人员与高层管理人员共同进行讨论决定。

10.3 设计有效的评价与控制系统

通过以上对组织不同的战略控制模型的概括,我们可以看出每种控制模型或手段都各自有其可取与不可取之处,没有哪一种模型可以说是对任何企业都通用的最优方案。下面,我们将主要介绍一下企业在设计选择各自具体的战略评价与控制系统时所应注意的一般问题。

10.3.1 设计有效战略评价与控制系统的原则

通过对以上各种评价系统模型的介绍,在此我们可以大致总结出设计有效的评价与控制系统应主要遵循下面几条原则。

1. 能够及时、有效地进行信息传递

组织设计评价与控制系统的目的在于利用控制系统及时获得信息对战略基础、战略实施的行为与业绩进行不断的分析与控制,从而使企业能够有效实施正确的竞争战略。所以,及时、通畅的信息收集和传递机制对于企业管理决策者来讲非常重要。但是,企业也应注意对信息质量和数量的控制,避免信息的泛滥或毫无针对性。及时而笼统的信息较之精确但过时的信息通常更适合于作为战略评价与控制的基础。此外,有效的战略评价与控制系统还要保证信息的上行下达,提高组织部门间的信息交流与共享。

2. 能够公平合理地对组织业绩或行为进行评价与激励

企业战略评价与控制系统的另一主要内容是能够对各部门的战略实施

业绩进行衡量与激励,起到公平、合理地协调部门间利益,形成对员工行为的不断激励,以保证企业整体战略的成功实施。

3. 战略评价与控制活动应当与企业的战略目标一致

战略评价与控制活动的频度应当适中,过于频繁的考核与控制活动可能会影响战略实施的进程,提高组织的协调成本。有意义的战略控制活动应当与企业的战略目标以及被考核事件发生的周期一致。

10.3.2　设计有效的奖励系统

组织的奖励系统在评价与控制组织员工的行为和业绩方面有着不可忽视的作用。不同的评价与激励形式,可以造成员工的不同行为结果。设计有效的奖励系统的关键之一是如何将个人或组织业绩与报酬挂钩,形成对组织员工的激励。有效的奖励系统还可以克服所谓的代理问题,使组织各层管理者的利益与股东利益保持一致。比如,给企业高级管理人员企业股权等激励形式,可使企业管理行为和业绩与股东的长期利益挂钩。此外,这种激励形式的运用可以培养企业高层管理人员的企业家精神并注重提高组织效率、质量和创新等用来提高企业竞争优势的关键因素(希尔,1997)。

企业通常同时并用三种不同类型的奖励系统,即分别针对个人、小组和组织整体的三种奖励系统。下面,分别对这三类奖励系统中的不同形式的激励方式进行介绍。

1. 个人奖励系统

个人奖励系统主要分为计件计划(piecework plans)、任务体系(commission systems)和奖金计划(bonus plans)。计件计划一般在员工的个人产出能够得到客观评价时采用。计件计划通常被用做对生产部门员工的奖金发放制度。然而这种制度侧重于数量控制,却容易忽视质量的提高。所以,企业通常也利用质量控制来保证质量标准;任务体系与计件计划相似,不同之处在于任务体系不是与产出相关而是通过售出的数量来衡量业绩而制定相应的奖励标准;奖金计划通常适用于公司的高层管理者,如 CEO 或副总裁等关键人物。在采用此种激励手段时,一定要注意目标的制定要侧重于长期性。例如,采用季度或年度 ROI 作为衡量标准与采用五年 ROI 的增长作为标准将会导致战略管理人员不同的行为。此外,许多公司目前推行允许公司高层管理人员持有本公司的股票的做法,其目的在于使公司管理者的利益与股东利益得到统一。诸如此类的激励手段还有很多,如递延资金报酬、股票期权、业绩股份、股票增值权和影子股票等。

2. 小组与组织奖励系统

小组与组织奖励模式是将报酬与业绩相联系的另外一种补充形式。这种报酬形式存在的问题是,与个人奖励系统相比,个人业绩与报酬很难具体衡量并建立直接连续。所以,它所起到的激励作用较弱。小组和组织奖励系统常见的几种报酬形式有小组奖金、利润共享、员工认股权和组织奖金等。

有时公司需要成立一些专门的项目团队和工作小组负责开发某种产品或服务以及协调生产、销售等全部操作流程。这种组织形式可以较为容易的对小组的生产力和业绩进行衡量。以此为激励基础的奖励系统具有很强的激励作用,因为小组员工有权自主开发最优的工作流程并对提高小组的生产能力负责。例如,沃尔玛就采用了这样的奖励系统来控制内部员工偷窃的现象。

利润共享的奖励方式是以整个公司的任意时期的盈利为基础来决定员工的报酬。这样的奖励系统可以鼓励员工对其行动有大局意识并且能将个人行为与组织目标相连。

3. 员工认股权系统

员工认股权系统,也称员工持股计划(ESOPs)允许企业内部员工以低于市价的价格购买本公司的股票。当员工成为公司的股东时,他们将会更加重视公司的长期发展。当公司内部员工持股达到相当比重时,员工就会更为关心公司的业绩。因此,ESOPs还非常有助于培养企业的组织文化。此外,组织决定员工报酬并非全部基于公司的利润,还可基于成本节约、质量改善或生产率提高等指标。由于这种指标要求所依据的产出指标能够被准确衡量,所以这种组织奖金奖励系统经常被生产部门或服务行业采用。组织奖金奖励系统一般为其他奖励系统的补充形式,但在极少的情况下,如在降低成本方面取得显著成绩的 Lincoln 电气公司就将组织奖金奖励系统作为主要的奖励系统。

10.3.3　计算机信息系统

为进一步保证战略的成功实施,利用计算机信息系统保证战略评价与控制系统对信息的高效传递与有效运行也是十分必要的。这里主要对管理信息系统(executive information system,EIS)进行介绍。

管理信息系统是一种高层管理者用来进行计划与控制活动的计算机信息系统。通过这种系统,公司管理者可以对其所需要的数据、信息以及其输出方式进行选择。它主要是一种公司管理者通过电脑就可以对公司内部发生的事情以及外部的环境进行不断监控的工具。它不仅给企业管理者提供决策支持,而且可以促进员工之间的沟通与交流。利用管理信息系统可以提高时间管理和团队合作水平。

设计安装一套 EIS 的着眼点在于帮助公司管理者加深对公司内、外环境中关键因素的了解。成功实施 EIS 的三个关键条件在于(Gregory G. Dess,Alex Miller,1993):

① 系统的安装小组须拥有一个精通业务的、忠于职守的高层管理者参与系统的开发与实施。安装管理信息系统的需求应首先来自公司的最高管理层。如果整个信息系统的安装从一开始都是由信息技术部门主导的,那么系统最终将无法得到公司管理者的有效利用。

② 此外,小组还需要有一个值得信赖的、见多识广的高级管理人员负责组织系统的开发。这个人应在其他管理者和系统开发人员之间起到及时的信息沟通与反馈的作用。

③ 所开发的系统应保证将组织的战略目标和关键的成功因素相联系。

10.4　战略控制系统与战略的匹配

我们在前面的章节对评价与控制、组织奖励系统的类型以及计算机信息系统进行了介绍,但单纯的组织结构或评价与控制系统不足以保证组织能够创造竞争优势。要为企业创造竞争优势,必须将评价与控制系统与组织所实施的竞争战略相匹配。

组织的战略层次分为公司层、业务层和职能作业层三种不同层面的战略体系。下面,我们就从这三个不同层面的不同战略选择出发,从低到高具体了解一下组织实施不同层面的竞争战略将如何影响组织对评价与控制系统的选择。

10.4.1 职能作业层战略与组织控制系统的匹配

实施有效的职能作业层战略的目的是通过生产、研发及销售部门的不同战略活动来为组织创造领先的创新、效率、质量以及迅速的顾客反应等方面的竞争优势。由于职能作业层部门具有垂直相关性,下面我们分别了解研发部门、生产部门以及销售部门的战略选择对有关评价与控制活动的影响。

1. 研发部门

研发部门所实施的战略通常是以培养提高本部门的创新能力为目的。因此,组织在此层面的组织结构与控制系统的选择必须能够给研发人员提供一种便于协调与合作的组织结构,以能将新的产品或工艺技术迅速得到推广应用,而且能够通过有效的激励手段培育一种研发人员敢于创新的活跃的组织氛围。通常,研发部门的组织结构是一种典型的扁平化、分权式或以工作小组为主要形式的组织类型。扁平化的组织结构能够给研发人员提供创新活动所需要的自由、独立的空间。而且,由于研发工作的特殊性决定研发人员的工作业绩只能在一段相对较长的时期内进行衡量,所以非扁平化的组织结构只能带来管理成本的提高与组织效率的降低。采用团队或工作小组的工作形式也可以提高研发人员的合作精神与共同解决问题的效率。

在对研发部门的评价与控制活动中,为促使研发项目团队或工作小组的工作更富有成效,对研发人员业绩衡量与报酬的确定应把项目团队或工作小组为组织带来的利润作为激励基础。如果研发人员不能分享他们的新产品或新型工艺给组织带来的利润时,他们就有可能离开所在企业并自己组建公司与原先的公司进行竞争。例如,微软、默克以及英特尔就通过股票期权、团队和公司业绩奖励的形式来留住并激励公司的关键研发人员。

通过上述分权式的扁平化组织结构和激励机制为研发人员培育一种敢于创新的组织文化来形成对研发人员有效的控制与评价系统。

2. 生产部门

生产部门制定战略通常以提高生产效率、质量以及顾客反应速度并降低成本为目的。为使公司的经验曲线迅速下移,公司通常设计一种高耸的、集权式的组织结构来对员工的行为进行严格控制以挤出所有不必要的管理成本。此外,为进一步降低成本,组织通常使用产出控制(output control)和规章制度控制(bureaucratic control)对组织员工的行为与业绩进行评价与控制。比如,通过对员工的招聘、培训和工作流程的标准化来降低生产成本,通过质量控制来保证产品的质量,通过产出控制中的目标控制来对生产部门经理人员的业绩进行评价与激励。

　　近来,许多公司对制造流程进行了重新设计,实施了 TQM(全面质量管理)和其他一些灵活的管理系统。为提高生产质量和效率,TQM 强调决策过程需要全体员工参与并提供所需信息。因此,它需要对员工授权并激励他们改善生产工艺。在全面质量管理过程中,公司往往成立工作小组,并授权给他们进行开发并实施完善的工艺流程。同时,利用质量控制来定期反馈有关产品及工艺的信息。公司同时采用相应的奖金计划或员工持股计划根据 TQM 给公司带来的效益对员工进行奖励。

　　在全面质量管理模式中,每个工作小组承担了对组内工作自主监督的责任,这同时降低了组织的协调成本(bureaucratic cost)。工作小组有权对组内成员进行监督控制,并有权决定他们在小组内的去留。所以,在这种情况下,规范和价值观念便成为分权式组织结构中战略控制活动的一种重要工具。此外,当员工被赋予更多的自由来控制他们自己的行动时,产出控制方式的采用以及对效率、质量标准的不断提高便可以保证团队整体的目标得以实现。同时,由于效率、质量的不断提高可以形成对组织行为标准的不断完善与更新,规章制度控制方式中的标准化控制也不失为团队组织的主体控制方式之一。

3. 销售部门

　　销售部门的组织形式类似于研发部门也适于一种扁平化的组织结构。通常许多大型公司的销售部门也只有三层构成——销售经理、地区或产品经理以及销售人员。因为销售人员的工作与活动范围较为复杂和分散,组织对其难以依赖于传统层级式的组织结构进行直接监督与控制,而只能依赖于产出控制方式对其业绩进行衡量,或利用规章制度控制方式对其行为进行约束。例如,可以通过制定销售数量或提高对顾客反应的速度等目标将其与销售人员的报酬挂钩;还可通过制定有关销售人员定期上交与顾客交往的工作报告等规章制度规范销售人员的行为并有利于对其业绩的衡量。

关于其他职能部门的控制活动,也应同样本着为组织创造效率、质量、创新和对顾客的反应等方面的竞争优势为原则,根据具体的情况选择相应的评价与控制方式、激励系统和组织结构与其各自的战略相适应。

10.4.2 业务层战略与组织控制系统的匹配

组织业务层面的战略控制活动的目的在于保证通过合适的组织结构将源于各职能部门的价值创造能力与竞争优势进行有效的组织与整合并最终服务于业务层战略的实施。我们在前面的章节讨论的业务层战略主要分为四种:①成本领先战略;②差异化战略;③成本领先与差异化联合战略;④聚焦战略。前面,我们根据各个职能部门的工作特点介绍了一般情况下主要职能作业部门在选择控制系统时应注意的问题,下面将从以上四种战略出发分别介绍为能保证各竞争战略的成功实施应如何协调、整合各个职能部门的活动,即设计什么样的组织结构类型以及与之相应的评价与控制系统。

1. 成本领先战略实施中的战略控制

组织实施成本领先战略意味着组织不仅应着力降低生产成本,而且应降低所有职能部门的成本,如研发成本、销售成本及营销成本等。此时,研发部门应更多侧重于对产品工艺的开发以降低生产成本为目的,而非着力于新品的开发与创新活动;销售部门则侧重于以更低的销售成本将公司的标准化产品销售给大众市场,而非侧重于向不同细分市场提供差异化产品。

组织实施成本领先战略一般适于选择较为简单的职能式组织结构以降低组织协调与控制成本。组织也可设立以生产部门为中心的 TQM 工作小组或团队进行生产流程的改善与标准化以寻求降低产品成本的最优路径。

为进一步降低成本,组织可考虑采用控制成本最低的产出控制方式并结合预算控制来严格控制生产部门的活动;对研发部门可制定工作底线(deadline)的制度并将奖励重点放在工艺改善以及节约挖潜活动上面;对销售部门制定富有挑战性的销售目标。此外,还可考虑结合奖金计划等激励措施对业绩优秀的员工进行奖励,形成鼓励按期完成任务的组织文化。

2. 差异化战略实施中的战略控制

实施差异化战略需要组织的职能部门必须具有某种独特的能力,例如强大的研发能力或市场营销能力等。组织实施差异化战略时一般意味着向不同的细分市场提供具有差异化的产品,这使得组织难以对各职能部门的活动进行标准化控制。

差异化战略要求组织各部门之间的协调与整合以对不同顾客的需求作出迅速反应。因此,它所需要的组织结构相比实施成本领先战略的组织结构而言较为复杂,对部门交叉性合作与人员的要求较高。这将导致相关的管理成本较高,但这可以通过差异化产品更高的附加价值带来的垄断利润进行弥补。一般来讲,基于技术能力的差异化战略要求组织结构通常是以研发部门为中心的矩阵式组织结构,其他部门根据研发目标调整自己的战略行动;而与基于产品的一流质量和对顾客的迅速反应等方面的差异化战略相适应的组织结构是产品小组式(product-team structure)或地域性的组织结构。

实施差异化战略过程中,应及时注意各部门方向的一致性,加强部门间的交叉性合作。通过上述组织结构实施差异化战略时,部门间的合作与整合是关键的。但是由于团队形式或工作小组形式的组织结构特点决定了产出控制方式难以奏效,因此组织通常依靠规章制度控制、规范和价值观等文化控制的方式。这也是为什么实施差异化战略和实施成本领先战略的组织内部的文化氛围存在明显差异的原因。在实施差异化战略的组织内部强调团队精神和员工的独特性。

实施差异化战略的组织结构与控制系统所带来的管理成本要比实施成本领先战略的组织成本高许多,但合理的组织结构和有效的控制系统能够给组织带来一流的效率、质量、创新以及快速的顾客反应等竞争优势,并最终能够给组织带来超额利润。

3. 实施成本领先与差异化联合战略中的战略控制

如前面章节中所述,组织选择实施成本领先与差异化的联合战略的难度是最大的。在协调组织的制造活动和物料管理以降低生产成本的同时,组织还必须对组织的研发、营销等差异化资源进行协调以保持组织的创新能力和对顾客的反应速度。在此种情况下,组织多采用产品小组式的组织形式以提高部门间的交叉与合作。这种组织结构比矩阵式的组织结构产生的组织协调成本较低,比职能型组织结构具有较高的部门间合作与协调能力。

目前,许多大型公司都放弃了矩阵式的组织结构而转向采用产品小组式的组织结构,因为矩阵式结构的多头管理使得公司组织与管理成本增加,并对合理分配利用资源方面缺乏集中控制。因此,在实施产品小组式的组织形式之后,不仅保证了资源的合理分配与利用而且使利用产出控制模式来促进产品创新和成本降低成为可能。例如,一家生产电子检测工具的 John Fluke MFG 公司就采用了产品小组式的组织结构来加速产品开发。例如,公司成立了"凤凰小组",并为此小组制定了在 100 天内利用 100000 美元完成某个市场的调研与新品开发、推广的目标。

4. 聚焦战略实施中的战略控制

聚焦战略由于集中向某个特定的细分市场或用户群提供某种或某系列产品,所以这会因为产品的产量有限、无法获得规模经济而造成产品成本较高。因此,在实施聚焦战略过程中进行必要的成本控制是十分重要的。此外,实施此战略的组织结构与控制系统须足够灵活并且组织与控制成本不高才能保证组织向特定顾客提供个性化的产品和服务。

一般情况下,适合于实施聚焦战略的组织结构类型为职能型的组织结构,而这种组织结构类型适于个人控制并具有较大的灵活性,因此可以培育组织产品或服务的独特性。由于实施聚焦战略的组织结构规模一般较小,所以组织一般更多依靠文化控制而非规章制度控制来培育组织的个性化能力。此外,组织也可利用另外一种实施成本较低的控制方式——产出控制对生产和销售部门进行评价与控制。

职能型组织结构与实施成本低廉的控制手段的结合使用在一定程度上可以抵消产品成本的高昂,并可以提高组织基于个性化服务的竞争优势和对顾客的迅速反应。例如,一家专门向少数某些顾客群体提供咖啡和烤面包的快餐连锁公司——Bon Pain 公司就是一个实施聚焦战略的成功案例。为鼓励特许经营商高质量的、快速的满足顾客的需要,此公司将控制权力放到各个特许商组织内部。然后通过一个利润分成计划进行控制,此计划对各种成本降低与质量提高活动予以奖励从而督促各个特许商不断追求成本最低和质量最优。这种控制方式使得结构与战略得到最佳搭配,并使特许经营商的利润大幅度提高。

10.4.3 公司层战略与组织控制系统的匹配

公司层战略主要包括一体化战略;不相关多元化战略;相关多元化战略。实施公司层战略的组织结构类型与战略控制系统的选择一般根据各业务部门间的相关程度而定。如果各业务部门间的相互依赖性越强,则战略实施中所需要的控制与协调机制就越复杂,协调与控制成本就越高。

1. 实施一体化战略时的战略控制

实施一体化战略所要求的多分部式组织结构(multi-divisional structure)的协调与控制成本较高,因为部门间连续的物料流动要求上下环节部门之间进行良好的协调与合作。所以必须通过对物流的集中控制来协调部门间的合作关系。公司层管理者负责利用完善的产出控制和规章制度控制手段来保证物料在部门间的有效转移,例如制定复杂的规章制度来对部门间的相关关系和物料的交接手续进行具体控制。这将产生较高的协调和控制成本。此外,为协调与衡量部门间的利益关系,必须制定一套合理的转移价格体系来规定组织内部不同部门之间进行买卖的产品价格。值得注意的是,这种复杂的利益关系容易导致部门间的利益冲突,组织管理者须努力将这种内耗降至最低程度。

此外,实施一体化战略时需要平衡公司层运用集中控制和各业务层的分散控制。组织公司层管理者往往因为对物料的集中控制而过分插手到各业务层内部的具体问题中来。此外,为保证业务部门之间进行有效的合作与信息传递,可以考虑设置专门的工作小组或专门的联络人员(liaision roles)来解决出现的协调与沟通问题。

虽然,上述控制系统会带来较高的控制成本,但成功实施一体化战略将给组织带来垄断利润。

2. 实施不相关多元化战略时的战略控制

不相关多元化战略是实施成本最低的一种战略。设计实施不相关多元化战略的战略控制系统主要要求它有利于公司高层管理者较为精确、容易地对业务部门的业绩进行衡量。公司高层管理者一般通过在内部各部门间的有效配置资本资源来使公司的财务收益最大化。各个业务部门的业绩一般通过 ROI 等市场控制指标进行评价。组织可以通过会计系统对财会信息的迅速反馈来对各业务部门进行不断比较与控制。

实施不相关多元化战略的公司一般采用竞争性的多部门制组织结构。各业务部门拥有较高的自主权,公司高层管理者一般不干预各业务部门的战略选择。业务部门只对达到既定的 ROI 等目标负责。如果达不到指定目标,则公司高层管理者将采取某些挽救措施,如更换管理者、提供额外的财务资源,或者剥离相关业务。

综上所述,市场控制手段是实施不相关多元化战略所采取的主要手段。实施此种战略的最大问题在于公司高层管理者如何对资金在各业务部门之间进行有效分配以保证组织的整体利润最大化。

3. 实施相关多元化战略时的战略控制

可以在战略事业部制(SBU)的组织结构中实施相关多元化战略,各相关业务部门共享组织的研发、信息、顾客群体等资源,并可获得范围经济和协同效应。但实施此种战略最大的困难在于,由于资源的共享与协同使得部门业绩难以准确衡量,尤其在转移定价体系存在不公平的定价时,部门间的资源共享与合作将受到影响。

因此,资源的共享与部门合作使得控制系统不适合采用市场控制的方式。此时,组织可以考虑培养一种强调部门合作和组织整体目标的组织文化;此外,组织需要设计一种整合机制以协调部门间的活动,如惠普公司设立了三个高层的整合团队负责将团队开发的新产品得到生产和销售。所有这些协调与整合都会带来成本增加,因此需要仔细进行管理和控制。

此外,设计一套合理的激励与报酬制度来激励那些能够给组织带来收益的部门间的合作活动。由于相关多元化战略的实施特点决定了部门或个人业绩很难得到确切的衡量,所以公司高层经理者进行评价或奖励时应时刻注意对不同部门与个人进行激励的公平性与公正性。

10.4.4 国际化战略与组织控制系统的匹配

1. 实施多国战略时的战略控制

实施多国战略(multi-domestic strategy)的公司一般是在全球范围内向各个国家销售相同的产品。为避免在各个国家设立相似的组织架构增加组织成本,公司一般会在具有相似需求偏好的一组国家所在的区域内设立业务分部(如欧洲分部、亚洲及美洲分部等)。因为公司总部一般距离各个区域的业务分部距离较远,所以各业务部门拥有依据各自不同需求与竞争环境独立制定竞争战略的自主权。公司总部通过市场控制或产出控制的手段,如ROI、市场份额和营运成本等对各区域业务部门的业绩进行衡量与控制,并以这种全球性的比较为基础,在全球范围内进行资金分配和协调信息使之在部门间流动与共享。

在各区域市场中,业务分部通常采用市场控制、规章制度控制方式来控制本区域内各部门的行为与业绩。由于各个区域分部之间相对独立且少有正式的联系,公司的总部也没有必要考虑培育统一的组织文化。

区域式划分的多部门组织结构的优点在于组织的协调与控制成本较低,但无法获得全球经营所带来的资源共享的利益。

2. 实施国际化战略时的战略控制

当公司将在国内生产的产品拿到国外销售时常采用国际化战略(international strategy)。这时,组织通常在原有的组织结构基础上另设一个国际部负责公司产品在海外的销售与推广。如果公司原来的组织结构为职能型,则公司的国际部负责协调外销产品的销售、研发与制造活动。公司的国际部对海外市场的办事处等分支机构的控制通常采取规章制度控制的方式保证国际部及时获得公司海外活动的信息,同时对海外分支结构的经营活动的权限进行控制。但这样做容易导致海外机构的管理者与国际部管理人员在海外经营活动控制方面的冲突。

3. 实施全球战略时的战略控制

一个多元化的公司实施全球战略(global strategy)通常意味着公司在全球范围内进行资源配置,即为提高效率、质量和创新能力将公司的所有价值创造活动转移至全球范围内成本最低的地方进行。所以,全球战略得以成功实施的关键在于采用一种什么样的组织结构能够保证资源在全球范围内的转移、协调和整合。

实施全球战略的公司通常所选取的组织结构类型为全球产品组结构(global product group structure)。这种以相关产品归组划分业务部门的组织结构允许各产品组的管理者在全球范围内选择其产品的研发、设计、制造和销售地点。

4. 实施跨国战略时的战略控制

跨国战略(transnational strategy)旨在将多国战略和全球战略结合使用,既追求多国战略所具有的能对顾客需求迅速反应的优点,又渴望获得全球战略中的高效率资源配置的优势(Michael A. Hitt 等,2001)。实施跨国战略所要求的组织结构通常是一种全球矩阵结构(global matrix structures)。这种结构克服了全球产品组结构无法获取产品组之间源于产品、营销或研发活动共享所带来收益的缺点。这种组织结构以纵向排列的产品小组代替公司总部原来的职能部门并和横向排列的各事业部或各海外分部相互协调形成一种矩阵式的组织结构。产品小组可以向各事业部或各海外分部提供研发、产品设计、营销等方面的信息,提高了公司创新活动的效率和对顾客的反应速度。海外分部的经理负责对海外的经营进行控制并依据规章制度控制方式通过产品小组向总部汇报工作,他与来自总部的产品小组成员一起负责开发部门的控制与奖励系统来提高部门间在营销、研发等方面的信息共享并获得协同效应。

为保证这种矩阵式组织结构的有效实施,许多大型公司开发了一种强有力的国际化的组织文化鼓励部门经理间的沟通与协作。例如,公司通过调换海外和国内部门经理的工作来锻炼、培养经理人员的全球战略意识。此外,许多公司还开发了部门经理之间的信息网络以便于经理们能够在全球范围内相互沟通、互帮互助。公司借助各种手段与工具来培养各部门间的"矩阵意识"(matrix in the mind),如在线电话会议、电子邮件系统等。

上述协调与沟通机制可以保证矩阵式组织结构的有效运行,并可能获得效率、质量、创新以及对顾客反应等方面的巨大的潜在收益,这可以平衡矩阵式组织结构本身带来的实施成本高昂等缺点。

10.5 基本控制思路与控制方法

通过上述对企业的战略评价与控制系统模型的介绍以及对不同战略、不同组织结构及相应的控制系统的分析,我们可以概括得出影响企业战略控制与评价系统选择或设计的主要因素。

1. 企业制定与实施的不同竞争战略

企业设计战略评价与控制系统的根本目的在于如何发挥企业的竞争优势来保证企业的竞争战略得以成功的实施。企业在不同层面实施的不同战略决定了企业不同的组织结构类型和不同的战略评价与控制系统的内容。

2. 企业的不同组织结构类型

企业根据所实施的不同战略而选择或设计的不同的组织结构类型是决定企业战略评价与控制系统的直接因素。因为不同的组织结构显示了业务或职能部门间的相互关系或交叉合作方式,信息的反馈机制,信息、资源的共享程度以及管理者的授权程度,这在一定程度上决定了相应的控制系统、奖励系统以及组织文化的特点。

对垂直性相关的各业务部门的业绩或行为的评价与控制更多的是通过公司对整个物流的集中控制并结合产出控制来控制上下各部门的产出目标、结合规章制度控制方式制定内部规章制度来规范组织行为、设立合理的转移价格体系平衡部门间的利益。

而对水平相关的各业务部门则更多的利用组织文化和相应的奖励系统来鼓励部门间的合作行为和资源共享以获得范围经济和协同效应。矩阵式的组织形式强调产出控制与基于团队业绩的奖励方式;而对于战略事业部式的组织形式则更多地强调市场控制和战略管理控制模式的评价与控制方式。

企业对高耸式组织结构或扁平的组织结构的不同选择显示了组织对部门决策授权程度的大小,集权式和分权式的决策机制会影响组织文化不同风格的形成。如集权式的组织架构强调部门间责任的明确与自上而下的决策方式,这种组织结构通常会导致部门管理者保守、少有企业家的冒险精神;而扁平化的组织结构则因分权式的授权机制通常形成敢于冒险、创新和合作的企业文化。从而,使得企业对评价与控制系统和报酬激励系统的设计有所不同的侧重。

3. 企业组织结构的不同层面

通过对以上战略评价与控制系统类型的概括,我们可以看出企业可以在不同的组织层面同时使用不同的评价与控制系统。首先,公司层负责企业总体战略制定与实施的评价与控制,这时公司层需要综合各种对战略基础进行评价与控制的模型(如对战略假设、内外环境新生重大问题、战略实施的关键要素等)来不断地对所推行战略的有效性和可行性进行评价以保证组织大方向的正确性,并能根据环境变化及时作出反应;其次,公司层的评价与控制系统还需要对各业务层战略的实施业绩进行评价和控制。如利用市场控制指标(ROI,EVA 等)以及各种非财务指标衡量各业务部门的财务与非财务业绩,并据此协调企业各业务层战略与企业的长期发展战略目标的一致。

各业务层面在设计各自的评价与控制系统时应根据各自选择的不同竞争战略(如成本领先、差异化等战略)对下属各职能部门的竞争资源、能力进行有效的配置与整合来设计相应的组织结构,按照竞争战略对各个部门活动的不同侧重以及各个职能部门具体工作特征的差异来设计相应的评价措施与奖励机制。其中,对战略基础的控制方式对于公司层和业务层的战略评价与实施控制来说都是十分必要的手段。此外,以市场控制模型中的财务指标进行评价与控制的方式因其侧重短期的财务业绩所以适合于公司层对业务层的管理,而侧重于在企业长期战略目标与职能作业层及个人的目标建立某种关联机制的战略管理控制模型或基于价值管理的控制指标(EVA 等)则适合于在企业的业务层或更低的职能作业层使用。

企业职能作用层的评价与控制系统则依据不同的职能类型更多地采用产出控制(如生产部门、销售部门)、规章制度控制和文化控制并结合战略管理控制中的指标(如人力资源等)等手段。

4. 企业所处行业生命周期的不同阶段

企业对战略评价与控制系统的选择也会因企业所从事的行业的生命周期有关。当企业所在行业处于成长期,行业利润边际丰厚,环境变化速度较快,竞争强度日益提高。这时,企业的战略控制的重心应主要放在对战略基础的控制方面,密切关注组织内外环境的变化,不断验证企业现行战略的有效性以及对组织战略进行变更或修订的必要性。

当企业所处的行业属于成熟期和衰退期的行业,则由于企业所处的竞争环境较为稳定,行业的边际利润薄弱,产品和工艺趋于标准化。此时企业业务层和职能作业层的控制手段侧重于成本控制、质量控制等产出控制、规章制度控制等方式。

5. 企业所处的不同战略实施阶段

企业在战略管理流程的不同阶段所进行的控制活动也会有所不同的侧重内容。

在战略分析与制定阶段,战略控制主要侧重于采取应急计划等事前控制手段对未来问题进行预测与反应,并以此阶段制定的预算为行为约束标准。在划分投资中心、利润中心和成本中心的组织结构中,还可以责任预算作为对公司投资中心、利润中心以及成本中心的业绩的一种评价与激励的依据。

在战略实施阶段企业的控制活动主要包括战略基础评价与控制、战略实施过程中的业绩与行为评价与控制,控制方式根据企业不同组织层面、实施的战略和不同职能部门可采取包括市场控制、产出控制、规章制度控制、组织文化控制和通用的战略管理控制等手段。

　　战略实施结束阶段主要利用市场控制、产出控制及战略管理控制模型中的各种财务与非财务指标对组织、部门及个人的业绩进行评价与奖励。

【本章小结】

　　1. 战略管理学中"战略评价与控制"则指企业通过设计有效的战略管理评价与控制系统对竞争环境的变化、战略本身的可行性以及战略实施情况的信息进行及时反馈、分析、评价、迅速反应并同时进行人员激励的一个持续动态的过程,它的目的是保证组织竞争战略的有效实施,并最终提高组织在迅速变化的竞争环境中获得持续的竞争优势。

　　2. 战略评价与控制的内容主要分为三类:(1)对组织业绩的评价与控制;(2)对组织行为的评价与控制;(3)对战略基础或战略本身的有效性的评价与控制。对战略实施结果的控制活动侧重于利用某些财务指标(如 ROI、RI,EVA 等)与组织制定的各级战略目标体系对组织整体、各级业务部门以及个人的业绩进行评价与控制。对组织行为的评价与控制主要是对组织战略实施过程中的行为方式进行约束与控制,如利用组织内部的规章制度或工艺流程的标准化以及组织文化等手段对部门和员工的行为进行约束与控制。对战略基础和战略本身的评价与控制活动主要是指对组织内、外环境的关键因素进行监控,分析战略假设是否依旧有效、面临新生的关键机会与威胁现行战略本身是否依旧可行以及如何对战略规划等进行及时调整。这种战略评价与控制具有一定的开放性,信息需求量大,需要组织拥有迅速、畅通的对内、外部信息的传递机制以及部门间的合作与协调。从一定意义上讲,这种战略评价与控制可以影响组织的战略方向与行动基础,对组织成败具有关键意义。

　　3. 对战略实施结果或者组织及个人业绩的评价与控制与传统管理控制活动的方式有相同之处。它们的主体内容大致都可分为如下几个环节:(1)确定战略评价与控制的指标体系或预算体系;(2)将实际执行结果与预定的评价标准进行评比,分析偏差找出原因;(3)采取纠正措施并将业绩或绩效评价结果与激励机制挂钩。

　　4. 企业内各个层面的战略评价与控制活动又可以分为三种方式:事前控制、事中控制和事后控制。具有不同组织结构类型或处于企业生命周期不同阶段的企业对这三个环节的控制活动有着不同的要求与侧重。

　　5. 常见的对组织业绩进行评价与控制的三种模型为:(1)市场控制;(2)产出控制;(3)战略管理控制。

6. 常见的对组织行为进行控制的两种模型为:(1)规章制度控制;(2)组织文化控制。

7. 对战略基础的评价与控制模型主要包括五种重要的现代企业战略控制活动:(1)对战略实施过程进行控制;(2)对战略假设进行验证控制;(3)对战略问题进行控制;(4)交互式战略控制;(5)阶段性战略评价与控制。

8. 设计有效的评价与控制系统应主要遵循:(1)能够及时、有效地进行信息传递;(2)能够公平合理地对组织业绩或行为进行评价与激励;(3)战略评价与控制活动应当与企业的战略目标一致。

9. 企业通常同时并用三种不同类型的奖励系统,即分别针对个人、小组和组织整体的三种奖励系统。个人奖励系统主要分为计件计划、任务系统和奖金计划;小组和组织奖励系统常见的几种报酬形式有小组奖金、利润共享、员工认股权和组织奖金等。

10. 成功实施EIS的三个关键条件在于:(1)系统的安装小组须拥有一个精通业务、忠于职守的高层管理者参与系统的开发与实施;(2)小组还需要有一个值得信赖的、见多识广的高级管理人员负责组织系统的开发。这个人应在其他管理者和系统开发人员之间起到及时的信息沟通与反馈的作用;(3)所开发的系统应保证将组织的战略目标与关键的成功因素相联系。

11. 组织实施不同层面的竞争战略(公司层、业务层和职能作业层)将会影响组织对评价与控制系统的选择。职能作业层中各部门应本着为组织创造效率、质量、创新和对顾客的反应等方面的竞争优势为原则,根据具体的情况选择相应的评价与控制方式、激励系统和组织结构与其各自的战略相适应。

12. 影响企业战略控制与评价系统选择或设计的主要因素有:(1)企业制定与实施的不同竞争战略;(2)企业的不同组织结构类型;(3)企业组织结构的不同层面;(4)企业所处行业生命周期的不同阶段;(5)企业所处的不同战略实施阶段。

【思考与讨论题】

1. 试讨论在为下面的四种类型的企业分别设计战略控制和评价系统时,你认为它们应分别具有什么特点:a. 小型制造企业;b. 连锁商店;c. 高科技公司;d. 大型会计师事务所。

2. 试讨论为某一大型公司(如 IBM、沃尔玛、中国海尔集团或江苏舜天国际集团)设计什么样的战略控制评价系统能鼓励企业内部的创新活动和提高企业家创新精神?

【本章参考文献】

1. Charles W. L. Hill, Gareth R. Jones. Strategic Management: An Integrated Approach. Houghton Mifflin Company, U. S. A, 1995

2. Michael A. Hitt, R. Duane Ireland, Robert E. Hoskisson. Strategic Management: Competitiveness and Globalization. South-Western College Publishing, U. S. A, 2001

3. Gregory G. Dess, Alex Miller. Strategic Management, McGraw-Hill. U. S. A, 1993

4. Fredrik Nilsson, Nils-Go'Ran Olve. Control Systems in Multi-business Companies: From Performance Management to Strategic Management. European Management Journal, 2001. Vol. 19, No. 4, p. 344-358

5. Raman Muralidharan. Strategic Control for Fast-moving Markets: Updating the Strategy and Monitoring Performance. Long Range Planning, 1997. Vol. 30, No. 1, p. 64-73

6. Sanjay K. Singh, Hugh J. Watson, Richard T. Watson. EIS Support for the Strategic Management Process. S. K. Sigh et al. /Decision Support Systems, 2001. Vol. 33, p. 71-85

7. [美]斯蒂芬·罗宾斯. 管理学. 第 7 版. 北京：中国人民大学出版社,2004

8. [美]威廉·罗奇等. 管理会计与控制系统案例. 第 3 版. 何斌,翟淼译. 东北财经大学出版社,2000

9. 弗雷德·R·戴维. 战略管理. 第 10 版. 李克宁译. 北京：经济科学出版社,2006

10. 余绪缨. 管理会计学. 北京：中国人民大学出版社,1999

【案例1】

捷安特在祖国大陆的发展之路①

捷安特是台商在大陆自行车行业经营最成功的企业之一。2004年,捷安特自行车被国家统计局、中国行业企业信息发布中心评为2003年度全国市场同类产品销售第一名企业;捷安特被国家工商管理总局评为中国"驰名商标"。

捷安特进入大陆自行车市场后,在设计理念和营销方面棋高一着,成为自行车行业企业效仿的对象。捷安特自行车在成为大陆高品质品牌、获得良好口碑的同时,也成为偷窃者青睐的目标,不断有媒体报道打击自行车盗窃中查获捷安特自行车被盗的消息。出现了奇特的"仿捷"现象和比较严重的"盗捷"现象。

我们对21~25岁的城市年轻人做了几轮有限范围的问卷调查,结果表明,大陆消费者对捷安特品牌具有较高的认知度和认可度:有58.9%的人认为捷安特是台湾的品牌,22%的认为是大陆品牌,16.4%认为是美国的品牌,1.4%认为是香港品牌;52.8%的人认为捷安特属中档自行车,43.1%的人认为属高档自行车;被调查者中有17.6%拥有或曾拥有过捷安特自行车。其中75%表示:即使被偷后依然会继续选择捷安特,表现出较高的忠诚度。

捷安特公司进入大陆自行车市场不足10年,品牌效应和内外市场的销售业绩令人瞩目。通过对公司的实地调研,我们对捷安特中国公司的沿革、公司战略、内部管理及自行车行业发展的相关背景有了新的了解和认识,希望对探索当前环境条件下的企业竞争与发展规律有所助益。

1. 企业背景及发展沿革

捷安特是台湾巨大机械工业股份有限公司(以下简称巨大集团或巨大)1992年10月在昆山投资的独资企业,注册资本3750万美元,投资总额1亿美元,1994年4月正式投产。巨大集团成立于1972年;2001年10月,巨大被福布斯杂志评为"全球最佳小企业"。捷安特是巨大集团在自行车行业具有国际影响的自有品牌,在大陆和台湾都是第一品牌,日本、澳洲、加拿大、荷兰第一进口品牌,欧洲的三大品牌之一,美国四大品牌之一。

---

① 本案例由清华大学台湾研究所资助编写。本文所指捷安特即指台湾巨大机械工业股份有限公司在大陆投资的企业。

巨大集团在荷兰、英国、德国、法国、美国、日本和澳洲都设立了行销子公司,1993年与上海凤凰自行车公司组建上海巨凤自行车有限公司,1997年在荷兰设立了捷安特欧洲工厂;通过控制日本自行车流通企业HODAK51%的股权,建立了日本销售渠道,进入了保守的日本市场;母公司还与雷诺等跨国公司进行跨行业战略联盟,与雷诺休旅车一起搭配销售,扩大了捷安特的品牌效应和获利空间。巨大集团的国际化经营战略为捷安特产品的外销提供了渠道,确定了捷安特作为集团全球生产制造中心的地位。巨大集团组织结构见图1所示。

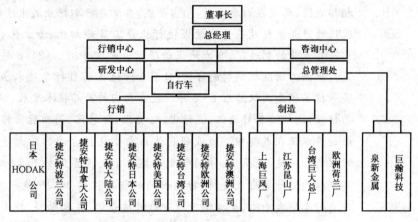

图1 巨大集团组织结构图

巨大集团在大陆投资建厂之前,由于台湾地区的成本提高和劳动力匮乏等原因,1989年台湾地区自行车业纷纷赴海外投资,看中深圳外销区位优势,一批厂商也开始联合赴祖国大陆深圳经济特区设厂,掀起台湾地区自行车的"登陆潮"。美国第一大品牌厂商SCHWINN与中国内地和香港地区的厂商三方合资于1985年在深圳成立了中华自行车公司(CBC),欲借中国内地劳动力廉价等优势,建立竞争力的制造基地,产品再回销美国,与台湾地区业者竞争,对台湾地区的自行车厂商产生了很大的冲击。

台湾自行车行业具有一定技术优势和较强的经营管理能力,这是捷安特在大陆市场获得成功的基础。台湾自行车行业经过五十多年的发展,历经了装配生产、扩大输出、行业升级和国际化四个阶段。在20世纪50~70年代的前两个阶段,行业主要生产低档车,厂商经营以OEM方式为主;在80年代,台湾自行车行业经历行业升级阶段,出口单价大幅增长,关键零部件的开发与生产逐渐摆脱了对日本的依赖,中低档自行车的生产开始向大陆转移;从90年代开始,行业进入国际化阶段,业界和有关部门加大了产品研发力度,建立了国际商情系统,力争使台湾成为高附加值成车与零部件制造中心。近期台湾地区某公司的一份对日本、美国、德国、祖国大陆与台湾地区等主要自行车生产国和地区调查报告显示,台湾生产设备最充裕、新颖,交货最为及时,其整体竞争力居第二位。

台湾自行车行业具有较强的竞争力,是因为:(1)拥有结合紧密的分工体系。台湾自行车行业形成了巨大、美利达、太平洋、旭光、太航五大中心卫星体系,拥有成车、零部件各类厂商600余家,其中零部件厂商约为500余家,零部件自给率已提升至7成左右。约6成左右的厂商分布在台中和彰化这两个相邻地区,其次在台北地区,约占2成,台湾自行车行业集中度已相当高,呈现较强的产业集聚效应。这就促使行业分工日趋细化、专业化,几乎每种零件均有其专业的制造厂,有力地促进了行业的竞争力。(2)日趋加强的技术开发。根据工研院机械所的评估,目前台湾地区的自行车技术水准整体上比日美等技术领先国仅落后1~2年。现在岛内的产品技术发展,以高价值化成车为核心,设计追求舒适化、流行化,电动化、智慧化、高功能价格比以及高安全性的技术正在成型中。行业研发体系主要包括台湾的各大学、行政机构、学术机构和当地厂商。大学的研发多集中于变速系统的开发,对于系统设计、创新结构设计等形成支持;行政部门的研究机构如工研院研究所、材料所以及自行车研发中心,主要执行行业的科技专案、技术转移、技术推广辅导等计划,已申请了多项重大专利。日趋加强的技术开发,对于行业升级有相当大的支撑作用。(3)合理的两岸分工模式。从20世纪80年代末期起,台湾厂商开始将中低档的自行车生产转移到大陆,充分利用大陆廉价劳力和广阔的市场,降低生产成本。这种分工模式使得台湾厂商既能藉大陆的生产基地,保有中低价市场的份额,还能逐渐拓展中高级产品的国际市场。

大陆市场方面,20世纪90年代初改革开放的步伐加快,为台湾企业的战略调整提供了机遇和较好的条件。虽然台湾自行车行业已具有较强的竞争力,大陆又拥有广阔的潜在需求前景,但是这两者仍不能构成台湾自行车企业在大陆市场获得成功的充分条件,针对中国市场的特点和需求倾向,技术和经营管理方面的创新仍然是竞争中取胜的关键。当时大多数台商投资于华南珠江三角洲,只是利用当地的廉价资源和经香港出口的地理之便,目标市场为国际市场而不是内地市场。捷安特1992年投资于昆山,选择华东地区,这与巨大集团准备在大陆长期投资、同时占领国内和国际市场的投资战略有关。在投资之初,巨大集团就显示出与其他台商的不同:首先,行动慎重,谋定而后动。巨大集团一直在观望,当1992年中国改革开放不可逆趋势明朗化后决定对大陆投资(自行车行业的台资企业美利达先于巨大到大陆投资 3 年);其次,对大陆市场购买力的信心,这是决定捷安特内外市场兼顾战略的基础,在当时具有前瞻性和一定的风险;再次,鉴于战略导向方面的差异,地点的选择是华东而不是华南。

选择昆山作为投资企业所在地的原因可以概括为以下几点:(1)昆山市和江苏省领导的重视。最初巨大集团与大陆凤凰自行车公司有意向在上海建立合资企业,因种种原因进展缓慢,昆山市和江苏省领导的高度重视和办事效率直接促成了巨大集团在昆山的独资项目——捷安特公司。这也是日后昆山成为台商云集地区的重要初始因素。(2)昆山地处苏南沪宁铁路沿线,离上海的港口不远,公路、铁路通达,符合内、外销对便捷交通条件的要求。(3)自行车主要零部件的供应商相对密集地分布于周边地区,关联行业配套基础较好。

捷安特落户昆山之初,当地基础设施等条件方面的起点不高,作为最早到昆山的台资企业,捷安特的创业起始条件比较艰苦,但工作卓有成效。1993 年 2 月捷安特在昆山开发区破土建厂,土地总面积 17.76 万平方米。当时的场地只是一片稻田且沟壑纵横,在郑宝堂总经理的带领下,经过 10 个月的苦战,完成了原本计划 3 年完成的建厂任务。

建厂之后,捷安特根据公司使命与战略远景规划,以中高档车型切入市场,强调捷安特的高品质和世界名牌,目标客户则以青少年为主,明显区别于以实用车为主的大陆国营厂产品。与当时市场的主流产品相比,捷安特自行车除了品质保证外,车型更为多样化,色彩更丰富,更注重时尚,很快在品种单一和款式老旧的大陆自行车市场独树一帜。

捷安特从创业初期就设定了较高远的目标,不满足于一般的 ODM 模式,一开始就以高水平自行车专业厂与自创品牌为目标。1994 年 4 月正式投产后,捷安特在品牌知名度不断提高的同时,一直保持了稳定的成长势头,当年销售自行车 15.4 万台,销售金额 0.7 亿元,其中内销 4.6 万台,销售额 0.55 亿元;2001 年销售 226 万台,销售额 12.23 亿元,内销 96 万,销售额 3.5 亿元;2002 年计划销售 270 万台,销售额 14.5 亿元,其中内销 120 万台,金额 4.8 亿元。从 1994 年到 2001 年,7 年时间内产量增长了近 14 倍,销售额增长了 16 倍。1993 年捷安特第一家直销店上海衡山店正式开业,至今在全国已有销售部 15 个,一级经销商 25 家,专卖店 652 家,店中店 805 家,9 年多来捷安特共布下全国 1400 多个销售点,几乎是两天多开一家店,遍布全国的营销网是捷安特成功的关键。1996 年成为国内首家通过日本制品安全协会"SG"MARK 认证的自行车厂商,1997 年通过中国商检质量认证中心的 ISO 9001 的认证。捷安特内销情况见图 2。

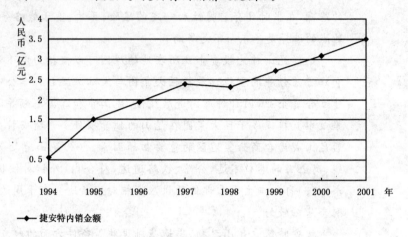

图 2 捷安特内销情况

　　捷安特公司,目前人员总数 1831 人(含 9 名台湾干部),拥有捷安特的亚洲研发中心,是一个技术和人才本地化,集研发、生产、销售、售后服务各环节于一体的独立的实体,在巨大集团内部占有重要的地位,在巨大全球四个生产基地中,产量居于首位,占集团全球产量的一半以上,获利占母公司总获利的 1/3 左右。捷安特公司的使命是"提供品质优良的自行车给全世界追求高度骑乘乐趣或纯粹以轻松及休闲为诉求的消费者;在运动、休闲或作为代步工具等各方面,创造最佳综合价值的自行车及相关服务,并且在环境保护的前提下,促进身心健康及增加生活乐趣。"

　　捷安特公司远景是希望成为最好的自行车公司。捷安特在经营战略中将 1992～2000 年作为创业奠基期,努力使公司成为母公司全球战略的一环,生产物美价廉自行车的供应基地,在中国市场建立品牌和渠道,垂直整合全新铝管、轮圈,形成中心卫星体系;将 2001～2010 年作为茁壮发展期,目标是成为全球最有竞争力的制造基地,集团批量标准型车的供应中心,产量按需要持续性地扩充,拓展美、日、欧市场,在内外销平衡成长的过程中,成为中国第一品牌,加强专业零售渠道,建立流通核心能力及优势,扩大产品线,并投入电动自行车生产。

　　自行车构造轻巧、占用空间小、价格便宜、对道路要求低,又无需燃料、不产生污染和噪音。目前全球交通日益拥挤,环境保护意识日益提高,休闲运动日渐风行,自行车这一已有两百多年历史的产品依然具有很大的需求潜力和广阔的发展前景。

自行车在不同的国家有不同的作用和功能,满足人们的不同需求。根据马斯洛的需求理论,我们可以分析自行车产品在满足人们从较低级的生存需求,到得到尊重和实现自我价值的较高需求各阶段的不同状况。需求偏好倾向性的差异可能与收入有关,也可能与地理特征和文化背景有关。发达国家消费者一般把自行车作为体育健身器材,利用山地车和越野车等满足健身和娱乐需求,张扬自我的个性,这与他们的人均收入较高紧密相关(作为交通工具,汽车在发达国家占绝对比重);而在收入较低的发展中国家,自行车更多是作为代步工具。自行车的生产必须以特定市场的需求为导向:不同的市场生产不同类型的产品,即使是同一国家也要考虑不同层次人群、不同地区的差异化需要,产品正确的市场定位在企业发展中至关重要,这也是捷安特在激烈的市场竞争中能立于不败之地并得以可持续发展的关键。

在祖国大陆,消费者购买自行车主要出自代步的目的。据一项调查,中国城市居民上下班使用的交通工具中,自行车占 67.1%,公共汽车占24.4%,出租车和私人汽车占 17.3%。中国自行车协会对部分省区农村市场的调查表明,农民购买自行车出于代步目的高达 83.6%,用做短途运输的占 8.8%,很大程度说明目前中国人最注重的还是自行车的代步功能。捷安特公司的投资目标是内外兼顾,除了针对国际市场的外销外,占领中国市场是其整体战略的重要部分。要占领国内市场就必须满足大陆消费者的特定需求,精心研究产品的市场定位,从设计和开发各个环节都要认真考虑产品的本地化问题。中国人口众多,20 世纪 90 年代初的购买力水平较低,消费者购买自行车在当时还是家庭的一笔不小的开支,因此消费者购买会更慎重、更挑剔。然而中国市场幅员辽阔,消费者呈现极大的差异性:城乡、地区差异,不同年龄、性别消费者的差异都有可能形成绝对数量相当可观的潜在消费群体;中国经济处于快速增长期,在收入迅速提高和消费偏好日趋国际化的过程中,消费者对自行车的需求正从过去的简单代步工具逐步向全方位个性化的需求发展。

20 世纪 90 年代初,台商兴起到大陆投资的热潮,但进入祖国大陆的自行车业台资企业如美利达等更多的是针对国外市场,将大陆视为出口加工基地,投资也大多集中在深圳等南方地区,生产符合西方人特点和需求偏好的山地车和越野车,对大陆的市场特点未给予足够的重视,没有针对中国消费者的消费特点开发新品,只是简单推出外销产品,虽然是国际品牌,很时尚,但其适用性和便于操控性等受到影响;另一方面,国内当时的国营自行车厂家设计理念、生产工艺等相对落后，产品色彩单一、款式陈旧而笨重。针对这种情况，捷安特抓住机遇作出了迅速的市场调整和战略部署。

捷安特根据比较细致的市场调研，针对大陆消费者的偏好、体形特征及当时的购买力水平等，专门设计、开发并迅速推出了色彩明快、款式新颖、便于操控的轻快车。与外销产品不同，轻快车大都是单速或小变速，价位在498元，548元，648元，698元等，结果很受欢迎，至今这一类型的自行车依然是大陆市场的主打产品，价格略微下调，基本还是在500~800元。这样的价位高于凤凰、永久等国产品牌，在满足消费者个性化和舒适的同时，成功地建立起了捷安特自行车高品质的产品形象。

捷安特产品定位鲜明，主要针对城市居民中追求高品质自行车的消费群体。虽然城市居民只占当时中国人口的30%，但这部分人群是最具个性和购买力较高的群体。与国际自行车市场相比，祖国大陆市场的产品消费目的主要是交通工具的功能，倾向性十分突出，捷安特针对祖国大陆市场开发的产品尽管款式、品种较少，但针对性强，最大限度地体现了祖国大陆市场的消费需求特征，成功地实现了以20%的品种创造80%的销售额的市场拓展目标。在调研中，郑宝堂总经理认为，捷安特针对祖国大陆市场需求进行准确的产品定位，并能迅速作出反应是企业强于竞争对手的关键。

根据中国自行车协会的调查，月收入在300~1000元，年龄在21~50岁的人群是自行车的主要消费者；其中4成的被调查者希望购买普通车，3成希望购买变速车，近两成希望购买山地车；在颜色方面，7成的人选择淡雅、单色车，有一成的人选择鲜艳的和多色的车；在购买用途上，代步仍是主要用途，占82.7%，休闲健身为6.4%，短途运输为9.4%。消费者最注重的是产品质量，依次是款式、价格、品牌；自行车的使用年限：1~5年为70.1%，6~9年为16.4%，10~15年为10.3%，15%以上为3.2%。这与我们的问卷调查基本一致，只是在年轻人中选择鲜艳和多色的占32%，21.6%的人优先考虑款式。可以看出，随着经济发展和收入的增加，祖国大陆的消费者对自行车品种、款式和颜色都出现了多元化的要求。

自行车的消费一方面受收入、年龄、文化和人口构成的影响，同时还受当地地理状况和替代产品等因素的影响。例如捷安特在华东、华北地区的销量最大，上海、南京、北京、呼和浩特等城市的销售都很好，但华南的销售却低于预期，这似乎与收入无关，究其原因，郑总经理认为有以下几点：华南外来人口多，流动性大，人们不敢买高价车，容易失窃；华南丘陵多，做小生意的多，当地相当数量的人骑摩托车；华南自行车企业较多，外销转内销的产品较多,世界各国的品牌都有,消费者的选择余地较大。

经过近 10 年的发展,捷安特也在不断追随消费者需求的变化,以销定产,不断通过对市场的调研和反馈来制订计划,进行研究开发、技术设计、量化设计等流程的运作,以减少库存,扩大受消费者欢迎的品种,满足消费者不断变化的需求。

2. 近年来的相关宏观经济发展数据

图 3~图 9 显示了近年来的相关宏观经济发展数据①。

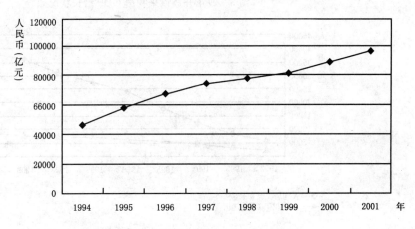

图 3　国内生产总值

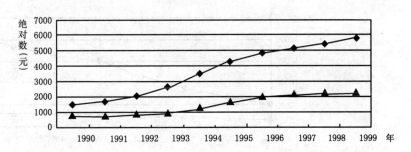

图 4　20 世纪 90 年代以来我国城乡居民收入对比

---

① 图 3~图 9 资料来源:《中国统计年鉴》、中国统计网(经整理)。

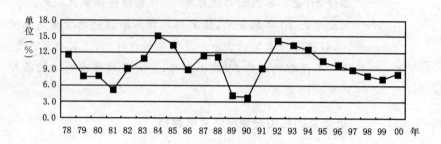

图 5   改革开放以来我国 GDP 增长状况

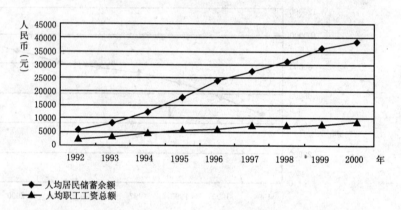

图 6   北京市居民生活水平

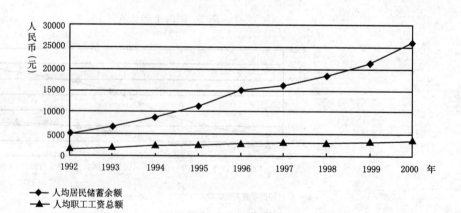

图 7   西安市居民生活水平

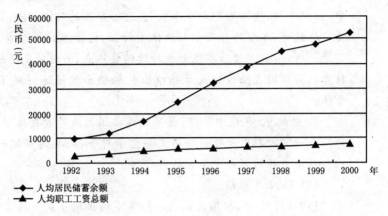

图 8　广州市居民生活水平

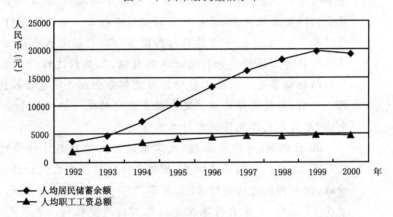

图 9　南京市居民生活水平

3. 主要竞争对手

（1）1992～1997 年

捷安特在这一阶段的主要竞争者是最早在祖国大陆落户的自行车行业境外厂商。

投资企业，如深圳中华、台湾美利达等，这些企业的产品市场定位如前所述，是中高档自行车。与捷安特不同的是，它们在祖国大陆投资的目的，主要为了充分利用内地廉价劳动力等资源优势，以降低其生产、组装等环节成本，使产品在国际市场更具价格优势。所以，这些厂商多在深圳建厂，以便于出口，它们的产品大部分销往海外，只有少数内销。但就是这些少数内销的中高档自行车，将山地车、休闲车等概念引入了祖国大陆，促进了新的自行车消费领域的形成。一段时间在中国各大城市，尤其在青少年消费者中,出现了"山地车热""都市车热"。这些厂家的"外销转内销"产品,针对欧美市场设计,车型符合西方人的体型特征,对于东方人这类车较难操控,不舒适。所以,热潮过后不能形成持续销售热点,并进而赢得较大市场。捷安特专门为祖国大陆市场设计并推出的轻快车便迅速得到了广大消费者的青睐。

20世纪90年代中前期,最早进入祖国大陆外资企业借助先发优势,其产品在一定时期内是捷安特的主要竞争对手,尤其是当时一度执中国中高档自行车牛耳的深圳中华自行车。

(2)1997年以后

1997、1998年,祖国大陆的自行车市场出现了第一波价格战,促使行业竞争格局的调整。捷安特凭借其准确的市场定位、稳定的产品品质和不断健全的市场营销体系,开始在中国自行车行业占据领先地位,成为同行仿效的对象。凤凰、永久等老牌自行车国有企业开始进入中高档自行车领域,许多以外销为主的外资企业开始注重内销,如美利达就开始在祖国大陆建立自己的行销渠道。但由于种种原因这部分企业并没有动摇捷安特的领先地位。目前,对捷安特构成一定和潜在威胁的是一批崛起于90年代末的民营企业,尤其是天津地区的自行车民营企业。

20世纪90年代中后期,天津出现了大批家庭作坊式的个体自行车组装厂商,这些厂商的产品低劣,虽然在一段时间内靠低价挤占了很大的市场份额,但大部沦为所谓津产"三月车""半年车",极大地扰乱了行业秩序,终于在1998年,天津自行车在全国范围内遭受抵制。也就是在这一年,因为严重的信誉危机,一批有远见的、稍具规模的私营企业开始引进国外技术设备,学习先进的管理经验,确立严格的技术、质量标准,很多企业把进入日本市场的技术质量标准作为企业的努力方向,致力于塑造自身形象和品牌。经过激烈的市场竞争,逐渐产生了如天津富士达、捷马为代表的一批有生命力和初具品牌效应的私营企业。

这些企业生根于国内,了解本国市场,有很强的学习能力,"仿捷能力"特别强。捷安特每推出一款新车,它们会很快跟进。在市场推广方面,富士达等不仅注重在国内的宣传,还积极参加如德国科隆、意大利米兰等国际展览会,加强与国际商家的交流与合作,积极拓展国际市场。同时,这些企业本身规模不大,年生产能力多在10万~50万台之间,没有老牌国企的传统弊病,生产成本低,调整、转向灵活。另外,当地政府在1998年之后加强了行业引导和规划,专门为自行车厂家兴建了工业区,成立行业协会,有效地改善了这些企业的微观经营环境。富士达等存在的明显的弱点主要表现在,争取国际市场订单的能力较弱,周边地区缺乏高品质的零部件配套厂商,需要从江苏、深圳等地采购较高品质的零部件,成本较高。但是,随着天津自行车产业群体的成长和逐步的成熟,这些问题将逐步解决。届时这一批私营企业可能对捷安特产生较强的冲击。

(3) 深圳中华自行车的兴衰

创建于 1985 年元月的深圳中华自行车曾是捷安特最强有力的竞争对手,它最初是由美国、中国香港、中国内地三方合资,可以说结合了美国的市场、技术,香港的国际贸易、资金筹措能力,和内地的低廉劳力等多方面的优势。中华自行车从开始就把自己的产品定位于高档健身自行车,推出了"阿米尼"等品牌,业内人士普遍认为,是深圳中华把山地车、休闲车的概念引入中国。深圳中华自行车 1985 年投产,生产赛车、轻便郊游车、健身车共六大类高档产品,规格、款式达数千种之多。产品大量销往欧洲、北美、澳大利亚、日本等国家和地区,出口量一度占到产量的 80%。20 世纪 90 年代初期,中华自行车曾先后名列全国十大最佳合资企业第一名、深圳市经济效益十佳企业第一名、全国机电行业出口创汇第一名,连续两年荣登美国十大最佳自行车品牌榜首,成为当时全球最大的自行车生产基地,被誉为"中国车王"。1993 年中华自行车产量达到 184 万辆,产值 18.5 亿元,创汇 1.87 亿美元,这是中华集团的巅峰期。

自行车行业的成功很快受到中华集团盲目多元化扩张政策的拖累,中华集团在短短几年里采取遍地开花的扩张战略,分别进入了与原经营领域相关度不高的房地产、复合材料、洗涤用品等多个领域,所需资金大多通过银行贷款取得。由于市场判断方面的失误和对目标领域缺乏了解,上马的新项目大多失败,企业的财务负担十分沉重。与此同时,国际自行车市场也发生了变化。作为中国传统大宗出口商品之一,自 1993 年欧共体指控中国自行车反倾销以来,中华自行车先后遭遇 1994 年加拿大反倾销诉讼、1995 年墨西哥反倾销诉讼、1995 年美国反倾销诉讼、1996 年欧共体反规避诉讼。尤其是欧共体的反倾销,使其在欧洲销量大减,后来虽然打赢了美国的反倾销官司,但却耗资 3000 多万元,历时一年多,并且由于久拖不决,损失了大量客户和订单,企业大伤元气。

在多元化扩张失败、出口遭受极大的打击,以及 1997 年人民银行实行适度从紧的货币政策的情况下,各商业银行纷纷停止对深圳中华的贷款。1997 年中华自行车内外销订单共为 140 万辆,由于缺乏流动资金,到手的订单大部分被取消,交货只有 36 万辆。同时,深圳中华集团由于贷款逾期未还遭到 12 家银行的起诉,涉及金额达人民币 24095 万元,美金 8824 万元,港币 820 万元;遭到 18 家供货商起诉,涉及金额人民币 4468 万元,美金 504 万元,港币 2214 万元;涉及劳资纠纷的金额也有 260 万元。这些诉讼大部分以深圳中华集团败诉而告终。1998 年,中华集团陷入长达 10 个月无力给职工开工资的窘境,生产几乎完全陷于停顿。之后,中华集团进行了全面调整,重新确立以自行车为主导产业的发展战略。随着我国自行车出口形势的好转,企业经艰苦努力进入缓慢的恢复过程。

4. 捷安特的产品设计与开发

早在 1992 年捷安特筹建之前,公司总经理郑宝堂先生就发现当时被称做"自行车王国"的中国的国产产品款式、色彩单调,设计与工艺制造方面与国际水平有明显差距。虽然阿米尼等名牌自行车制造商先一步在祖国大陆推出了山地车等高档车,但其车型、构造不符合中国人体形特征,自行车的舒适度受到影响。据此,郑宝堂先生针对祖国大陆自行车消费者以交通、代步为目的的消费需求,根据中国人的体形特征,设计、开发并推出了色彩鲜明、款式新颖、构造轻巧的城市轻快车,并利用城市公交车车体为载体,展开了体现新的消费诉求,以"换个步伐前进"为主题的一轮广告宣传,目的在于改变中国消费者对脚踏车使用的刻板印象,建立起捷安特的品牌形象。

在产品开发的决策方面,捷安特虽然不设专门的市场调研部门,但却已形成一套行之有效的市场需求分析系统。公司每半年召开一次 GPD(捷安特产品开发)专门会议,与会者包括总经理、研发、营销等部门经理人员,会议根据市场、生产、研发等环节取自一线的相关信息,对产品线、销售资源调整等重要相关议题进行分析讨论,最后根据会议形成的意见按如下流程开展具体开发工作:

TM(策略)→GPD(开发)→GCTC(设计)→GCPD(量化设计)

在近 10 年的发展过程中,捷安特一直在不断追随消费者需求的变化而调整产品结构。具体运作一直坚持以销定产,根据产品的市场销售状况和消费者反馈意见调整现有产品结构和开发新品,在不断减少库存的同时,扩大受消费者欢迎的品种,满足消费者不断变化的需求。

5. 产品品质管理

捷安特的基本信念是,树立一个好的品牌形象应以高度稳定的品质为前提和基础。步入捷安特有限公司,首先映入眼帘并给人以深刻印象的是大门右侧黑色大理石墙上的几个镀金大字:"品质是第一工作"。郑宝堂总经理说:"现在是品质决胜的时代,品质不仅是市场竞争中的条件,更是公司生存的要求。当然,品质做好了,产品不一定能卖出去,但可以肯定的是:品质做不好,产品绝对卖不出去。对品质的追求和坚持,才是我们最好的广告""品质做好不是靠检验或主管督促出来的,而是全体同仁发自内心,用真心、爱心、关心的行动实实在在干出来的,产品的价值,也是我们捷安特人的价值"。

捷安特之所以能在竞争十分激烈的自行车业内站稳脚跟,这与该公司始终不渝地坚持"品质是第一工作"的理念分不开。当然,郑宝堂表示,仅仅口头上的对品质的重视是远远不够的,最重要的是如何正确有效地将"品质是第一工作"的认知落到实处,转化为各具体操作环节的人的工作和行为方面的自觉要求。公司既要求自行车每个部件、每个作业点没有瑕疵,更要求每个部车都是优良的。根据严格的品质要求,公司制定了完善的质量管理体系,各部门制定了严谨的组织和工作任务标准,并明确区分工作区和巡回区,以对产品品质进行有效的控制。

捷安特的品质保证(QA)主要分为两大类,一是外购物料的品保;二是生产过程的品保。确保自行车的品质,首先要把好原物料进厂检验关(IQA/SQA),公司在产品开发、物料检查、质量检验等环节严格按照有关标准执行,并结合公司自行车生产过程的特定需求制定了相关的企业标准。同时公司设立物料检测室,购置了万能材料试验机、前叉疲劳试验机、车架振动试验机等检验设备30余套,以完善的检验手段保证满足原物料进厂检验的需要。

随着捷安特生产规模的不断扩大,采用祖国大陆当地原物料的比例逐渐增加,公司专门成立了SQA(外购物料品质保证)部门,常年有3名专职人员对本地自行车配套厂商进行设备、生产、质量控制、经营等方面的辅导,以保证所供零组件品质的稳定性和达到捷安特的要求。捷安特这种对供应商的辅导制度在同业中是独一无二的,制度的完善和落实,对公司产品的高品质定位形成强有力的支持。

在把好原物料关的基础上,捷安特对生产工程中的品质保证(PQC)实行重点控制,依据台湾巨大集团20多年的生产经验,公司特别在生产过程中推广了生产作业员"三检制度":即首件检查、顺次检查、自主检查;在车品生产检验过程中做到"四不":不制造不良产品、不接受不良产品、不把不良产品传到下一个工序、不制造尾数(保持批量生产活动的完整性)。

• 首件检查:对每一批产品,机械修复或重新调模后,更改规格程式或新品开发所产生的第一件产品例行检查;

• 顺次检查:以不接收不良产品为要求,以检查上一道工序为重点,由主管制定重点检查范围;

· 自主检查:操作人员依图纸及检验说明书自行实施检查,合格的继续生产,不合格的列入记录,修正后所生产的产品必须分开存放。

为保证"三检制度"的落实,在生产过程中,检验人员通过巡回检查的方式按区域负责,采取抽查产品质量,解决现场实际品质异常状况来检查生产作业员的三检情况,并根据检查项目评定分数。这样既与每个员工的切身利益紧密联系,又针对自行车工艺流程特点,在各工序设置专职检验员,通过一道道检验程序,把不良品挡在防线以外。制度的落实使捷安特自行车达到日本工业JIS标准和美国消费者安全标准(CPSC)及ISO标准,并深受消费者的青睐。1996年2月,捷安特自行车获江苏省消费者信得过产品称号,3月又通过了日本车辆安全协会颁发的SG MAKE审查合格证,得到了日本客户的信赖与认同,成为中国第一家获此认证的厂家。

捷安特有限公司在不断致力于产品品质的同时,更注重企业之本——人的素质的提高,走以人员素质提高带动产品品质提高的道路。公司的管理格言:品质是预防,而不是检查出来的。强调制造过程中的品质保证关键在于人,重视人力资源的开发与培育,重视建立公司的品质文化。为此,公司在新进人员的教育训练中,专门安排了有关"品质是第一工作"的理念和相关知识的教育和培训。员工进入工作岗位后,还要求不断进行相应的产品质量标准化方面的教育。平时通过周会、晨会、现场教育和机会教育等各种形式,对品质工作的要求和管理理念进行宣导,使之深入人心。在该公司已形成了一种人的价值决定于工作品质的氛围,而品质也不仅仅限于产品质量,更包含了每一个员工做事的态度、方法,从而激励员工不断追求更高、更好的品质,尽自己最大的努力,做好每一件事。为了深化员工品质意识,公司每年进行一次品管先生、品管小姐的评选活动,对优秀员工给予表彰。"品质是第一工作"的理念已根植于每个员工的心中。

公司的发展决定于品质,产品的品质决定于人员的素质,捷安特公司"以人为本",充分、有效地发挥了员工的自觉性、主动性和积极性,形成了捷安特取得成功的重要支柱和保证。

6. 祖国大陆市场分销系统建设

捷安特在祖国大陆分销系统的建设上付出了不少努力。郑宝堂先生表示,以往祖国大陆由于是计划经济体制,所以分销体系并没有所谓的批发商和代理商,要贯彻经营理念,建立捷安特的信誉、售后服务与品质保证形象,必须建设自己的分销系统,今后的成败也依赖分销体系的整建水平。捷安特舍弃国营厂的五金交通产品行销系统,以都市为核心,建立自营专卖店,由自营专卖店为中心负责各地的产品批发。发展近 10 年来,捷安特在各地已有 18 个销售部(即自营专卖店)、25 家一级经销商(一级经销合计 40 家);652 家专卖店与 802 家零售店(即店中店);销售点合计为 1452 家。产品行销整个祖国大陆的百货公司。捷安特对分销网络的控制度较高,易于解决当时困扰一般企业的应收账款问题。

在整个销售版图上除了西藏、青海、甘肃、贵州及海南岛外,其他各地的行销据点都留下了总经理郑宝堂的足迹,他通过不断实地与各网点间作联系及培训,灌输捷安特的经营理念,配合 1 年 1 次的全国营销大会及全国营销共识研修会、1 年 4 次的店员及维修人员的集训等,构建了捷安特的分销网络。

郑宝堂先生有一套靠经验摸索而来的自行车内地市场网络架构哲学,他以地形图像来观察潜在的自行车市场,发现四块地区的商机最大,即华东平原、华北平原、东北平原及四川盆地。捷安特的内销拓展便是循此脉络,其中以华北平原的潜在商机最大,其全国最佳的销售点便是河北的石家庄,2002 年销售量可突破 10 万台,若以平均单价 500 元人民币计,平均单月销售额可逾 400 万元人民币。

为使存货及呆账风险降至最低,捷安特让这些销售点依市场概况保有一定的铺底额度,并给予适时的缓冲期,凡超过铺底额度量就必须现金交易。目前捷安特对内销应收账款的周转天数定为 45 天,外销为 75 天。构建这张浩大的行销网络所投入的心力与劳力恐怕远比经营一家工厂还要辛苦。经过近 10 年的努力,捷安特的这种做法已成为当地不少外资企业经营中在资金运作上的标杆。捷安特销售情况见表 1 和表 2。

表 1　捷安特销售统计

年　度	销售台数(万台)	销售金额(亿元人民币)
1994	15.4	0.7
1995	51.7	2.87
1996	67.7	3.62
1997	90.7	4.57
1998	96	4.92
1999	168	8.81
2000	211	11.2
2001	226	12.23
2002(FCST)	270	14.5

资料来源:捷安特有限公司。

表 2　捷安特内销状况

年　度	销售台数(万台)	销售金额(亿元人民币)
1994	4.6	0.55
1995	30.5	1.5
1996	40	1.93
1997	53	2.39
1998	55	2.31
1999	72	2.72
2000	84	3.09
2001	96	3.5
2002(FCST)	120	4.8

　　资料来源:捷安特有限公司。

7. 产品促销活动

　　在捷安特实施品牌战略的过程当中,为提高企业与产品的知名度和品牌形象,捷安特自行车市场推广与促销活动的能力在同业中十分突出。例如,与国内外知名企业惠普、美格、TCL、康师傅等联手搞促销活动,搭增捷安特品牌自行车,以扩大品牌知名度;赞助北京及江苏捷安特自行车队及全国性的比赛,如赛车、足球赛等体育竞技活动。中国幅员广大,透过活动与媒体报道打响品牌,提高品牌知名度和美誉度收效显著。

　　中国自行车运动协会和捷安特有限公司 2002 年 6 月 5 日在京宣布,双方从 2002 年起开展全面的长期合作,捷安特公司支持中国青年自行车队并赞助 2002 年至 2008 年的全国场地和公路自行车锦标赛。中国自行车运动协会主席蔡家东称这是我国自行车运动的第一个长期合作伙伴。捷安特公司看好中国自行车运动的迅猛发展势头,有意全面参与 2008 年北京奥运会中国自行车项目后备人才的培养,在器材、资金和后勤保障等多方面给予支持,使中国青年自行车队的训练、比赛和生活环境得到较大改善。2005 年后,该公司还加大了对中国场地和公路自行车国家队的支持力度。公司总经理郑宝堂表示,他们和中国自协的共同心愿是"中国人在中国的土地上骑中国人生产的自行车夺取奥运会金牌"。为此,公司将调动一切技术力量,为中国自行车选手在北京奥运会上夺取金牌提供世界顶级赛车,也使中国从自行车王国成为自行车运动的强国。

8. GMS 精益化管理模式

　　GMS 是在精益生产(lean production)的思想下建立起来的具有独特

性的管理模式,它力求从企业活动的全局来考虑问题,将生产和销售等诸多环节纳入一个大系统中来加以考虑、加以优化;其管理思想和最终目标是利润最大化,它通过开展全面顾客满意活动来拉动管理革新的过程,并驱动企业内部自我发展机制的建立,最终与顾客共同分享管理革新的成果;它在管理中的具体目标是通过消除全过程中的浪费来实现成本的最低,通过并行工程的全面展开,推动以快速生产、服务核心的速度革命,从而全面有效地提升企业的综合竞争力。

捷安特自 1992 年建厂以来,产品市场占有率逐年上升,迅速成为国内自行车行业的著名品牌,经济效益也位居行业前列。这都与捷安特公司导入推行捷安特管理模式 GMS(giant management system)息息相关(见表 3)。

表 3　中华商业讯息中心统计全国重点大型商场主要商品品牌检测(山地自行车)

名　次	品　牌	市场综合占有率(%)	市场销售份额(%)	市场覆盖面(%)
第 1 名	捷安特	23.14	23.77	22.73
第 2 名	阿米尼	13.38	11.48	14.65
第 3 名	安琪尔	9.38	10.57	8.59
第 4 名	三　枪	8.05	10.27	6.57
第 5 名	凤　凰	6.42	4.68	7.58

GMS 系统管理模式是在全面顾客导向的思想下建立起的管理模式,它强调以全面顾客满意 TCS(total customer satisfaction)为起点和终点,它的两大支柱是销售时点管理 POS(point of sales)和快速应对系统 QRS(quick response system)以及贯穿全过程的质量管理(quality control)和成本控制(cost control)。

(1) GMS 生产方式的特点

GMS 是精益生产(lean production)的一个实例,它有以下特点。

①拉动式准时化生产

·相对制造日 RMD(relative manufacturing date)概念的引进,即以最终用户的需求为相对制造的起点;

·全过程及时化供货、及时化生产、及时化销售,追求全过程的零库存;

·集中控制下单元作业独立展开,但强调各单元间作业的协调,以保证全过程的物流平衡,追求全面合理化;

· 采用及时反馈、及时干预的方式进行动态管理。

② 并行工程(concurrent engineering)

· 在产品的设计开发阶段,将概念设计、结构设计、工艺设计、供应计划、最终需求等结合起来,协同展开,保证以最快的速度按要求完成;

· 各项工作由与此相关的项目小组完成,进程中独立按各自的任务展开工作,但要求互相了解进度,定期反馈信息并对出现的问题协调解决;

· 采用管理信息系统工具,反馈与协调整个项目的进行。

③ 全面质量管理(total quality control)

· 强调质量是设计和生产出来的,而非检验出来的,并由各环节中的管理来保证最终质量;

· 质量检测与控制分散在每一个过程中进行,建立立体、交叉式的质量控制网,并建立以质量为中心的企业文化,重在培养每位员工的质量意识;

· 生产过程中若发现质量问题,实行停线以促进改善,强调彻底解决。

(2) 全面顾客满意

顾客,一是指产品的最终使用者,即用户;二是指相对意义上的顾客,即过程中的下一工序。

① 对顾客满意的理解

顾客满意有两种概念,首先是行为上的满意,其最大的特点是:它不是一种逻辑上的判断,而是一种总体上的感觉,它是一种在历次购买活动中逐渐累积起来的状态,是一种感性的认知,是一种长期形成的感情诉求。其二是经济意义上的满意度,它是一种逻辑判断,是一种理性的认识。

因此,在业务活动中,捷安特做到了:重视顾客的抱怨,并妥善及时处理、回馈,使顾客在不满意中满意;重视顾客对产品及服务改善建议;使顾客在稍不满意中满意;重视对顾客的承诺,让顾客在满意中更满意。

② 让顾客满意

对供应链与销售活动实施有效的组织和管理、有竞争力的产品、员工培训、顾客对谁的产品满意以及顾客真正需要什么是整个供应链中最重要的问题,产品的竞争力表现在提供顾客的附加价值及产品的更新上,即追求功能价格比最大化。

零售店是与顾客直接接触的地方。将众多的商品及特点正确地介绍给顾客,让顾客在消费活动中轻松、愉快,仔细倾听顾客的建议,虚心接受顾客的抱怨并快速回馈,为顾客提供完善的售后服务等,便是满意服务的重点,而产品及服务的专业化是以上各项工作的基础。

③ 全面顾客满意活动

顾客满意不仅仅是技术层面的活动,更要使之成为企业的文化。传统市场销售策略的 4P 组合为产品(product)、价格(price)、分销(place)、促销(promotion),全面顾客满意活动在此基础上更重视 4C 的研究,即顾客的欲望与需求(consumer's wants and needs)、满足欲望与需求的成本(cost to satisfy wants and needs)、方便购买(conveniences to buy)和交流(communication)(见图 10)。

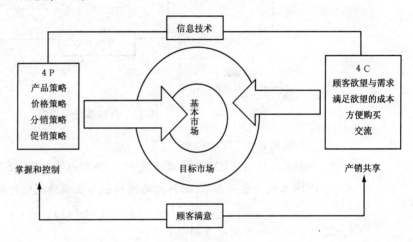

图 10 掌握和控制

(3) 销售点管理

销售点管理(point of sales,POS)是由物流和信息流组成的一个系统控制中心,正确实施销售点管理,是销售链高效、通畅运作的有效保证,销售点管理是整个供应链拉动的起点,其目的是缩短整个生产、销售的周转,提高周转速度,有效保证成品库存的最小化,即零库存(见图 11)。

①提高分销效率

分销的物流量和分销成本是分销建立的两个要素,在图 10 中可以看出直销是最简洁的运作形态,是分销最理想的状态,但同时也会给物流控制提出很高的要求,所以分销效率是分析和控制分销渠道建设的重要手段,同时分销信息系统及信息分析技术是 POS 的最基本的要素。

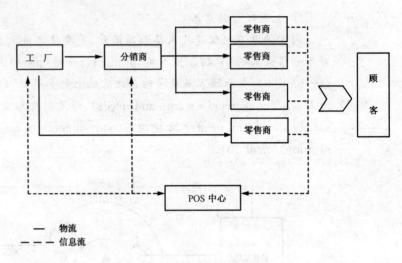

图 11　POS 系统示意图

②滚动预测,及时调整

快速应对系统(QRS)的建立是 POS 强有力的保障,但预测的准确性仍然是 POS 系统的重点和难点,预测的准确性与实施预测的时间呈以下关系:

$$M = f[1/(T_1 - T_0)]$$

式中　M——预测的准确性;

　　　T_1——实施预测的时间;

　　　T_0——相对制造日。

因此,对于有前置期的生产活动,实施局部调整是必要的。

局部调整对生产活动的影响又有以下关系:

$$R = f[1/(T_1 - T_0)]$$

式中　R——影响生产的程度;

　　　T_1——实施调整的时间;

　　　T_0——相对制造日。

所以,综合以上两种因素的影响,最终的订单量为:

$$R = R_{预测} + \Delta r_1 + \Delta r_2 + \Delta r_3 + \Delta r_4 + \Delta r_5$$

式中　Δr_n——第 n 次订单调整量。

也就是订单滚动预测,并实施及时调整的做法。

(4) 快速应对系统

目前,速度正成为企业竞争制胜的关键,快速应对系统(QRS)就是为缩短研究开发、物料供应、生产技术、工艺开发而建立的动态管理系统。它科学地实施制造过程的计划管理,目的是缩短产品研制和生产周期,提高产品质量,降低产品成本。

快速应对系统是建立在并行工程(concurrent engineering)的基础上,将系统内的各个环节看成为一个集成的过程,并以全局优化的角度出发,对集成过程实施管理与控制,它改进了串行过程中开发过程大反馈所造成的长周期与高成本的缺点。捷安特公司在建立快速应对系统后,交货时间较以前缩短了 25%。

① 共同面向客户,扁平化组织结构

传统的企业组织结构中均是按机能划分的,部门之间的领域和界限很清楚。一件事情往往要跨部门协调,在每个交接点都会出现职权和责任的交接,而每次交接时总会损失或扭曲一些信息。因此,这种串行链是以大反馈和返工为特征的,并行工程需要一种越过局部利益建立整体利益和行动的思想,就是在过程中要考虑创造价值链的整个过程。因此要建立扁平化的组织结构,让每一个人都直接面对同一个客户,同时展开工作;以此达到管理活动中互相渗透,及时反馈,及时调整,准时交接。

捷安特有限公司据此建立了扁平化的组织架构(参见图12),在人力资源管理方面实施本地化的用人制度,努力培养利用当地人才,具体的人员比例与组织结构如图12和表4所示。

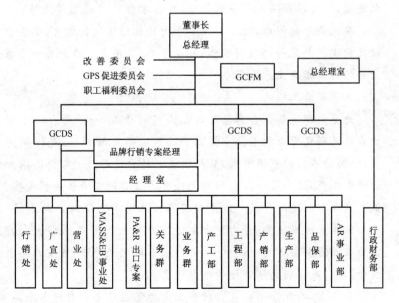

图 12　捷安特有限公司组织结构(昆山厂)

表 4　捷安特人员概况

项　目	人　数
人员总数	1831(含 9 名台湾干部)
直接人员	1409
间接人员	422
比　例	3.3 : 1

另有 259 名分布于全国 15 个销售部

②集成化过程控制

在 QRS 系统中,首先要建立起集成化的团队 IPT(integrated product team),并授予一定的权限;在不同的过程中,组织不同领域的人员组成功能各异的多功能小组,活动中强调团队合作,并以此组合累积,建立起互换性强的固定功能模块。

•筹划上市

为扩大企业知名度,捷安特接受证券商的辅导,依照改制为中外合资企业的规定,捷安特在挂牌前须先进行释股。巨大集团表示,现已有谈定的释股对象。不过,须等到充分掌握 A 股上市规范后,才会进行释股,目前暂定释股价位为每股净值的 1.2 倍。不过巨大至少还会握有五成以上持股。依照进度,捷安特最快也要等到 2003 年底才会以 A 股挂牌上市。

在近两年时间内,捷安特决心尽力将业绩这块饼做大,不会让获利稀释状况出现。如果一切顺利的话,可望于 2003 年成为台湾第一家在大陆挂牌上市的自行车企业。

•两岸分工模式

为更合理地整合台湾母厂与昆山厂的资源,一方面台湾捷安特母厂基于台湾的研发资源积累注重提高产品的品质及附加值,支持提高产品多样化,以满足不同的市场需求,从而使捷安特台湾母厂升级为高附加价值产品的研发生产基地;另一方面利用大陆劳力及其他资源优势扩大生产规模,降低生产成本。进而形成一边是朝提高产品附加价值的方向走,一边是利用大陆低生产成本优势、努力扩大制造能力与生产规模,以将大陆厂逐步发展成为亚洲乃至全球的制造中心,并且在本地化经营中,注重产品自主研发与设计,以满足祖国大陆市场的个性化需求。

事实上,两岸分工也是自行车业者为了适应全球自行车产品供过于求、降价竞争的挑战所采取的策略。近年由于东南亚及祖国大陆相继进入国际市场,自行车的供应量大增,库存量日益上升,从 1992 年起全球产能过剩,产业景气陷入谷底,削价竞争严重。尽管 2002 年自行车景气从谷底翻升,然而因东南亚等新兴生产国和地区的投入,供过于求已成为一个基本态势。唯有两岸分工合作,业者才能迎接挑战,提升竞争力。

9. 捷安特面临的问题

伴随着产品品牌在祖国大陆的建立及企业规模的扩充,捷安特正面临新的问题和来自多方面的压力。

· 日益激烈的市场竞争

目前,祖国大陆自行车市场明显供过于求,竞争日益激烈,尤其于 20 世纪 90 年代后期在市场的竞争中逐渐成长起一批生命力较强并已初具品牌效应的私营企业,如天津富士达、捷马等。这些企业生根于国内,了解本国市场,有很强的学习能力,"仿捷能力"特别强,也较为注重品质管理与产品开发,产品具有一定的价格优势,对捷安特目标消费群具有一定市场号召力。

· 日益庞大的组织带来的管理问题及人才培育问题

在人员培育与组织管理方面,郑宝堂先生表示,最困难的是人才培育问题。由于捷安特讲求当地化经营,干部的培养便显得非常重要。郑宝堂先生解释,祖国大陆员工习惯于计划经济下的企业运作,要把员工训练成市场经济体制下的企业管理人员,培养市场观念、按照市场经济的规则行事,涉及观念的转变和不断的学习,行之有效的培训体系的建立和完善要求企业长期的投入和努力。

· 盗窃与仿冒捷安特现象

在捷安特品牌形象得到确立的同时,捷安特自行车高频率被盗的现象也日益成为困扰消费者与厂商的难题。捷安特在上海的名气,使它的偷窃率一直都居于首位。据《西安晚报》载,西安有些存车点对所存自行车的品牌还要选择,特别是捷安特牌的自行车经常遭到拒存。有关管理人员讲:"我们这里一直都不存捷安特牌的自行车,这个品牌的车子价格都比较贵,丢一辆,我们就赔大了。"另外一位管理员也称,捷安特的车子特别容易丢,所以他们坚决不存捷安特牌的自行车。

除了盗窃现象之外,仿冒现象也对捷安特带来了一定的冲击。捷安特新开发的脚踏车,推出市场不到一星期就被仿冒了,这些仿冒车有一个专有的名称,叫做"仿捷车",挤占正牌车一定的市场份额。

10. 行业概况

·行业供给与市场需求

2000 年,全球的自行车供给超过 1.2 亿辆。其中主要的供给国和地区为祖国大陆、中国台湾地区、欧盟、印度、日本等,主要的需求国及地区为中国、美国、欧盟、印度、日本等。

祖国大陆:全球的自行车供给中,祖国大陆最高,年产达 5000 万辆,约占全球总产量的 42%;同时也是自行车需求最大的地区,年需求量超过2500 万辆。

祖国大陆自行车生产以轻便车为主,表 5 和图 13 列出了汇总部分自行车厂商产品统计得出的产品结构。

表5 1997 年中国轻工总会自行车会员厂产量构成

产品类型	普通型	载重型	轻便型	运动型
产量(万辆)	217	179	953	82

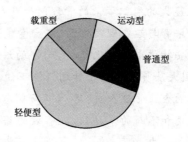

图 13 各种车型所占百分比

资料来源:中国轻工总会,《中国机械工业年鉴》,1998。

印度:印度自行车以约 1100 万辆产能的水平居次,占世界总产量近9%的份额,其国内需求大约为 900 万辆。近年来,印度出口增长较快,已超过意大利,位于祖国大陆和台湾地区之后,成为世界第三大自行车出口国。

台湾地区:中国台湾地区自行车产量为 720 万辆,占世界生产总量的7%,其内部需求估计在 45 万辆左右,目前是自行车出口的第二大地区。

台湾自行车成车市场需求分析见表 6。

表6 台湾地区自行车成车市场需求分析 单位:百万元台币

年 份	生产值	进口值	出口值	市场需求	出口比例(%)
1994	27891	0.3	26065	1826	93.5
1995	29319	1.3	28184	1137	96.1
1996	26974	0.8	26906	69	99.7
1997	26353	2.2	24519	1836	93.0
1998	34061	3.0	29925	4139	87.9

台湾于1980年成为世界第一大自行车出口地区,到1987年,自行车产量增至高峰,达到1023万辆。20世纪90年代以后,由于竞争加剧,出口下跌,1997年,产量已降至881万辆。台湾地区自行车业在面临生存挑战之际,积极投入提高开发设计能力,向高附加值产品倾斜,在产销量上虽未能再创高峰期的成绩,但产品的平均单价却由1986年的1892元(台币)攀至1998年的3188元(台币)(见表7)。

表7 台湾地区自行车成车出口单价分析

项 目 \ 年份		1991	1992	1993	1994	1995	1996	1997	1998
金额	百万元台币	29396	24503	27450	26065	28184	26906	24519	29925
	成长率(%)	—	−16.6	12.0	−5.0	8.1	−4.5	8.6	22.0
数量	万辆	983.1	842.7	862.1	875.2	806.4	948.4	880.7	938.8
	成长率(%)	—	−14.3	2.3	1.5	3.6	4.6	−6.9	6.4
平均单价	元台币/辆	2990	2908	3184	2978	3109	2837	2778	3188
	成长率(%)	—	−2.7	9.5	−6.5	4.4	−8.7	−2.1	14.7

日本:日本的自行车产量为460万辆,约占全球产量的4%,是重要的自行车生产与供给国,尤其在高端产品及关键零部件的生产上具有很强的国际竞争力。比如国际知名的日本厂商岛野(SHIMANO)的产品——变速器和刹车器,是全球很多厂商和客户指定选用的产品。日本也是自行车的重要消费国,2000年需求量近900万辆,进口车逐渐进入日本市场,尤其是祖国大陆的进口车,其数量更是呈现快速增长,打乱了原本平静的日本自行车市场,引发日本厂商在2001年申请动用紧急限制进口措施来保护生存空间。日本在2000年进口自行车约500万辆,祖国大陆与台湾地区对日本出口分别居第一位、第二位。

美国:美国国内自行车产量在 1993 年达到 990 万台的高峰后,国内厂商由于受到进口自行车的低价竞争而纷纷退出该行业,自 1996 年起依赖进口的趋势逐渐明显。2000 年美国本土产量萎缩到 88 万辆,加上景气复苏缓慢导致产量仍趋下滑,进口自行车占了美国市场的 90％ 以上,成为自行车进口大国(见表 8)。

欧盟:欧盟作为一个整体,其自行车产量在 2000 年达 1227 万辆,其中德、意、法、英产量超过 100 万辆(见表 9)。

表 8 美国自行车市场规模分析   单位:万辆

年 份	1989	1991	1993	1995	1997	1998	1999	2000	2001
总进口量(A)	490	440	710	720	976.6	1379.1	1627.1	2026.4	1635.4
国内产量(B)	530	730	990	880	600	250	170	88	90.6
出口量(C)	—	—	—	—	62	48	53.1	55.1	40.6
市场规模(A+B−C)					1514.6	1581.1	1744.0	2059.3	1685.4

资料来源:整理自 The 1995 Bicycle Market in Review Bicycle Manufacturer Association。

表 9 欧盟自行车年产量(1998—2000 年)   单位:万辆

年 份 \ 国 家	2000	1999	1998
德 国	334	323	317
意大利	320	321	299
法 国	188	175	164
英 国	120	129.5	117
荷 兰	78	76	73
西班牙	54.7	53	48
葡萄牙	42	44	47
比利时/卢森堡	37	28	41
瑞 典	14	11	14
奥地利	13	12.5	11.5
丹 麦	9.5	11.5	10
希腊	9	8.9	6.5
芬 兰	8.2	8.5	9.5
总 计	1227.4	1201.9	1164.5

资料来源:欧洲自行车制造商协会(EBMA)。

欧盟每年仍大量进口自行车,是世界自行车的主要进口区之一。中国台湾是欧盟的最大进口来源地区,它在欧盟进口中所占的比重占绝对优势(见表10)。

表 10　欧盟的 12 个主要自行车进口来源(1998—2000 年)　单位:万辆

年份　国家地区	2000		1999		1998	
	数量	比例(%)	数量及排名	比例(%)	数量及排名	比例(%)
台湾地区	249.8	44.5	253.8　(1)	47.8	279.5　(1)	56.3
波　兰	54	9.6	49.5　(2)	9.3	40.6　(2)	8.2
菲律宾	47.1	8.4	41　(3)	7.7	18.3　(5)	3.7
印　度	31	5.5	37.4　(4)	7.0	32.8　(4)	6.6
越　南	30.7	5.5	26.8　(6)	5.0	13.5　(6)	2.7
捷　克	30.6	5.5	27.9　(5)	5.3	38.4　(3)	7.7
立陶宛	23.7	4.2	17.7　(7)	3.3	11.6　(8)	2.3
孟加拉	15.7	2.8	8　(11)	1.5	4　(14)	0.8
祖国大陆	14.1	2.5	4.7　(14)	0.9	1.5　(20)	0.3
斯里兰卡	11.6	2.1	9.7　(10)	1.8	5　(12)	1.0
印　尼	10.5	1.9	12.2　(8)	2.3	5.9　(11)	1.2
美　国	7.3	1.3	9.9　(9)	1.9	12.8　(7)	2.6
小　计	526.1	93.8	498.6	93.8	463.8	93.4
进口总量	561.3	100	531.4	100	496.8	100

资料来源:欧洲自行车制造商协会(EBMA)本表调整过。

总的来说,全球自行车产量逐年提高,据估计 2002 年约超过 1.2 亿辆,而市场年需求量仅约 1 亿辆左右,市场呈现供过于求的状况,竞争激烈。

各主要国家及地区自行车产量与需求量对比如图 14 所示。

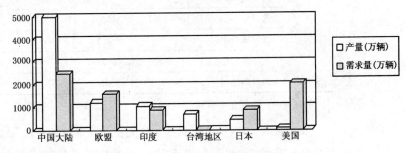

图 14　2000 年世界各主要生产国及地区自行车产量与需求量

(台湾地区需求数量为估计值)

· 大陆进出口概况

整体而言,祖国大陆与台湾地区为自行车第一、第二大出口国和地区,产品大量外销。近几年,祖国大陆充分发挥其产品在低端市场的竞争力,取得了较显著的市场业绩。2001 年祖国大陆在美、日这两大市场的占有率分别为 39%和 60%,同期台湾地区在这两大市场的占有率分别为 18%、21%。印度近两年的出口超过意大利,排名世界第三。同为发展中国家,印度自行车出口的增长对中国构成威胁。

进出口值:祖国大陆自行车成车出口值在 1994 年为 5 亿美元,约占行业出口的 71.3%;到 1998 年,这一比例为 60.3%。祖国大陆自行车的出口,以成车为主,零部件出口比重较小(见表 11)。

表 11 1994～1998 年祖国大陆自行车产业进出口分析

	年 份	1994	1995	1996	1997	1998
自行车成车	出口值(万美元)	50312	53512	46347	51262	61178
	出口成长率(%)	—	6.4	−13.4	10.6	19.3
	进口值(万美元)	52	95	143	60	131
	进口成长率(%)	—	81.4	50.8	−58.3	119.8
	顺 差(万美元)	50260	53417	46204	51202	61047
自行车零组件	出口值(万美元)	20218	28902	34677	43905	40281
	出口成长率(%)	—	43.0	20.0	26.6	−8.3
	进口值(万美元)	12629	13000	12994	12086	13632
	进口成长率(%)	—	2.9	0.0	−7.0	12.8
	顺 差(万美元)	7590	15902	21683	31819	26649
自行车产业	出口值(万美元)	70530	82414	81024	95167	101459
	出口成长率(%)	—	16.8	−1.7	17.5	6.6
	进口值(万美元)	12681	13095	13137	12146	13763
	进口成长率(%)	—	3.3	0.3	−7.5	13.3
	顺 差(万美元)	57849	69319	67888	83021	87696
成车出口占出口的比例(%)		71.3	64.9	57.2	53.9	60.3

资料来源:整理自中国海关统计资料。

出口地理方向:祖国大陆成车的主要出口市场是美国、日本、澳大利亚等地,其中以美国所占份额最大(见表 12)。欧盟在 20 世纪 90 年代初也曾是祖国大陆重要的成车出口市场,但由于祖国大陆成车对欧盟的出口自 1993 年起被欧盟课征反倾销税,出口值只有每年 200 万～300 万美元,因此厂商纷纷采取零部件出口,在当地设厂组装的应对策略,而欧洲从台湾地区进口成车的总值每年则超过 3 亿美元。

表 12   祖国大陆成车前五大出口国或地区

序号	1996 年			1997 年			1998 年		
	国 别	金 额(万美元)	比 重(%)	国 别	金 额(万美元)	比 重(%)	国 别	金 额(万美元)	比 重(%)
1	美 国	15207	32.8	美 国	21795	42.5	美 国	30781	50.3
2	日 本	7677	16.6	日 本	7823	15.3	日 本	7758	12.7
3	澳大利亚	3374	7.3	澳大利亚	3173	6.2	澳大利亚	2795	4.6
4	欧元区	2635	5.7	巴拿马	2421	4.7	香 港	2520	4.1
5	巴拿马	2282	4.9	阿联酋	1559	3.0	巴拿马	2218	3.6
(此行未参加排名)				欧元区	483	0.9	欧元区	301	0.5

资料来源:整理自中国海关统计资料。

低价与反倾销:祖国大陆自 1988 年起自行车产量就已领先于各国,到 90 年代出口数量也上升到全球第一位。由于在研发、生产等多个环节与世界水平存在差距,祖国大陆的出口仍以价位较低的传统轻便车为主,与其他自行车主要生产国和地区的出口结构存在差异。

以祖国大陆对加拿大的出口为例(见表13)。

表 13   1999 年加拿大进口自行车整车单价比较

供货者	数 量(辆)	总 值(加元)	平均单价(加元)
台湾地区	138897	34918000	251
祖国大陆	357423	32701000	91
美 国	94488	29002000	307
泰 国	76144	3700000	49
菲律宾	39110	3698000	95
印 尼	60965	3652000	60
马来西亚	32511	3107000	96
墨西哥	9228	1007000	117
其 他	7147	1135000	159
合 计	815913	112995000	138

此表显示,祖国大陆在出口数量上领先,出口产品附加值却明显偏低,与台湾地区相比,平均单价不到其 2/5。对于祖国大陆的自行车出口,低廉的价格是竞争的主要手段。作为传统的制造装配业,自行车是劳动密集型产业,祖国大陆生产的自行车成本较低,在低价车上具有较强的国际竞争力。

据《自行车》杂志统计,目前祖国大陆共有自行车生产企业 1081 家,年生产能力 7600 多万辆,基本上还处于分散经营阶段,大多数厂家缺乏充足的资金投入研发和技术改造,产品的技术含量不高。虽然出口数量保持增长,但其中近八成为低值的普通山地自行车及越野车。从出口价格变化趋势方面来看,广东口岸 2002 年 1～5 月出口自行车数量增加 13.9%,价值却下降 6.4%,单价从 38.4 美元降至 31.5 美元(见表 14)。

表 14 祖国大陆自行车出口单价状况

项　目		1994 年	1995 年	1996 年	1997 年	1998 年
金额	万美元	50312	53512	46347	51262	61178
	增长率(%)	—	6.4	−13.4	10.6	19.3
数量	千辆	1315	1262	1217	1439	1761
	增长率(%)	—	−4.0	−3.6	18.2	22.4
平均单价	美元/辆	38	42	38	36	35
	增长率(%)		10.8	−10.2	−6.5	−2.5

资料来源:整理自中国海关统计资料。

由于自行车产业的全球竞争,美国、日本与欧盟在进口产品竞争的压力下,以加征反倾销税作为应对手段。早在 1994 年,祖国大陆山地车在美国的售价便已降至 30 美元。价格低廉的自行车大量涌入美国市场,当年中国向美国出口自行车达到 400 万辆,占美国市场销量的 23.7%。1995 年 1月,这一比例上升到 32%,引起美国自行车厂商的反倾销投诉及美国的反倾销制裁,导致中国产自行车暂时退出美国市场。

祖国大陆自行车对欧盟出口 1991 年达到 200 多万辆,1993 年被欧盟裁定征收 30.6% 反倾销税,导致中国造自行车对欧盟的出口锐减。至今,欧盟仍维持对中国出口车征 30.6% 的反倾销税政策。

日本由于本国货币的强势以及国内自行车业向海外的转移,自行车的进口量大增,1998 年进口仅 289 万辆,1999 年则激增至 426 万辆,2000 年更创历年来的进口新高,达 623 万辆,约占 75% 的内需市场。日本自行车协会计划于 2001 年夏天向经济产业省提出申请,要求政府针对祖国大陆和台湾地区的自行车进口发动临时进口限制。该协会认为,日本自行车在2001 年的销量约 900 万辆,其中从祖国大陆和台湾地区等地的进口约占70%,使日本企业遭受了沉重打击。

除此之外,加拿大、墨西哥、阿根廷以及巴西也先后对祖国大陆自行车出口实施过反倾销。这一系列事件的发生,极大地影响了祖国大陆自行车出口,使祖国大陆自行车行业供大于求的矛盾更为严重,加剧了祖国大陆自行车企业的困难。

·祖国大陆国市场需求变化

消费结构的变化:生产是为了满足人们的消费需求,因而生产必须要能够跟上需求及消费结构的变化。随着祖国大陆人均 GDP 的提高,祖国大陆居民的消费结构日益改善(见表15)。

表 15　1990～1999 年祖国大陆城镇居民消费支出的用途结构 　(%)

年　份	食品	衣　着	家庭设备用品及服务	医疗保险	交通通信	娱乐教育文化服务	居　住	杂项商品
1990	54.25	13.36	8.48	2.01	3.17	8.78	4.76	5.21
1995	49.92	13.55	8.39	3.11	4.83	8.48	7.07	4.28
1996	48.60	13.47	7.61	3.66	5.08	9.57	7.68	4.30
1997	46.41	12.45	7.57	4.29	5.56	10.71	8.57	4.44
1998	44.48	11.10	8.24	4.74	5.94	11.53	9.43	4.55
1999	41.86	10.45	8.57	5.32	6.73	12.28	9.82	4.97

资料来源:《中国统计摘要(2000)》。

人们的消费结构受到多种因素的影响:首先,决定性因素是人均可支配收入,它与 GDP 及其增长率密切相关。其次,收入差距。当收入差距日益扩大时,总体消费水平的进一步提高将受到影响。据有关资料表明,1995,1997,1999 年的基尼系数分别为 0.28,0.292 和 0.295,最高收入级与最低收入级之比分别为 3.79,4.22 和 4.62,可见城镇居民的收入差距正在逐步拉大。这可能导致高收入者过度储蓄,低收入者消费不足。一般来说基尼系数较大时,居民的消费倾向易于降低,则消费增长较慢,从而拖累了总体消费水平的提高,再次是消费观念(见表16)。

表 16　祖国大陆基尼系数

年　份	1995	1997	1999
基尼系数	0.28	0.292	0.295
最高收入与最低收入之比	3.79	4.22	4.62

表 17 数字所示 1986 年低收入者占总收入比重为 14.5%,到 1999 年下降到 11.4%;高收入者收入从 1986 年的 24.1% 上升到 31.0%;基尼系数由 0.22 上升到 0.295,表明贫富差距在逐渐加大。

表17 1986年及1999年祖国大陆收入分配的状况

年 份	项 目	低收入	中等偏下	中等收入	中等偏上	高收入
	户比重(%)	20	20	20	20	20
1986	人均可支配收入(元)	677	873	984	1151	1410
	占收入比重(%)	14.5	17.2	18.7	20.8	24.1
1999	人均可支配收入(元)	3048	4346	5512	6905	10296
	占收入比重(%)	11.4	15.6	19.0	22.07	31.0

由于受到传统消费观念的影响,居民仍受量入为出思想的指导,并且倾向于高储蓄。这造成对一些大宗商品消费的不足,消费水平及结构总体上倾向于低于应有的水平。另外,消费信贷、就业状况和社会保障因素也在很大程度上影响人们的观念和消费结构。

需求结构的变化:随着经济的发展、居民收入水平的提高和需求结构的变化,人们对自行车的要求也在不断变化发展当中。最早自行车作为纯粹代步工具进入人们的生活。改革开放以来,随着祖国大陆经济的发展,人们的收入水平迅速提高,对自行车的需求偏好无论在尺寸、质量、色彩乃至用途方面都发生了很大变化。

20世纪80年代,祖国大陆生产的自行车,以代步和载货为主要用途,车体坚固、耐用,品种单一,颜色则以黑色为主色调。随着经济的发展,新的大众代步、载货工具(如摩托车、经济型家用轿车)的普及,使自行车作为代步、载货工具的重要性在降低。

在消费偏好方面,人们除了注重质量、实用性,更加追求、舒适、新颖、具有个性的款式、色彩,追求自行车的休闲化、轻量化、健身功能齐全化。生活水平的提高使一部分人能在工作之余参加体育锻炼、外出旅游等,自行车的某些特性恰好可满足人们这方面的需要。

目前,新型山地车已逐渐被人们所接受。材质、造型、功能改进后的山地车坚固、舒适、安全、轻巧,与过去的主流车明显不同;针对青少年制造的BMX(小轮)自行车,造型新奇,在青少年中很受欢迎;采用先进材料如铝合金、钛合金、镁合金和复合材料制造的自行车坚固轻便,也受到消费者的喜爱。

需求的变化使得自行车产业不断升级,自行车品种不断丰富,用途各有侧重,价格和档次区间也逐渐拉开,已从过去的200元左右发展到几百、上千元不等。

　　中国自行车协会1997年对祖国大陆12个省市3031人的抽样调查反映：在购买自行车的要求上，44.25％的消费者选择普通车；34.09％的消费者选择变速车；17.43％的消费者选择登山车；4.23％的消费者选择载重车（见图15）。

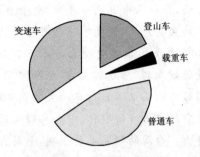

图15　中国自行车消费者对车型的选择意向

资料来源：中国自行车协会，1997。

　　·替代产品

　　随着城市的扩展和环保意识的加强，电动自行车在代步功能方面已成为自行车的有力竞争产品。电动自行车作为一种新的代步工具，给传统自行车市场带来了冲击。

　　电动自行车车速快，速度可以达到每小时20km，与自行车相比具有很大的速度优势；电动自行车借助电力驱动，省力；价格方面，电动自行车的单价已降至2500元人民币左右，在人们收入提高的情况下已具相当的竞争力。电动车成本构成中，蓄电池占很大比重，亚洲最大的动力型曲板蓄电池生产基地正在成都兴建动工，可形成100万辆的年生产能力。随着蓄电池生产成本的下降，电动自行车整车价格可能进一步降低。在社会环保意识不断加强的今天，电动车清洁无空气污染的优势将不断显现，对自行车的销售形成威胁。

　　当然，目前的电动自行车还不够完善。其动力能源铅酸电池和镍镉电池仍将构成另一形式的环境污染，由于废旧电池回收体系短期内尚难建成，电动自行车合法存在和大量发展仍存在障碍。目前相关部门暂时还没有出台电动自行车的产业政策。

　　电动自行车的发展尽管还有障碍，但显然已形成潜在的巨大商机。许多国家已把电动自行车看做未来交通工具的发展趋势。日本矢野经济研究所预测,至 2007 年,世界电动自行车市场的规模为 39.8 万辆;美国尤尼克公司决定推出新型电动自行车,目标年销售 1000 万辆;美国克莱斯勒汽车公司也推出了一款定价为 995 美元的新型电动自行车,预计年销售量达 5 万辆以上;美国通用汽车公司也将为电动自行车提供新型电池。据欧洲电动自行车促销机构提供的信息,由于受欧洲油价上涨和环保意识增强等因素的影响,预计未来 3 至 4 年内,电动自行车将成为欧洲自行车厂商下一阶段推出的主要产品,仅欧洲市场每年的销量就可达 300 万~400 万辆。

2002 年美国销售电动自行车 6 万辆,比前年增加将近 4 倍,预计今年的销量将增加到 12 万辆左右,明年可望达到 20 万辆。欧洲自行车需求大国德国目前购买电动自行车的主要是 45 岁至 70 岁的中老年消费者,但只要有适当的广告进行宣传,迎合年轻人的消费偏好,青少年消费群也将极具开发潜力。台湾的研究人员预测,电动自行车的世界需求量每年将有 20% 的增长。以每年销售 200 万辆、每辆价值 500 美元估算,销售规模可达 10 亿美元。

· 国际化

自行车业的发展日趋国际化。祖国大陆成为世界自行车行业的装配和制造中心的趋势正在形成。自行车业作为精密装配型工业的特性,其高档产品对一些零部件具有很高的要求。在一些高端关键零部件的生产制造上,日本和意大利等发达国家在产品的稳定性和精度上具有很强的竞争力。

附录1 自行车行业整体发展概况

保有量	全球	目前全球人口约60亿,全球自行车保有量为10亿辆,亚洲拥有率最高
	祖国大陆	目前国内自行车保有量为4.8亿辆,国内市场需求量每年在2500万辆
生产及进出口现状	全球	全球自行车需求量约1亿辆,生产量超过1.2亿辆。其中,中国华东上海地区自行车厂继续投产,生产能力过剩的情形会愈加严重;美国变为净进口国,国内需求已超过2000万辆;欧洲市场需求量保持1600万辆左右,进口量在500万辆左右徘徊
	亚洲	1. 日本由出口国变为进口国,2000年需求量近900万辆,其中进口近500万辆 2. 印度年产1000万辆,由7大集团独占,零件自制率100%,外销约150~180万辆。整车厂正架设出口专线,趋势显示已成为自行车出口大国 3. 台湾地区业界人才及资金流失,低价竞争,创新停滞,大陆车商将超越台湾地区
	祖国大陆	现有生产企业1081家,职工近30万人,其中,正规生产企业约500家,年生产能力7600万辆。经10年竞争,飞鸽、永久等昔日名牌萧条,新的合资企业、独资企业其势东升。全行业经几年拼搏,即将走出低谷。行业存在的问题: 1. 生产分散化,近几年组装型的小整车厂及零部件大量涌现,减弱生产集中度 2. 质量一般化、产品趋同化、销售低价化,销售以24英寸和26英寸普通轻便车为主
产业未来	全球	产业发展趋势:原先只用于车架等主要零部件的镁合金材料将有所拓展,达到实用化程度;为适应全球老龄化而推出的新型电动助力自行车,轻巧、方便、符合人体学;更轻薄短小的折叠式自行车,与汽车"共生"的概念将逐显端倪
产业近期变化趋势	祖国大陆	国内自行车日益向"时装化"发展; 　颜色及材料变化:轮胎有红与黑、蓝与黑、黄与黑、绿与黑等色彩的镶拼,甚至连钢圈都与银灰与亚光色的和谐;采用新颖的碳钢、铝合金、不锈钢等制作,加上高科技的轴承、调速器的运用,自重很轻,且使用起来十分轻巧 　市场细分:学生以青春化山地车为主;青年女士车色彩典雅;职业车采用一种仿汽车装置的防盗锁,钥匙有特定的电脑编号,丢失后无法配制;一种20英寸小轮盘、超低架女式车针对老年女性市场,脚跨度小、落地易、安全 电动自行车市场前景广阔: 1. 目前小轿车对大多数家庭不现实;燃油助力车和摩托车因交通和污染,被各城市限制发展;电动自行车省力、无污染、低噪音,与环保和节能趋势相符 2. 随着城市的扩展,电动自行车是比普通自行车更理想的交通工具,普通自行车时速一般15km左右,而电动自行车时速可达20km,更快捷也更舒适 3. 电动自行车的成本及价格正在降低,亚洲最大的动力型曲板蓄电池生产基地正在成都兴建动工,可形成100万辆的年生产能力,进而生产成本也将降低 4. 1999年全国电动自行车产量不到6万辆,销售4万余辆。要挖掘出它的市场潜力,关键在于解决电动自行车本身的电机和电池性能不稳定等技术缺陷

续表

产业近期变化趋势	台湾地区	看好华东地区的资源环境,台湾自行车厂商纷纷到大陆投资,以上海为中心的华东地区已有多家台商进驻,将成为全球自行车重要生产基地。预计当地两年后仅台资的自行车厂,年产量可达1000万辆,超过台湾本岛自行车年产量。这些台商包括:台湾捷安特、建大、永祺、川飞、中广电动车厂、利奇机械、远东机械、镒成机械、旭东机械、到达机械、顺立车业、桂盟企业、结华车业等
产业生命力	祖国大陆	自行车不会被时代淘汰,其原因在于: 1. 环保和交通:其不会排出废气、是生态型的绿色交通工具。因交通拥挤,目前世界各国正在拓展自行车专用道,鼓励使用自行车 2. 时尚:自行车日益走向迎合潮流的"时装化";功能日益向健身、比赛、娱乐、休闲、旅游等宽广的领域延伸 3. 结构简单、携带方便、价格低廉,是目前短途代步、轻量载重最方便工具
政策变化	祖国大陆	2000年底,国家统计局关于对国有工业控制力及战略性调整研究报告提出,196个工业行业中,国有经济应逐步从146个行业撤离——有89个定为第三种进退类别,即允许国有经济适度存在,逐步减少比重;57个被定为第四种进退类别,即国有经济逐步从行业中退出。自行车和摩托车制造业被列为第三种进退类别的行业中

资料来源:根据互联网上相关专业网站及市场调查报告综合整理。

附录2　世界部分国家(地区)自行车生产技术水平评价

1. 设计技术:有近6成业内人士认为,日本较台湾地区进步3~5年,认为德国和美国较台湾地区进步1~3年的有4成及5成,而有3成以上认为印度和祖国大陆设计能力较台湾地区落后3~5年。

2. 加工技术:有5成以上业内人士认为,德国及日本较台湾地区进步3~5年,4成认为美国较台湾地区进步1~3年,印度及祖国大陆分别落后1~3年和3~5年。

3. 装配技术:有近4成业内人士认为,日本较台湾地区进步3~5年,4成认为台湾地区的装配技术和德国及美国不分高低,多数业内人士认为,祖国大陆及印度分别落后1~3年和3~5年。

4. 检测技术:多数业内人士认为,日本、德国及美国较台湾地区进步3~5年,祖国大陆及印度落后1~3年和3~5年之多。

【案例 2】

热气腾腾的"大娘水饺"

吴国强是 1977 年我国恢复高考后的第一批大学生,大学毕业后他去了青海。当时因工作需要经常出差,由于是个单身汉没人照顾,经常是回家时饥肠辘辘。而这时隔壁一位老大娘,便会给他送来一碗水饺。对此,吴国强感激不尽,永远铭记在心。

在从事过教师、机关干部、报社记者等一系列职业后,1992 年吴国强下海了。他先后做过摩托车生意,开过饭店。文人下海之初容易有许多不切实际的幻想,吴国强也是这样,他下海的最初几年生意没有起色,几经折腾,不但没有赚到钱,反而背上了几十万元的债。

1996 年,吴国强在常州商厦内一个只有 25 平方米的拐角处开始了饮食生意,起初沿袭小炒小爆的经营,第一个月就亏了 1.5 万元。再这样经营下去必然是死路一条,怎么办?吴国强突然想起了水饺。他当时考虑了两个方案,一是做南方的粥,但要花钱请专门的点心师傅。二是做北方的水饺,曾经在北方工作过的吴国强自己就能搞定。考虑再三,他请来了附近厂里的一位东北籍大娘,试着做了三斤水饺,没想到被一抢而空,第二天做的十斤水饺也是如此。不多日已是顾客盈门,之后便一天天红火起来。第一个月下来亏损减至 5000 元,到第三个月收支持平,第四个月就有了盈利。吴国强认定,这个生意可做。

生意好起来了,吴国强想给自己的店起个名字。怀着对当年那位西北大娘和现在这位东北大娘的深深感激之情,吴国强将店名定为"大娘水饺"。吴国强认为这个名字不但好听、易记、朗朗上口,易于传播,还能让人联想到勤劳、朴实与亲切。

吴国强毕竟是文人出身,他是把生意当做事业来做,水饺这个商机被他不经意间发现了,他要乘胜追击,要在水饺上干出一番事业。现在到底怎么样呢?

1. 发展之路

1996 年 4 月 2 日"大娘水饺"品牌创立后,生意越来越火,25 平方米的小店越发不能满足与日俱增的消费者。1996 年 11 月 23 日,为了满足日益增多的市场需求,他们开辟了摩托车送餐业务。1997 年元旦,位于常州商厦超市的分店开业,标志着企业真正原始积累的开始。

1998 年 9 月 10 日,"大娘水饺"首次迈出常州,在苏州成功开设石路连锁店,这使"大娘水饺"踏上了一条跨地区进行快餐连锁化管理的发展道路。

1998 年岁末,南京城爆出一条新闻,位于南京闹市区"新百"商店正门地下商场入口处的原"芳香鸡"已被常州"大娘水饺"所取代。号称来自美国加利福尼亚的"芳香鸡"自两年前抢滩南京后,相继在新街口、夫子庙、山西路等闹市区开设了七家连锁店,如今已全军溃退。接管洋快餐的竟是传统中式快餐,欲与"肯德基""麦当劳"等洋快餐争夺市场的"大娘水饺"。新开张的"大娘水饺"馆内热气腾腾,食客满座,生意显得格外红火。其经营面积达 470 平方米,共有 200 个餐位,24 小时营业,每天供应的水饺、家常热汤及冷菜品种有50 多个。特别是它 24 小时营业,被消费者誉为"不关门"的水饺馆。

1998 年 12 月与 1999 年 6 月,"大娘水饺"先后在距南京新街口新华书店旁的麦当劳与山西路青春剧场楼下的肯德基这两家店不远处落户,生意一直红火,顾客川流不息。日均客流量比起麦当劳和肯德基毫不逊色。

在此期间,"大娘水饺"相继连续在镇江、南通、无锡开了 5 家连锁店,每家都获得了成功。

1999 年 9 月 20 日,上海中联店开业,"大娘水饺"成为首家进驻南京路的江苏餐饮企业。

2000 年 1 月"大娘水饺"通过 ISO 9002 国际质量体系认证;2001 年 1月"大娘水饺"被江苏省技术监督局、质量管理协会评为江苏省质量管理先进企业单位。

"大娘水饺"快速成长的这几年,也是国内快餐业风起云涌、发展迅猛的时期。据有关部门统计,仅在 1999 年全国快餐业的营业额已达 750 亿元,比 1998 年增长 20%。其中在"大娘水饺"的发源地常州已形成了快餐业群雄逐鹿的局面,比较有代表性的除了"大娘水饺"外还有以送餐业务和连锁店经营为主的"丽华快餐"。该公司创建于 1993 年,主要快餐品种为盒饭配菜和凉拌面等。2001 年"丽华快餐"在国内开办的店面累计达 31 家,年营业额为 1.67 亿元,在中国餐饮百强企业中列第 38 位。

截至 2006 年底,江苏大娘水饺餐饮有限公司在全国连锁店总数超过200 家,营业面积 56000 余平方米,餐位 24000 多个,员工超过 5000 人。2001 年"大娘水饺"年营业额达 1.58 亿元,在中国餐饮百强企业中列第 41位。而到 2002 年中期,其连锁店已增至 60 多家。目前"大娘水饺"连锁店的数量、规模及产品销量,在水饺连锁快餐企业中名列全国第一。2006 年被中国烹饪协会授予中国快餐十佳品牌企业。

表1 "大娘水饺"在部分城市开店情况

南京 28 家	镇江 6 家	常州 6 家
无锡 10 家	苏州 18 家	扬州 3 家
上海 18 家	南通 7 家	南昌 3 家
淮安 1 家	徐州 6 家	合肥 3 家
江阴 5 家	常熟 6 家	北京 7 家
盐城 3 家	青岛 2 家	连云港 1 家
泰州 3 家	杭州 5 家	济南 1 家

注:表中数据至 2006 年最新统计资料。

2. "大娘水饺"连锁经营

"大娘水饺"目前在全国的 200 多家连锁店中,每家店的店堂环境都是一致的,店堂外面是笑容可掬的"吴大娘",店堂里面环境高雅,具有现代气息。他们摒弃了传统的吃食店环境,代之以整洁明亮的餐厅,一色的餐桌椅,新颖的店堂布置和企业形象设计。

在"大娘水饺"店,从顾客进门开始,每一个迎面碰上的服务人员都热情地打招呼,不管她手里有没有工作。并且从服务人员鞠躬的深度,服务的语言,到接待顾客的程序都是一致的。

在后台操作间的粗加工区,采购来的各式蔬菜都在不同的袋子里装着,并且离地面均有一定的距离,看上去清清爽爽,几个厨工正按照公司制定的操作程序切菜、顺菜。在包饺区,十几位饺子工正在包饺子,饺子的外形都是统一式样,大小也有严格的规定,每包完一盘饺子,都有监测工拿到台秤上抽检,每 6 个饺子的重量控制在 115 克至 120 克之间,少于这个重量的要由包饺工自己掏钱买回,以避免偷工减料。在楼下的下饺子区,几个灶台擦得干干净净,灶台又有大小之分,顾客多时用大炉子,顾客少时用小炉子,可满足不同需求,甚至连泔水桶也总是被擦得一尘不染。

3. 市场定位

这几年,西方餐饮进军中国市场十分猛烈,特别是肯德基、麦当劳、必胜客在中国取得巨大成功,十分受消费者欢迎,而中国有着悠久的饮食文化历史,许多具有百年传统,口味特别,但大多是街头零星店,很少形成规模,这片市场有待开发。水饺作为一种具有民族特色的快餐食品,有着广泛的社会基础和稳定的消费阶层,无论南方北方都能接受,价格便宜,适合一般工薪族的消费水平。

4. 经营之道

(1) 商标特色

"大娘水饺"的商标上有位笑眯眯的大娘,态度和蔼可亲,在那里吃饭特别是大娘水饺的名称更给人一种在家吃饭的感觉。

(2) 经营文化

水饺是中华民族传统的食品之一。在黄河以北,水饺是"合家团圆"和"发财""元宝"的代名词,是家中的主食;而长江以南地区一直把水饺当做一种点心,一种辅助食品。水饺本身包含了浓厚的中国饮食文化。但水饺是北方地区特有的食品,南方人一般不会将其列入厨房里的"内容"。但是自家不做不等于不"信手拈来"。正因为有南方家庭厨房里这一"内容"上的空缺,才导致有市场拾遗补缺的"缝隙"。"大娘水饺"在南方地区大张旗鼓地张罗开来,填补了千家万户厨房里的缺。又譬如中国人普遍认为,北方水饺的皮厚耐嚼是胜过南方馄饨的地方,因为馄饨的皮子过于单薄;而南方馄饨的馅多汁多味,制作精细,又要胜过传统水饺馅虽多却少汁少味的特点。吴国强认为,传统水饺和馄饨恰好反映了中国南北方不同的人文特点,北方人就像水饺,深沉有嚼头,南方人就像馄饨,精细而多味,这是中国人普遍都接受的南北方人文的各自优点。许多中国人说,北方人和南方人应该性格互补,那样,中国人就都更有魅力了。那么,人文的需要反映到饮食上,道理不是一样吗? 于是,"大娘水饺"就把南北两派的风格融为一体,采用形不变神变的创新手法,既保留了西北水饺手工揉面、擀皮和捏制的特色,又对馅心的口味、品种进行了创新,使馅心一改北方粗糙的感觉,变得细腻、鲜嫩,更适合南方人的饮食习惯,这使得"大娘水饺"真的成为中国人普遍接受的极富"魅力"的水饺。这是在充分分析中国地域民俗文化的基础上,运用中国儒家文化的"中和"思想的结果。

(3) 菜单设置

"大娘水饺"在品种设置上首先突出主打品种饺子,其次根据北方人吃饺子喝汤的特色,开发出配餐的凉菜和热汤,"大娘水饺"的供应品种只有3个,但每一品种内的"门类"多多。例如热汤有牛杂汤、鸭血汤、草鸡汤等10余种,凉菜有香油百页、开洋干丝、蒜泥海带等20余种,水饺更是多达180余种。集团规定,单店每天供应的饺子门类不能低于30种,每个时间段供应的不能低于18种。

（4）价格制定

在价格上，"大娘水饺"提出的口号是花10元吃饱（其中中小城市定位低于10元，北京、上海等超大城市略高于10元，一般大城市和经济发达的中等城市10元）。公司规定，在"大娘水饺"开发经营的180多种系列水饺中，除了最高档的蛇肉水饺卖到每50克6元外，其余品种均不超过3元，最低的只有1.5元。公司还规定，单店每天、每个时间段供应的最低价格的品种不能低于6种。

（5）就餐环境

走进"大娘水饺"的店堂，一派充满蓬勃活力的气息扑面而来。干净、明快的整体色调，一尘不染的木地板，整齐排列的快餐桌椅……都让我们恍然进入了某个洋快餐的门店。"大娘水饺"对环境卫生要求极严，即使是擦一张桌子，也必须符合如下要求："右手持一块折成三折的大堂专用抹布，按逆时针方向，先擦桌子四边，再不断缩小范围擦至中间，最后将脏物擦至自己站立的方向，用左手接住……"之后，还要进行一套完整的"点、线、面"细部清洁工序，才算合格完成任务。就餐环境美观整洁。

（6）服务方式

从服务方式看，"大娘水饺"为由顾客选点品种后落座，然后由服务员上桌服务，为顾客端饺子、送凉菜、上汤、调醋、备蒜汁、辣椒汁……让消费者有"下馆子"的感觉，因而更感到体面、温馨、舒适，更有"堂吃"那种当上帝的感觉。这样，"大娘水饺"既遵守了快餐方便、快捷的基本原则，又有着较强的"中国味道"，不仅为中国人所普遍接受，也为许多在华的外国朋友所喜爱。英国、荷兰等一些国家驻上海总领事的夫人们现在经常光顾上海南京路上的"大娘水饺"，她们都对"大娘水饺"店堂里浓郁的"中国味道"表现了极大的兴趣。

（7）考察制度

为及时了解消费者的所需所求，1998年9月，"大娘水饺"聘请了20名消费者作为首批"神秘顾客"。三个月中，"神秘顾客"对"大娘水饺"的经营状况进行了全方位明察暗访，广泛了解消费者对"大娘水饺"的真实看法，共提出30多条中肯的意见。"大娘水饺"最终采纳了20多条，使产品质量和经营得到改善。针对"上餐时间慢"的问题，"大娘水饺"还专门做出承诺：顾客从进店直至就餐，其间最多不超过10分钟。此后多次聘请"神秘顾客"。

另外，"大娘水饺"公司的督察队每月不定期地对全国所有的连锁店进行明察暗访，检查的内容包括连锁店的销售、消耗及现场管理三项，并按月打分评比。检查的内容非常详细，包括大堂的灯光是否明亮，抹布是否及时清洗,有无异味,桌上的餐具是否在一分钟内及时回收,服务人员是否微笑服务等,都在考核之列。

5. 取"洋经验"

有位回国探亲的美籍华人,看到麦当劳在国内发展的势头后表示难以理解,因为"汉堡加饮料"原来只是美国的一种"流浪汉食品",现在到了中国居然成了一种休闲文化和时尚消费。确实,"肯德基""麦当劳"等洋快餐的进入,曾引起国内不少餐饮界人士的忧虑乃至义愤,有的甚至打出"对着干"的大旗。而"大娘水饺"怎么认为呢?

(1)量化管理

与工业品相比,中式餐饮食品作为一种特殊商品更具有文化的内涵,在生产经营上难以实现工艺流程的标准化,这种与生俱来的弱点,往往导致产品质量的不稳定性和商业信誉的不确定性。举个简单的小例子,我们看中餐菜谱时,调料的分量它只讲"盐少许",如果做个试验,十个厨师肯定有十个厨师的"少许",而其他方面的差异更是不一而足。因此即便是一碗面,王师傅和李师傅下出来的口味就不一样。而西式快餐则成功地实现了工业化生产,规范化的制造工艺流程、健全的质量保证体系,确保"洋快餐"全球市场一个标准、一种口味。"大娘水饺"学以致用,对上百种水饺和十多种汤制定了统一的产品标准,并对各地连锁店实行统一采购供应,从制作工艺到原料配比,都有量化的、规范的指标体系,定期进行统计考核,标准化生产确保了产品的质量。

现在,"大娘水饺"每一道生产加工工序均采用科学量化,均由规范的《质量标准手册》要求和控制。如水饺大小定量(包括长、宽、高、重量;六只饺子120±5克、六只面胚55克;外形:中间三条筋、饺子立起来等)、馅心配置定量;和面兑水定量;佐料配方定量;汤品主辅料定量。甚至煮饺水的能见度低于多少要换掉、换多少、怎么换,所有的产品、半成品与原料如何检验、如何保存,保质期(最小精确到以分钟为单位)多长等等,都有明确的量化规定。每一项操作程序均以详细的《作业指导书》为依据,实行标准化运作。即生产流程标准化,服务程序标准化,卫生清洁标准化,设备维护标准化,品质管理标准化等。

(2)人力资源管理

"大娘水饺"公司制定了与员工切身利益相关的《员工守则》、各部门各职级《岗位职责》和公司《差错处罚细则》《奖励细则》等,使一切有章可循,奖罚分明。同时,推出了完善的覆盖企业三个管理层次的考核系统,对各级管理组人员进行量化分值的绩效考核评估,具有很强的可操作性与指导性。至于公司的服务组员工,上岗前、晋升前必须经过公司培训部门统一严格的培训考核。

（3）品牌文化

"大娘水饺"的各个连锁店都达到统一店名、统一产品、统一服务、统一价格、统一广告、统一管理的现代工业化要求。在同一城市,如有几家连锁店,则实行统一进货、统一配送。通过配送中心的合理进货及配送,实现了生产的多品种、少批量;低投入、高产出;快周转、高效率。

（4）投资决策

投资回报率是衡量决策水平和经营水平的量化标志,获取效益是投资的最终目标,从投资者进行深入市场调研的认真程度中就不难看出对这种追求的执著。"洋快餐"进入中国市场有一个共同点,就是不搞基建,只是选择理想的闲置场地进行统一格调的装饰,"化腐朽为神奇",投资少,见效快,降低了经营成本,减少了扩张风险,这就是投资决策上的效率。"大娘水饺"按图索骥,从常州到南京,从上海到安徽、山东,连锁店选址都是以"价廉物美"为标准,在不少地方,"大娘水饺"是傍着"肯德基""麦当劳"开店的。其原因不是要和对方"斗鸡",而是由于洋快餐在选址前已经做过大量、细致的市场调研,挨着它们开店,可以省去很多调研时间和一大笔调研经费。

（5）选址标准

有感于洋快餐在进行投资决策时科学而慎重地选址的做法,"大娘水饺"的领导层对每一家新店的选址都非常重视。他们说,好的地址决定了70%的客流,因此,人口低于15万、人均年收入低于7000元的城市不能进入,店堂所在位置不是大型商圈中心位置的不能进入,没有充足人流保证的不能进入,没有独立门面、门前没有独立广告位的不能进入,相对封闭的二层楼以上的位置不能进入,得不到房东与当地主管部门支持的不能进入……

6. 未来发展

不久前,从"大娘水饺"公司传出信息,"大娘水饺"和印尼一家粮食贸易公司签订了合作意向书,土生土长的"大娘水饺"很快就要扎根异国他乡了。很多人为此而感到欢欣鼓舞。但吴国强心里明白,随着公司规模的扩大,一些管理上的问题日益显露出来,迫切需要解决。如,有些服务人员的服务方式不标准、不到位,服务质量有所欠缺;因季节性及供应渠道等原因,公司所作"单店每天供应的饺子门类不能低于30种,每个时间段供应的品种不能低于18种"的规定有时不能兑现;客流量相对较大的店堂中顾客等候用餐的时间经常要超过 10 分钟,甚至等上十六七分钟的现象也不鲜见……所有这些看似琐碎的问题如不能得到很好的解决,将会严重影响"大娘水饺"的进一步发展和"国际化"。

到目前为止,"大娘水饺"所开设的连锁店都为直营连锁店,尚无一家是特许加盟连锁店。有感于前些年那些自愿扛起"中式快餐先锋"大旗的勇士们在与洋快餐的较劲中纷纷落马的情形,作为目前全国实力最强的中式快餐企业的"大娘水饺"一直很低调。吴国强认为,做企业不是光靠意气用事就行的,得凭实力,包括管理、资金、人才等要素。洋快餐搞连锁,必须做好三大平台,一是资金,二是组织,三是技术,目前我们都还不成熟,差距很大。现在说某中式快餐叫板洋快餐,好比婴儿欲与拳击手较量。我们必须忍辱负重,花钱取经,这个过程不可或缺,来不得浮躁。

吴国强的认识确实很有道理,也很实在。但我们的快餐企业要实现裂变式发展以及国际化经营的终极战略目标,则必须走特许经营之路。这对那些渴望成长的中式快餐企业也确实具有难以抗拒的吸引力。然而,目前中国快餐业特许经营市场尚未完全成熟,搞特许经营加盟连锁也许真的为时过早。国内一些相关政策与行业支持不配套,专业化组织与相关的社会性服务机构发展缓慢,尚无全国性的快餐专业组织,不能对行业与企业的发展起到支持作用。

目前"大娘水饺"对特许经营模式仍处于理论和政策研究阶段,随着中国快餐业市场的稳步发展和不断成熟,"大娘水饺"将进一步苦练"内功",深入钻研特许经营的理论,争取在不久的将来对特许经营作一定的尝试,为中国中式快餐业的发展作出一份贡献!

问题

1."大娘水饺"与洋快餐相比有何自身优势?这一优势能维持下去吗?

2."大娘水饺"从洋快餐那里学到什么经营管理经验?效果如何?

3."大娘水饺"现以直营连锁店为主,你认为何时可搞特许经营?

4.现在中国许多百年老店也在搞连锁或特许经营,但大多以失败而告终,你认为"大娘水饺"需具备什么条件才能长盛不衰?"大娘水饺"前景如何呢?

5.你怎么看待"大娘水饺"跨国经营,条件成熟吗?

【案例3】

戴尔的经营模式创新

戴尔电脑公司是世界知名的成功企业,"为顾客服务"是其核心策略。戴尔首创的"直线订购,按需配制"的直销模式,省去了许多中间环节,为用户提供了个性化服务,实现了产品零库存,不但增加了公司的竞争优势,也为用户增加了价值。

可以说,戴尔公司成功的关键在于其经营模式的创新。许多商业评论家对戴尔模式的评价,都是津津乐道它的骄人业绩和成功之道的具体历程,然而戴尔先生却要一直保持清醒的头脑。他于2000年4月3日在清华大学作演讲时连续三次提到"风险"两字,强调对创业风险要有充分的心理和物质准备,要求公司保持年轻、务实、谦逊、努力的精神风貌。应该看到,戴尔模式虽然具有创新性和强大的生命力,也存在着运作上的难点。另外,由于IT行业变化很快,对所有的企业压力都非常大,戴尔自然也不例外。因此说,戴尔模式的不断创新和进一步完善对戴尔的发展尤为重要。

1. 戴尔电脑公司的发展历程及其现状

戴尔公司的发展可以划分为以下三个阶段:

第一阶段是从1984年戴尔电脑公司成立到1988年股票公开上市,这是公司的起步阶段,但已显示出逼人的锋芒,凭着1000美元的创业资本到市场资本额达到8500万美元。

第二阶段是从1989年"奥林匹克"计划受挫后重整到1996年的快速成长时期。戴尔公司大举进攻国际市场,先后扩大了欧洲及亚太地区的营运计划。

第三阶段是从1996年起通过www.dell.com网站进行网络直销,掀起了一场新的营销革命。从起初网络营业额100万美元到1200万美元,再到目前的4000万美元,以及每季度4000万人次的浏览,戴尔公司到1999年第四季度已超越Compaq(康柏)而占领美国PC市场最大份额,工作站也位居第一,服务器在惠普(HP)之后居第二。在全球市场的增长率为业界平均水平的4~5倍。2005年,戴尔被《财富》杂志评为"美国最受赞赏企业"的首位。2007年,在《财富》杂志评出的全球500强企业中,戴尔公司名列102位。

目前,戴尔公司在全球有 7 个客户服务中心(即生产与销售中心),在 44 个国家和地区设有销售办事处,www.dell.com 网址包括 80 多个国家和地区的站点。

2. 电脑行业传统的经营模式

(1) 纵向一体化的经营模式

在电脑业的发展历程中,我们可以发现 IBM,康柏,DEC,惠普等 IT 业的知名企业都奉行"必须研制所有产品"的发展战略,它们各自几乎研发、生产制造了电脑所有的零部件,如磁盘驱动器、存储器芯片及各自应用软件等,形成电脑所有生产过程都纵向一体化于一家电脑制造企业中。例如在十多年前,美国电脑行业的明星企业数据设备公司(DEC),建造了大规模的生产设施以制造一台电脑所需的所有的零部件。正是这一家曾经在业界出尽风头的企业在 1998 年还是难逃被康柏并购的命运。而并购它的康柏也不见好转,这艘 PC 业的航空母舰其 CEO 也在 1999 年因公司业绩不佳被迫挂冠离去,其 PC 业霸主的地位在 2000 年初被后起之秀的戴尔公司夺去。

(2) 长渠道的销售模式

长期以来,人们习惯于将企业产品通过分销渠道层层递进,往往从制造商到最终用户手中,要经过批发、分销、零售甚至更长的过程,形成长渠道的销售模式,这是在信息化时代之前的客观条件下形成的。电脑行业也不例外,甚至更庞大,通过分销商、代理商、零售商组成销售网络,而且有时这些中间商还得兼做售后服务支持。这种模式曾是中国 IT 业的领头羊联想电脑公司走过的成功之路,因为联想正是从做惠普在中国市场的总代理起家的。而国外的同行 IBM、康柏、惠普等更是拥有广泛的销售代理网络,虽然 IBM 曾在 20 世纪 70 年代有过一段短暂的不太成功的直销历史,目前主要对大客户采取直销方式。

(3) 以制造环节为中心的生产模式

传统电脑业的主流观点是"以工程技术为中心",如果某个企业不建立生产所有零部件的生产线,那么它就不是一个真正的电脑制造企业。所有先驱公司都不免制造自己的零部件,因为它们认为,只有成为半导体、界面科技、主机板或其他电子组件的专家,才能得到自己需要的零部件;如果不投入大部分精力、财力制造自己的零部件,便永远无法在过程中握有足够的控制力。基于此,戴尔公司在 1989 年实施了"奥林匹克"计划,不幸地是,他们以惨败告终。

3. 戴尔模式

(1) 从分销模式到直销模式

作为历史最悠久的销售模式,分销几乎统治了整整一个时代,早期的电脑企业无一例外全部采用了分销这一模式。然而,今天的事实是,技术的飞速发展极大地压缩了时间和空间距离,新的分销渠道和类型不断涌现,支配商品货架的权力已从生产者和零售商向消费者转移,因此,建立厂商与消费者之间的直接联系变得十分迫切,配送渠道也越来越短。正是在这种时代背景下,戴尔公司以一种十分单纯的经营思想为指导开始了其经营历程:绕过当时流行的由经销商销售个人电脑的传统的分销模式,根据用户订单生产组装,并直接将电脑出售给他们。

戴尔公司透过革命性的直销模式,与大型跨国企业、政府、教育科研机构、中小企业和个人消费者建立了直接联系,是首家向客户提供免费直拨电话技术支持以及第二个工作日到现场服务的电脑供应商,这些服务已成为业界的标准。这种一对一的直接关系,造就了戴尔公司的辉煌成就:它能以比竞争对手低 $10\% \sim 15\%$ 的优势价格出售电脑,销售增长率是业界平均水平的 4 倍;成为 PC 机(台式、手提)、服务器、工作站等产品及服务的主要供货商之一;《财富》500 强中约 400 家是戴尔的用户;1996 年起采用的网络直销营业额到目前已占总收入的 50%。这一连串骄人的业绩让人不禁想探究直销模式是如何运作的。

① 产销直接沟通。戴尔公司的直销模式是公司的基本发展战略。用户在当地拨打 800 免费服务电话就可订购自己所需的电脑,或者通过 Internet 发 E-mail 订购,并可在 www.dell.com 网站了解最新产品信息、市场行情和服务细节。

戴尔的销售机构有别于其他企业,针对不同的用户,公司设有大客户部、中小客户及家庭客户部。大客户部的销售人员分为负责电话服务的内部销售人员和主要在当地进行服务的销售人员,同时,不同的用户配有不同的技术支持与服务工程师。如针对波音公司这样的大客户,戴尔公司派驻专门的技术服务人员进行现场维护服务,使得戴尔能按波音的信息技术要求提供企业解决方案。

对于中小用户,戴尔电脑的 80% 以上的问题可由电话服务或上网服务予以解决,因为戴尔电脑本身性能十分优越,而且公司已将可能发生的服务项目都准备充分。同时,戴尔公司还善于倾听用户的声音,将用户的意见当做经营决策的依据,他们所提供的正确信息又帮助戴尔更精确投资生产,获得利润,使其更能集中精力去寻求能在哪些方面为用户创造和增加价值,进而能以更快的速度扩大企业规模(参见表1)。

表1　戴尔及其他部分 IT 企业的比较

公司	规模、经济表现	产品、服务范围	营销模式
戴尔	PC 机的大批量产销	PC 机、服务器、工作站、电子商务	直销
IBM	大型机、PC 机、零部件的大批量产销	计算机硬件和软件结合	分销、少量大客户直销
微软	大批量产销操作系统	操作系统结合应用软件	分销、捆绑销售
惠普	PC 机、打印机大量产销	PC 机、打印机、服务器、仪器仪表	渠道分销
康柏	PC 机大批量产销	PC 机、服务器	渠道分销
联想	PC 机产销量扩张	拉宽计算机产品线、进入软件和系统集成	渠道分销

② 大规模定制化。大规模定制化是通过不断地与用户直接对话,满足顾客的要求,并充分利用先进技术,提高生产、销售过程的效率,是一种可以减少库存的灵活的制造技术。尤其是互联网技术的应用,使制造者容易与销售者联系,很容易地把在线订单上的数据传到工厂车间。企业与用户的关系发生了变化,讨价还价的主动权转向了顾客。

戴尔公司把新型零售方式——直销,融入高科技产品电脑中来,即将电脑产品大规模定制化,正是信息和网络技术让戴尔有能力做到定制化。戴尔公司每年生产数百万台个人电脑,每台都是根据用户的具体要求组装的。以戴尔公司为其大客户福特汽车公司提供的服务为例,戴尔公司为福特不同部门的员工设计了各种不同的配置,当通过互联网接到福特公司的订货时,戴尔公司马上可知是哪个工种的员工、订的哪种计算机,且迅速组装好合适的硬件和适当的软件,包括一些专有密码。由于戴尔的后勤服务软件非常先进和全面,使得它能以较低的成本开展规模定制服务,戴尔公司可称得上是企业家、网络技术和企业软件汇集在一起的完善的 IT 企业。

③ 物流配送管理。戴尔认为,经营过程遇到的关键挑战之一是:将企业的注意力由"还有多少存货"转移到"存货的转移速度有多快"上来。由此,物流配送管理成为经营活动的重要内容之一。

戴尔公司的直销模式基础之一是现代化的物流配送体系,与通常的由采购、生产决定销售的经营模式不同,戴尔公司采用"直线订购,按单配制"的方式,来决定采购所需的零部件,并要求供应商在规定的时间内保质保量交货,而后根据不同的需要装配电脑,再将成品及时交运到用户手中。目前,在美国本土戴尔可在接单后 4 天之内交货,在全球有电话和网络直销的地方在一周之内交货,大大短于同行的交货周期。要使如此快捷的供应链体系高效运转,戴尔公司在选择供应商和物流配送企业时煞费苦心,与它们签订滚动式的长期供货和配送协议。同时,与供应商共享信息和技术资源,向其提供最终用户的需求信息,确切告知某时需要多少量的零部件,帮助供应商提高生产效率和质量。戴尔公司每天都有不同的零部件到货和成品出运,公司与专业的第三方物流如大通国际货运(EAS)、联邦快递(Federal Express)、UPS 等国际性的物流配送公司签订合作协议,负责产品的进出运送。在厦门制造中心,EAS 的车队随时在工厂待命,24 小时随时将组装好的电脑运送到用户手中。如此强大、缜密的物流配送体系,延续着戴尔的神话(参见图 1)。

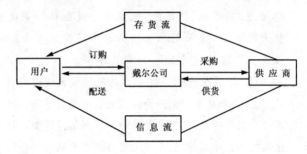

图 1 戴尔公司物流配送示意图

④ 网络直销模式。互联网是戴尔计算机公司直线订购模式的自然延伸,戴尔是最早向客户提供综合的网上订购工具的计算机公司之一。1994 年戴尔公司创设了 www. dell. com 网站,1996 年开展网络直销。它的 World Wide Web(万维网)网站能提供售前信息、网上交易和售后服务,客户可以在任何时候通过点击"buy a dell"进入 http://www. dell. com/ap 网址,浏览网上详尽的产品和服务信息。在戴尔的电子商店里,顾客可以做到足不出户、十分钟内完成订购的工作。戴尔公司的销售代表对客户的订购传真或 E-mail 会在第一时间予以答复,并向客户提出报价以供审核,在得到客户的证实或采购授权后,该订单可进行再确认并输入到信息系统中,以保证生产出完全符合客户要求的电脑。

戴尔公司还利用网络工具收集和保存各个客户和企业各种资产(包括永久性资产和各种库存零件)的信息,并为拥有 400 人以上的企业建立一套网页,该网页同时与客户的内联网连接,通过该网页使戴尔公司员工能及时跟踪产品交付和付款的情况,并对客户所需的技术支持即刻响应。目前,戴尔已为 27000 多家公司建立了网页,时时与用户共享市场和技术信息,充分与市场直接交换信息,并依此进行生产、销售。目前,戴尔公司的一半业务额是通过 www.dell.com 网站的网络销售完成的,戴尔公司也成为全球最大的网络直销商,更为重要的是全球已有 3 亿部个人电脑,而其中大部分已上网或即将上网,可以想见,网络世界是个多大的市场。

(2)从纵向一体化到基于市场系统的资源整合

20 世纪 90 年代后,随着国际化程度的加深,优秀的企业都把主要精力放在企业的关键业务上,利用国际市场上的各种分工,与世界上其他优秀的企业建立战略合作关系,将非关键业务转由这些企业完成,这种基于市场系统资源整合的横向思维方式越来越为人们所重视,其典型代表是供应链管理的创新与实践。戴尔计算机公司实践了这种强调快速反应市场需求、战略管理、高柔性、低风险、低成本—效益目标等优势的经营管理方式,取得了巨大的成就,使人们相信横向的市场资源整合经营模式是进入 21 世纪后企业适应全球化竞争的一种有效途径。

① 与供应商结盟。戴尔的直销模式使得它可以极有效地把供应商的零件技术、产品和服务推到一个快速成长的庞大市场,而这是他们无法通过其他电脑公司得到的快速反应,因此传统的供应商都得囤积产销渠道中 30 到 50 天的存货,无法及时掌握市场脉动,而戴尔来自用户市场第一手的直接信息使供应商明白市场的走向,并据此快速调整产品的组成,改善了库存的效率和周转速度。

正是戴尔公司的创新经营模式,使其与供应商建立起紧密的战略伙伴关系,每天都将需求数量告诉供应商,并通过互联网与他们共享市场需求信息与技术信息。通过这种公开自然地分享计划与信息,戴尔与供应商去除了传统的议价周期,建立起以及时沟通和共享信息为基础的合作伙伴关系。戴尔公司还认为与少数优秀的供应商建立较紧密的关系,是降低成本和更进一步加速产品问世的最佳方法,故将起初的 140 家供应商筛选到现在的 40 家供应商以提供 90% 的零部件,比如戴尔已成为微软公司的最大用户。通过寻找最佳合作伙伴,借力使力,发现新的价值层面,戴尔与供应商共同将其提供给顾客。

② 客户关系管理。戴尔公司认为通过与顾客的双向互动,可直接获益于顾客,因为消费者可提供给戴尔产品和服务需求的正确信息,帮助戴尔迅速有效的回应,更精确地作出投资决策。所以,戴尔公司在与客户沟通时,特别注意做到:

a. 认识顾客;

b.了解他们的需求和好恶,以及最在意的价值;

c.了解你能对他们业务效率的提升有何帮助。

由此,戴尔公司特别建立客户需求信息数据库,并为用户建立了网页;通过 www.dell.com 随时向消费者提供最新产品与产业走向的信息,帮助他们维持竞争力。同时,客户也能够给戴尔公司最大的启发,例如当初公司推出雄心勃勃的"奥林匹克"计划而遭败绩时,正是顾客告诉戴尔他们不需要那么多的科技,他们只需要最合适的产品,因为那种纯为科技因素而发展的科技,不是以顾客需求为标准的科技。而曾是 PC 业龙头老大的 IBM 却在 1987 年推出自认为表现强、更有保障的 PS/2,却不为顾客所接受而遭到惨败,失去了 IBM 在 PC 市场最大份额的地位。

戴尔充分认识到客户资源的重要性,坚持花 40％的时间与客户沟通,采纳顾客的建议,而这一切都是围绕"向客户提供服务"为中心的发展战略来进行的,并建立起牢固有效的 CRM。

③供应链整合。戴尔的直销模式从基于用户的需求而采购电脑零部件起,到生产组装、再到成品配送到用户手中的这个流转过程,始终进行及时、高效的控制,将供应链各个节点上的供应商、制造商、配送企业、用户的分散计划纳入整个供应链的计划,以核心企业戴尔公司为基点,以用户需求为原动力的"拉式"供应链整合,将各业务环节的信息化孤岛连接在一起,实现资源和信息共享(参见图 2)。

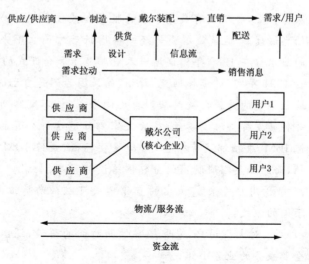

图 2　戴尔的供应链网链结构模型

④ 网络资源整合。戴尔公司在 1996 年起通过 www.dell.com 网站,开始在全球范围内进行"一对一""交互式"的网络营销,并设有与供应商、企业用户之间的电子数据交换技术 EDI,提高 EDI 将公司内部计算机系统自动生成的市场与技术信息传向相应的贸易伙伴。同时,进一步建立 Extranet(外联网),将公司 Intranet(内联网)与供应商和企业客户的 Intranet 相互联结,降低信息处理成本,促进即时生产策略的实施,压缩供应链层次,提供电子支付手段来提高交易效率(参见图 3)。

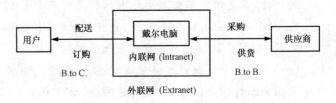

图 3　戴尔的网络资源整合示意图

(3) 戴尔模式的核心能力

微软和英特尔集中核心优势和资源分别生产计算机的核心部分——操作软件和微处理器,占有了很高的市场价值份额,公司得到迅猛的发展,确立了行业垄断地位。戴尔公司另辟蹊径,集中力量提供绝佳的产品和服务,其直销模式成为其他企业难以效仿的核心能力,并取得辉煌业绩。

① 核心优势。"戴尔的核心优势是要以提供绝佳的顾客服务和产品来赢得声誉,并以拥有最高水准的服务和最佳表现的产品来维持顾客和员工的忠诚度。"这是戴尔公司经一番周折后才确立下来的。以直销模式起家的戴尔曾在 1989 年错误地进入电脑超市和仓储式的零售市场,并过于超前在 1991 年实施"奥林匹克"计划,结果因为不是自己的强项而落得惨败的境地。幸运的是戴尔及时回到自己的专长上,不断聆听客户意见,坚持直销,并将其发挥得淋漓尽致,尽管大家都知道这种公开的秘密,但却无法仿效。像 IBM、康柏都试着搞直销,却收效甚微,最终 IBM 只能对大用户进行直销,而康柏要摆脱既有的分销网络谈何容易。

② 用户关系。戴尔的直销模式可以帮助员工面对不同的顾客,采取不同的方式:

a. 对大型用户,采取经常性面对面的晤谈,还派有驻在用户公司现场全职服务的业务小组;

b. 对小型用户或一般消费者,戴尔公司除了建立网络上的调查与现场调查外,还主动用电话与顾客联络,征询他们的意见。

戴尔公司将用户市场区隔化,使其经营活动更有针对性。只要用户出现一项需求,业务小组便立刻召开跨功能的会议,以求及时回应,每个业务部门的产品经理时刻聆听业务需求,力求与市场发展同步,有时还亲自接听顾客来电,或亲自造访顾客。凭借着直接式业务模式与网络的结合,戴尔公司与用户建立了良好的、持久的关系。

③ 伙伴关系。戴尔公司摈弃传统的与供应商讨价还价、相互猜忌的短期合作行为,而是选择全球最棒的 IT 行业供应商进行合作,与具备不同优势的厂商结盟。如与索尼(Sony)签订锂电池供货协议;与三星公司(SAMSUNG)签订液晶显示器供货协议;与微软签订操作系统供货协议,等等。而这些都不是短期的孤立的每单订货协议,而是经过长期的沟通合作、共享技术和市场信息建立起来的战略伙伴关系。

正是戴尔的全新经营模式,使其能与少数优秀的供应商建立较紧密的关系,供应商也得到极佳的成长,与戴尔公司构成双赢的伙伴关系。曾有一家供应商在爱尔兰与戴尔公司合作,后来又随着戴尔相继在马来西亚槟榔屿和中国厦门开设工厂,以便更快捷的供货。

④ 黄金三原则。戴尔经营模式的基础理念是戴尔的"黄金三原则":

a. 摈弃存货;

b. 不断聆听顾客意见;

c. 坚持直销。

戴尔公司充分利用各种现代化的信息手段,密切与供应商原料进货之间的连接,制造量依顾客的需求而定,前置期通常在 5 天以内;及时与用户及供应商交流、分享信息,做到"以信息代替存货",创造性地实践了 JIT(适时制造)的生产管理方法,是库存基本为零,一般不超过一周。这种将库存压到极限的摈弃存货的原则造成了戴尔同样类型的电脑成本比业界低 7%～10%的水平。

戴尔的另一个原则"不断聆听顾客意见"则是戴尔直销的基础。戴尔公司利用网络、电话、传真及晤谈,以更快、更经济、更有效的方式,提供顾客所需的产品信息。用户们可以在网上研究产品、组装配置、询价、订货之外,还可追踪他们所订产品的生产进度。通过与顾客的直接沟通,戴尔公司适时掌握市场行情,及时进行供货,而这些都是建立在"坚持直销"这个基本原则之上。

通过直销,摈弃传统的中间商渠道,直接开通被叫付费 800 电话和建立 www.dell.com 网站及 Premier Page(优先网页),与顾客建立一种直接、长期的线上购销关系,缩短了采购周期,增加了用户价值。

⑤ 核心资源。戴尔先生及其员工认为,戴尔公司的核心资源主要体现在以下两方面。

a. 直销模式及其运行机制。基于直接面对客户的理念而建立起来的经营模式,使得戴尔公司能够以最快捷的速度捕捉市场缝隙,并在第一时间以最优产品及服务提供给用户,同时也有力地维持了企业的品牌优势,增加了用户的忠诚度。"戴尔速度"这个新名词就是直销运行机制的最佳写照。

同时,基于客户的准确需求信息,戴尔公司充分利用国际化分工的便利,选择最佳的供应商作为合作伙伴,共同研发生产出品质优良的电脑,以领先业界数倍的速度将产品推向市场,这在零部件以每周 0.5%~1% 降价速度的 IT 业来讲,是别的企业无法赶上的优势。这种充满活力的运行机制是戴尔的最优核心资源,概括起来就是"快捷"两个字,在一切讲求时效性的信息时代是极具优势的,我们可从前述的戴尔业绩得到佐证。

b. 学习型组织及企业文化。戴尔计算机公司是一家年轻的企业,其组织结构具有现代化企业的许多优点,产权明晰,公司治理结构合理,期权报酬制度等,迈克尔·戴尔本人拥有 16% 公司股份。组织内部强调团队协作,销售、市场、合同、技术支持等不同部门的员工组成业务小组,打破部门界限,共同协调服务于同一个目标——用户。

迈克尔·戴尔认为,要建立或维持一个健康的、有竞争力的企业文化,最好的办法是通过目标统一、策略一致,与公司员工结成并肩作战的伙伴。他认为员工是企业最大的威胁与资产,所以,不管公司处在事业周期的哪个阶段,都该把引进优秀人才当成最优先考虑的事项,特别是具备学习者质疑本质、并随时愿意学习新事物新知识的人才,并且对其进行严格认真的培训,灌输企业文化,尤其是主要价值观如要有更好的顾客体验,同时赋予责任,达到超越他们自身自然范围的目标,真诚投注于员工的成长与发展。一个有趣的例子是戴尔对业务成长创佳绩的人才,不是让他管理更大的部门,而是反其道将他的部门或业务一分为二,甚至三四个新的单位。新的单位却可能比原团队在两年前规模还大两倍。目前戴尔公司在全球有 36500 多个员工,这些人都是公司宝贵的资源,更是戴尔经营模式的活的载体、实践者与创新者。

(4) 戴尔的价值链整合创新

① 价值链整合。戴尔认识到与供应商进行合作,要强化它们的共识与忠诚度,让它们准确依照戴尔的需求送货,可免去库存积压,能带来更高的

附加价值。同时,戴尔公司为每一个供应商设计了与顾客服务相同的网络连线,进一步加速信息交流,迅速设计出最符合实际的产品,依照戴尔标准所衡量的零件品质、当前成本结构,以及目前预测与未来需求等信息。经过这一系列前置准备工作,戴尔便在它那获得经 ISO 9002 质量认证的工厂(客户服务中心)所组装生产出的品质一流的电脑产品,并以最快的速度配送到用户手中。

戴尔强调的与供应商合作的水平价值链管理,使得各相关企业提供各自的核心优势,尤其是网络化的今天使得各自的价值活动边界变得模糊,并利用网络提供的一个平台,让供应商、戴尔公司和用户参与产品的革新与交流。这样,价值形式由一开始的物质形态上升到信息形态(参见图 4)。

图 4   价值形式的变化

② 关键价值链环节。价值链中最为重要的三个相互联系的活动是研究开发、生产制造和市场营销,这三项增加企业价值的活动的协调、衔接、管理是决定公司竞争优势的关键因素(参见图 5)。

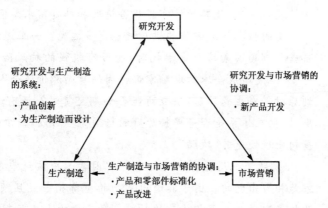

图 5   研发、生产、营销三者关联示意图

戴尔公司的关键价值链在于市场营销,即直销模式的优势,能够以最佳的产品与服务来赢得市场。由于处于与用户直接沟通的位置,所以对价值转换非常敏感,随时根据市场的变化研制出新产品。戴尔公司向用户所提供的标准服务推动了公司的巨大进步,公司可以为极微小的毛利为用户提供增加价值的服务,抓住有利于企业发展的每个机会。

IT企业有个理论叫"微笑曲线",即企业的利润来源主要是前端的研发和后端的服务,而中间的生产制造则是极微利的。如微软的操作软件,英特尔的CPU,思科的系统软件等可看出研发的巨大威力和为企业带来的超额利润。那么,后端的服务则是另一重要利润来源,即服务是有价值的,戴尔正是别出心裁,以无人可望其项背的直销体系,从产品的销售回溯到其制造和设计环节的每条途径上都在为用户提供价值,而其核心出发点是提供最优的产品和服务。

4. 戴尔模式的运作难点

(1) 戴尔模式的运作难点

① 供应链临界状态的运作。戴尔的"黄金三原则"之一是摈弃存货,从表面上看,这是直销与分销最直观的区别。在分销模式下,销售渠道成了存贮货物的"水渠",厂商的库存在大多情况下是压在分销渠道中的,以此来保证所追求的"零库存";而直销模式也会不可避免地遇到库存问题,因为绝对的零库存是不存在的,所以"摈弃存货"也是有限度的,至少得保证几个小时甚至几天的短期库存。由于戴尔公司向供应商的订购量是依其用户需求而定的,前置期不超过5天,工厂内只有几天的库存。但可通过网络与供应商保持良好沟通,使其始终掌握库存情况和补货需求。问题正在这里:这种看似完美的临界状态运作的供应链能走多远呢?一旦遇到特别的市场变化冲击或非市场因素的严重干扰时,能否有较强的抗风险能力?台湾"九·二一"大地震造成全球的电脑零部件因缺货而涨价还令人心有余悸。同样,遇到原材料发生意外时,供应商能否如期交货呢?还有遇到需求起落变化急剧时,供应体系是否可保持原有的畅通呢?所以,戴尔的供应链容不得半点差错出现便是其"软肋"。

② 物流配送存在客观的不可控因素。应该说戴尔公司的物流配送体系是相当出色的。由于其进出货物的量都相当大且频繁,自然成了各个专业物流配送企业争相抢夺的对象。第三方物流具有专业化、社会化的特征,一般规模较大,网络发达,服务较佳。所以戴尔与EAS、Federal Express、UPS等签有合作协议。但是应该看到,物流配送过程存在客观的不可控制的因素,如自然灾害,不同国家地区物流管理水平差异太大,难以全部按要求完成配送任务。例如在非洲国家、中东地区的用户,如何能在订货一周内得到电脑呢?再如在中国,上述物流公司尚未开展地市以下地区的网点,如何完成配送业务呢?这样,便不得不借助普通的运输和邮寄单位,时效性便大打折

扣,无法兑现诺言。实际上,戴尔在中国的客户服务中心以两周(十个工作日)作为承诺期限的,为的便是避免偏远地区无法及时收到电脑的麻烦。这也符合戴尔的"不过度承诺"的作风。

③ 直销与第三方承包的矛盾。针对单纯硬件购买的用户,直销方式是完美的,节省了中间环节,并且双方都从中受益。而实际上有许多用户特别是一些机构用户,业主需要设立企业内部信息网络系统,只用到部分硬件系统,这需要第三方的系统集成商进行承包。戴尔公司作为硬件供应商,根据每台电脑上的服务代码进行售后跟踪服务。这样就会与系统集成承包方产生矛盾:

a. 承包方硬件压价,使戴尔的利润减少;

b. 不得不通过系统集成商完成销售,无形中拉开与用户距离。

甚至会发生如下情况:系统集成商会以最终用户的名义订购一批戴尔电脑,而后并未很好履行所承诺的售后服务,给用户带来麻烦和不必要的纠纷。据戴尔厦门工厂的员工介绍,这种由于第三方承包引起的问题在中国经常发生,这与我国许多企业的经营习惯和商业环境的不规范有相当大的关系。许多系统集成商注重的是短期利益,自然与戴尔公司的经营理念产生矛盾;另外许多同行的过度承诺与非正常竞争也影响了戴尔的正常经营。

(2) 戴尔面临的严峻竞争

蓝色巨人IBM在世界范围内仍然是PC的第三大供应商,拥有一支强大的技术开发和研制队伍,多年的PC业霸主地位累积下来的研发、制造和营销等方面的力量是其他企业短期内无法超越的,况且IBM凭借其强大的技术攻势和在用户心目中的地位及口碑,也转型进入网络业,重要的一点IBM在大型应用系统中已取得许多让竞争对手无法望其项背的成功。许多大型的政府管理运用,民航、交通、银行、保险业等的核心应用,从硬件到软件到解决方案都是IBM提供的,从高端的、大型应用的和低端的、最终用户端口,台式机、PC服务器、笔记本电脑等都有不俗的业绩;加上IBM重视对市场网络的全面协调,所以,仍是戴尔公司一个不可小觑的对手。

至于靠生产IBM PC兼容机起家的Compaq,也是雄霸PC业头把交椅多年的角色,在全球有广泛的营销网络,具有强大的市场号召力,而且始终坚持科技开发为基础,力争在最短的时间内研究生产出新一代产品,并迅速推向市场;对科研人员的配置、生产工厂的建置都最大限度地符合公司的核心要求,这一机制充分展示了Compaq的竞争实力。加上与DEC合并后,相信假以时日,会重新焕发出其昔日的辉煌。

即使是中国国内,以联想、方正、四通、同创为代表的一批民族IT企业,也是努力在中国、亚洲乃至世界的 IT 业争一席之地。联想目前已占国内市场份额的 30% 以上,2007 年第一季度营业额增至 15 亿美元,为亚洲之最,加上其对本土社会、经济环境,用户需求及消费水平和习惯较为熟悉,所以可望在中国市场与戴尔电脑一决高低。

5. 结论

我们在看到戴尔取得成功的同时,也看到了业界的激烈竞争和残酷搏杀,加之 IT 业是瞬息万变的高科技行业,没有绝对的胜负,优势也只能是暂时的。因此,怎样在不断地创新和自我完善中使自己立于不败之地成为戴尔人一直思考的问题。

问题

1. 传统经营模式对于现代企业来说存在着哪些弊端?

2. 戴尔模式的主要成功因素是什么? 戴尔模式的成功是否与 IT 业自身的一些特点有关?

3. 针对戴尔模式的不断创新和完善,提出几点你自己的建议。

【案例 4】

法尔胜与贝卡尔特的合资经营

本案例从金属制品企业的强强联合的个案描述入手,通过对合作与竞争交织的共同发展之路的分析,揭示了这样一个规律,即外资在中国投资,永远都有一种动力:希望独资经营,独享未来企业的全部成果。

1. 法尔胜公司

(1) 法尔胜的历史

法尔胜的前身江阴钢绳厂,创建于 1964 年,建厂初期是一个手摇麻绳的作坊式小企业,年产值仅 16 万元。1969 年开始试制金属制品,当年钢丝绳产量 3.37 吨,1971 年后逐步形成钢丝及钢丝绳批量生产,彻底淘汰了麻绳制品。至 2001 年,年产值达 20 多亿元,与 1964 年比,翻了约 14 番。江阴钢绳厂的发展,经历了三个阶段:

第一阶段,1964 年至 1977 年是江阴钢绳厂创业阶段。这一阶段从麻绳转产钢绳,产品从"软"变"硬",由"黑"变"白"。

建厂起步阶段,江阴钢绳厂是一个仅有职工几十人的手摇麻绳营生的合作社,全部家当只有 1400 元。年利税仅有 0.57 万元,人均创利不过 104 元,职工每月的收入不足 30 元。简单的产品,原始落后的生产方式,低下的经济效益,使小作坊随时面临市场冲击的厄运。老一代钢绳职工并没有听任命运的摆布,强烈的生存欲望改变了人们的传统思维方式,不"等、靠、要",要"敢、闯、造",立志于创业的老一代钢绳职工以转产钢丝绳为突破口,闯开了一条新路。1968 年,在一无资金、二无技术的困难条件下,白手起家,土法上马,手制钢绳。借贷款购置旧机器,改造拼装起立式拉丝机、捻股机、成绳机等 24 台主要钢绳生产设备,生产出路电缆及有色黑色线材制品钢绳。产品的由"软"变"硬",给企业带来了生机。转产当年,实现利润 3.35 万元,比 1964 年增长 9.47 倍,固定资产增长 34.5 倍。

转产之后,在长达 6 年的时间里,江阴钢绳厂主要生产普通光面绳,年产量达到 1460 吨的规模,但产品结构的单一性,严重制约厂里经济效益的提高,到 1976 年,利税总额也只有 41.6 万元,人均创利税仅 1388 元。为摆脱徘徊不前的被动局面,钢绳职工从产品结构的调整上寻求新的出路。

1977年,开发生产了普通镀锌钢丝绳,镀锌钢绞线及钢丝,产品由"黑"变"白"的又一次升级换代,使企业的经济效益上了一个新台阶,年实现利润64.03万元,比上年增长54.4%,人均创利税增长41.9%。

第二阶段,1978年至1992年是江阴钢绳厂全面发展阶段,这一阶段以产品结构的进一步优化,市场从国内、替代进口转向出口为标志。

江阴钢绳厂立足更高层次规划明天,在宏观上确立拓展国外、替代进口、国内三个市场,重点发展外向型经济,参与国际竞争的战略目标。在产品开发上,立足于高标准,瞄准国家急需进口、出口创汇高附加值产品和市场紧缺的产品,向"高、精、尖、小"方向发展。先后重点开发了胶带用钢丝绳和拉筋用钢丝绳等四个深度加工细小规格系列产品。产品结构的优化促进了市场的进一步扩大,实现了从国产替代进口转向出口。1979年,青岛橡胶六厂使用江阴钢绳厂试制成功的第一条胶带钢丝绳,经24小时连续运行和全面质量测试,完全符合国家质量标准。当年,该厂将本需进口的260吨胶带钢丝绳全部转给江阴钢绳厂生产,结束了我国胶带钢丝绳进口的历史。产品结构的优化促进了市场的进一步扩大,从而实现了从国产替代进口转向出口。1979年,江阴钢绳厂在出口创汇上取得了零的突破。产品开始进入新加坡等东南亚国家和地区。

第三阶段,1992年至1998年是江阴钢绳厂发展过程中的巩固、提高阶段。这一阶段,企业紧紧围绕提高经济效益这个中心,以科技进步为先导,坚持不懈地在优化产品结构、提高产品质量、强化内部管理、开拓国内外市场上下工夫。1983年,他们捕捉到信息,国外普及使用钢帘线轮胎,而国内尚属起步,且国内钢帘线全部依赖进口。开发钢帘线这一尖端产品,对于捷足先登抢占国内替代进口市场,增强企业发展后劲,具有十分重要的战略意义。他们经过缜密地论证,做出了果断决策。1984年,他们克服了种种难以想象的困难,闯过道道工艺技术难关,终于开发成功轮胎用钢帘线,实现了产品由"白"变"黄"的再一次升级换代。并以引进钢帘线和镀铜产品专用市场设备,消化、吸收研制国产化设备为主体,以大规模的技术改造为依托,延伸开发了以细小规格为特色的电梯用钢丝绳、紧固钢丝绳、光缆用钢绞线、轮胎用钢丝、编织高压胶管镀黄铜钢丝等系列产品,使产品发展到13个系列400多个品种规格。更可喜的是由于有了钢帘线的国内生产最高水平及领先地位,吸引了国际跨国公司、金属制品行业全球领先企业比利时贝卡尔特公司的关注及合作。于1992年与江阴钢绳厂建立了金属制品行业国内最大的中外合资企业——中国贝卡尔特钢帘线有限公司,使企业强强联合进入了国际先进水平。

1992 年以来,江阴钢绳厂抓住对外开放的大好时机,与香港华新丽华钢线公司合资,建成了国内最大的道桥用钢缆基地——江阴华新钢缆有限公司。两大合资企业的建成,标志着我国钢绳事业将进入一个全面发展的新阶段。"华新"钢缆在虎门大桥国际招标中迎战十二强,以优异的产品质量一举夺魁,显示中国国有企业赶超世界先进水平的实力。

江阴钢绳厂在生产品种上不断开发创新,经历了麻绳向钢绳的转变,普通光面钢丝绳向镀锌小规格钢丝绳和镀铜产品的发展,至 1993 年,企业已能生产胶带用钢丝绳、胶管钢丝绳、航空钢丝绳、拉筋钢丝绳、光缆钢丝绳、电梯钢丝绳、钢帘线、高压胶管钢丝、光缆钢丝、铜包钢丝、轮胎钢丝、圆股钢丝绳、索具 13 个系列 600 多个品种规格,产品具有"高、精、尖、小、特"的特色,广泛用于化工、机械、冶金、矿山、石油勘探、军事、林业、轻工、交通运输、邮电通信等行业。

公司领导层抓住机遇,带领集团迈入"三外"齐上的良性循环发展道路。当时,许多企业因外贸产品要求高、难度大、交货急而不愿做,钢绳集团抓住这个机遇,主要瞄准科技质量效益外向型发展目标,通过"外贸、外资、外经"齐上战略,使企业迅速驶入科技质量效益外向型经济发展轨道。1993 年春,经江苏省体改委批准,将主体企业江阴钢绳厂改制为江苏法尔胜股份有限公司,开始由资产经营向资本经营迈进。面临国家宏观调整、银根紧缩的形势,为解决企业继续发展而又不负债过高的矛盾,公司先后与比利时、意大利、新加坡、中国台湾等国家和地区合资合作,借助及利用外资达 1 亿美元,建成了子午线轮胎用钢帘线生产基地、桥梁用缆索生产基地、现代大型建筑新材料生产基地、不锈钢丝生产基地、汽车拉索生产基地,企业整体素质再上了一个更高台阶。

1996 年 11 月,经国家外经贸部批准,成立了独立法人的集团进出口有限公司,在美国、西欧、东南亚、澳洲等地区设立了销售网点,进一步为企业自营进出口和参与国际竞争增添了新的活力。

1998 年 10 月 28 日,经国家证监委批准,法尔胜 A 股于深圳证券交易所上网发行,并于 1999 年 1 月 19 日在深交所挂牌上市交易。至此集团公司已全面由资产经营向资本经营跨越。

(2) 法尔胜的基本状况

法尔胜集团公司以江苏法尔胜股份有限公司为核心主体,拥有全资、控股、参股企业30余家,总资产近30亿元,系国家大型企业,国家重点高新技术企业,行业中唯一的国家一级企业,首批拥有机电产品进出口自营权金属制品出口基地,1998年被列入全国520家重点企业,2000年度被评为中国行业500强企业。在由中国企业联合会、中国企业家协会发布的《中国企业发展报告(2002)》中,被评为"2002年中国企业500强"。

表1 前三年企业规模和主要技经指标　　　　单位:万元人民币

项　　目	1999年	2000年	2001年	三年合计
销售收入	170305	198678	245475	614458
利税总额	14845	22053	23356	60254
利润总额	8120	11011	13276	32407
出口创汇	3076	3118	2742	8936
资产增值	18678	1054	37751	57483
后劲投入	7060	8510	18460	34030

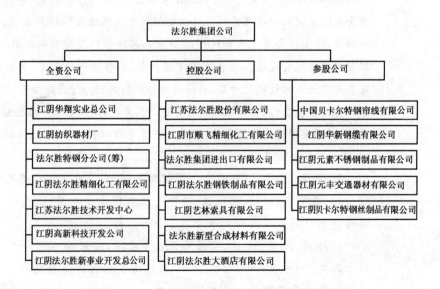

图1　法尔胜集团公司子公司一览

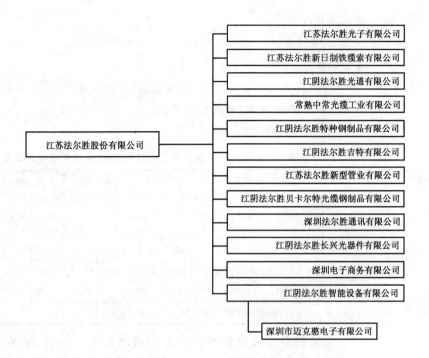

图 2　江苏法尔胜股份有限公司子公司一览表

（1）内部环境

① 以人为本。目前公司硕士以上 44 人（博士 6 人）。大学本科 251 人，大专以上学历占职工总数的 26%。

② 科技立厂。公司建立了国家级技术中心，加强技术开发力量，从而确保产品在市场竞争中占主动地位。

③ 以质取胜。公司在国内同行中率先通过了中国船级社 ISO 9001 质量体系认证，先后取得了美、英、法及国家检测中心等权威认可证书，成为世界级合格供应商。

④ 管理求实。公司贯彻多年的"抓两头控中间"成本管理法获冶金部管理二等奖，走出了一条亮丽的国企管理之路。

⑤ 理念导向。公司崇尚"为明天而工作"，"致力于成功后的奋斗"企业发展理念，树立跻身世界大公司的雄心壮志。

（2）外部环境

① 政府重视。法尔胜集团公司是全国同行唯一的国家一级企业、国务院批准的 520 家重点企业之一、江阴市委、市府重点扶持的授权经营重点企

业集团。

②多方支持。众多大学科研院所、银行筹资机构、客户合作伙伴给法尔胜以技术、资金、市场的强大支撑。

③产业合理。金属制品、光通信、新材料三大产业,是国家大力提倡并重点扶持的产业群体,发展前景广阔。

(3)竞争对手

表2　金属制品行业三家上市公司 2001 年主要指标对照表

公司名称	金属制品		销售收入		利　税		利　润		出口创汇	
	总量	实绩占行业(%)	总额(万元人民币)	实绩占行业(%)	总额(万元人民币)	实绩占行业(%)	总额(万元人民币)	实绩占行业(%)	总额(万元人民币)	实绩占行业(%)
法尔胜集团公司	187924	20.19	245475	33.8	23670	38.24	14376	46.26	2742	47.68
宁夏恒力钢绳有限公司	30329	3.26	61595	8.48	5669	9.16	3000	9.65	145	2.52
湖北汉川钢绳有限公司	95870	10.3	42613	5.87	13282	21.46	11178	35.97	848	14.75
2001 年全行业完成	930622	100	726216	100	61892	100	31079	100	5751	100

金属制品。国内金属制品行业有三家上市公司,金属制品份额超过 20% 只有法尔胜一家,且其他两家在经济效益方面远远落后法尔胜。"十五"期间,法尔胜将在金属制品延伸产业坚持发展,使企业立于不败之地。

光通信。国内至"十五"期末,真正能对法尔胜形成竞争力的只有武汉长飞。法尔胜"光纤预制棒产业化开发项目"被列为国家"十五"重点科技项目攻关项目。

新材料。公司的形状记忆合金产品获国家技术进步二等奖。PP-R 管已形成批量产业化,并将逐步介入实用超导材料研究与产品开发,前景非常光明。

2. 贝卡尔特公司

(1)贝卡尔特公司的历史

贝卡尔特是由 Leo Leander Bekaert 于 1880 年创办。总部在比利时,集团在全世界 29 个国家拥有 90 多个生产厂家,并具有一个全球性的销售和代理网络。约有 18000 名员工,遍及世界各地。贝卡尔特是一个以技术驱动的公司,从事各类传统和高科技钢丝产品,还生产金属纤维、喷镀薄膜和先进合成物等先进材料,尤其是子午线轮胎用钢帘线,在汽车发展中起了主要作用。

经过不懈的努力,贝卡尔特集团已发展成世界最大的独立钢丝制品厂商,以高质量的产品满足客户需要,在全球金属制品行业,贝卡尔特以其可靠性、专业性而闻名。贝卡尔特以西欧为起点,逐步进入北美、拉丁美洲,近几年,贝卡尔特又把生产中心和销售网络开到了新兴的亚洲,特别是中国。2001 年,贝卡尔特本部及全球跨国子公司共实现销售超过 28 亿欧元。

Leo Leander Bekaert,贝卡尔特的创始人,是从生产铁丝围栏钢丝起家的。当时,即 19 世纪末,为了保护农场主的农庄,贝卡尔特先生开始生产钢丝用于结成围栏。从 20 世纪 20 年代后期,贝卡尔特开始拓展国际市场。首先是西欧,然后是拉丁美洲,到 70 年代,又扩展至北美和亚洲。在国际拓展中,钢帘线——用于子午线轮胎起增强作用的新产品起了举足轻重的作用。

贝卡尔特集团的跨国经营在 20 世纪 90 年代又迎来一轮新的高峰。贝卡尔特最大限度地利用抢占快速增长的新兴市场而成为行业内的全球领先者。为迎接新的挑战,贝卡尔特正在进行着一场新的变革:基于自身的核心竞争力,把大量生产转向高附加值产品生产。贝卡尔特的战略将要集中到具有高度增长潜力的国际细分市场,并更加接近最终用户。作为驱动公司稳定增长和收益的动力——持续创新能力,已成为现今贝卡尔特集团最注重的战略之一。例如,2000 年,贝卡尔特进入太阳能管体金属镀层及新型窗玻璃纤维制造领域,这是以贝卡尔特专有的金属材料覆盖技术在创新领域拓展的又一新产品。她的战略目标就是增加股东收益,获取可靠稳定的利润增长点。集团的人力资源政策也是支持公司战略目标,把重点放在提供为"新贝卡尔特"竞争力发展所需的各类人才。贝卡尔特明确其对社会所承担的责任表现在具有高度社会责任、环保意识、民族意识。

(2)贝卡尔特公司的基本状况

整个集团分为四个事业部:钢丝部、帘线部、金属制品(最终产品)部、先进材料部(见图 3)。

在 2001 年整个集团公司销售收入 28 亿欧元中,按产品构成分,钢丝制品占 50.9%,钢帘线占 22.9%,延伸产品占 16.6%,BAM 产品占 6.6%,其他产品占 3.0%,见图 4;按市场分布分,欧洲占 36.8%,北美占 23.1%,拉丁美洲占 27.8%,其他欧洲地区占 4.8%,亚洲等其他世界地区占 7.5%。

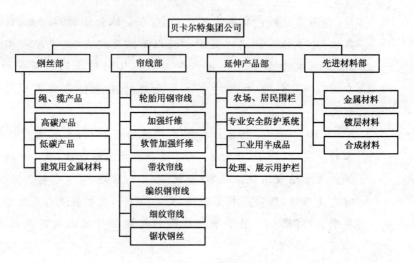

图 3 贝卡尔特组织结构图

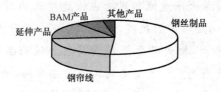

图 4 2001 年按产品结构划分的销售收入

贝卡尔特在金属形态转换技术及金属镀层技术方面依然处于世界领先地位,在许多细分市场诸如钢帘线、金属纤维、金属镀层材料、镀层钢丝、合成物、建筑用钢丝材料中处于领先者地位。贝卡尔特具有世界领先的技术和作为市场领导者来经营全球跨国业务。贝卡尔特具有稳定的股东支持和充裕的现金流,同时与各地政府有良好的合作。贝卡尔特有一个清晰的战略来重塑自我。贝卡尔特正在重建未来。

(3) 贝卡尔特的战略和理念

战略:

① 保持在金属制品及镀层产品上的领先者地位。

② 关注于具有高度增长潜力的市场及高附加值和利润的产品。

③ 更加靠近最终用户。保持持续利润增长及股东收益。

理念:

① 相信客户满意是事业的根本。

② 相信在贝卡尔特已选择参与的领域,凭着质量和效率,贝卡尔特必

定成为世界上最有效率的公司。

③ 相信贝卡尔特的员工是贝卡尔特的宝贵资产，所以价值评估系统更关注员工个人发展。

④ 为实现公司的使命，贝卡尔特相信其员工都勇于承担责任，履行义务，相互之间友好合作。贝卡尔特认可并尊重员工在组织中的尊严及权利。

⑤ 相信自由企业的方式是实现贝卡尔特使命的最佳框架。

⑥ 相信为了面对不断变化的世界的挑战，贝卡尔特会毫不犹豫地对公司内部及周围的一切提出疑问。

⑦ 相信作为一个企业，贝卡尔特会承担作为社会一分子所要承担的全部责任，不仅在总部，而且在所有那些贝卡尔特业务所及之处。

3. 法尔胜与贝卡尔特的十年合作历程

(1) 强强联合（成立第一家合资企业 CBSC 背景介绍）

1992 年，国家工商行政管理局正式核准成立"中国贝卡尔特钢帘线有限公司"（CBSC）。在全国合资企业登记中，首例冠上"中国"这个国别的企业名称。

贝卡尔特当时的钢帘线年产 30 万吨，以生产橡胶工业加固钢丝而闻名于世。中国的橡胶厂都认为"贝卡尔特"的质量是世界一流的。然而原来贝卡尔特的宗旨是"经济不渗透、技术不转让"，对中国的市场一直是只卖产品而不卖技术，由于西欧其他几个公司设备、技术已进入中国市场，这引起了他们的重视，并预测到中国潜在市场需求量十分可观，他们在先后单独考察东南亚和中国的市场，访问了国家有关部门——冶金部、化工部、橡胶研究院及轮胎、橡胶等厂后，得出了三个结论：一是东南亚及中国已经形成钢帘线的需求市场；二是不能再只卖产品而不进行技术合作了；三是中国的合作伙伴，根据国家有关部门推荐及用户建议，当时只有江苏江阴钢绳厂是唯一的选择。

正如贝卡尔特高层来钢绳厂考察时感受所说：对中国的有关机关，企业作全面了解后，江阴钢绳厂地理环境虽不如大城市，但是现有企业的综合素质，是我们在中国所选择的唯一理想的伙伴。

法尔胜与贝卡尔特从 1991 年就开始接触，双方都做了广泛的市场调研和可行性论证分析。

子午线轮胎被列为国家"八五"产业政策重点发展产品，中国汽车工业总公司发出通知，要求从 1993 年 1 月 1 日起所有出厂的轿车一律选用子午线轮胎，重、中、轻型载货汽车分批更新换代子午线轮胎。此外，高速公路、一级公路的不断修造,更有利于子午线轮胎的发展,作为子午线轮胎的骨架材料——钢帘线也就身价百倍,具有广阔的发展前景。

当时,贝卡尔特公司在世界金属制品行业中的数个"第一"是:

① 产量规模第一,生产140万吨金属制品,年生产钢帘线30万吨。

② 跨国公司地区范围第一,仅生产金属制品,在全球就有37个国家建立分公司。

③ 经营规模第一,年销售额74亿美元。

④ 产品质量第一,我国每年向比利时进口5000~8000吨钢帘线,均是贝卡尔特产品,约占全部橡胶制品用骨架增强材料进口量的80%。

⑤ 技术水平(新技术、新工艺、装备水平)一流。

⑥ 全员劳动生产率第一(58000美元/人·年)。

而当时江阴钢绳厂的强势是在全国同行业中有数个"第一"。

① 第一个国务院企业管理指导委员会命名为国家一级企业。

② 第一个经国务院批准的公司绳出口基地。

③ 第一个被经贸部批准为自营进出口权的金属制品企业。

④ 第一个被冶金部评为产品实物质量赶超国际先进水平首届"金杯奖"。

⑤ 第一个荣获冶金部质量管理奖。

⑥ 金属制品出口量、节汇创汇额占全国同行第一位。

当时,江阴钢绳厂和贝卡尔特公司的结合可以说是双方通过深思熟虑,择优而选的。贝卡尔特在同江阴钢绳厂洽谈前,走访调查了中国数十家用户,经过反复筛选才选定了江阴钢绳厂为合资伙伴;而江阴钢绳厂在此之前,也专门考察了比利时的贝卡尔特公司、意大利的PIELLIGS和GCR公司,通过多次比较才选定贝卡尔特为合资对象。

合资公司—中国贝卡尔特钢帘线有限公司(简称CBSC),主要生产子午线轮胎用钢帘线等骨架材料,总投资4800万美元,注册资本为3400万美元,双方投资各50%。其引进外资之多,技术含量之高在我国金属制品行业属首家,既是老厂技术改造,又是引进外资、吸收国外先进技术的高起点嫁接项目。

(2)双方各自的投资

贝卡尔特方投资:

1700万美元,占50%股份,其中,6000吨钢帘线的热处理和镀铜生产线的所有炉子、设备、仪器和仪表等;3000吨钢帘线的粗、中、细拉丝机和捻

股成绳机等 153 台设备,上述设备为 1560 万美元。10000 胎圈丝的设备
(作为二期工程),包括 30 根丝的镀铜线和除鳞、初拉、二次拉拔、重卷机和
包装机约 34 台套,上述设备 600 万美元。两套设备合计 2160 万美元。除
去 1700 万美元作为贝卡尔特方的投资,剩余 460 万美元作为 CBSC 的共同
贷款。如果法尔胜方投资股份可达 2160 万美元,贝卡尔特方同意继续增加
股份资金量,亦可达到 2160 万美元。

法尔胜方投资:

1700 万美元,占 50% 股份,其中,原有厂内设备嫁接式投资 1000 万美
元(包括 3000 吨钢帘线的粗、中、细拉丝机,捻股成绳机,3000 吨胶管丝的
整套设备);现金投入相当于 700 万美元,可以使用人民币,用于基础设施、
配套设施和厂房的建设费用。

(3) 合作双方的合资目标

法尔胜对成立中国贝卡尔特钢帘线有限公司的目标:

① 引进先进技术,保持国内领先地位。

② 消化吸收国际先进技术和管理经验,使集团公司管理上新台阶。

③ 立足国内,打开国际市场。

④ 以 CBSC 为突破口,继续扩大与跨国公司贝卡尔特集团的进一步
合作。

贝卡尔特公司对成立中国贝卡尔特钢帘线有限公司的目标:

① 基于成本优势,遏制竞争对手(日本、韩国生产厂商)对亚洲市场的
渗透,扩大钢帘线在中国及亚洲的市场份额,保持全球领先地位。

② 对及早进入中国这个潜在的巨大市场做产品和市场准备。

③ 在中国建立生产中心,为其全球化战略服务。

(4) CBSC 的技术效益分析

贝卡尔特的金属制品制造技术在世界上是一流的,尤其是钢帘线的工
艺技术更是首屈一指。CBSC 合资公司采用该公司的先进技术和高性能设
备后,在钢帘线生产领域,将填补 10 项国内金属制品行业的空白。

① 钢帘线用热处理及镀铜 2500kg 大盘重流水线(国内现有最大的为
1200kg 盘重)。

② 钢帘线半成品加热炉采用水浴淬火(国内目前均采用铅淬火,成本
高、污染重、能耗量大)。

③ 钢帘线成品前热处理电阻丝加热气氛保护无氧化处理采用沸腾粒
子炉(国内尚在研制中,可节能 60% 以上)。

④ 展开式电镀黄铜采用一步法先进工艺(国内均是二步法)。

⑤ 镀铜热扩散采用高频感应加热(国内均采用电加热,产品一致性差,采用此项技术可节能 40% 以上)。

⑥ 生产线全过程采用贝卡尔特专用技术诀窍并用贝卡尔特产品商标(国内独一无二)。

⑦ 产品一次性投入合格率为 97%(国内尚在 60%~85%)。

⑧ 大功率变频交流调速技术,耗能少,可节能 30% 以上,噪音低(国内尚在研制中)。

⑨ 湿拉、捻制工艺使用 83kg 的大工字轮,外绕工艺先进(国内采用的工字轮 12kg)。

⑩ 计算机参与生产全过程管理。

(5) 法尔胜与贝卡尔特的合作以点到面

承载着法尔胜与贝卡尔特厚望的 CBSC 也确实没有让双方管理层失望,1992 年 10 月合同签订,1993 年 12 月 5 万平方米的工程土建竣工,1994 年 1~6 月进口设备开始调试,法尔胜迁移设备开始试生产,1994 年 7 月进口设备开始试生产,1995 年 1 月全面投产,凭着稳定的质量,有竞争力的价格,产品迅速覆盖中国及亚洲市场。今天,来自中国、韩国、印度、欧洲和美国的市场反馈持续证实了 CBSC 的产品毫无疑问地保持了贝卡尔特集团的国际水准。CBSC 每年持续、稳定的增长使其成为整个贝卡尔特集团跨国合作的典范,近年来的 TQM 会议都会选择在 CBSC 召开,公司在世界各地的子公司的经理们都会实地参观工厂,学习 CBSC 的成功经验;CBSC 甚至成为比利时在中国投资的成功案例被介绍到其国内,每次比利时王室或政府高层访问中国,都把参观 CBSC 作为行程的一部分。

正是由于 CBSC 的巨大成功,贝卡尔特公司在中国又建立了 4 个工厂,即贝卡尔特—沈阳钢帘线有限公司(BSSC)、贝卡尔特—江阴钢丝制品有限公司(BJWP)、法尔胜—贝卡尔特光缆钢制品有限公司(FBOC)、上海—贝卡尔特二钢有限公司(SBE),一个服务性质的工程公司,即贝卡尔特工程机修公司(BME)和亚洲销售代表处(比利时贝卡尔特亚洲上海代表处 BASO),形成了以点到面的势头。

4. 合资预期与目标实现

(1) 技术上、资金上对法尔胜二次创业起到助推器作用

技术设备落后、技改资金不足是长期制约国有企业上规模、上档次的重

要原因。国有企业嫁接外资后，通过吸引外来资金，引进技术设备，迅速提高企业的技术层次和产品档次，加速了技术创新的步伐。国有企业在嫁接改造或者并购重组后，外资方投入企业发展所急需的大量资本，并迅速引进国际上20世纪90年代先进水平的设备、技术、工艺，一下子提高了企业的技术档次，达到国际前沿水平，产品的质量和竞争能力大大增强。因此，嫁接或并购是高起点技术改造的有效途径，通过"嫁接"世界先进技术、设备的办法改造老企业，可以实现高起点前进、跨越或赶超，一步达到国际先进水平。

法尔胜在20世纪90年代初全国银根紧缩的形势下得到金融机构的鼎力支持，为技改项目提供宝贵的资金支持，相形之下比竞争对手赢得发展的先机，就是因为CBSC合资项目的巨大发展潜力，对江阴市外向型经济的重要意义，使得法尔胜可以优先得到众多的政府资源，在国内保持领先优势并走向国际市场。

但是，由于法尔胜在CBSC项目中未能控股，贝卡尔特公司许多关键技术和工艺方法并没有对法尔胜本部开放。为防止专有技术的外泄，贝卡尔特公司对所有控股子公司都配有相应的规范措施，公司一般不对外参观，特别是像法尔胜这样的同行。对不同的来访者规定有不同的参观路线，并有专人陪同讲解，生产车间基本上不对外。所有贝卡尔特的员工，都签有保密合同，对有关保密事项做了详细的规定。事实上，贝卡尔特集团多次追加投资，也就是为了保有自己的先进工艺、技术，特别是对钢帘线这种贝卡尔特世界领先的产品，外方总公司已在世界各地建立了十几家帘线厂，对合资公司的运作，专有技术的保密，有着自己一套完善的管理手段。现在分析，法尔胜希望通过合资提升本部的技术水平，这一目标并没有完全实现。

（2）管理理念的提升及管理人才的培养

由于是发达国家与中国建立合资企业，不仅中外之间存在着社会制度和文化背景的差距，不同的外方合营者也有风格各异的经营方式和文化特点，这都为共同管理增加了难度。然而，管理难度又是一种挑战，如何迎接这种挑战和克服管理上的困难，重要因素是合资双方的诚意和在双方共同管理中相互理解的程度与协调的技能，这种努力程度和适应能力作为共同创建合资企业内部合理的管理体制和高效率的运行机制的前提条件，而成为合资企业成败的关键。合资企业中，许多表现为中外双方在管理职能上较强的互补特征，例如中方负责人事，外方负责生产技术等，多数企业都可以经过共同努力在经营管理中取得一致。包括双方的部门经理们能够按照合资企业以总经理为首的一套管理系统向高层管理交叉报告。在积累了一定经验之后,双方增强了适应能力,其成功率就会增高。引述一位合资企业总经理的经验之谈:"对于合资企业来说,重要的是,它构成了一种组织形式——来自不同公司的人们必须在其中共同工作。使合资企业夭折是很容易的,要使之成功,诀窍在于因地制宜。"

以董事长周建松为首的公司高层领导,多次赴比谈判及参加董事会,亲眼目睹了贝卡尔特公司严谨的管理作风,看到法尔胜自身技术之外的差距,真切体会到管理出效益的道理,为法尔胜管理水平的提高提出了更高的要求。为确保 CBSC 项目的成功实施,法尔胜引进了大批人才,相当一部分被贝卡尔特送到比利时培训,塑造了一批懂英语、能管理、精技术的复合型人才,为法尔胜管理人才的储备提供新鲜血液,同时也为建立法尔胜走向世界,与国际接轨奠定坚实的人才基础。

(3)为建立系统化经营的经营体制和组织结构提供参照

法尔胜吸收了作为跨国公司的贝卡尔特在经营体制上的成功经验。

第一层,投资中心。董事会的责任,对外应能保证国家税收及社会效益,对内应能把握投资回收、资金积累、利润分配和再投资。按照国家产业政策,制定经营方针和战略决策,并监督和审计以总经理为首的管理系统对董事会决议的实际执行情况,董事会把整个公司作为一个投资中心,有关扩大再生产的决策,要由董事会集体共同制定,这对公司的生存和发展至关重要。

第二层,利润中心。总经理或执行管理委员会受董事会委任行使经营管理权,具体制定生产经营计划和利润指标。在公司内,可以按照产品、项目或制造方式设立若干利润中心,以便将公司的利润指标分解到各利润中心得以完成。这需要公司的一揽子经营计划,并由各利润中心的共同努力(而不是层层承包),通过对外降低交易成本、对内降低管理成本,来保证和提高公司整体的经营效益。

第三层,成本中心。在各个利润中心之下,设立若干以单项产品、零部件、子项目或加工工序为单位的生产单元,作为基本的生产核算单位。其任务是在生产经营计划的实施过程中,采取控制手段和及时措施来维持和降低生产成本,这些成本中心是随时挖掘企业内部潜力、动态调整和降低生产成本的基础环节,也是实施管理会计、不断提高经济效益的基本工作。

在以市场为导向的系统化经营中,财务预算、技术开发、以计划为中心的目标管理、生产过程控制和市场营销等都是重要的经营环节。这是因为有了投资中心—利润中心—成本中心这套分层宝塔式系统化经营体系形成的动力和责任,使企业培育起自主经营、自负盈亏、自我约束、自我发展的能力。

（4）合资企业缺陷

① 管理风格、决策难度和利益冲突问题。合资企业的重要特征——共同控制意味着共同决策,而许多高层执行经理的共同决策并非易事。日常管理决策和所有有关事务都会受到管理风格的影响,这是因为每个伙伴都有自己原来的组织行为模式、处理决策的不同的集中化程度和时间概念。伙伴之间不同的衡量尺度可能导致严重的分歧。这些问题在董事会也会同样发生,以致影响战略决策的一致性。在任何合资企业中,一方或其他方的利益与合资企业整体利益的冲突是在所难免的。显然,合资企业的困难经常容易发生在内部,一个原因是"母公司"的多元化,且作为股东比普通的有限公司或股份公司更有实权和影响力;只一个原因是管理人员的双重忠诚问题,当合资企业在确立共同目标后的创业阶段和发展的相对稳定时期,对各方面来的职员是颇具吸引力的,而在企业经营取得成功或遇到不可预见的困难的艰难时期,一些伙伴的态度可能大不一样,隐伏的各为其主的现象就会冒头。因此,合资伙伴的诚意和合作技能攸关成败。

② 失败后影响伙伴"母公司"的企业形象。合资伙伴们应会充分认识到一旦合资失败会给各伙伴的"母公司"形象带来严重损害,并影响到该公司的其他活动。因此,合资之前的市场调查和可行性论证可能更为重要,需要判断合资伙伴是否具有相对近似的价值观和控制系统,在遇到困难或发生亏损时是否具有相近的耐心和承担风险、同舟共济的态度。也许达到满意程度是很难的,但是大公司在建立合资企业时,考虑自身的企业形象,都谨慎地愿意得到每个参与合资的伙伴们的长期支持和发展长期的合作关系。

③ 法尔胜与贝卡尔特的控股之争。贝卡尔特第一期投入约 1.4 亿元,随后于合资的第二年又追加投资 5000 万元.第三年又希望能追加投资 3000 万元,而此时中方已于几年前合资时把厂房,设备等都作价入股,再无投资家当,无法进行资金追加。这就使外方的股份迅速扩大,最终实现了控股。如今 CBSC 已经过 6 次增资,累计投资额达 1.5 亿美元,控股 90%。

美国著名经济学家海默曾经指出:"如果我们希望解释直接投资,那就必须解释控制。"此语道破了跨国公司对外直接投资的要害是对企业的控制问题。这一点可以在外资并购或控股中国国有企业的实践中得到验证。跨国公司在股权式合资企业中往往要求控股,而对股权的控制实质上就是对企业的控制,在企业的材料选购、产品销售定价、企业的财务处理等方面都处于绝对的控制地位,而不再受制于中方。另一方面,大型跨国公司的投资往往伴有高新技术的投资,这种投资的风险是很大的,因而对技术的保密也要求外商在合资企业中取得绝对控股的地位。

问题

1. 法尔胜为什么选择贝卡尔特作为其合作伙伴?

2. 法尔胜合资的目标是否已经实现?

3. 法尔胜与贝卡尔特合资十年来的主要冲突有哪些? 这些冲突说明了什么?

4. 法尔胜与贝卡尔特对合资企业的股份已从初期的"50％、50％",到现在的"10％、90％"。未来法尔胜应通过何种战略来规避此种威胁?

5. 除政策因素外,哪些因素决定了合资各方在合资企业不断发展中的地位?

【案例 5】

海尔曼斯服饰

　　1996 年,海尔曼斯实现年销售收入 3000 多万元,厂长林宝忠提出要"一心一意一个亿",即在世纪末实现销售收入 1 亿元。1998 年,这一目标提前两年实现。2005 年,海尔曼斯第七次入围"江苏省服装行业销售、利润总额前 50 名企业"。虽然海尔曼斯是目前中国羊毛衫行业中综合开发能力与产销能力均排在前列的企业,但随着中国加入 WTO,各个企业都面临着国际化的竞争环境,在新的情势下海尔曼斯能继续保持其竞争力并使企业良性发展吗?

1. 羊毛衫市场

(1) 市场的成长

　　20 世纪 30、40 年代,绒线是高档商品,上海恒源祥为做大市场,在同行业中第一家成立了绒线编织社,为了加快编结的速度,创始人沈莱舟先生引进了 3 针、3 针半、4 针的横机,开始了摇绒线衫的业务,首创了绒线衫前片用手结、后片用机器摇,既保留了绒线衫有花头的特点又节省了时间,渐渐形成恒源祥的羊毛衫。新中国成立后,恒源祥绒线编结工厂开始出售成品羊毛衫。

　　20 世纪 70 年代中期以后,羊毛衫市场需求转旺,江浙沪一带的羊毛衫产业进入快速发展期。如恒源祥开始寻找合适的生产厂家委托加工羊毛衫,当时就有 5 家毛纺厂、6 家染厂、7 家尼龙加弹厂、30 多家生产工厂同时为其服务。

　　尽管如此,恒源祥这样的老字号厂家也已无法满足旺盛的市场需求,于是在江浙一带从手工作坊起步,羊毛衫产业得到迅速发展,分别出现了羊毛衫产业高速发展的"代表作"。浙江以桐乡濮院、洪合为龙头,江苏则以苏州妙桥、横扇为代表。至 20 世纪 90 年代初,羊毛衫产业发展到鼎盛时期:从杭州到南京之间曾有过 18 家大小羊毛衫市场。

　　在浙江,1976 年的秋季,浙江桐乡第一针织厂购进 3 台手摇横机,生产出的第一批羊毛衫刚在小镇旅馆门口露面,便被过往旅客悉数买走。此后,家庭作坊式的羊毛衫生产企业在桐乡濮院镇如雨后春笋般成长起来,至 1988 年,300 多个羊毛衫生产企业可年产羊毛衫 270 万件,整个濮院镇也由此成为羊毛衫集贸市场:公路旁、街道上、旅社前、饭店门口、居民家中,羊毛衫铺天盖地。而一河之隔的洪合也开办了另一个规模庞大的羊毛衫市场。

在江苏,位于吴江市的横扇镇和位于张家港的妙桥镇的发展可谓此起彼伏。横扇早在 1979 年,镇上就有了第一家有三台横机的羊毛衫厂。但直到 20 世纪 80 年代中后期,才有一些头脑灵活的人自己买回横机加工羊毛衫,一台横机一年就可带来利润 2 万多元。当地的羊毛衫加工业由此开始发展起来。到 1992 年,素有"针织之乡"美誉的妙桥镇也诞生了苏南第一家羊毛衫市场。到 1995 年,整个市场的占地面积达到 20 万平方米,交易摊位超过 4000 个。每天从上海、浙江、安徽、南京等各地来的购物者超过 1 万多人,包括南京在内的周边地区还开设了妙桥羊毛衫购物一日游的班车,各地每天开往妙桥的大客车就有数百辆。1995、1996 年,妙桥羊毛衫市场每天卖出去的羊毛衫有 10 多万件,年销售额都超过 30 个亿。羊毛衫市场的火爆也极大地带动了羊毛衫的生产,连木工和泥瓦匠都纷纷加入羊毛衫生产大军的行列。到 1996 年,在妙桥从事羊毛衫加工的企业和个体有 6000 余家,几乎家家都在从事羊毛衫的生产。如此红火骄人的景象毫无疑问让妙桥成了当时中国羊毛衫市场的老大。但由于有量无质,苏南羊毛衫的声誉在半年不到的时间里便一落千丈。

此后,江浙一带的羊毛衫热度大幅降温,原先的生产厂商也开始分流:一些专做批发经营的用价格低廉的产品去占领批发市场;一些加工能力强的集中精力去做外销产品,或者为品牌厂商加工;也有一些靠做批发市场发展起来的厂商发现品牌厂商产品附加值高时,就纷纷转向做品牌,但由于在品牌包装、品牌时尚概念和营销文化等方面并没有具备经营品牌的条件,部分质量、款式仍然跟不上市场需求的羊毛衫企业倒闭,同时也使一批优秀的企业在这一轮竞争中脱颖而出,真正打造成了品牌企业。据国际羊毛局的有关资料显示,目前在该机构登记使用"纯羊毛标志"的国内羊毛衫企业有 180 家。如今,一流企业卖品牌,二流企业卖产品,中国的羊毛衫产业已跨进了以品牌竞争为核心的新时代。

(2) 市场的参与者

目前中国市场上的羊毛衫生产厂家主要有以下几类:

国际品牌企业:一般为采取 OEM 方式由国内加工企业贴牌生产,少数高端产品为境外直接引进。羊毛衫产品一般为其服饰系列产品中的一大门类。

国内品牌企业:分为三个梯队:第一梯队年销售上亿元,根据国家行业信息中心统计资料,全国主要有 4 家:海尔曼斯、上海的春竹、正大、浙江的珍贝,这几家企业都有能力在全国范围内设立专卖店或设专柜,给消费者从质量保证到售后全方位的服务。第二梯队的企业数量较多。其中一部分为有一定区域知名度的生产厂家,销售范围有限,但销量可观。另一部分为国内著名服装品牌延伸产品,产量不多,但产销率很高。前两个梯队的市场渗透能力都比较强,竞争非常激烈。第三梯队的企业一部分因市场空间越来越小,无力挤进大中型商场,更无力建立自己的销售渠道,于是将产品从分销渠道向服装批发市场和由个体商户形成的服装街、服装城转移。另一部分,则是一些家庭作坊发展而来的小型企业,它们为提高身价而注册了商标,以横扇最近注册的"红玫瑰""洪顺""三利"等品牌为代表。这些企业年产量一般都在数十万件左右。

无牌企业:数以万计的家庭作坊类企业。由于介入毛衣业的壁垒比较低,一台设备200、300元,再加上原料,几名工人前后罩加工缝合,3万、5万元就能办起一个家庭小工厂。上海、江苏、浙江、福建、广东等地这样的企业相当多,竞争非常激烈。

2. 海尔曼斯服饰厂

(1) 海尔曼斯的成长

1993年的林宝忠还在半山医院当院长。春节的时候,上级找到36岁的林宝忠,问他能否创办一家投资少、见效快的企业,给体制不活的医院创收。林宝忠就跑到苏南、上海、浙江一带做了市场调研,最后选中了生产羊毛衫,并给学院里写了调研报告。学院向海军上海基地借了60万元启动资金交给林宝忠。5月12日海尔曼斯注册,在绿树掩映的王安石故居,26台编织机,400平方米的旧仓库,就是全部家当。8月少量产品出来,林宝忠带着几个质地、款式俱佳的产品跑到当时南京最高档的金陵购物中心,与商场经理协商代销,试探市场反应,结果几乎被一抢而空,以至当时生产跟不上销售的速度。半年收回建厂的全部投资,第一年就创销售额200余万元,这着实让当初提出:"一年不亏,两年微盈,三年收回投资"的单位领导惊喜不已。从1993年到2001年,海尔曼斯的年销售从85万元飞升至近3亿元,利税从28万元跃升至2800万元,有形资产由最初60万元发展到1.4亿元,无形资产评估额达1.16亿元,发展速度均保持在230%以上。

(2) 市场定位

当初海尔曼斯准备进军羊毛衫市场的时候,整个市场已呈饱和状态,国内的生产厂家很多,以张家港妙桥、浙江桐乡濮院为首的羊毛衫批发市场也极为发达,便宜的羊毛衫充斥市场,白手起家再搞一个新厂,能有多大胜算?林宝忠花半个月时间做了一次市场调研。这次调研他有两个重大发现:一是在盛产羊毛衫的江浙地区,市场上羊毛衫款式花样的确很多,生产的厂家竞争得也挺厉害,光上海就有一批强势品牌,但是市场总体上量多而滥,大多数产品档次较低,中高档市场的产品空缺相当大。另外一个发现则是:几乎所有的羊毛衫款式都是当做内衣来设计的,时装化、时尚化的感觉很不明显。羊毛衫与其他服装搭配起来很方便,适宜的场合很广,上班、居家、出游、会友都可以。因而从秋天到春天,穿着率较高。如果强调羊毛衫的"内衣外穿",强调设计中的时装意味,这将是羊毛衫市场发展的一个全新的空间。

这两大发现坚定了林宝忠向羊毛衫市场发起猛烈冲击、冲破羊毛衫市场"饱和论"的信心:只有过剩的产品,没有过剩的市场。羊毛衫市场看似过剩,其实过剩的是老产品、次产品,这些产品无论是色彩、样式还是品种远不尽如人意,已很难满足现代人尤其是年轻人的需求。可以说,整个市场并没有真正满足人们日益增长的需要和不断升级的消费需求,谁了解这种需求,谁真正适应这种需求,并能开拓这种需求,谁就能在市场竞争中取得主动,赢取全新的生存空间。

(3) 资源配置

从总体上讲,海尔曼斯按"哑铃型"结构的思路配置企业资源,这种结构正逐渐成为国内羊毛衫产业的主流企业结构。从整个企业看,销售和设计"两头大",中间生产环节"小"——海尔曼斯的订单有85%由协作厂家生产,自己的生产量只占15%左右。企业的运作就像举杠铃一样,紧握中间的"控制和管理"去平衡两端的能力,用两端的力量来显示企业的实力,构成"主动市场结构"。

传统的生产型服装企业中,设计、生产、营销三个环节形成的企业结构一般是"橄榄形"的,也就是说,企业的设计能力和营销能力相对较弱,而生产能力相对较强。林宝忠认为,过去计划经济年代,把生产搞好就不愁销——因为有人包销,改革开放后中国服装产业再起步时,又造就了一大批委托加工型企业——因为这类企业在生产管理和成本核算方面相对有优势。但这类企业市场开拓能力比较薄弱,特别是对较大的市场波动的承受力不够,而设计能力不足,也限制了企业的市场发展战略。

海尔曼斯出世时已经步入市场经济,再沿用上述"被动型市场结构",显然不具备足够的市场竞争力。因此,产品的研发、产品的销售都只有靠企业自己,生产相对来说处于二线地位,林宝忠认为,只要有资本,就可以建工厂,既可以自己生产,也可以委托加工。

（4）产品设计

海尔曼斯每年拿出利润的 30% 用于产品设计和创新。设计部门的人员（包括设计、打样人员）约有 80 名,其中设计工艺人员大概是 30 多个,设计师 13 人,这些人员有的是企业自己培养起来的,也有的是毕业于南京艺术学院服装专业、无锡轻工大学服装专业等院校相关专业的科班生。每年 2 月份起,设计人员便分头到国内及国际市场上调研,边看边研究当年可能最受欢迎的款式,经大家研究,筛选出逾百种的新款参加 6 月份的全国产品订货会,接下来便是生产;起初的生产量不大;9 月份,产品进入市场后,销售人员、设计人员都会调查销售情况,受欢迎的款式加大生产量,不受欢迎的款式停止生产,整个反馈过程不会超过一个星期。在羊毛衫市场上,海尔曼斯的产品也成为一些研发能力较弱的厂家"跟进"或"抄板"的样品。根据统计,海尔曼斯平均 1 年要拿出 500 多种款式投放市场,为了保证设计的速度和质量,厂里给每一位设计人员设定指标,超指标最多的时候设计人员的年收入可以达到 40 多万。

（5）销售网络

1997 年,海尔曼斯在全国开了首家毛衣店。至今,海尔曼斯把整个国内市场分为南京、京津冀、苏皖、东北、晋鲁、湘鄂豫、西北、西南等几个区域,在全国 21 个省、405 个市、县开设了 800 余家营销网点,其中,专卖店就达 370 多家。

特许经营成为海尔曼斯规模扩张的主要形式。通过特许经营,海尔曼斯在不改变各自产权归属单位、不发生资产关系的情况下,通过出让特定市场和特定时期内"海尔曼斯"这一品牌销售权,利用他人的资金和他人在当地市场的社会资源,以形成经营联盟和扩大经营规模。每增加一个加盟商,海尔曼斯便向其提供开业之前和日常运用中各种各样的服务,以确保特许经营业务的成功。这些服务主要包括店址选择、店堂设计和装潢、公共关系、营销策划、人员培训、信息技术、财务支持、商品计划等等。

近年来,海尔曼斯又陆续对专卖店人员进行了专业培训,培训以讲授教材为主,辅以迎宾演练、毛衫织补等操作课程,教材讲授的内容包括企业简介、营业员规章制度、礼仪和服务、产品基础知识、销售技巧、商品陈列和展示、POS 商业系统的使用、主管及店长工作等。

2002 年初,海尔曼斯和易通经纬科技发展有限公司签订了分销供应链管理系统和电子商务平台开发合同,开始了双方在电子商务信息技术应用领域的首次合作。此次合作主要是为了促进海尔曼斯整合公司的营销资源,逐步规范管理系统,达到销售业务的完全受控状态。使整个业务流程在信息系统建设和完善的支持下更为有效地运行。

(6) 品牌

市场竞争很大程度上是品牌间的竞争。从企业创建之初,海尔曼斯就一直致力于创一个品牌,起初曾想走捷径——与上海某羊毛衫企业联营,但经过仔细的市场调研,林宝忠认为老牵着别人的衣角走路,总归不是长久之计。

在确定了海尔曼斯的品牌名称之后,在建立和完善内部管理体系的同时,"海尔曼斯"羊毛衫以及各种形式的与消费者进行沟通,逐步在公众心目中树立了企业的形象和声望。并且有计划地加大产品的宣传力度,2000年,海尔曼斯在中央电视台和地方电视台的广告投入达1000万元。1998年,企业按国际要求全面导入 CIS(企业形象识别系统),在这一套 CIS 中,确立了"海尔曼斯"商标标志是由"海尔曼斯"和"Hem's"组成,("海尔曼斯"在德语中是"幸运"的意思)。标志英文采用手写体,体现海尔曼斯服饰的行业特征,并突显它的时尚感、高品位、国际化的品牌个性。在色彩的运用上,启用海蓝为主色调,以体现企业对大海及其博大胸怀的向往与推崇。在蓝色的基础上,将类似羊毛球图形的字母"e"变为红色突出出来,增加了活力,喻示企业在坚持规范稳健的经营作风中,永远保持活力与朝气,勇往直前,永不懈怠。中文标准字则笔形中有圆角变化,有柔软感,字体倾斜,富有动感。同时,海尔曼斯还逐步确立完善了企业的理念识别系统和行为识别系统。

"海尔曼斯"这一品牌对企业的回报也相当丰厚。一方面,"海尔曼斯"已经成为海尔曼斯整体产品的一部分,但它又可以在一定程度上脱离产品而存在,拥有自己单独的不菲的价值。1999年1月,南京商标评估事务所对南京海尔曼斯总厂作了无形资产价值评估,认定其无形资产价值为 115950556 元整。其中,法定代表人的价值约为 19950556 元整;销售网络价值约为 20400000 元整;"海尔曼斯"商标专用权的价值约为 75590000 元整。另一方面,海尔曼斯这一品牌也成了企业"控制"消费者,协调供需关系的战略武器。海尔曼斯2001年在南京一市的销售就达到了 5000 万元。从某种角度讲,"海尔曼斯"以源源不断的吸引力培养了消费者的忠诚度,也为消费者树立了购买的航标。

(7) 国际视野

1998年,海尔曼斯通过 ISO 9001 国际质量体系认证,并获得进出口自营权和国际羊毛局纯羊毛标志特许权。此外,海尔曼斯已分别在法国、德国、意大利、俄罗斯、日本和英国注册并获得了世界知识产权组织颁发的商标注册证明。有了这几张"国际通行证"在手,海尔曼斯开始与国际"接轨",开拓了一条适应自身特点的国际贸易之路。

负责产品境外销售和外贸加工业务的国际贸易部有近十位大学以上学历、通晓英、日语种的专业人员,企业为他们配置了现代化办公和通信设备,便于展开一系列的国际市场调研与开拓工作,及时了解世界市场行情,并与美国、日本、英国、法国、意大利、西班牙、希腊、土耳其、科威特等国家客商长期保持业务联系。由于是部队企业,又在军校大院里办公,海尔曼斯的对外交流受到一些限制,如不能接入宽带,不能在院内上网,国外客商不能进厂区。为此,林宝忠在加强管理的同时,突破了一些禁区:如上网只允许查阅资料,进行商务交流,不得牵扯部队的任何事情,国外客商来访,国际贸易部员工必须自始至终全陪到底,防止客商自由行动。

海尔曼斯是在军队鼓励办企业创收的大气候下创建起来的,同时也受到军队企业不能贷款,不能做广告,规模要控制等条款的限制。随着时代的发展,军队企业将逐步与军队脱钩。海尔曼斯留在军队里面也只是暂时的,但企业何时脱钩、怎么脱钩、体制是否会发生变化现在还未确定。而作为企业创始人的林宝忠又将何去何从,现在也是一个未知数。

3. 目前局势

(1) 竞争环境变化

近年来,中国服装业面临的竞争环境发生了很大变化,买方市场的形成大大加剧了服装行业各企业之间的竞争程度。中国入世后,国外品牌与国内品牌已经享有同等的市场机会,国内企业已经感受到了来自国际大牌生产厂商的竞争压力,越来越多的跨国公司在发现了中国已有很好的加工企业之后,已不在中国设立专门的生产厂,而采取通过特许经营的方法利用其品牌和服务来占领市场、获取很高的附加值。

在羊毛衫市场的竞争中,影响产品竞争力的非价格因素(产品的花色品种、款式、质量、后整理技术、标准、环保、售后服务等)日益重要,因此,消费者对羊毛衫产品价格的敏感度降低,对它的产品的研发、试制与推销、产品的寿命周期、售后服务等将更为关注。由于羊毛衫在穿着后还需维护保养,因此消费者在从购买到使用直至淘汰的过程中,还有一个使用成本的问题,如果企业在产品原材料使用、后整理技术等方面不断创新,无疑可能减少消费者的这一成本。

流行趋势的变化越来越受到社会经济、科技发展及意识形态的影响,特别是越来越受国际流行趋势的影响,这种影响随着信息化水平的不断提高和传媒手段的进步,将变得越来越大,跟进的周期也越来越短。

渠道模式的演化从来就没有停止过,从最初的厂家接受订制到厂家直销,从厂家直销到商家代理,从商家代理到行业直销,从行业直销到网上直销,渠道模式一直在顺应市场而不断变化和调整。新经济条件下更广泛的社会分工,将造就更多的企业机遇,将使资源的配置更合理,资源的利用更充分;企业经营的新变革和创新又将产生更多的经营方式,没有哪个企业能指望独占资源获得强有力的发展。资源共享会通过资源更充分的利用,给资源提供者和分享者带来更大的利益。

中国近年来的经济持续增长和消费者服装开支的稳定增加,会给服装厂商(其中也包括羊毛衫生产厂商)提供了巨大的市场潜力。国际上针织品贸易已占纺织品及服装贸易的1/3,针织品、针织服装需求增长明显高于梭织物及梭织服装,这是国内针织业发展的机会,发展新品、精品参与国际竞争,培育国际名牌,全面提高出口附加值和竞争力。

(2)替代产品的冲击

羊绒衫对羊毛衫市场也有一定的冲击。如2001年在北京销售排行第一的珍贝羊毛衫与雪莲羊绒衫在北京市的总销售额相差了几百万元,差距明显缩小。羊绒衫的优点是手感好、保暖,品质感强,但由于羊绒只出产于特定地区——如伊朗、阿富汗、俄罗斯、高加索、蒙古及我国的鄂尔多斯等高寒地带、丘陵地区的山羊身上,也只有在一年中最寒冷的季节里才有羊绒,约5只成年山羊一年的羊绒产量才能生产一件普通的羊绒衫,因此羊绒的总产量决定了羊绒衫产品不可能成为大众产品,但可能成为高档羊毛衫的替代品。

(3)消费需求的变化

随着全球经济一体化的进程加快,设计、信息产业的飞速发展,羊毛衫的消费市场也在发生着变化,市场进一步细分化,消费者对羊毛衫的精神追求和个性化趋势,对市场定位的要求越来越严格。羊毛衫市场的变化对设计师提出了更高的要求,就是要不断学习、不断更新知识,要研究市场,研究品牌定位,构筑合理的品牌文化,寻求科学有效的运作模式。

个性化需求大为增加。在羊毛衫市场上,我们看到的都是越来越复杂的顾客。和其他许多服装一样,买衫只在意大、中、小号的年代已经一去不复返了,每个人都想自己的羊毛衫能体现出自己独特的品位和个性。为追求着装的个性时尚,量体制装需求显现。越来越多的消费者希望得到知名品牌设计师的独特设计,从而选择量体制装的方式并愿意出更高的价格。

在美国,生产李维牛仔裤的企业就已经习惯于这种个性化服务,许多年以来一直邀请潜在的消费者使用设在商店中的电脑亭,消费者可以输入足够的信息进入电脑的改裤流程,为自己设计一条合身的牛仔裤,几天后一条"度身定做"的牛仔裤就能送到消费者手中。

品牌意识显著增强。当人们购买一件羊毛衫时,这种购买行为甚至已经超越了单纯的钱物交换,由于这个品牌似乎代表了一种生活方式或者一套理念,因而消费者可以从中获得某种独特的文化体验。消费者重服装品牌更重服装品牌设计师,因偏好服装设计师的设计而持续购买某一品牌,正在成为理智消费者的共同行为。消费者愿意为一个品牌付出额外的钱。

以前羊毛衫主要强调保暖功能,现在消费者则更讲究款式搭配,羊毛衫被纳入时装行列。由于科技的发展,新型面料、新型工艺层出不穷,一些仿羊毛质感但更容易打理、更易塑造时装效果的服装将有可能代替羊毛衫。

4. 小结

面对着市场竞争环境和消费者消费模式的变化,羊毛衫行业既面临着挑战同时也面临着机遇,海尔曼斯同样如此。企业创立时正确的市场定位和营销策略为其顺利发展提供了良好的开端,其成长速度令同行业竞争对手羡慕不已。但是在面对着新形势下的今天,海尔曼斯的设计、生产和营销模式已逐渐成为整个行业的主流模式,要想继续创造出新的竞争优势,保持企业的持续健康发展,就必须在企业价值链的各个环节努力创新,为建立海尔曼斯的核心竞争力创造基础和条件,这是海尔曼斯目前所面临的最大的挑战。

【案例6】

红太阳进军电子商务

世纪初,产品结构、开发能力、发展速度、经济效益均居中国同行业之首的红太阳集团,又拉开了生物药业、高分子材料、基因工程、电子商务等新产业战事,构筑新的经济平台,已为企业创造了1亿多元的销售额。红太阳集团还充分发挥现代资讯技术,抓住全球信息化浪潮带来的机遇,抢搭网络经济的快车。2001年9月1日,由北京广域齐民信息技术有限公司(农业部信息中心控股)、江苏省农业信息中心(隶属江苏省农林厅)、南京红太阳集团有限公司共同出资组建的江苏中昊电子商务连锁有限公司挂牌成立。利用红太阳现有的庞大物流网络作支撑,将传统连锁经营和现代电子商务有机结合,组建"百城、千县、万乡、十万村"的红太阳电子商务网,这标志着南京红太阳集团实施的信息化拉动传统产业的战略举措迈出了实质性的步伐。

1. 红太阳集团电子商务的发展和现状

(1) 红太阳集团的成长历程

南京红太阳集团有限公司是靠借资5000元,租赁13间房屋起家而发展起来的,以生产高效农药、生物医药、基因种业、油漆涂料及电子商务和海外贸易为主的集产学研、科工贸,融资本经营、产业经营、品牌经营和人才经营为一体的多元化综合性的国家大型企业集团。目前公司总资产22亿元、股票市值38.5亿元,年产值15亿元,年利税2亿元,员工4600余人。其中拥有一家高科技上市公司和四个技术工程研究中心。

公司自1989年创建以来,致力于产品创新、管理创新、市场创新、人才创新,历经三次创业,四次重大产品结构调整,实现了各项经济指标"一年翻一番,十年翻九番"的快速增长,产值、销售、利税、利润分别从1989年的68万元、66万元、7.5万元、5.5万元发展到1998年的5.38亿元、3.22亿元、6500万元、6080万元,平均每年以87.9%、73%、118%、122.8%的速度递增,全员劳动生产率和人均利税分别达到107万元和17万元。

自创业以来,红太阳集团通过实施技术创新战略,建立起以企业技术中心为核心,连接中国科学院、中国农业科学院为龙头,覆盖全国15所大专院校、科研单位雄厚科技力量为后盾的生物工程和超高效精细化工科研开发网络。与此同时，通过实施市场创新战略，建立起以农业部及 28 个省、市为龙头，近 2000 个地市、县农业推广部门为依托的农药新产品试验、示范、推广、销售的网络，以及覆盖南美、欧洲、中东、南非、亚洲等 38 个国家和地区的国际销售网络。

自创业以来，借鉴先进的管理方法和经营技巧，结合公司的实际情况及发展目标，积十年经验凝练而成的"把企业创建和管理有机结合"，建立了一整套卓有成效的"红太阳管理模式"，创造性地提出了"三本""三脑""三场"论。企业先后被评为省、市文明单位，明星企业，并连续十年被江苏省及南京市评为"重合同、守信用"企业，连续五年被省农林厅授予"明星企业""十强企业"称号，连续七年被省、市银行评为"特经及资信企业"。1998 年 10 月，在中央电视台、人民日报、中国市场经济报联合举办的"九八中国市场商品质量跟踪调查活动"中产品获得好评。

1998 年 12 月，红太阳集团又无偿获得上市公司南京天龙股份有限公司 29.95% 的国家控股权，通过资产重组，成功进入了资本市场。

面对加入 WTO 后的竞争格局，红太阳人认为，"入世"既是挑战，也是机遇，始终抱有一种紧迫感、危机感，抓住机遇，深化改革，尽快克服自己的弱点，重点致力于农药工业结构的调整，加大科研开发投入，尽快建立起自己的科研创新体系，加强产品的更新换代。"入世"后，他们一方面要全力开拓国际市场，一方面继续巩固国内市场，力求创新，在产品质量和品牌形象化上再狠下工夫。

21 世纪是知识经济的时代，面对知识经济的挑战和机遇，红太阳集团依靠十年积淀的"敬业、无私、奉献、开拓"的精神，以科技兴企、产业报国为宗旨，根据中间体相连、生产工艺相近、生产手段相似、经营理念相通的原则，努力体现将企业建成"承载生命科学民族产业"的理念，以重点生产农药、医药、家庭卫生用药、兽药、种业为主，将公司建成以超高效的精细化工和生物工程并重的现代企业集团而努力，力争在"十五"末使公司产值、销售突破 60 亿元，利润突破 10 亿元，成为我国生命科学行业的龙头企业。

（2）电子商务连锁经营的提出

长期以来，农药由于其关系到广大农民的切身利益，作为一种特殊商品，一直由国家特许经营。在计划体制下，农药的销售主要是通过层层审批，由省、市、县等各级农业、植保部门垂直销售。加上计划体制下的条块分割，地方利益驱动，造成农药生产厂家尤其是中小企业严重过剩。根据调查资料显示，全国现有农药生产厂家 2000 多家，产量占全球的 25%，全国农药年销售额 260~280 亿元,却只占全球的 8%,行业总体生产能力过剩,无法实现规模效应。20 世纪 90 年代,随着计划经济体制向市场经济体制的转变,乡镇一级的农业植保部门已名存实亡,因此一味依靠单一垂直销售渠道的农药生产厂家面临着严重危机。加上农药市场也逐步放开,经销商过多,甚至一些企业和个人为利益驱动,制造伪劣产品,不仅损害了广大农民的利益,也造成了行业的信任危机,损害了农药生产厂家的自身利益。

虽然目前农村集镇上经营农资商品的店铺很多,但一般规模都偏小,且多无良好的信誉及品牌。农民朋友在购买时多有三怕:一怕质量有问题,如今种子、化肥、农药的品种繁多,牌子也多,其中不乏鱼目混珠以次充好者,有的完全是假冒产品。二怕投诉索赔难。三怕价高挨宰。由于经营农资者规模都偏小,销量不大,所以经营成本高,销售价格自然就偏高,农民朋友在不知行情时,往往被宰。对于诸如经营者素质不高,经营规模偏小,经营成本偏高,出售假冒伪劣产品等问题,亟待实力派来一统天下。如果农资经营者能够结合农资经营的自身特点,借鉴连锁经营的优点,并将农资经营和农化服务结合起来,以农资"大超市"的形式在农村集镇进行运作,必将取得良好的经营业绩。因为这样能以规模大的优势降低成本,用低廉的价格来吸引农户;保证质量好,退货换货方便,发生意外索赔有保障,用良好的信誉来取信用户;搞好产品的售前、售中、售后服务,用全面贴心的服务来巩固用户。

红太阳集团正是看到了这种商机,经过一年的调查论证,决定利用现有的覆盖全国 28 个省,近 2000 个地市县的庞大的销售网络为支撑,率先在全国建立"百城千县万乡十万村"电子商务网,将市场、资本、信息、人才合理配置和整合,使传统的连锁经营和电子商务有机结合,将为农民提供产前、产中、产后农业技术服务和信息服务与传统的农资经营、农产品购销有机结合起来;将为农村提供远程教育与提高科学种田水平有机结合起来;将为农村杜绝假冒伪劣产品与提高农民种粮植棉积极性结合起来,最终建立覆盖全国主要农业产区的农村电子超市。

2. 江苏中昊电子商务连锁有限公司的创建

(1) 中昊电子商务连锁有限公司的成立

2001 年 9 月 1 日,江苏中昊电子商务连锁有限公司正式挂牌成立。中昊连锁以"为农业、为农村、为农民"的"三农"服务为手段,按照统一经营理念、统一形象设计、统一经营管理、统一质量标准、统一商品采购的原则,构建"千县万乡十万村"为骨干网的覆盖全国主要农业区的县乡连锁经营体系,通过整合农政和农技、生产和流通、信息和物资、乡镇和城市等各方资源,在城市和乡村之间构建一个集信息咨询、技术服务、商品交易、物资配送为一体的商务平台,形成能适应新时期中国农村经济发展的信息传导体系、农资购销体系、农业技术服务体系和农产品流通体系,为促进农业结构调整,繁荣农村市场,振兴中国民族农资工业贡献力量。

2001 年 3 月,中昊电子商务连锁公司第一个农资连锁经营配送中心落户江苏睢宁,在 13 个乡镇开设了连锁专卖店,销售除草剂、杀虫剂、种子等 20 多个产品,生意红红火火,顾客应接不暇。各专卖店销售农药产品时,还发给农民《农药技术手册》,并教农民种什么、怎么种,用什么、怎么用等注意事项与科普知识,为农民提供及时、全面的服务。

中昊的经营理念为以诚为本,诚信经营,以质取胜,服务营销;管理思想为以人为本;企业精神为服务农业,服务农村,服务农民,服务伙伴,服务公众,服务社会。

(2) 中昊电子商务连锁经营的目标

中昊公司本着先开店、后架线,先直营、后合作,先服务、后回报的原则,发展连锁经营,逐渐推进农村电子商务建设,通过连锁经营,使农业生产资料快速优质地进入千家万户;通过网络技术,使农业信息和技术及时准确地传输到农村基层,从而推进农业产业化和信息化。

睢宁只是一个窗口,红太阳农村电子商务的发展战略目标是抢占行业市场竞争制高点,通过"全方位、全员、全过程"的服务体系,成为开拓农村市场的先行者、成为农民兄弟的指引者、成为规范农村市场体系的倡导者。2001 年,中昊公司完成了网上销售管理系统的设计、实施和培训,又新建江苏东海、淮安等 4 个网点,还对徐州、扬州、苏州等 15 个地区进行了选点考察,登记手续目前正在办理,中昊品牌在江苏大地开始扩张,中昊的目标是用三至五年时间,实现中昊品牌享誉全国农村。

3. 中国农药行业的竞争

(1) 农药行业的基本状况

农药是重要的生产资料,农药行业是与国民经济命脉紧密相关的行业。近年来,我国农药工业迅速发展,从 1990 年农药总产量 22.6 万吨到 2000 年 46.6 万吨,翻了一番多;2001 年农药产量 46 万吨,比上年略有下降,同比下降 2.21%,其中农药原药产量 27.7 万吨,农药销量下降 2.5%。

我国农药企业小而分散,绝大多数未能形成规模效应。我国现有农药生产厂家 2000 多个,农药产量约占全球产量的 25%,但销售额仅为 25 亿美元,占全球销售额的 8%,存在着盲目发展、重复建设、布点多、经济实力差、无序竞争严重等问题。

2000 年以来,农药企业经营难度加大,经营业绩不容乐观。农药企业面临的市场整体上供大于求,农药市场普遍出现淡季长、旺季短。企业间无序竞争的现象仍无改观,同行业竞争加剧,生产厂家相互压价竞争,产品价格大幅下降,产品利润空间越来越低。随着农资经营部门流通主渠道的逐步萎缩,流通领域农药库存持续减少,而农药生产企业库存增加,给企业带来较大的资金压力。此外,农药的销售受气候的影响非常大,当雨水充足时,农作物的病虫草害就相对严重,农药的销售就上升;反之,销售就下降。

农药市场需求更加细分,需求多样化。经营渠道分散,经营主体进一步分化。新形势使众多广谱"万能药"需求减少,目标专一,功能专一,针对性强的产品需求增大。农药经营中,大多数农资公司已成明日黄花,个体经营户异军突起,逐渐成长为流通业的新霸主,严峻的形势迫使各农药生产厂家除继续利用原有的销售渠道外,纷纷在营销方面做起了文章。

另一方面,经过近几年市场烈火的锻炼,国内农药行业已具备了一定的竞争力,整个行业已初具规模,很多企业建立现代企业制度,逐步同国际接轨。2001 年国家加大监管力度,国务院在《关于整顿与规范市场经济秩序的规定》中,把农药作为 2001 年治理和整顿的重要内容之一;同年 4 月《农药登记资料要求》颁布实施。这些措施对净化市场,实现公平竞争将产生积极作用,有利于农药市场健康发展,有利于创造良好的外部环境。市场秩序将逐步趋向规范化,三乱(厂家乱、渠道乱、价格乱)现象会有所好转,无证生产和假冒伪劣等严重违规行为会有所遏制。经过大浪淘沙,一些亏损严重的企业走上破产的道路,被市场淘汰,诸侯割据的局面将有所变化。

(2)行业竞争对手与竞争格局

目前,除红太阳外,已经和正准备进入电子商务连锁经营领域的厂家主要有:四川省农业厅、河南海普、湖北沙隆达以及台湾兴农(已在上海投资 1200 万建成加工分厂)等。省内地区的农业局所属的各级农资经营单位(农资公司、植保站、技术推广中心和土肥站等)。其中 2001 年夏,30 家海普农药连锁专卖店在周口市商水县挂牌开业,海普农药连锁专卖店是河南省一家大型农药生产企业。新开业的海普农药连锁专卖店除按照现代连锁企业运行机制,实行厂商直接挂钩、统一进货、统一配送的管理模式外,还和省、市地方药检部门一起严把进货关,做到每件产品都货真价实。农民可以在任何时候到海普农药连锁专卖店中学习植保知识。沙隆达作为仅次于红太阳的上市公司,其资金实力、技术水平、营销队伍、品牌效应非常明显,在农民心目中有较高的忠诚度,年销售额一直占据行业第一或第二的位置,世纪初,沙隆达也做出抉择,进军农药连锁经营领域,欲在这一新领域抢占先机。

传统的农资经营三级体系,由于体制、产权等问题,这些部门的农资经营已走下坡路,但农民对于政府行政部门比较信赖;另一方面,有的地区的农资部门出于种种目的,农资经营权承包给个人,存在销售假冒伪劣商品现象,又严重损伤了这些经营部门的信誉。

其他农药生产厂家一方面利用自己的销售渠道,对优势产品倾向于自己直接销售。在代理销售方面,一般是一县一个代理,有自己稳定的客户,不愿轻易更换代理商。

加入WTO后,国内农药市场逐步与国际接轨,会有更多的跨国公司入驻中国。他们带来的是全新的经营理念和管理、服务方式,也会对国内市场造成一定冲击。

4. 农资电子商务连锁经营环境

随着我国经济市场化程度的加深,农药等农资产品经营的环境也发生着深刻的变化。原计划经济体制下的3级经营服务体系解体,政府对农资市场的控制弱化,由直接利用行政手段控制经销渠道,转为更多地利用经济杠杆和政策法规间接调控市场。农药市场放开后,农药经营主体呈现出多样化,个体经营者异军突起,但多数都是小规模经营,没有规模效应,为追逐利润,不惜造假售假,坑害农民利益。因此,经销商信誉低,农民对专门的中介机构的双向服务有强烈的需求。

农民对农药的需求呈现个性化、多样化。高效、低毒、低残留的农药日趋走俏。不仅如此,农民对农化服务提出了更高的要求。调查显示,广大农民普遍缺乏农药的药效知识,病虫害预防知识,他们迫切希望得到方便及时的此类服务。通过电子商务连锁经营的形式,不仅能给广大农民提供他们所需的农药等农资产品,更能为他们提供各种专业知识,实现信息共享。

随着信息网络技术的发展,电子商务在技术上已经成熟,电子商务连锁经营的优势日益明显:可以实现规模经济,降低交易成本;可以加快资金流、信息流和物流的传递速度等。所有的产业部门都可以借助信息网络这个巨大而有效的载体实现质的飞跃,将电子商务与连锁经营结合,为农药等农资经营者提供了一个新思路。

　　将电子商务与传统连锁经营的形式相结合,运用到农药销售中,中昊电子商务连锁有限公司迈出了重要的有战略意义的一步。作为该市场的开拓者,中昊公司无经验可循,公司的品牌、质量和营销方式等都是从零起步,需要付出很高的成本。更为重要的是政府在农药经营中扮演着很重要的角色,中昊必须处理好与各级农资、植保部门的关系,为此中昊应该与专职部门、专职人员和相关部门及专职人员定期沟通交流,获取信息,整体策划运作,尽量减少外部障碍,争取大家对中昊的支持和参与。

【案例 7】

诺基亚的发展之路

　　诺基亚原来是芬兰的一个名不见经传的企业,且在 20 世纪 90 年代曾一度陷入几乎濒临倒闭的绝境。但是如今的诺基亚不仅成为世界手机生产的巨人而执行业之牛耳,而且在同行业中的爱立信、摩托罗拉等均处于逆境之时,它的发展仍锐势不减。2007 年第一季度,诺基亚售出 9110 万部手机,市场占有率为 35.5%,名列全球第一。

1. 发展历程

　　芬兰诺基亚公司创建于 1865 年,因坐落于诺基亚河畔而得名。回首其走过的近一个半世纪的历程,大致经历了这样几个阶段。

　　第一阶段,大约从 19 世纪中叶建厂之时起而止于 20 世纪上叶。这一时期,诺基亚经历了一个从木材厂向多元化的综合集团化公司缓慢发展的过程。起初生产木材和纸浆等,后来进入生产橡胶制品和电缆制造行业,并逐渐发展成为一个包括造纸、化工、橡胶、电缆等行业在内的综合体。

　　第二阶段,大约从 20 世纪 60 年代起到 90 年代初期前后止。诺基亚于 20 世纪 60 年代成为法国公司通信产品的代理商;70 年代开始进入无线电话设备制造领域;而从 70 年代末期起,诺基亚已开始将传统经营创得的利润用于购买技术和电子企业——主要生产电脑和电视。在当时尚无移动电话的情况下,1980 年,爱立信为利用美国贝尔电话实验所开发的一项技术以建立早期的移动电话网时,便选中了诺基亚,因为它当时在无线电话领域已小有名气。就这样爱立信给了诺基亚提供生产移动电话的机会。在整个 80 年代,诺基亚的日子一直过得不错。在 1990 年改革前,诺基亚按产品和业务建立了六个事业部,每个事业部管理若干个工厂,负责对口产品的开发、生产、销售和服务工作。它们分别是:

　　① 家用电子部　家用电子部主要产品是彩色电视机、卫星接收装置、VCRs 和音响设备。家用电子部占诺基亚销售额的 27%。

　　② 信息系统部　信息系统部主要产品有工业信息系统,银行、保险、旅游、商店、办公自动化管理系统,国际管理系统,控制仪表及元件、电路板。信息系统部占诺基亚销售额的 21%。

③ 移动电话部 移动电话部近几年发展迅速,现已成为世界上该产品的第二大生产厂商。主要产品有移动通信设备及系统、移动电话和基础站。移动电话部占诺基亚销售额的 10%。

④ 电信部 电信部主要提供用于国际专用通信网络的通信设备和系统、新的数字移动电话系统、用于公司管理方面的专用网络和 GSM 设备。电信部占诺基亚销售额的 10%。

⑤ 电缆机械部 电缆机械部是电缆和电工技术联合组成的综合部门。主要产品有电力电缆、电缆附件、电容器、铝制品、电缆导线、电缆生产设备和照明系统、建筑金属配件、薄金属板加工设备、计算机外围设备、精密铸造机械、电力设备的高精度机械部件。电缆机械部占诺基亚销售额的 24%。

⑥ 基础工业部 基础工业部的主要产品是轮胎、化学制品、橡胶制品和纸制品等。基础工业部占诺基亚销售额的 8%。

当时的首席执行官凯拉莫是第一个引导诺基亚真正转向技术领域的人,他在 20 世纪 70 年代就看到了技术是诺基亚的未来出路。他将传统工业的利润投入到开发和购买新的业务上,移动电话就是其中的一个。当时诺基亚的管理层精通于造纸、橡胶和电缆业务,对这些新的行业却不知如何下手,所以凯拉莫从外面吸收了大量年轻的、具有国际经验的"新鲜血液",为诺基亚将来的转型储备了技术人才和管理人才。

然而从其行业分布来看,当时移动电话所占份额仅为 10%,远称不上公司的支柱产业。当时诺基亚的指导思想是多种经营可以防止经济波动的影响,分散经营风险。然而这么多的业务领域也给诺基亚带来很大的难题,公司受到资源的限制,难以建立起各领域中的竞争优势,产品没有特色,在美国和日本的竞争对手的冲击下,诺基亚的效益大幅滑坡,特别是一些传统制造业领域,产业的平均回报越来越无法让人满意。

另外,在芬兰的历史上,一直受其两大邻国即瑞典和俄罗斯的影响。可以说,这两个邻国刮来的热风和落下的冷雨,都会给芬兰带来祸福。12 世纪后半叶为强邻瑞典占领;而 1809 年瑞俄战争后成为帝俄的一部分。诺基亚正是创建于帝俄时代。十月革命后,芬兰于 1917 年 12 月 6 日独立并成为共和国。1980 年,瑞典的爱立信给诺基亚提供了发展移动电话的良机。而后 1991 年苏联解体使与它经济利益密切的芬兰陷入了一场巨大的危机,而诺基亚更受到巨大的打击。诺基亚的总裁当时苦无出路而自寻短见;而奥利拉负责的手机经营部门,差一点也被拍卖。当时诺基亚所处之困境,由此可想而知。

第三阶段，为诺基亚摆脱困境及再生的辉煌阶段，其时间大致从奥利拉1992年担任该企业首席执行官至今，历时十年左右，来自外部的压力，置诺基亚于死地，而奥利拉则凭借自己推行的一套行之有效的战略，不仅使诺基亚获得新生，而且在世界移动电话业中独占鳌头。现诺基亚仍继续处于这一阶段中。

2. 转型之路

在两个有天壤之别的行业间进行转型，意味着公司原有的专利、技术全都派不上用场。企业成了新行业的门外汉，一边要模仿和学习行业中现有佼佼者的技术，一边还要突破创新，建立自己的技术优势。转型企业在原有行业领域内取得再大的成就和市场份额也没有用。进入一个完全不相干的行业后，原有的业务模式和客户关系都失去了继承性。企业必须重新建立符合新行业特点的销售渠道和客户关系群。在这方面行业原有的领先者往往会凭借市场优势对新进入者造成障碍。每一种行业都有自己独特的经营模式或游戏规则，例如，有些行业的产品适合全球标准化设计，而有些行业却要致力于产品的本地化；有些产品的生命周期很长，而有些行业每隔几个月就要推出新一代产品。转型企业和新建公司一样缺乏行业竞争的经验。

另外，各个行业的管理理念千差万别，有的行业适合于稳健型的管理，有的行业需要冒一点风险，总之一个行业中的优秀管理者未必能适应另一个行业的变化。而转型企业的决策者和管理者难免会把原来所从事行业的思维定式带到新行业中来，再加上组织中的一些人员会由于利益分配的关系对转型中的变革横加阻挠，使得转型企业反倒不如新创立的公司能够轻装上阵。而且，企业在原有行业中经营得越成功，消费者认知度越高，转型的包袱越大。一是因为这种情况下企业难以忍痛割爱，无法集中资源开拓新业务；二是因为企业在消费者心目中和传统行业的联系根深蒂固，阻碍了新产品品牌形象的建立。同时转型企业的财务负担往往比新建一家公司更重。新公司成立时，组织结构比较简单，管理成本低，各方面也能因陋就简，节省开支。而转型的企业一方面要招兵买马投资于新行业，另一方面原有业务也不能说停就停，组织调整、业务整合的成本非常高，很容易造成财务危机，使转型失败。

因此，将近百年历史的木材加工企业，转型为一家提供移动通信系统设备和终端设备的高科技企业，并获得了巨大成就，诺基亚的成功转型令世人为之瞩目。

（1）行业环境

诺基亚涉足移动通信业较早，因为它的母国芬兰是一个山林茂密、地貌崎岖、气候恶劣、人口稀疏的国家，如果和世界其他地方一样使用有线电话，由于布线困难，造价会特别昂贵。所以芬兰人都不愿使用有线电话进行通信，而喜欢用他们自己开发的一种无线通信器，近似于我们所知的步话机之类的东西，来相互联络。1981年，诺基亚成功地把简陋的无线通信器，发展为一种成熟的移动通信系统，正式涉足移动通信业。

当时的行业环境和今天大不一样。20世纪80年代初移动通信正处于起步阶段，意识到该行业的增长潜力的人还很少，虽然像爱立信、摩托罗拉这样的大公司当时已开始开发这方面的业务，但是移动电话作为一种新技术将所有企业都置于同一起跑线上，行业的游戏规则还没有确立，大家都在黑暗中摸索，谁也没有绝对优势在行业中阻碍竞争对手和新进入者。诺基亚在这个时点进入移动通信，可以说是掌握了先机，避开了在行业发展高峰时期进入的技术壁垒和市场壁垒。

（2）奥利拉其人

约尔马·奥利拉出生在芬兰一个电器工程师的家庭，他从小就有一股坚韧不拔的精神。从伦敦经济学院毕业后，一直在花旗银行驻英国总部工作。1984年，他坚决辞去了优越职位，接受母国诺基亚公司的邀请，担任财务总管。以他在花旗银行的出色表现，继续从事财务工作是顺理成章的事。然而奥利拉不这么想，他决心在经营管理方面有所建树。为此他潜心观察，深入了解公司情况。诺基亚的一位员工回忆说，奥利拉曾在一个周六遍访了公司总部，并向待在公司的每个员工询问情况。1988年，他如愿以偿地调任当时规模还很小的移动电话部，开始了经营管理的职业生涯。奥利拉认为诺基亚以前的迅速发展大部分应归功于长期战略的果断调整，他相信"过失导致发展"的说法，并坚持对于议准的事情要大胆地去做，不尝试就不会有发展。无论是在生活中还是领导公司向着新的方向发展都表现得果断而充满信心。

1992年41岁的奥利拉担任公司首席执行官，他敏锐地觉察到数字化通信产业巨大的发展前景，抓住当时数字电话标准在欧洲流行的时机，进行了大刀阔斧的改革，果断地将公司长期发展战略转移到电信设备的生产上，合并、卖掉一些公司，放弃橡胶、电缆等非核心业务，集中精力与资源发展电信业务。如果说当时还有人对奥利拉的改革心存疑虑的话，那么随后几年内，电信市场与诺基亚的飞速发展使他们对这位年轻的总裁大为折服。从1996年开始，全球移动电话的市场需求以惊人的速度膨胀，移动电话用户基数已从 1996 年的不到 1.5 亿猛增至 1999 年的超过 4.5 亿,特别是 1996 年数字通信服务在美国的起步与 1997 年中国电信市场需求的激增为电信业带来两大增长亮点。中国在 2001 年实现了手机用户突破 1 亿,迅速扩大的电信市场容量,为电信业的发展提供了绝佳的契机。对此,英国《经济学家》周刊评论道:"诺基亚的成功应当归功于奥利拉的聪明才智和紧密团结在他周围的芬兰伙伴们。"

(3) 经营模式的改变

在现任总裁奥利拉之前,诺基亚一直以多元化经营为指导思想,从橡胶、卫生纸到电缆、电视机、电脑等无一不生产。但是多元化经营不仅没有分散企业的经营风险,还大大限制了企业的资源,使诺基亚的产品在各个领域内都难以建立竞争优势。1992 年奥利拉临危受命出任诺基亚的 CEO,他十分看好诺基亚当时的一个没有被人们注意的,为 GSM 标准开发相应系统设备和终端设备的项目。当时,GSM 还远远不是一个成熟的数字化手机通信标准,但奥利拉认为它很可能成为继模拟方式之后的第二代手机标准。为了能集中所有资源,背水一战,他做出了改变诺基亚命运的战略决定,即诺基亚今后将只以手机和移动通信网络系统设备为发展方向,其中以 GSM 手机为重点,全力以赴,做全球市场,做增值产品,做增值服务,诺基亚的传统产品将一个不留。最先是造纸和橡胶制品被扫地出门,然后是电线电缆停产。至于牵涉重大的电视机和电脑产品,虽不能立即停产,但已不再作为发展方向,而是逐步淡出。数年以后,诺基亚果然完全与电视机及电脑生产脱钩。应该说果断地甩掉传统业务的包袱,为诺基亚推进 GSM 通信标准手机的研发和生产,集聚了最大的能量。正如奥利拉所说:"诺基亚的规模虽然比摩托罗拉、爱立信等电信巨人小得多,但是它对移动电话市场的专注和投入却是其他企业所无法相比的。"

(4) 转型中的挫折

其实诺基亚向技术领域的转型并不如人们想象中的顺利。今天世界上几乎没有人知道,芬兰的诺基亚曾经生产过电视机、计算机、传呼机或其他电器产品。但在当年这些产品炙手可热之时,诺基亚确实将股东的钱大把大把地投资于这些行业中。但是正如上文所谈到的那样,诺基亚在这些行业中无一例外地遭到了当时领先者的打击。日本索尼、荷兰飞利浦、美国 IBM 等竞争对手是那么强大,诺基亚节节败退。更糟糕的是,美国无线通信巨人摩托罗拉只花了很短的时间,就在手机生产技术上后来居上,研制出了第一代模拟式手机的批量生产方法,使唯一能给诺基亚带来盈利的手机产品在市场上也处处碰壁,公司开始亏损。转型失败的压力使凯拉莫在

1988 年自杀身亡,诺基亚彻底跌入深渊。1991 年,其最大的股东——一家投资银行,甚至乞求爱立信廉价收购诺基亚,遭到爱立信的拒绝。

(5) 以人为本的产品策略

在 20 世纪 90 年代初的电信市场上,已经存在一些具有相当规模的企业,除了摩托罗拉、爱立信外,还有飞利浦、西门子等。这些公司的竞争对诺基亚造成了巨大的压力。对于这个问题,奥利拉的回答是:竞争对手的规模不是主要问题,关键是谁能生产真正优秀的产品。因此他利用诺基亚产业单一化带来的资源优势,不断地加大研究与开发投入。研究与开发是保持与加强诺基亚公司在电信行业内领先地位的重要环节,也是公司战略的重要组成部分。现在,诺基亚公司有超过 19000 名专业人士即 35% 的员工在为创造更新的技术与产品方案而工作,他们分布在全球 14 个国家的 55 家研发机构。仅 2000 年,诺基亚公司在全球范围内用于研发的投资就高达 25 亿美元。

奥利拉认为移动电话是一项个人技术产品,不仅要功能完备,还需符合用户个人的特色。因此,他将移动电话市场进行细分,并相应地将每一系列的产品分成多种类别,每一类别都针对不同氛围、场合和年龄组。目前诺基亚公司每 35 天就推出一些新外形的产品,其品种之多令人咋舌。如在日本市场推出的一种微型包钢电话,无论从哪个角度看都像是一只受人喜爱的打火机,这种电话的目标消费者是企业经理。而对于迅速发展的少女消费市场,诺基亚则拥有变色电话可供选择,改变这种电话的仪表板即可使电话颜色与服装或指甲油颜色相配。"科技以人为本"的战略吸引了众多消费者,增加了诺基亚移动电话的附加值,使得每一系列的产品都能在各个目标市场上获得最大利润。

其实,早在奥利拉上任初始,就确立了移动电话业务在世界市场上进入前三名的目标,他说:"市场的变化告诉我们全球化意味着如果你想成为赢家,就必须跻身于前三名之列,这样才可能取得盈利性增长。"

(6) 竞争对手的失误

在诺基亚的转型过程中,由于该行业的发展还很不成熟,它的竞争对手们对移动通信技术未来的发展方向判断失误。20 世纪 90 年代初诺基亚把命运整个压在 GSM 标准上,其实也冒着很大的风险,当时,已成型的下一代手机通信新标准很多,到底应采用哪一种作为全球通用标准,各国为了自己的切身利益都坚持不下,且各行其是。正是这种混乱的局面使领导世界无线通信潮流的摩托罗拉也没有看清发展方向。而且,当时传统的模拟手机通信标准在美国正大行其道,摩托罗拉由于自己在这方面已取得的优势,对新的手机通信标准十分抵触。再加上它对自己的研发能力过于自信,准备静观其变,再次扮演后来居上的角色。所以摩托罗拉仍然把主要力量投入在开发新的模拟手机技术上,比如怎样把模拟手机做得更小巧、功能更多、外表更靓。上述原因,导致摩托罗拉极大地贻误了战机,等同于不战而退,把数字化手机的领导者地位拱手送给了诺基亚。诺基亚抓住天赐良机,集中全部力量推动 GSM 手机和手机通信系统设备的研发,为即将出现的市场需求巨变作好了充分准备。

1993 年底,局面渐渐明朗,欧洲各国先后开始采用 GSM 数字手机通信标准为新的统一标准。恰当其时,诺基亚把它精心准备的突破性产品——2100 系列手机推向市场。这种手机采用了新潮的数字通信标准,音质清晰而稳定,同时吸取了摩托罗拉模拟手机小巧玲珑的特点。而与 GSM 技术标准同样重要的是,它设计上有两点突破性创新:①借鉴了电视机的外形设计,首次采用了大比例显示屏面,显得豪华而气派;②巧取了电脑上的用户界面设计思路,首次采用可翻滚文字菜单,使原本复杂的操作变得简单。全球用户们对诺基亚这款新手机赞不绝口,实现了消费心理学上所说的"用户首次认同"。诺基亚原定 2100 机型的销售目标是 4 万只,没想到一下子就卖出了 2000 万只!巨大的成功使诺基亚一举扭亏为盈,声名大振。其后,爱立信和摩托罗拉也赶紧投入巨资搞 GSM 手机的研发,欲与诺基亚一决雌雄。但是市场讲究先入为主,正是用户对诺基亚 GSM 新型手机的首次认同,使得人们对奋起直追的摩托罗拉和爱立信推出的 GSM 手机的青睐程度始终不如诺基亚。

3. 企业文化

奥利拉在公司总部保留了芬兰人占主导的企业文化。他将芬兰人的民族观念融入企业文化中,使员工紧密地团结在一起。当公司遭遇危机时,他不会像典型的美国公司那样解雇十几个经理人员,用大换血的方式解决问题,而是和部下一道寻找症结所在,以"芬兰式的温和管理"进行革新,排除危机。

但同时诺基亚也很注重树立员工的危机意识,把经理们从舒适轻松的位子上赶走,进行工作轮换,就是公司激发员工工作积极性的有效方式。因为一个人如果长期从事一项工作难免会感到厌烦,而且易于陷入定式,换一个全新的工作则会调动积极性,利于其创造性的发挥,从而形成整个企业奋发向上的精神。

作为一个跨国公司,诺基亚还很看重它与当地文化的融合,尊重当地员工原有的价值观念,使其成为子公司文化中的一部分,同时汲取这些不同的思想中的精华,实现不断的自我完善。

4. 开拓海外市场,走全球化发展道路

从天时、地利、人和来讲,诺基亚的市场无疑主要在欧盟国家,但诺基亚在海外发展也非常迅速,包括中国市场,进一步确立了它在世界的领先地位。诺基亚的全球化始于 15 年前,也就是在同一年,它在中国设立了第一个办事处。这可能和芬兰是一个只有 500 万人口的小国不无关系。中国手机市场奇大,2001 年已突破 1 亿用户,成为世界上手机用户最多的国家,但是国内企业的生产能力极其有限,巨大的供给缺口给诺基亚等外国厂商提供了机会。诺基亚尤其重视中国市场,用奥利拉的战略动机即"欲决胜世界,先逐鹿中国"。而当 1992 年奥利拉上任后带领诺基亚向移动通信转型时,他们也从未忽视过全球化的重要性。在转型之初诺基亚就定下了以下长期战略:开发的产品要具有全球竞争力很强的吸引力;产品要快速占领国际市场;寻求一种与密切关注用户需求紧密联系的方法,而不是仅仅依赖技术。

表 1   诺基亚在 10 个主要市场净销售额

	2000 年(百万欧元)	1999 年(百万欧元)
美　国	5312	3360
中　国	3065	2332
英　国	2828	1855
德　国	2579	1679
意大利	1243	968
法　国	1085	951
巴　西	1056	600
菲律宾	780	203
澳大利亚	723	437
西班牙	678	420

数据来源:http://www.nokia.com.cn/intro/corp.html。

表 2   诺基亚在各市场地区销售份额

	2000 年	1999 年
亚太地区	23%	22%
欧　洲	52%	53%
美　洲	25%	25%

数据来源:http://www.nokia.com.cn/intro/corp.html。

问题

1. 诺基亚转型成功的原因有哪些?

2. 企业转型会遇到哪些困难?

3. 企业成功转型要必备哪些自身条件以及产业的外部条件?

4. 诺基亚成功转型的启示。

5. 结合中国国情,谈一下中国企业要进行转型须注意哪些问题。

本案例参考文献

1. 杨艳艳.缔造"诺基亚"神话——记诺基亚总裁约尔马·奥利拉.企业经济,1999(7)

2. 郗润昌.诺基亚的成功之路及其给中国企业发展的有益启迪.广东行政学院学报,1999,13(5)

3. 袁建志.诺基亚的成功之路.企业活力,1999(5)

4. 芬兰诺基亚公司背景资料. http://www.chinainfo.gov.cn/periodical/

5. 聂辉华.透过诺基亚看知识公司的创立.经济参考报,2000-01-15

6. 诺基亚——开创移动信息社会的未来.诺基亚董事长兼首席执行官在高新技术产业论坛的演讲摘要

7. 张彬.诺基亚:成功与挑战.知识经济,2000(6)

【案例8】

新世纪中的 TCL 彩电事业部

随着中国加入 WTO,关税的降低和市场的不断开放使得我国众多行业特别是电子行业的竞争迅速加剧,业内竞争格局不断发生变化,企业也因此而面临着前所未有的压力。

TCL 是我国改革开放之后迅速崛起的大型企业集团,在经历了多年的高速增长之后,到 2001 年放慢了增长的步伐,虽然仍以 211 亿元的销售总额取得了当年 18.9% 的增长,但较以前已是大幅降低,集团 7.15 亿的利润也较去年同期下降了 5.55%。

综观 TCL 下属各个产业群 2001 年的市场表现:彩电在行业竞争空前激烈的情况下(康佳 2001 年亏损达 7 亿元,长虹业绩大幅滑坡)仍保持了不俗的经营业绩,内外总销量突破 600 万台,居国内企业之首,利润超过 3 个亿,排行业第一,但由于家电的微利,彩电领域短时间很难建立并依靠核心技术的支撑等因素,TCL 的领先地位随时面临国内外对手的挑战;移动通信异军突起,销量超过 100 万台,利润达到 2 个多亿,但要在 WTO 后的中国市场保持持续增长,实力尚有待迅速增强;除彩电、移动、电工等产业外,TCL 的其他产业如 IT、空调、白电、AV 等全年表现平平,销售和利润均为负增长,拖累了整个 TCL 前进的步伐。总体看,TCL 集团进入新世纪便面临前所未有的竞争压力。从资金贡献角度看,目前彩电仍居集团各产业之首,对整个集团的发展和稳定起到举足轻重的作用,因此在新世纪集团实施何种发展战略以及整个集团的发展模式是摆在 TCL 集团面前最为迫切的问题。

1. TCL 集团公司

(1) TCL 集团的成长历程

以 TCL 集团有限公司为母公司的 TCL 集团创办于 1981 年,经过 20 年的努力,已经由当初仅仅从事简单的电子产品维修的小企业,发展成为一家以家电、信息、通信、电工产品研发、生产及销售为主营业务,集技、工、贸为一体的大型跨国经营企业。目前,TCL 集团已经开始了以"3C"整合为基础,由传统的通信、家电产业向以信息电子产品和服务为主的供应商、综合服务商方向的转变。

• 1980 年,依靠 5000 元贷款组建了"惠阳地区电子工业公司",开始了 TCL 的早期创业。

• 1981 年,与港商合资创办"TTK 家庭电器有限公司",生产录音磁带。

• 1985 年,兴办内地与香港合资的"TCL 通信设备有限公司"。

• 1986 年注册"TCL"商标,创立 TCL 品牌。

• 1997 年起,TCL 电话机产销量全国第一。

• 1991 年在上海成立第一家销售分公司,开始 TCL 网络建设。

• 1992 年在电话机上获利三四千万元,投资两千万进军彩电行业。但没有自己的生产基地,而是通过 OEM 的方式来完成。

• 1993 年研制生产 TCL 王牌大屏幕彩电投放市场。

• 1993 年将品牌拓展到电工领域并成立"TCL 电子(香港)有限公司",同年 TCL 通信设备股份有限公司股票在深交所上市。

• 1998 年成立 TCL 致福电脑有限公司,进入信息产业。

• 1999 年 TCL 被国家工商总局认定为"中国驰名商标";TCL 国际控股有限公司股票在香港成功上市;同年,吴士宏任 TCL 信息产业集团总经理。

• 2000 年成为广东省最大的工业企业。

(2) TCL 四大支柱产业:家电、信息、通信、电工

家电产业

作为 TCL 的主导产业,家电通过创新不断丰富品牌内涵,产品延伸到了家居生活的各个重要层面(包括彩电、家庭信息显示器、视盘机、家庭影院、空调器、电冰箱、洗衣机等),并在多个产品领域保持着国内市场的领先优势。

彩电:2000 年推出"新概念彩电",受到消费者和市场认同。在当年彩电降价潮中,"新概念彩电"一枝独秀,成为最抗跌的彩电品牌;推出 2001 年代表国内彩电行业最高水平的家庭信息显示终端 HiD 彩电,标志着国内彩电业在技术上与世界尖端科技齐头并进。

TCL 家电产业实施了相关多元化经营:以小风神空调、变容王电冰箱、揉搓王洗衣机、银佳家庭影院为代表的其他家电产品初步得到消费者认同。

信息产业

1998 年,介入 IT 行业,通过全新的经营模式,迅速形成新的经济增长点,为 TCL 快速融入世界数字网络技术发展主流,奠定了基础。凭借品牌和营销网络,TCL 电脑用一年半时间跻身国内 PC 市场前 5 名。2000 年,

先后推出钛金、银佳、非常男女生、亿佳系列家用电脑,2001年又率先在国内市场投放奔腾4新品。另外,TCL商用电脑已被国内教育、证券、电信行业的政府、企事业单位广泛采用。

1999年,注资控股国内网络系统集成领域具有相当实力的金科集团,共同开拓中国系统集成市场。随后,注资控股翰林汇软件产业有限公司,开展计算机应用软件开发和笔记本电脑代理业务,并在国内教育软件市场位居第二。创办上海天时网络有限公司,在此基础上,年底组建TCL信息产业(集团)公司。

2000年,投资成立北京天地人家网络技术公司,向用户提供从产品到增值信息的全面服务。开通的 www.ejiajia.com 网站,将为其提供与现行的营销网络相配合的电子商务平台。

通信产业

通信产业是TCL集团四大支柱产业之一,在保持电话机市场优势的同时,构建TCL通信产业群,并完成由传统电话机领域向高科技通信终端产品和系统产品领域的转变。

近三年来,TCL先后投入巨资开发GSM手机、锂电池、数字集团电话和ACS450无线本地环路接入系统,以及网络通信系统等高科技通信产品,成为通信产业二次创业中新的效益增长点。

电工产业

TCL国际电工始建于1993年,专业从事高档开关、插座等产品的研、产、销。在过去的7年中,其产品以卓越的性能和良好的装饰效果,连续4年被评为中国建筑电气名优产品,成为2001年九运会主会场的指定电工产品。通过与德国海格公司强强合作,成为该公司产品在中国内地的唯一代理商。TCL照明电器是电工产业的又一家重要公司,先后开发了具有国内领先水平的高功率因数电子镇流器和电子节能等系列产品,所有产品均有长城认证和GS认证,并获多项国家专利。

(3)发展现状

① 前10年打基础,后10年增长近60倍。1981年至1990年年收入从几万元发展到3.1亿元;20世纪90年代初进入彩电业以后,迅速发展,2000年销售收入、利润总额和上缴税金分别达到177亿元、7.6亿元和8.6亿元。在国家经贸委公布的2000年全国重点企业排序名单中,TCL资产总额为第84位,销售收入为第27位,利税总额为第33位,在信息产业部公布的2001年全国电子信息百强企业中位居第五,为广东省第一位。

② 形成以消费电子/IT 为主体的多元产品结构,许多产品位居行业前列。20 世纪 80 年代初,企业从事小规模贸易和加工装配;1985 年进入电话机业,1989 年产销量居全国第一,成为"电话大王";1992 年进入电视机业,2000 年产量达 523.34 万台,成为国内彩电三强。20 世纪 90 年代末以来,开始相关多元化业务扩张,陆续进入冰箱、洗衣机、空调等白家电行业和移动通信、IT 等行业。目前,TCL 已形成以消费电子/IT 为主体,包括家电、通信、信息和电工等几大板块组成的产品/产业结构(见图 1)。

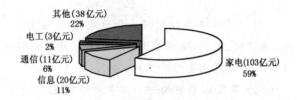

图 1   TCL 各业务收入和结构(2000 年)

TCL 有 5 年以上历史的产品大多在国内业界都位居前列,甚至一些仅有 3 年历史的产品也发展较快,进入行业前列(表 1)。

表 1   TCL 行业领先的主要产品市场份额排名

产品行业排名	1999 年	2000 年	2001 年	进入时间
家电				
彩电	3	2	1	9 年
零部件高频头	3	2	2	3 年
通信				
电话机	2	1	1	15 年
电工				
电器开关	3	1	1	10 年
信息				
PC	2(家用)	4	—	3 年
教育软件	2	2	—	

③ 国际化经营初见成效,海外销售总额已占集团收入的 20%。从 20 世纪 90 年代后半期开始,TCL 既为海外企业贴牌生产,也进行自有品牌产品的出口,逐渐增加在海外的销售、服务的布点,其国际化经营取得了较好的效果。包括出口、海外生产的海外销售总额 1996 年为 2.77 亿美元,2000 年上升到 5.14 亿美元。TCL 品牌彩电目前在印度、越南的市场份额已经超过了 8%(见图 2)。

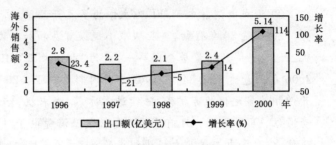

图 2　TCL 海外销售情况

TCL 已在美国设立信息和研发机构,在美国、俄罗斯、新加坡、越南、印尼、菲律宾、印度、香港等国家和地区设立了公司和商务机构,在越南、印度、菲律宾等国设立了海外工厂。

(4) **集团基本架构——以事业部/子公司为基本经营单位的架构**

随着公司的发展,TCL 的组织结构变化较快。目前的组织结构是直线职能制、母子公司制和事业部制混合结构(见图 3),信息、通信、电工等多数业务由母公司控股的子公司经营,以 TV 为主的消费电子和新进入的白家电产品由家电事业部直接管理。

TCL 对集团目前占主体地位的家电业务以事业部的形式进行管理和协调,在集团设立家电委员会,统一管理空调、AV、白家电和 TV 四个事业部和电器销售公司。TCL 的家电采购、生产、销售业务分布在全国众多子公司,通过事业本部的管理协调,已形成研发、制造、配送、分销和售后服务统一协调的经营体系。

TCL 通过投资控股和参股方式已经成为一个以集团母公司为核心的大型企业集团,有数十家公司,其中 TCL 通信和 TCL 国际控股分别是深圳和香港的上市公司。

(5) **集团的持续发展能力**

① 研发基础。研发机构主要设在子公司和事业部,这与 TCL 在研发资源紧缺的情况下首先要形成与市场密切联系的研发构架和机制的设想有关,其次与 TCL 实行子公司/事业部承担全面负责产品的研发、生产和销售的体制有关。

1998 年以各子公司/事业部的研发机构为基础成立了"TCL 数字信息技术研究开发中心",集团直控研发机构形成。经过 2 年发展,TCL 技术中心于 2000 年初被国家有关部委确认为"国家级企业技术中心",具有承担国家技术创新项目的能力。

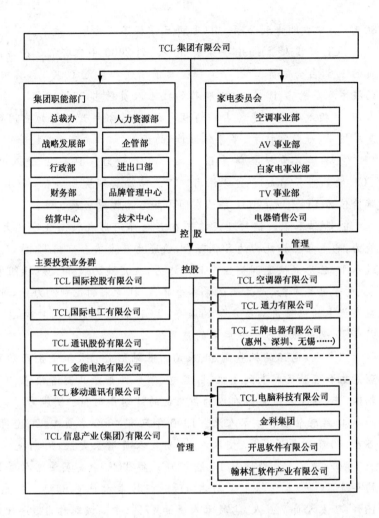

图 3　TCL 的组织结构

TCL 集团消费电子产品工艺研发能力较强,设计出世界水平的快速装配线,精密组装、精密电子贴片、模具设计能力都较强。产品研发的强项包括市场化的产品开发能力及相应支撑性的工业设计、外观结构设计(以机械、电子技术为基础)、电路设计能力。

已形成利用国内外资源合作研发的社会网络。2000 年由集团总部直接掌握的产学研合作项目 17 项,合作方有飞利浦等欧美港台 7 家公司、北京邮电大学等国内 5 所高校。

TCL 的新产品开发已取得不少成果,推出一些领先产品;集团通过技术创新已有一批专利,至 2001 年 3 季度累计申请专利 144 项,已授权专利

80 项,其中发明专利 2 项。TCL 并已掌握了一些核心技术。

　　TCL 研发人员 1990 年只有 50 人,到 2000 年底有 720 人,约占技术人员的 1/6,占全体员工的 1/40 强。目前研发人员近 1000 人,其中高级职称的技术人员约占 10%,中级职称的技术人员约占 30%。TCL 注重研发投入,近年投入研发经费约占销售收入的 3%,今年开始增加应用研究、共性基础技术(如数字技术、半导体设计)的投入。

　　② 品牌。重视品牌建设和品牌资产管理。1992 年进入彩电业时,TCL 的品牌策略起了重要作用。据北京品牌研究所评估,TCL 目前的品牌价值为 144 亿元(2001 年),在国内知名品牌中居第 5 位。

　　③ 制造和供应链管理。首先在彩电部门形成较高效率的大批量生产能力,彩电年生产能力达 800 万台,快速生产线单台节拍 11 秒,达到世界先进水平;已形成快速调整生产品种能力,生产能力覆盖大规模组装、精密组装、电子贴片工艺、产品测试等各个环节;批量采购控制能力强,可争取到供应商优惠的供货价格及良好的服务;TCL 彩电资金年周转率达 6 次之多,是 TCL 彩电能持续降低成本的重要原因。

　　以彩电、电话的批量制造、采购为基础形成的大批量生产采购、流程管理能力和经验已扩散到手机、白家电、零部件等产品制造领域,有较强的包括购、产、销及物流系统在内的供应链的计划预测和控制能力。

　　④ 经营管理和技术人才。1990 年只有 4600 名员工,2000 年超过 3.1 万人,10 年增长近 7 倍;技术人员、研发人员增长更快,同期技术人员数增长 16 倍,研发人员数增长 14 倍。2000 年 TCL 中高层管理人员 816 人,平均年龄 34 岁,本科以上学历占 47.3%;技术人员 4134 人,占员工总数的 13%,研发人员 720 人,占技术人员的 17%,中高级职称占 56%(见表2)。

表 2　TCL 集团人力资源状况

年　份	1985	1990	1995	1998	1999	2000
员工总数	472	4599	18296	24563	24534	31433
技术人员	27	252	1096	2976	3050	4134
其中:研发人员	5	50	250	450	580	720
一般管理人员	61	600	2430	4050	4180	5583
中高层管理人员	10	90	363	605	610	816

　　(6) TCL 彩电事业部

　　① 发展历程

- 1992 年底,TCL 王牌彩电诞生。
- 1993 年,TCL 王牌以大屏幕彩电为切入点,刘晓庆为形象代言人。
- 1996 年兼并香港陆氏公司彩电项目,开创国有企业兼并港资企业并使用国有品牌的先河,成立 TCL 王牌电子(深圳)有限公司,建立研发生产基地;同年成立 TCL 电器销售有限公司,加速网络建设。
- 1997 年,以网络优势拓展市场,形成长虹、康佳和 TCL 王牌三足鼎立之势。
- 1997 年注资 6000 万与河南美乐集团彩电项目合作,成立 TCL—美乐电子有限公司。
- 1998 年,数百辆为用户提供服务的幸福快车开进城乡市场。
- 1999 年成立内蒙古 TCL 王牌电器有限公司。
- 1999 年 10 月 1 日,TCL 王牌高清晰度数字彩电登上中央电视台数字电视试播演示台,为 50 周年国庆大典献礼。
- 1999 年,生产彩电 557 万台,比 1998 年增长 101%。
- 2001 年,拥有完全知识产权的世界第一台 HiD 家庭信息显示器产品诞生。

② 资源现状

- TV 事业部　是 TCL 集团属下从事多媒体电子视听产品的研发、制造和销售的部门。下辖 TCL 王牌电子(深圳)有限公司、TCL 王牌电器(惠州)有限公司、河南 TCL—美乐电子有限公司、内蒙古 TCL 王牌电器有限公司、TCL 数码科技(无锡)有限公司、惠州市 TCL 信息技术有限公司等企业,以及一个 TCL 多媒体电子研发中心,资产规模近 50 亿元,职工人数超过 1 万名。研发中心现有各类开发人员 400 多人,拥有一批国家级的技术专家、教授、高级工程师、博士、硕士等专门人才和海归技术专家。

- 研发中心　拥有完善的包括工业设计、平面设计、结构设计、模具设计、PCB 设计在内的公共技术平台,研发场地 10000 平方米,设施较齐全,设备较先进。研发中心非常重视与外界的技术合作,与荷兰飞利浦公司、日本东芝公司、三洋公司、美国 Trident 公司、美国 NDSP 公司、中国清华大学、西安交通大学、北京邮电大学、西北工业大学、天津大学、信息产业部电子三所、五所、国家广播电视总局广研院等国外许多跨国大公司、国内研究机构和高等院校建立了良好的合作关系。制造中心统辖以相同模式运行的六个生产基地,根据需要对各个制造基地的生产资源进行统一的管理与调配。

• 制造中心 各生产基地总厂房面积达 26 万平方米,拥有彩电、显示器、遥控器、电子调谐器等多种生产线,其中彩电快速生产线为中国最高水平和国际先进水平,日单班产量达 2000 台(平均不到两秒钟生产 1 台彩电),年产能为 800 万台,显示器年生产能力为 150 万台,视盘机和功放的年生产能力为 100 万台,扬声器年生产能力为 300 万台,电子调谐器年产量为 360 万只。

制造中心已建立、实施和保持符合"GB/T 19001、ISO 9001:1994 年国际标准质量保证体系",具有一套完全符合自身发展要求的质量管理机构,曾获得过英国 LRQA 质量体系认证证书、赛宝质量体系认证证书和美国FCC、UL 以及 FDA 认证。

多年来,彩电事业部是 TCL 集团的主要利润来源,彩电经营业绩的好坏直接关系到 TCL 集团的发展,彩电在 TCL 拥有举足轻重的地位。

2. 国际彩电行业概况

全球彩电业竞争基本由日本、中国、欧洲、韩国所主导。其中日本是彩电传统的生产强国,长期以来占据着该领域高端产品的技术领先地位。同时,日本也是消费类电子产品消费大国。索尼、松下、东芝为第一线品牌,夏普、日立、三洋次之,NEC、JVC 属三线品牌;松下的销量最大,索尼的彩管技术最具优势,东芝、三洋的芯片竞争力强,夏普在液晶彩电方面领先。

欧洲彩电以飞利浦、汤姆逊为主,在综合实力方面较日资企业稍逊一筹,但飞利浦的彩电芯片实力很强。

韩国彩电主要是 LG、三星两家,近年来在背投、PDP 等产品进步很快。

(1) 日本市场概况

① 市场容量。表 3 可以看出,日本的彩电市场容量比英国大,在发达国家中仅次于美国。

表3　日本彩电市场容量　　　　　　　　单位:百万美元

年份	1997	1998	1999	2000	2001
彩电	3826	3425	3337	3310	3120
彩管	1628	1488	1463	1420	1350

数据来源:CCID 2002,02。

② 生产情况。日本的彩电生产厂家有 Sony、Toshiba、National、Sharp等,其中前三家的产量最大。20 世纪 80 年代以后,受市场变化、人力资源成

本及原料成本等多种因素的影响,日本的彩电生产企业加快了到海外设厂的步伐,这些企业在世界各地设有不同类型的消费类电子产品工厂,生产各种彩电及其他产品以满足世界各地不同层次的市场需求。日本厂商向全球市场提供了各种纯平 CRT 彩电,并且正加紧在美国和欧洲各国销售数字电视。与此同时还纷纷开始在各自的海外工厂增加产量,其中主要在马来西亚,并将向东南亚国家出口各种彩电产品。与此情况相反,日本国内的产量则不断下降(见表 4)。

数量单位:千台
金额单位:百万日元

表 4 日本国内外彩电产业情况

年 份	1996	1997	1998	1999	2000	2001
产 值	585972	574647	471574	462311	455623	434201
国内产量	6486	6672	5582	5520	5410	5100
海外产量	43500	38100	36473	37560	37780	38500
出口额	106158	112628	85666	84553	84323	83250
进口额	153204	147793	139033	137782	125636	124538

数据来源:CCID 2002,02。

除彩电整机外,日本还是彩电主要配套件的生产强国。一些大的跨国公司如索尼、松下等已经在全世界范围内形成了从彩管、玻壳、电子枪到彩电整机的一系列的生产规模。日本利用其技术优势,长期占据着彩电高端产品的领先地位,并不断向韩国、中国及世界各地输出技术、设备及产品。

(2)西欧市场概况

① 市场情况。近年来,西欧彩电市场呈现缓慢增长趋势。2000 年西欧电子产品市场额为 2914.72 亿美元,其中消费类电子产品市场额为 242.16 亿美元。从各国消费类电子产品市场情况看,德国居首位,市场额为 52.15 亿美元,其次为英国,为 43.96 亿美元,法国居第 3 位,为 35.09 亿美元。

从产品分类市场情况看,电视设备市场额为 134.66 亿美元,音像设备市场额为 71.70 亿美元,个人消费类电子产品市场额为 35.80 亿美元。

在电视设备市场中,英国居首位,市场额为 26.86 亿美元,主导产品为彩电,市场额为 13.40 亿美元;其次是德国,市场额为 26.32 亿美元,主导产品为彩电,市场额为 16.05 亿美元。

2001 年西欧消费类电子产品市场额为 247.23 亿美元,德国居首位,市场额为 52.76 亿美元,英国居次,为 44.59 亿美元。

从产品分类看,电视设备产品市场额为 138.29 亿美元,同比增长 2.7%,而其中英国居首位,市场额为 27.67 亿美元,主导产品为彩电,市场额为 13.57 亿美元;其次为德国,市场额为 26.58 亿美元,主导产品为彩电,市场额为 16.44 亿美元。

② 生产情况。与市场容量缓慢增长的趋势相反,近年来西欧彩电生产量却在不断下降。1996 年西欧生产彩电 2170 万台,1997 年降到 1990 万台,1998 年更是降到 1910 万台。在这几年中,西欧的一些主要彩电生产国产量都有所下降:德国从 2220 万台下降到 1300 万台;英国从 600 万台下降到 490 万台。与此同时,彩电生产逐渐转向东欧。2001 年,西欧的彩电产量约为 1600 万台。

(3) 北美市场概况

北美主要国家彩电市场容量如表 5 所示。

表 5 北美主要国家市场容量 单位:亿美元

年 份	1997	1998	1999	2000	2001
美 国	70.95	74.67	77.77	82	82.5
加拿大	5.91	6.28	6.54	6.8	6.9

数据来源: CCID 2002,02。

1999 年,美国电视机(几乎全部为彩电)时常容量为 3400 万台左右,虽然日本一些家电生产企业在美国设有分厂,生产大尺寸高档彩电,但产量远不能满足美国市场需求,美国彩电供给绝大部分还是依赖进口。

(4) 其他国家及地区

其他国家及地区的市场容量如表 6。

表 6 其他国家和地区彩电市场容量 单位:百万美元

国家及地区	1997 年	1998 年	1999 年	2000 年	2001 年
巴 西	2271	1789	1408	1405	1388
韩 国	1460	1033	1064	1050	1040
印 度	828	879	940	930	938
澳大利亚	384	411	430	442	450
俄罗斯	501	427	386	380	386
印 尼	536	402	382	390	400
泰 国	326	278	285	295	308
中国香港	230	235	255	267	270
中国台湾	228	229	241	253	252

数据来源: CCID 2002,02。

3. 中国彩电产业

中国是彩电生产大国,约占全球产量的 1/3。20 世纪 80 年代为快速成长期,市场需求旺盛及产品利润较高,大量企业上马彩电项目,一些省市也把彩电产业列为重点产业来加以扶植,大批资金投入。

经过近 20 年的发展,我国已建立起以整机为主体、配套元器件为支撑、品种规格基本齐全、经济规模不断扩大、技术水平不断提高的较为完整的彩电工业体系。彩电工业已成为我国电子信息产品制造业中分布最广、发展最快、规模最大的消费类电子产品产业,在行业中占有举足轻重的地位。彩电工业是我国电子信息产品制造业中发展最为成功的产业之一,为行业的持续快速健康发展做出了重大贡献。但中国彩电业缺乏核心技术竞争力,但在应用技术研究、制造以及分销渠道方面竞争实力强。目前正处于产业结构调整中,在高清数字电视、背投、信息家电方面,以厦华、长虹、TCL 为代表的中国彩电企业已经和合资品牌处于同一起跑线。因为这些原创技术掌握在以 NDSP、TRIDENT 为代表的美国中小企业手里,在这些领域中,中、韩、欧洲的彩电企业所面对上游技术基本相同。

截止到 1999 年底,彩电产业社会总投资 280 亿元左右,共生产彩电 2.7 亿台;出口 5353 万台,累计回笼资金达 4500 多亿元,为国民经济和电子信息产业的发展积累了必要的资金;品种规格基本系列化的国产彩电已能满足国内市场绝大多数消费者的需求;培养了一批科技和管理人才。近几年,随着数字技术、网络技术的快速发展,我国彩电已经开始向作为未来家庭娱乐的多媒体终端和一条重要的上网途径方向发展,目前正处于换代升级阶段。随着我国数字广播和互联网业务的发展,数字电视将展现出广阔的发展前景。

(1) 市场供给

20 世纪 80 年代的彩电快速成长期内,彩电产业成为一些省市的支柱产业的同时也形成了重复建设的局面。90 年代,彩电市场进入了成熟期,竞争日益加剧,彩电产业自身进行了结构性调整,一些生产规模小、产品质量差、企业科技研发能力弱的小企业逐渐退出了彩电市场,而一些强势企业却乘机实现了低成本扩张,扩大了市场份额。2000 年,我国生产彩电的企业有 70 多家,共生产彩电 3754 万台,其中长虹、康佳、TCL 三家的产量就占到 52.9%;总共销售彩电 3883 万台,这三家占到 45.6%。

由于国内一些强势企业进行生产扩张,盲目追求生产规模,使得我国彩电行业的整体生产能力大幅度提高。2000 年已经达到 7400 万台,而同期生产量只有 3754 万台,大量生产能力被闲置。2001 年我国彩电企业总体生产能力已经达到 7447 万台,相对于我国 2550 万台的市场规模而言,这一生产能力严重过剩。目前,我彩电总产量在 3800 万台水平,2001 年彩电行业的生产能力利用率只有 51.3%,效率十分低下。2002 年,由于彩电市场严重供大于求,企业库存量居高不下,产品平均利润只有 2% 左右。

① 供给量变化(见表 7)。

表 7 1996—2001 年彩电市场供应量　　　　　　　　单位:万台

年　份	1996	1997	1998	1999	2000	2001
产量	2095	2496	3308	3863	3754	3820
销售量	2082	2481	3178	3773	3833	3850

② 供给结构变化(见表 8)。

表 8 1999—2001 年彩电供给结构比较表

产　品	1999 年		2000 年		2001 年	
	产量(万台)	比重(%)	产量(万台)	比重(%)	产量(万台)	比重(%)
34 英寸以上	100	2.6	130	3.5	168	4.4
29 英寸	800	20.7	920	24.5	959	25.1
25 英寸	1000	25.9	900	24.0	852	22.3
21 英寸	1600	41.4	1400	37.3	1490	39.0
21 英寸以下	260	6.7	384	10.2	332	8.7
其　他	103	2.7	20	0.5	19	0.5
合　计	3863	100.0	3754	100.0	3820	100.0

(2) 市场需求

① 市场容量。目前,市场已进入买方市场,需求不振,几年来价格大战不断。市场竞争手段较为单一,降价并未有效激活市场需求,反而使消费者持币而沽,使企业经济效益下滑,产成品存货明显增加(见表 9)。

表 9 1999—2001 年国内彩电市场容量

年　份	1999	2000	2001
市场零售量(万台)	2800	2600	2550
其中:城镇(万台)	1400	1400	1215
农村(万台)	1400	1200	1335
零售额(亿元)	550	505	455

② 需求产品结构(见表10)。

表10　1999—2001年我国彩电各规格产品销售量及其所占比重　单位:万台

产　品	1999年		2000年		2001年	
	销售量	比重(%)	销售量	比重(%)	销售量	比重(%)
34英寸以上	76	2.7	85	3.3	130	5.1
29英寸	817	29.2	800	30.8	798	31.3
25英寸	595	21.2	620	23.8	561	22.0
21英寸	1167	41.7	1040	40.0	1010	39.6
21英寸以下	70	2.5	30	1.2	26	1.0
其　他	76	2.7	25	1.0	26	1.0
合　计	2801	100.0	2600	100.0	2551	100.0

③ 市场需求的特点。由于我国地域广大、人口众多、经济发展和居民收入水平相差甚大等因素决定彩电需求的多样性。今后的彩电市场,仍然是大、中、小屏幕彩电并存和中、高档产品的比例会逐步提高。需求的多样性给垄断造成极大的困难,单个企业经济技术实力又不足以影响市场,因此国内企业要想垄断国内彩电市场都将付出巨大代价。同时也正因为市场的多样性及变化性、彩电市场的进入壁垒较低。

除此之外,彩电需求还表现出以下几个特点。

a. 我国家电市场在多个领域内的供求关系表现为供给的相对过剩。

一是相对于城市市场需求表现为过剩;二是在农村市场相对于农村居民的经济能力表现为过剩;三是相对于一些规格、品种的家电产品需求表现为过剩;四是一些样式、功能新颖、新技术含量高的家电品种,相对于大多数居民的购买能力表现为过剩。供求不对路现象比较严重,制约了整个家电业的发展。

b. 低收入国情决定了低价位产品仍是市场需求的主流。

c. 消费者的消费行为日趋成熟。

(3) **市场竞争**

在我国居民消费水平出现高级化、多样化和市场化倾向的同时,消费倾向的偏低给彩电产品需求增长带来一定影响。为谋求生存与发展,各彩电企业从产品、价格、渠道、品牌、管理、服务等方面展开多层次、全方位的竞争,竞争更趋激烈,并呈现新的特点:

① 竞争由价格战向技术战转化,由国内市场转向国内外市场。1996年前进口彩电在中国市场上份额较大,1996年长虹率先降价,国内其他厂家跟随,国产品牌取得主导地位,1998年后国外品牌不甘失败,纷纷把生产线迁入中国,再谋发展。

2001年又发生一次大规模的降价,主要是长虹主动处理前期库存而引起,贯穿全年的是产品技术层面的竞争,并逐渐升温成为竞争的主流。

各品牌整体实行限产压库的政策,追求适度规模而非规模最大化,同时进行追求做大到追求做强的战略调整;并鉴于国内市场相对饱和,海外市场尚有空间的认识,各品牌加大了海外市场的拓展力度。长虹力推精显背投并初见成效,其业绩从中期的每股一分钱提高到年报时的四分钱,主要得益于长虹背投全年5~6万台的销售,康佳主攻超级单芯片产品,创维则专注于"纯平风暴"并取得成果。

合资品牌如索尼、东芝等技术不断创新主攻中高端市场,如数字电视、背投、100Hz逐行扫描产品等,但价格持续走低,不断压低国产品牌的中低端产品,其中以飞利浦最为明显。与此同时,他们的投资战略正在转变:制造中心向研发中心继而向运营服务中心转变,运营服务中心包括企业人力资源、物流、运输、金融、批发和售后服务等,其前提是存在生产基地。

② 竞争转向高端市场。普通彩电已进入低增长与低利润的成熟阶段,城市市场相对饱和,农村市场一时难以启动,各品牌纷纷加强高端彩电的研发、推广,在背投、LCD彩电、PDP、LCOS、高清等高端彩电进行较量,彩电竞争新格局的形成将取决于高端市场竞争的结果。随着日立和JVC宣布退出低端彩电市场的竞争,三洋的液晶正投上市,夏普推出3个系列的高音质液晶电视,长虹宣布全面停产普通背投,转向逐行扫描背投彩电,创维与中科院光电研究所正式签署LCOS技术合作协议,进军高端背投市场,表明高端市场的竞争正在升温。

③ 家电企业进行资源整合或合作是大势所趋。这几年来企业盲目地扩大生产规模及愈演愈烈的价格恶性竞争使企业、国家蒙受了重大损失。据统计,自1996年以来,由于上述原因使彩电企业减少利润150多亿元,而2000年恶劣的市场环境,使得彩电产品的平均利润率仅有2%左右,一些彩电企业出现了亏损,2001年康佳巨亏6.9亿元。各大家电企业纷纷与外资合资、合作,借外资的资源、资本、技术等进行重新整合自己的资源。

主要日资企业在2001年的盈利不是很乐观,如索尼只盈利153亿日元,松下、东芝、日立分别亏损4310亿、2540亿、4838亿日元;因此中国市场在他们眼中的重要性空前凸显,纷纷加强在中国市场的拓展力度。

(4) 主要竞争对手

① 长虹。始建于 1958 年,在实现军转民战略调整后,由单一的彩电产业发展为拥有电视、空调、视听、电池、器件、通信、小家电等相关技术,业务全球拓展的多元化、综合跨国企业集团。近年来,加速向"信息家电制造商、关键器件供应商、IT 产品提供商"的角色转变。在江苏南通、吉林长春和广东中山分别设立了多家参股、控股子公司。长虹被国家确定为全国 120 家大型试点企业集团和六家技术创新试点企业之一。

2001 年力求从精显与背投方向突破,携其资金和制造优势,以绝对低价争夺外销订单,但由于库存量过大,所以又不得不采取降价的策略来消化库存,另外从各种数据显示,其目前仍有较大的库存,压力仍比较大。

产品分为家电、通信、部品、其他四大类。长虹在四川、湖北、云南、江西、新疆、吉林、广西、重庆、海南、贵州、哈尔滨、辽宁、福建、河南、北京等地的市场占有率第一。

② 康佳。始建于 1980 年,是中国首家中外合资电子企业。以彩电、移动电话为主导产品,兼及冰箱、洗衣机、空调、元器件、包装材料等多个领域。拥有国家级技术开发中心和博士后工作站,在美国硅谷设立了研发实验室。康佳是全国入选"国家高清晰度数字电视标准化专家委员会"的 4 家企业成员之一,高清晰数字电视建设项目被列入国家级试产计划项目。艺术电视和 DVD 电视还分别荣获拉斯维加斯国际消费电子展国际大奖——"创新 2000 奖"。1999 年,研制出拥有自主知识产权的移动电话,并通过 GSM 网络国际权威机构认证。2001 年康佳又获得国家 CDMA 手机生产许可证。

康佳为生产经营格局的"内地—深圳—海外",在国内东北、西北、华南、华东、西南分别建立了五大生产基地,并在印度组建了合资生产企业,海内外参(控)股企业达 20 多家,年总产品产量突破 1000 万台套。国内销售分公司、经营部达 298 个,建立了 7000 多个稳定的经销点和 3100 个特约维修点。新世纪,康佳开始向高科技战略转型为重心。

2001 年主要是战略转型,上半年处理了近 60 万台库存,导致中期亏损 1.9 亿元,下半年推新品超级单片电视比较成功,使得彩电的业务仍保持较为平稳的态势,仍具有一定的竞争优势。另外其将彩电生产基地移师东莞,生产成本将进一步降低,也使其竞争优势得到加强。

③ 创维。创维电子集团是一家专门从事彩电、激光视盘机、家庭影院、卫星数字接收机及网络产品的开发、生产和销售的大型现代化跨国企业,在

全球 85 个国家和地区建立了稳定可靠、多层次的销售网络。

彩电年生产能力达到 500 万台,产品通过 ISO 9002 国际质量体系认证。连续六年出口量居全国同行业首位。创维集团共有员工 8000 多人,各类专业技术人才 2200 多人,在美国硅谷设立了创维实验室,并分别在香港和深圳成立了视频研究中心、音像技术研究中心、多媒体技术开发中心和创维数字技术研究中心。1999 年 4 月 7 日,创维数码控股公司在香港主板挂牌上市。

创维集团在国内有 22 个销售片区,122 个销售分公司及办事处,在 72 个大中城市设置 2000 多个商场专柜、500 多个创维专卖店。创维是 2001 年成长最快的品牌,表现十分突出。

④ 海信。海信集团是山东省最大的专业电子信息产业集团。创业 30 年,从最初的青岛无线电二厂,到青岛电视机厂、海信电器公司,海信先后涉足家电、通信、信息、商业、房地产等领域,发展成为集科、工、商、贸于一体大型高新技术企业集团,主导产品为电视、空调、计算机、移动电话、冰箱、软件开发、网络设备。

海信在全国有 20 多个营销中心,100 多个集销售、服务于一体的分公司,10000 多个维修服务网点。并在日本、巴西、印尼、香港等国家和地区设立了分公司,在南非建立了生产基地,实行本土化经营。海信在山东、青海、陕西、宁夏等地的市场占有率第一。

表 11　主要品牌占有率变化表

序号	品　牌	1997 年	1998 年	1999 年	2000 年	2001 年
1	王　牌	9.58	10.98	11.92	12.30	14.12
2	长　虹	25.18	16.66	14.44	16.72	16.51
3	康　佳	14.77	15.17	15.65	13.95	12.71
4	海　信	3.96	6.01	7.63	10.32	9.92
5	创　维	4.17	4.18	6.11	6.58	8.16
6	海　尔	0.44	7.07	10.73	6.50	6.80
7	飞利浦	4.23	4.1	4.45	4.36	3.21
8	索　尼	2.44	2.86	3.09	3.61	3.26
9	东　芝	1.52	3.01	2.83	2.77	2.95
10	高路华	1.6	1.27	1.04	0.37	2.04

注:资料来源于《中怡康城乡多级市场家电商情咨询报告(彩电版)》。

4. 新环境条件下的机遇和挑战

(1) 日益加快的信息化

近十年来建立在微电子、软件、现代通信技术及因特网基础上的信息技术的发展,加快了全球经济信息化。信息业在国民经济中的地位日益重要,美国信息业占 GDP 的比重已从 1990 年的 4% 上升到 1999 年的 10%,信息业成为许多国家、地区近 10 年迅速发展主要的动因。

① 信息产业全球化日益深化。跨国公司的主导作用和产业梯次转移发展趋势将更加突出,发达国家主要从事系统集成和高技术产品的开发与销售,发展中国家主要从事技术含量较低产品的生产。

各种形式的国际合作及兼并收购将进一步增加,由于技术高速发展和市场竞争激烈及研发难度和风险加大,公司间的联合研究开发、合作生产将更为普遍。市场、资金和技术的国际化使得国际竞争由资源、产品的竞争转向技术、品牌、资本和市场份额的竞争。在中国产品本地化生产销售趋势明显,各跨国公司都在坚持全球化战略的基础上大力推行本地化战略,用各种方式在发展中国家和地区建立自己的生产基地。

② 伴随信息产品和服务的需求规模的迅速扩大和技术进步,信息业供求格局发生显著变化。随着国民收入的大幅度提高,大众消费结构将日渐升级,将对电信服务和新型家用电子产品以及信息服务提出多种类、多层次的服务要求。

产业重心向上游转移,软件、集成电路、关键新型元器件逐渐成为电子信息产品制造业竞争力的核心领域。美国、日本企业在电子信息产品制造业的霸主地位就在于他们在这些领域掌握并垄断着核心软件、集成电路和关键元器件的设计与生产。核心软件、集成电路和关键元器件的设计与生产是未来企业竞争力的关键。

服务将成为信息企业成功成长日益重要的关键,因为客户真正的需要是功能性的服务,而不是产品。

③ 信息技术飞速发展。数字化、宽带化、智能化、个人化是未来信息产业主流技术的基本特点。进入 20 世纪 90 年代,数字化技术已成为通信和消费类电子产品的共同发展方向;21 世纪将是智能技术高速发展时期。

各种技术相互渗透,产品界限日趋模糊。数字化、多媒体等信息技术促进了电视、计算机、通信的逐步融合。

技术进步对市场的影响越来越大,产品更新换代越来越快,电子技术的这种日新月异的升级换代,为电子市场保持快速增长不断注入了新的活力,并不断产生新的产品门类。

④ 电子信息业全球增速变慢,中国继续较高速度增长。近10年全球电子信息业年均增长速度高于全球经济增长的速度。今后5年受美国信息产业发展过于超前必然缩水的影响,全球电子信息产业发展将会减速。

但中国电子信息产业和家用电器产业在"十五"期间将继续增长,电子信息产业将以3～4倍于国民经济发展速度的高速增长;家电产业增速较低,但会稳定增长。信息产业占GDP比重将由目前的2%上升到4%以上。

信息产业是与工业化发展、国家安全、国民经济增长方式转变相关的基础性和战略性产业,日益受到国家重视;中国电子信息和家电业制造业可望成为世界电子信息和家电制造业的主要基地之一;中国政府将继续采取多种政策(如2000年公布的支持软件和集成电路发展的18号文件)支持电子信息产业发展,几年内会有显著成果。

⑤ 加入WTO和参加信息技术协议(ITA)的机遇和挑战。加入WTO和参加信息技术协议(ITA)有利于引进国外先进的技术和管理以及外资,有利于规范完善国内信息市场,也有利于扩大电子产品出口,对加速产业结构调整,提高整个产业的国际竞争力,推进产业快速发展有利。

同时随着市场和资本的进一步开放,我国较高技术含量的电子产品的国内市场将面临更为巨大的冲击,对我国部分电子产品出口也有一定影响。

(2) 经济服务化

服务业在经济中的比重不断上升。国际经验表明,经济发展与产业结构变化同时进行,服务业的增长速度要高于农业和工业。中国目前服务业的比重大约在30%左右,西方发达国家的服务业比重在60%以上。不少著名的制造业公司开始从"卖产品"变为"卖服务",美国IBM、GE等公司建立在专业知识和IT技术上的服务收入已成为公司最重要的收入来源。

(3) 经济全球化加速

随着经济体制的日益开放、信息技术进步的加快,经济全球化明显加快。跨国投资占各国资本存量的比重已由1990年的5.6%上升到1999年的11.3%;全球贸易占GDP的比重从1990年的16%上升到2000年的26%;全球经济格局发生重要的变化——过去以国家、地区为单位相对独立的产业日益变为按比较优势国际分工合作的格局;1996年WTO框架下全球电信协议的签订、中国加入WTO等都意味经济全球化的势头不会停止;中国将成为全球最大的制造工业基地之一,同时面临更激烈的国际竞争。

（4）经济体制改革加快

各国经济体制改革的步伐都在加快。改革和变化集中在两方面，一是放松管制，国际经济壁垒下降、垄断性行业变为竞争性行业、政府等社会公共服务系统日益重视提高效率，WTO 的完善及其覆盖面的加大使放松管制后形成的新法规体系日益全球趋同；二是企业体制改革，发达国家的国有企业改制在 20 世纪 80 年代基本完成，90 年代以前计划体制国家大多已完成国有企业改革，股份经济占 GDP 比重在过去 20 年中由 25% 上升到 50%，90 年代初以来特别是亚洲金融危机以后，各国日益重视改善公司治理。

（5）全球经济增长变缓，但中国经济仍将保持较快增长

2000 年 3 月以后，全球经济结束了近 10 年的较高速度增长的势头，全球经济增长速度低于 2000 年以前的增长速度。但中国经济由于发展基数低、具有一定的比较优势、政治经济环境比较稳定，2000 年之后仍能以年均 7% 以上的速度增长，近年来，中国的经济增长更是保持了 10% 左右的增长率。

5. TCL 与目标赶超企业的比较

（1）目标企业的选择

TCL 产品线较宽，相应的国际学习、赶超对象，即目标企业。考虑到产品结构、未来战略的可能方向、现有实力等综合因素，TCL 集团确定的未来 5 年的目标企业为日本三洋公司（集团），未来 10 年为日本索尼公司（集团）。

三洋电机公司目前是日本 4 大综合家电厂商之一，在家电方面排序仅次于索尼和松下。该公司在 1947 年由井植岁男创立，最初是个人企业，1950 年改为股份有限公司。创业阶段主要生产自行车用发电机等，以后制造无线电收音机。三洋在 2000 年《财富》世界 500 强排名第 243 位。

索尼公司的前身东京通信工业公司成立于 1946 年 5 月，成立时仅有资本金 19 万日元，主要业务是将美国军用无线接收机改装成民用电台设备。以后先后开发出日本乃至世界第一台创新产品半导体收音机、VTR 等。索尼在 2000 年《财富》世界 500 强排名第 30 位。

（2）规模和资源比较

TCL 的收入和资产规模远远落后于目标企业。TCL 的营业收入不及三洋的 1/8、索尼的 1/28；和十几年前目标企业相比，TCL 目前的营业收入也只有三洋（1988 年）的 1/5、索尼（1990 年）的 1/14。其控制的资源更远少于目标企业，TCL 的总资产只有三洋的 1/24、索尼的 1/65；净资产只有三

洋的 1/30、索尼的 1/107(见图 4)。

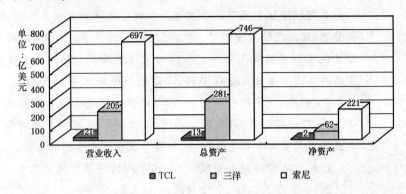

图 4　公司规模对比(2000 年)

表 12　TCL 目前规模与目标企业历史比较　　　　单位:亿元

项　目	TCL		三　洋		索　尼	
	人民币	美　元	日　元	美　元	日　元	美　元
营业收入						
2000 年	178	25	21573	205	73148	697
1996 年			17930	171	56583	539
1990 年					36955	352
1988 年			12964	123		
总资产						
2000 年	110	13	29453	281	78280	746
1996 年			25181	240	56802	541
净资产						
2000 年	39	2	6523	62	23155	221
1996 年				74		139

说明:根据目前汇率将人民币、日元换算成美元。

(3) 成长性比较(见表 13)

表 13　公司成长性比较

项　目	TCL	三　洋	索　尼
营业收入增长率			
近 5 年平均(%)	45.08	4.06	5.86
近 10 年平均(%)	612.12	5.11	8.90
总资产增长率			
近 5 年平均(%)	30.23	3.39	7.56
净资产增长率			
近 5 年平均(%)	60.00	−3.18	11.73

（4）安全性比较（见表 14）

表 14　公司安全性比较（2000 年）

项　目	TCL	三　洋	索　尼
资产负债率(%)	64	76	70
流动比率(%)	1.37	1.10	1.31
速动比率(%)	1.13	0.52	0.96
债务结构	95∶5	65∶35	48∶52

（5）盈利性比较（见表 15）

表 15　公司盈利性比较（2000 年）

项　目	TCL	三　洋	索　尼
销售净利率(%)	1.8	2.0	0.2
投资报酬率(%)	2.9	1.4	0.2
净资产收益率(%)	8.2	6.5	0.7

（6）运营效率比较（见表 16）

表 16　运营效率（2000 年）

项　目	TCL	三　洋	索　尼
总资产周转率(%)	1.6	0.7	0.93
固定资产周转率(%)	11.9	3.1	5.1
存货周转率(%)	3.86	5.0	7.8
应收账款周转率(%)	15.9	4.8	5.2

（7）公司愿景和价值观比较（见表 17）

表 17　公司愿景和价值观比较

公司	愿景/使命	价值观
索　尼	"向人们的生活提供前所未有的快乐和方便——构筑索尼梦幻世界"	自由豁达、轻松愉快的理想工厂，提倡梦想的追求和实现 挑战精神，做别人不能做的事情 实力主义，提出学历无用论、不问毕业学校的录用 尊重个体 灵活性，允许"朝令夕改"
三　洋	"成为世人不可缺少的三洋""创造文化和技术的事业"	做值得世界骄傲的事业，做有品位的工作 优先满足顾客需要 独自开创新时代 创造自由宽松的生产环境 提高经营效率，公平分配利益
TCL	"创中国名牌，建一流企业"	为顾客创造价值，为员工创造机会，为社会创造效益 敬业、团队、创新 研制最好的产品，提供最好的服务，创建最好的品牌 变革创新，知行合一 合金文化和移民文化——汇集中西文化，兼收并蓄

(8) 收入构成和业务领域比较(见表18)

表18　目标企业收入构成演变(%)

三　洋				索　尼		
项　目	1990 年	1996 年	2000 年	项　目	1991 年	2000 年
影　像	16	9		电　子	80.1	68.3
音　响	5	3	35	游　戏		8.8
信息系统	27	33		音　乐	12.9	7.8
电子器件			20	电　影	7.0	7.6
电　器	27	21	12	保　险		5.8
商用机械	17	21	11	其　他		1.7
电　池	8	13	14			
其　他			8			

　　产品结构差异与公司成长及结构调整有关,TCL 在 20 世纪 90 年代初就开始相关多元化探索,但真正确定多元化是在 1997 年以后,在 20 世纪 90 年代末宣布进行战略转型,从传统家电制造行业进入 IT 产业,在软件开发、互联网、电脑生产和销售等领域大规模开展业务。三洋在 20 世纪 80 年代就进入电子器件行业,索尼在 20 世纪 60 年代末即进入服务行业(见表19)。

表19　主要业务领域比较

项　目	TCL	三　洋	索　尼
电子产品			
彩电、音响	☆	☆	☆
摄像、录像		☆	☆
电子零部件		☆	☆
电子元器件	☆	☆	☆
电器产品			
家用电器	☆	☆	
商用电器		☆	
通信、IT 和网络			
通信设备终端	☆	☆	☆
计算机	☆		☆

续表

项目	TCL	三洋	索尼
互联网络	☆		☆
其他			
电池	☆	☆	☆
游戏			☆
娱乐			☆
金融			☆

（9）国际化程度比较

TCL海外销售总额已占集团收入的20％以上，但市场分布主要集中在东南亚和南亚，只在越南、印度和菲律宾设有海外工厂；三洋总收入的47.3％来自于海外市场（主要是亚洲和北美）；索尼总收入的67.2％来自于海外市场（主要是美国和欧洲），并有60个海外生产工厂。

（10）股权结构比较

TCL集团母公司股权结构相对单一。TCL集团母公司是有限责任公司，股权结构十分单一，当地政府持股50％以上，其他为经营班子和员工持股会持有。目标企业的股权十分分散（三洋十大股东分别持股1.79％～5.88％，合计30.98％；索尼十大股东分别持股1.79％～6.14％，合计29.12％），并且银行、保险等金融机构，以及外国投资者占很大比例（见表20）。

表20　股权结构比较（％）

公司	政府	金融机构	证券公司	其他法人	外国法人	外国个人	个人/其他
三洋	0	56.34	0.59	7.70	13.64	0	27.73
索尼	0.01	29.84	1.47	6.01	39.82	0.02	23.21
TCL	58.13						41.87[A]

注：A表明持股人为经营班子和员工持股会。

（11）公司治理结构比较

TCL采取授权经营模式，董事会和经理层高度重合，没有独立董事和独立监事。目标企业都是上市公司，有规范的公司治理结构，股东大会、董事会和经理层严格分开，并有独立董事和独立监事，设有决策辅助机构。

TCL集团母公司未能上市，控制的子公司数量较少。

TCL集团母公司是国有控股的有限责任公司，并不是上市公司。TCL

控股子公司数十家,其中通信板块业务在深圳上市,家电板块和IT板块部分业务在香港上市,其他子公司的规模距上市还有一定差距。

三洋和索尼的母公司都是上市公司,是经营业务的混合型控股公司。集团包括大量控股子公司(三洋255家、索尼1149家)和参股公司,子公司一般不是上市公司。

TCL强调财务人事集权管理,不适应证券市场的某些规定。

TCL在快速成长阶段,资金紧缺,财务控制体系尚在提升之中,强调集权管理,尤其是强调财务资金控制和人事控制,避免下属公司的不正当行为给集团带来巨大损失。限于对公开上市公司的监管(如"三分开"原则),这种管理模式无法适用于上市的子公司。

三洋由事业本部制转变为分公司制,索尼公司由职能制到事业部制再到模拟公司制,两公司转变管理结构的结果都是强调充分授权(索尼分公司制的事业部有100亿日元的投资权力)。充分授权并未削弱总部职能,通过强化内部信息基础建设、加强KPI考核等方式可以建立对集团整体有效的管理和控制系统(见表21)。

表21　组织体制比较

项　目	TCL	三　洋	索　尼
母公司主要特点	控股公司	实业控股公司	实业控股公司
上市公司	母公司不上市 2家子公司上市	母公司上市 1家子公司上市(信用卡公司)	母公司上市 1家子公司上市(爱华)[a]
上市地点	深圳、香港	本国8个交易所 国外6个交易所	本国5个交易所 国外11个交易所
管理体系	子公司/事业部制	子公司/事业部制 母公司实行分公司制	子公司/事业部制 母公司实行分公司制
治理结构	董事会和经理层重合	董事会和经理层分开 有独立董事和监事	董事会和经理层分开 有独立董事和监事

　[a] 说明:2000年索尼回购原上市的三家子公司流通股,使其成为非上市的全资子公司。

(12) R&D比较

TCL尚未形成集团总部为主的研发体制。TCL的研发力量主要集中在下属企业各自的研究部门,而三洋和索尼都重视集团总部研发机构的战略作用和协调作用。总部研发机构一般负责中长期战略项目和综合性交叉

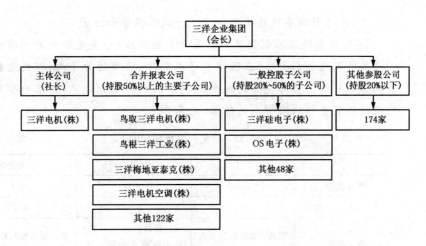

图 5　三洋集团组织示意图

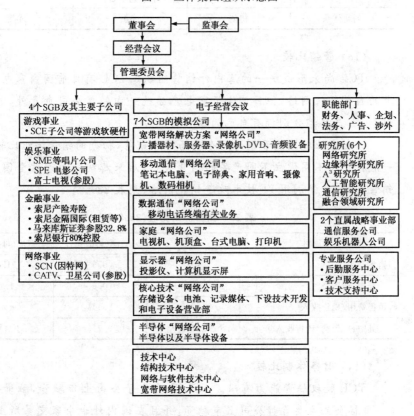

图 6　索尼集团组织示意图

型项目,并对下属单位的研发部门进行战略指导和协调。

　　TCL 目前的技术创新体系还处于初创阶段,一直追求由外围技术到核心技术的渐进创新之路,在模仿中寻求突破,以市场为导向,以快速获得技术能力为目的。目标企业的技术创新体系已经十分成熟,在基础研究和应用研究的某些领域有领先的优势(见表22)。

表 22　研究开发比较(2000 年)　　　　　单位:亿美元

项　　目	TCL	三洋(母公司)	索尼(母公司)
研发费用	0.7	10	11.1
研发费用/销售收入	3%	5%	4%
研发组织	以各下属单位研发为主,总部设技术中心	以总部研发机构为主,总部直属 6 个研究所和 1 个专利中心	以总部研发机构为主,总部直属 6 个研究所
创新体系	初创	成熟	成熟

(13)营销比较

　　TCL 尚未形成统一的海内外销售组织。TCL 有目前国内家电行业最大的自营销售网络,但目前除了家电产品统一由销售公司负责外,电工、通信和 IT 产品都分别拥有自己的销售渠道。

　　目标企业按国内和国外两个市场组织销售,初期的销售组织比较分散,一般按产品不同设立不同产品的销售公司,后来都统一为管理全国市场的销售公司,并强调用 IT 技术改造销售网络(见表23)。

表 23　销售费用比较(2000 年)　　　　　单位:亿美元

项　　目	TCL	三洋(母公司)	索尼(母公司)
销售费用	1.7	9.9	11.4
其中:广告费	0.4	0.9	1.1
销售费用/销售收入	8%	8.4%	4%
其中:广告费/销售收入	1.7%	0.7%	0.4%

(14)财务体制比较

　　TCL 股权融资能力有限。TCL 主要靠子公司上市融资,融资规模较小;目标企业主要靠母公司上市融资,并且在国内外十余家交易所上市,融资规模大。

　　TCL 长期债权融资能力受到限制。TCL 很难获准发行企业债券,也较难获得长期贷款,只能将流动资金用于长期投资,资金紧张,资本成本高。目标企业都能够综合运用各种融资手段和融资工具,在发达的世界资本市场上获得资本,达到适应运营需要的合理的资本结构,保持公司期望的债务水平和期间结构。

TCL 短期融资能力受到限制。TCL 只能依靠集团内部流动资金调节提高资金利用率,由于国内没有健全的信用体系保障,业务结算主要是现金交易。而目标企业可以在货币市场发行大额商业承兑票据,并且可以更多地利用信用交易。

(15)人力资源比较

TCL 秉持同国际大公司一样的公司理念,一直强调员工价值、企业价值和社会价值的统一,在人力资源管理方面也正逐步和国外公司接轨并也实行了高层经理股票激励制度。但限于 TCL 集团本身不是上市公司,股票价值无法及时实现;限于企业目前的实力,在人才上和国际大公司竞争也处于劣势。

三洋和索尼注重个人的创造性和个人价值,以使公司充满活力。在不同职位的考核方面,都采取分类管理,三洋按经营、管理、专业不同的系列设计晋升体系,索尼实行管理和技术双轨制。在激励方面,目标企业对高层管理者都实行股票激励制度。

6. TCL 的市场定位和业务发展策略

(1) TCL 的市场定位

TCL 主要是家庭电子信息产品的制造商,公司在家庭电子信息产品尤其是彩电的市场占有较大份额,处于行业领导地位,在其他产业的比重都很小。公司正在相关领域进行投资,特别是在增长潜力较大的业务,作为其未来几年内的经济增长点。目前移动通信已表现出良好的增长势头(见表24)。

表 24　2000 年市场状况与 TCL 在市场中的地位

项　目	国内需求		国内需求＋出口		TCL 状况		
	a:需求量(亿元)	成长性(%)	b:需求量(亿元)	成长性(%)	c:销售量(亿元)	TCL 份额(%)	
						c/a	c/b
家庭电子信息产品	1038	9.1	1338	8.8	106	10	7.8
彩电	575	4.8	675	5.4	86	15	12.7
基础电子产品	2165	18.4	2771	17.7	4	0.18	0.14
流通服务(增加值)	1152	18			21	1.8	

说明:需求量是 2000 年数据,成长性是对未来 5 年年均增长率的预测。

(2) 业务发展策略

① 巩固 TCL 在家庭电子信息产品中的强势地位。彩电向高档市场渗透;积极关注和开发各种新的家用数字设备。调整家用电器业务,将重点放在市场潜力大的产品上。向基础电子产品扩展,积极改造和提高现有的流通服务业务(见表25)。

表 25　TCL 的业务发展策略

项　目	目标市场	业务策略	竞争策略	手　段
家庭电子信息产品	国内、出口	巩固传统优势,扩张新产品	差异化	投资、并购
基础电子产品	国　内	有选择扩张	成　本	投资、并购
流通服务	国　内	改进,扩张	成　本	投资、并购

② 积极推进和稳健经营结合,加快国际化的步伐。过去主要依靠自身积累实现了高速成长。随着市场经济的不断完善,行业的利润水平逐步回归到正常范围,企业必须改变规模扩张的方式。根据市场经济国家的经验,利用资本市场实现企业并购是企业规模快速成长的主要方式。

在更大范围内进行全方位、多形式的国际合作,在市场、制造、技术、人才、资金、网络/品牌等各领域,用合资、合作、交换股权和资源、服务合同等多种方式和国外各种投资者、供应/服务商及个人合作。

对 TCL 彩电部而言重点是用出口、在海外建厂等多种方式增加在国际市场的份额;二是发展 OEM 业务,通过国际大客户进入国际市场,发挥制造比较优势;三是特别注意在关键技术如 IC、关键产品如高端彩电,精密电子产品等的合作,强化 TCL 形成核心技术能力的基础。

结合主要的国际化业务尽快形成国际化业务的评估决策能力和相应的组织支持体系。

7. 案例的思考

TCL 集团已经在国内市场构建了一定的竞争优势,在新的世纪能得到维持和进一步发展吗? 信息化的趋势不可逆转,TCL 该如何定位其信息产业的战略地位,四个支柱产业的战略位置应如何安排,各有其销售渠道是否合适? 与海尔由难及易的国际化道路不同,TCL 是由易及难,先从周边国家和发展中国家开始再走向发达国家,这种国际化道路是否适当,能不能取得预期的效果呢? 与其目标企业相比,TCL 的市场定位和战略是否应做出一些调整,调整哪些地方,如何调整? 这些问题都是摆在 TCL 管理层面前必须尽快做出决策的大事。

后　记

　　在新的环境条件下,企业之间的竞争越来越多地表现为企业创新能力方面的竞争。如何有效地集聚和利用有限创新资源,建立和维持企业的竞争优势,是现代企业的努力方向,这对企业的生存和发展具有重大战略意义。体现时代特征的企业战略管理,必须侧重研究创新问题。基于以上思考,我借鉴国内外相关研究成果,尝试在传统内容、结构和模式的基础上,围绕竞争、创新主题,撰写本书。

　　本书从构思到完稿历时两年多时间,书中部分章节内容,引入了本人主持的两个研究课题的部分成果。一些观点和倾向性的意见,源于本人近年的相关研究积累,从事MBA 教学的一些经验,以及深入企业,研究战略管理及相关问题的一些体会。本书借鉴了许多国内外专家的研究成果,一些同行和企业领导的讨论也给了我很多十分有价值的启示,谨致谢意。我的同事臧新副教授,研究生范存彦、吕裴、王锐、刘红、陈月梅、吴玲、缪鹤兵、周锦、查志刚、王奇男、俞侃等分别为本书的资料收集、整理,案例调研等做了大量的工作,部分同学按我拟定的提纲和要求提供了部分章节和案例的初稿,在此表示感谢。

黄　凯

北京师范大学出版集团
BEIJING NORMAL UNIVERSITY PUBLISHING GROUP

北京师范大学出版社科技与经管分社

地址：北京市海淀区信息路甲 28 号科实大厦 C 座 12B
电话：010-62979096/8896　　　传真：010-62978190
网址：jswsbook.com　　　邮箱：jswsbook@163.com

官方微信公众号　　　官方微博

教师样书申请表

尊敬的老师，您好！

　　请您在我社网站的最新教材目录中选择与您教学相关的样书(每位教师每学期限选 1-2 种)，并以清晰的字迹真实、完整填写下列栏目后经所在院（系）的主要负责人签字或盖章。符合上述要求的表格将作为我社向您提供免费教材样书的依据。本表复制有效，可传真或函寄，亦可发 E-mail。

姓名：_____　性别：_____　年龄：_____　职务：_____　职称：_____

院校名称：_____大学（学院）_____学院（系）_____教研室

通信地址：_____

邮编：_____　座机：_____-_____　手机：_____

E-mail：_____　微信：_____　QQ：_____

教授课程	学生层次	学生人数/年	用书时间
_____	□研究生□本科□高职 _____		□春季 □秋季
现使用教材	版本		换教材意向
_____	_____出版社		□有　□无

换教材原因
课程 _____
原因 _____

曾编教材情况

书　　名	出　版　社	主编/副主编/参编	出版时间

教材编写意向：　□近期有编写意向　　□目前暂无意向

希望编写教材名称：_____

申请样书

书　　名	书号（ISBN）	作　者	定　价